市场营销学

Marketing

主 编 巩少伟 于 颖 张瑞雪

大连理工大学出版社

图书在版编目(CIP)数据

市场营销学 / 巩少伟，于颖，张瑞雪主编. — 大连：大连理工大学出版社，2015.1(2016.9 重印)
高等院校规划教材
ISBN 978-7-5611-9780-6

Ⅰ. ①市… Ⅱ. ①巩… ②于… ③张… Ⅲ. ①市场营销学—高等学校—教材 Ⅳ. ①F713.50

中国版本图书馆 CIP 数据核字(2014)第 041574 号

大连理工大学出版社出版

地址:大连市软件园路 80 号　邮政编码:116023
发行:0411-84708842　邮购:0411-84708943　传真:0411-84701466
E-mail:dutp@dutp.cn　URL:http://www.dutp.cn
大连理工印刷有限公司印刷　　大连理工大学出版社发行

幅面尺寸:170mm×240mm　印张:22.75　字数:446 千字
2015 年 1 月第 1 版　　2016 年 9 月第 2 次印刷

责任编辑:邵　婉　朱诗宇　　责任校对:齐　悦
封面设计:波　朗

ISBN 978-7-5611-9780-6　　定　价:40.00 元

前言

PREFACE

市场营销学是20世纪初随着西方社会经济的高度发展，市场竞争的日趋激烈而产生和发展起来的一门新兴的企业经营管理学科。它是在广泛吸取和借鉴经济科学、行为科学、现代管理理论等多门学科的基础上，运用科学的研究方法，对企业市场营销活动的全过程和企业营销战略、策略和方法进行深入研究的一门实践性很强的应用学科。

本书对市场营销基本理论和方法进行了深入、全面的阐述，反映了市场营销学的最新发展动态，并结合案例分析阐释理论的应用，同时吸取了国内外市场营销领域研究的新成果和新经验，对学科前沿问题进行了较为全面的介绍。本书在编写过程中，突出了以下三个特点：

1. 系统性。本书在内容安排上由浅入深，分量适中，结构合理，全面系统地介绍了市场营销学的基本理论和方法。

2. 实践性。市场营销学是一门应用学科，具有较强的实践性。本书在充分借鉴国内外市场营销学界最新成果的基础上，面对中国企业市场营销实践的现实，论述了市场营销的基本原理和方法，使学生容易掌握并能够应用。本书每章都附有案例和思考题，以加深读者对营销理论的理解，强化读者营销能力的培养和训练。

3. 前瞻性。本书充分考虑全球营销环境的新变化，专列一章“市场营销新发展”，对绿色营销、关系营销、整合营销、顾客满意营销、网络营销等前沿问题的理论观点进行了阐述，使读者能够把握市场营销理论的发展趋势。

全书共分14章，其中，第1章、第2章、第6章、第8章、第9章、第10章、第13章、第14章由巩少伟、张瑞雪撰写；第3章、第4章、第5章、第7章、第11章、第12章由于颖撰写。

本书在编写过程中参考了国内外相关书籍和资料，在此对有关作者深表谢意。本书在出版过程中得到了大连理工大学出版社的大力支持，在此一并表示感谢。

由于时间和水平有限，书中不足之处在所难免，恳请同行专家及广大读者批评指正。

编　者

2014 年 9 月

目录

CONTENTS

市场营销导论

第1章

市场营销学是一门研究市场营销活动及其规律的应用科学。市场营销理论与方法，不仅在各类企业行之有效，而且在社会经济生活的各个领域、各个层面都得到广泛应用。市场营销不仅成为企业在复杂多变、竞争激烈的市场环境中谋求发展的利器，也成为各类组织和个人生存发展的一种核心思维方式。今天，面对经济全球化和知识经济的挑战，全面系统地学习和运用市场营销理论与方法，对各类组织和个人的生存与发展均有重要意义。

1.1 市场营销学的研究对象与方法

1.1.1 市场营销学的产生与发展

市场营销(Marketing)，作为一门独立学科，诞生于20世纪初的美国。它是在资本主义商品经济迅速发展，市场销售问题日益尖锐的社会背景下产生和发展起来的。其产生与发展，大体经历了四个阶段：

1. 初创阶段

19世纪末到20世纪30年代，是市场营销学的初创阶段。

19世纪末，各主要资本主义国家相继完成了工业革命，资本主义市场由自由竞争开始向垄断过渡，企业由于推行泰勒的“科学管理”，生产效率迅速提高，个别产品开始过剩，销售出现困难，一些有远见的企业主开始运用广告、人员推销、新闻宣传等措施加强产品销售工作。与此同时，一些经济学家也从企业营销实践的需要出发，从理论上探讨商品销售问题。

1902～1903年，美国的密执安大学(密歇根大学)、加州大学、伊利诺伊大学等开设了含有市场营销内容的课程。1905年，克罗西在美国宾夕法尼亚大学开设了名为“产品市场营销”（The Marketing of Products）的课程。1910 年，拉尔夫·斯达·巴特勒(Ralph Starr Butler)在美国威斯康星大学讲授“市场营销方法”(The Methods of Marketing)。1912 年，美国哈佛大学教授赫杰特齐(J. E. Hegertg)在走访一些大企业的基础上，出版了第一本《市场营销学》(Marketing)教材，该书的问世，标志着市场营销学作为一门独立的学科出现了。

这一时期，市场营销学的研究是以生产为导向的，研究的重点是推销术和广告术，研究的范围也基本局限于高等院校，在实践中没有得到足够重视。

2. 形成阶段

从 20 世纪 30 年代到第二次世界大战结束前，市场营销学已经广泛应用于流通领域，进入形成阶段。

1929～1933 年，爆发了世界性的资本主义经济危机，生产严重过剩，商品销售困难，企业纷纷倒闭。这时，企业面临的首要问题不是如何扩大生产，而是如何将产品销售出去。因此，企业把注意力从生产领域转移到流通领域，纷纷重视营销工作。市场营销理论从大学课堂进入实践领域，开始得到应用。

随着市场营销理论的广泛应用，各种营销研究机构和协会也相继成立。1937 年，美国市场营销协会(American Marketing Association，AMA)成立。该协会的成立，是市场营销学发展史上的一个重要里程碑，它标志着市场营销学已经走出大学讲坛，引起了社会的广泛关注和兴趣，成为一门实用的经济管理学科。

这一时期，市场营销理论虽然进入了应用阶段，但研究内容仍然局限于推销商品的组织机构和推销策略，还没有超越商品流通的范畴。

3. 发展阶段

从第二次世界大战以后到 20 世纪 70 年代末是市场营销学的发展阶段。

第二次世界大战以后，经济和技术的发展促进了劳动生产率的大幅度提高，产品数量剧增，供过于求，形成买方市场。与此同时，消费者的生活方式也向个性化、多样化方向发展，人们对商品质量和款式要求越来越高，购买商品也越来越挑剔。买方市场的形成，使得以推销术为主的传统市场营销理论难以为继。20 世纪 50 年代以后，逐渐产生了以市场需求为中心的现代市场营销理论。

菲利普·科特勒(Philip Kotler)把 20 世纪 50 年代称为市场营销理论发展的“黄金年代”。这一时期，市场营销学者提出了许多重要概念，大大丰富了市场营销理论的内容，逐渐形成了现代营销学的理论框架。这一时期的市场营销学不仅重视战术营销，而且重视战略营销；不仅重视有形产品的营销，而且重视无形产品的营销；不仅重视营销的经济效益，而且重视营销的社会效益。

20 世纪 50 年代初，哈佛大学尼尔·鲍敦教授提出，企业应针对不同环境，将各种营销手段优化组合，综合运用，即市场营销组合。1960 年，美国密歇根州立大学 E. J. 麦卡锡教授将市场营销各因素归纳为四大类：产品（Product）、价格（Price）、地点（Place）和促销（Promotion），即 4P，从而提出了较为完整的营销策略。

1956 年，温德尔·史斯密（Wendell R. Smith）在美国《市场营销》杂志著文，首先提出了市场细分（Segmentation）的概念。1960 年，麦卡锡提出了目标市场（Target Market）理论。1972 年，阿尔·斯顿和杰克·特鲁塔提出了定位（Positioning）这一重要概念。

1971 年，杰拉尔德·蔡曼尔和菲利普·科特勒针对市场营销所面临的能源危机、环境污染、经济滞胀等严重挑战，提出了社会营销的概念。1973 年，吉斯特探讨了市场营销机构的社会责任问题。1977 年，林恩·肖斯塔克提出了“服务营销（Service Marketing）”的概念，认为服务市场营销应该从产品市场营销的束缚中摆脱出来。

这一阶段市场营销的研究范围从流通领域扩展到生产领域，形成了以销定产的经营指导思想，市场营销理论成为一门指导企业营销活动的管理科学。

4. 完善阶段

20 世纪 80 年代以后，市场营销理论研究进入了一个新的发展阶段。随着现代科学的发展，不同学科相互渗透，市场营销学已经与社会学、心理学、经济学、统计学等学科紧密结合，成为一门具有较强操作性的应用学科。更重要的是，20 世纪 80 年代以后，随着研究内容的深入，市场营销理论更加完善，出现了许多新概念、新思想。

1981 年，雷维·辛格和菲利普·科特勒提出了“营销战略”这一概念。1981 年，瑞典经济学院的克里斯琴·格罗路斯提出了“内部营销”理论。科特勒也提出要在内部创造一种市场营销文化，即企业市场营销化的概念。1983 年，西奥多·莱维特提出了“全球营销”。1985 年，巴巴拉·本德·杰克逊提出了“关系营销”。这一阶段最为辉煌的成就当属菲利普·科特勒在 1984 年提出的“大市场营销”（Mega Marketing）理论。为了进入封闭或被保护的市场，菲利普·科特勒将两个新的要素——“政治力量（Political Power）”和“公共关系（Public Relations）”加入到市场营销组合中，将麦卡锡的“4P”发展为“6P”。“大市场营销”理论将市场营销组合由战术营销转向战略营销，因而被称为市场营销理论的“第二次革命”。1986 年，劳特朋提出要用新的“4C”——消费者的需求和欲望（Consumer's Needs and Wants）、成本（Cost）、便利（Convenience）和沟通（Communication）取代传统的“4P”。20 世纪 90 年代，美国学者丹伦·休斯蒂又提出以顾客为主的 4R 营销组合理论——关联（Related）、反应（Reaction）、关系（Relationship）、回报（Return/Reciprocate）。这一时期，还出现了定制营销、品牌营销、网络营销、知识营销、文化营销、整合营销、关系营销、绿色营销、全球营销等营销理论，市场营销学进入了一个新的大发展阶段。

从西方市场营销学的产生和发展过程中，我们可以看出，市场营销学是商品经济发展的产物，是资本主义国家企业经营经验的高度概括。市场营销学的发展和广泛应用，极大地提高了整个社会的经济效益，西方经济学界和企业界对市场营销学给予了高度评价。不仅经济组织离不开市场营销学，其他社会组织也在广泛应用市场营销学原理；不仅大专院校的工商管理专业开设市场营销课程，而且政府部门、工商企业也在普遍研究和运用市场营销学。

我国曾在20世纪30年代引进市场营销学理论。现存最早的教材是丁馨伯先生编译的《市场学》一书。当时一些大学的商学院开设了市场营销学课程，但由于长期战乱以及半封建半殖民地经济的限制，市场营销理论的研究和应用具有很大的局限性。新中国成立以后，由于长期实行计划经济，在理论上将计划经济与商品经济对立起来，忽视商品生产、价值规律和市场的作用，市场营销理论的研究和运用未得到重视。

改革开放以后，我国逐步确立了适合我国国情的社会主义市场经济的正确道路，为我国重新研究和运用市场营销理论创造了良好条件。我国高等院校的工商管理专业先后开设了市场营销课程。1984年1月，全国高等财经院校、综合性大学市场学教学研究会在湖南长沙成立（1987年改名为中国高等院校市场学研究会）。1988年，市场营销被列入国家教委颁布的大学本科专业目录，作为一个独立的专业招生。1991年3月，中国市场学会在北京成立。目前，不仅大专院校、经济管理理论研究机构开展了市场营销理论的研究，许多工商企业以及一些非营利性组织，也在对其进行理论研究和实践探索，市场营销理论和方法在市场竞争中得到越来越广泛的应用，市场营销学在中国乃至全球将会有一个更新、更大的发展。

1.1.2 市场营销学的研究对象与学科性质

Marketing在英语里有双重含义，一是指一种经济活动，即企业等组织所从事的市场营销活动；二是指一门学科，即以市场营销活动为研究对象的市场营销学。市场营销学刚被引入我国时，中文译名很多，如市场学、营销学、行销学、销售学等，现在公认的译名是市场营销或市场营销学，因为“营”有计划、组织、协调、决策之意，“销”有销售、推广之意，该译名较完备地包含了Marketing一词的主要活动，突出了应用科学的特点。

关于市场营销学的研究对象，中外学者有不同的表述。

美国市场营销协会的定义是：市场营销学是研究“引导商品和劳务从生产者流转到消费者的过程中所实行的一切企业活动”的科学。

日本学者认为:市场营销学是在满足消费者利益的基础上,研究如何适应市场需求而提供商品和劳务的整个企业活动。

菲利普·科特勒认为:市场营销学的研究对象是识别目前未满足的需求与欲望,估量和确定需求量的大小,选择本企业能最好地为它服务的目标市场,并且决定适当的产品、服务和计划,以便为目标市场服务。

那么,市场营销学的研究对象究竟是什么?概括地说,市场营销学的研究对象就是以满足消费者需求为中心的企业营销活动及其规律性,即在特定的市场营销环境中,企业为满足消费者和用户的现实或潜在的需要,进行市场营销研究,实施以产品、分销、定价、促销为主要内容的营销活动过程及其规律性。

从市场营销学的学科性质来看,它是一门以经济科学、行为科学和现代管理理论为基础,研究以消费者需求为中心的企业营销活动及其规律性的综合性应用学科。

市场营销学是在20世纪初从经济学母体中脱胎出来的,但它并不是一门经济学学科,而是一门综合性、边缘性的应用学科,属于管理学的范畴。

首先,市场营销学是一门综合性、边缘性学科。综合性是指市场营销学在发展中兼收并蓄,吸收了很多相关学科的理论和研究方法,成为综合性的边缘学科。著名市场营销学权威菲利普·科特勒曾形象而生动地论述了市场营销学的学科交叉特色,"营销学的父亲是经济学,其母亲是行为科学;数学乃营销学的祖父,哲学乃营销学的祖母"。随着实践的发展,市场营销学不仅交叉运用了上述各门学科知识,还广泛吸收了管理学、社会学、心理学、信息学、统计学、价格学等多学科知识。

其次,市场营销学是一门应用性学科。与经济学等其他学科相比,市场营销学具有很强的实践性。一方面,市场营销学的基本原理、方法和策略来源于企业的营销实践,并且在实践中得到丰富、充实和发展;另一方面,市场营销学的原理、方法和策略又能有效地指导企业的营销活动。市场营销学来源于实践,运用于实践。市场营销学只有运用于实践,才能显示其强大的生命力。

1.1.3 市场营销学的研究方法

市场营销学的研究方法主要有产品研究法、机构研究法、功能研究法、管理研究法和社会研究法。

1. 产品研究法

产品研究法(Product Approach)是针对不同类型产品的特征,分别研究各类产品的市场营销问题,如分别对农产品、机电产品、化工产品、建筑材料、食品等不同类型产品的市场营销问题进行研究。该研究方法可以针对各类产品的特点,研究各类产品在营销中所遇到的特殊问题，针对性强。

2. 机构研究法

机构研究法(Institutional Approach)是研究市场营销系统中各个层次和各种类型营销机构的市场营销问题，如批发市场营销、零售市场营销、代理市场营销等。

3. 功能研究法

功能研究法(Functional Approach)是对市场营销机构在营销过程中所具有的功能进行研究，如采购、销售、仓储、融资、促销等功能，它主要研究不同的营销机构和不同的产品市场如何执行这些功能。

4. 管理研究法

管理研究法(Managerial Approach)也叫决策研究法，是从管理决策的角度研究市场营销。它把影响市场营销活动的各种因素分为不可控因素和可控因素两大类。管理研究法强调在全面分析影响市场营销这两大因素的基础上实行组织和产品的有效定位，尤其重视市场营销分析、计划、组织、实施和控制，它是目前西方研究市场营销学的主要方法。

5. 社会研究法

社会研究法(Social Approach)是一种运用社会学、环境学、生态学理论研究营销活动的方法。这种方法特别关注营销活动对社会利益带来的影响，强调要减少营销活动的社会公害，维护社会的整体利益和长远利益。

1.2 市场和市场营销的概念

1.2.1 市场的概念

市场(Market)既是商品经济的范畴，又是历史的范畴，市场的概念随着商品经济的发展而发展。人们对市场的理解大致有以下几种：

1. 市场是商品交换的场所

在这里，市场是指买卖双方购买和出售商品、进行商品交换的场所和地点，如集市、百货商店、超级市场等。这个概念是对市场本意的解释，是市场最早出现的形态。据《易传·系辞(下)》记载：“日中为市，致天下之民，聚天下之货，交易而退，各得其所。”这里，人们把市场看成一个空间和地域概念，是从空间来描述市场交易活动的。这个概念是在商品经济不发达的条件下，人们对商品交换关系的初步认识。随着社会分工和商品经济的发展，商品生产与交换已经突破了地域限制，市场的概念也随之发展。

2. 市场是商品交换关系的总和

市场是商品交换关系的总和，这是对市场的高度抽象和概括。市场从表面上看，是商品交易的场所，实际上它反映了人们对商品的供求关系，反映了人们为了维持再生产而相互交换劳动的关系。在社会分工条件下，人们必须为社会提供各种产品和服务，各种各样的需求与供给，就构成了市场。市场是商品交换关系的总和，反映了市场的本质。

明确市场是商品交换关系的总和具有重要意义。一方面，可以帮助我们全面分析商品需求与供给关系，从供求规律出发，正确组织企业的市场营销活动，更好地实现企业目标；另一方面，它表明市场不仅仅是流通领域的事情，而要从整个社会再生产过程来分析商品供求关系。如果产品不能适销对路，如果生产不能顺利进行，交换就会遇到障碍。因此，人们在市场营销活动中，既要重视商品交换，又要重视商品生产以及产前活动和售后活动。

3. 市场是指某种商品的现实购买者和潜在购买者的需求总和

这是从企业角度对市场的理解。从企业的角度看，市场就是其商品的购买者，是商品购买者的需求总和。这里的购买者，既包括具有购买欲望和购买能力的现实购买者，也包括暂时没有购买力或购买欲望的潜在购买者。

现实市场包含三个基本要素：人口、购买力和购买欲望。现实市场就是这三个基本要素的集合，用公式表示就是：

市场＝人口＋购买力＋购买欲望

市场的三要素是相互制约、缺一不可的。市场的大小，首先取决于人口的多少，市场容量与人口成正比。市场的大小，还取决于购买力的高低。一般来说，人们的收入越高，购买力越强，市场和市场需求就越大；反之，则越小。但如果商品不适合人们的需要，不能使人们产生购买欲望，也不能形成现实的市场。

对于企业来说，不仅要重视现实购买者，还要重视潜在购买者。潜在购买者虽然暂时没有购买力或购买欲望，但一旦条件发生变化，如消费者因收入提高具有了购买力，或因受到企业促销宣传的影响产生了购买欲望，其潜在需要就会变成现实需要。因此，企业只有通过采取有效措施，将顾客潜在需要变成现实需要，即创造顾客需要，才能将市场做大，才能为企业发展开辟更大的市场空间。

1.2.2 市场营销的概念

1. 市场营销概述

市场营销并不像人们所认为的，“是一门关于如何更好地把企业生产的产品推销出去的学问”。推销（Selling）仅仅是市场营销（Marketing）的一项职能，而且不是市场营销最重要的职能。著名市场营销专家、美国西北大学教授菲利普·科特勒指出:"销售不是市场营销最重要的部分,它是市场营销冰山的尖端。销售是企业市场营销人员的职能之一,但不是最重要的职能。因为如果企业的市场营销人员搞好市场调查研究,了解购买者的需要,按照购买者的需要设计和生产适销对路的商品,同时合理定价,搞好分配、销售促进等市场营销工作,那么这些产品就很容易销售出去。"他还引用美国管理学权威彼得·德鲁克(Peter F. Drucker)的话说:"市场营销的目的在于使推销成为不必要的。"

那么,什么是市场营销呢?国内外关于市场营销的定义不下百种,下面介绍几种有代表性的定义:

(1)美国市场营销协会(AMA)的定义。

1960年,美国市场营销协会将市场营销定义为:"市场营销是引导商品和劳务从生产者流转到消费者过程中所实行的一切企业活动。"

这一定义将市场营销看作是沟通生产和消费的流通过程,强调商品交换和销售活动。很多学者对这个定义提出了不同意见,认为市场营销不是始于产品生产出来之后,也不是终于产品出售之时,而是包括产前与售后的一系列经营活动。这一定义将市场营销仅仅局限于流通领域,很容易造成市场营销与推销的混淆。

经过多年的探讨,1985年,美国市场营销协会又提出了一个新的定义:"市场营销是关于构思、货物和服务的设计、定价、促销和分销的规划与实施过程,目的是创造能实现个人和组织目标的交换。"

这一定义较全面地反映了市场营销的本质特征,即以交换为中心,以顾客为导向,协调各种营销活动,通过使顾客满意来实现组织的目标。该定义将市场营销的主体由企业扩展到整个社会,明确了营利组织、非营利组织、政府机关和个人都应该从事市场营销活动;该定义将市场营销的客体由有形产品扩展到无形产品;强调交换是市场营销的核心;明确了市场营销要以顾客为导向;明确了市场营销是一个管理过程,这一过程包括计划、组织、实施和控制。

(2)日本市场营销协会(JMA)的定义。

日本市场营销协会的定义是:"市场营销是包括教育机构、医疗机构、行政管理机构等在内的各种组织,基于与顾客、委托人、业务伙伴、个人、当地居民、雇员及有关各方达成的相互理解,通过对社会、文化、自然环境等领域的细致观察,而对组织内外部的调研、产品、价格、促销、分销、顾客关系、环境适应等进行整合、集成和协调的各种活动。"

(3)W.雷泽尔(W. Lazer)的定义。

雷泽尔认为:"市场营销的主要任务,在于把显在的和潜在的需求变成企业能够生产、能够获利的某些产品和劳务，进而开拓能消化这种产品的市场，并对产品到达市场所需的渠道进行规划的活动。”

上述定义对市场营销有不同的理解和表达，各有千秋。本书采用菲利普·科特勒教授的定义：市场营销是个人和群体通过创造并同他人交换产品和价值以满足需求和欲望的一种社会和管理过程。

这一定义包含以下几个要点：

(1)市场营销的最终目标是“满足需求和欲望”。

(2)交换是市场营销的核心，是一个主动、积极寻找机会，满足双方需求和欲望的社会过程和管理过程。

(3)交换能否顺利进行，取决于营销者提供的产品和价值满足顾客需求的程度和对交换过程的管理水平。

从菲利普·科特勒的定义可以看出，市场营销不仅是工商企业的一种经营活动，也是广大社会组织和个人赖以生存和发展的一种普遍技能。

市场营销这一定义包含了需要、欲望和需求，产品，价值和满足，交换和交易，市场营销和市场营销者等核心概念。

阅读资料 1-1

海尔集团总裁张瑞敏认为，营销的本质不是“卖”，而是“买”。买进的是用户的意见，然后根据用户的意见进行改进，达到用户满意，最终得到用户的忠诚，企业也才能获得成功。海尔作为中国白色家电的领军者，全国第四大白色家电制造商，如今在法国已稳稳地站稳了脚跟。

2012 年 7 月初，法国最具权威性的经济类日报《回声报》整版刊发了题为《海尔重新定义中国制造》的文章，对海尔以高质量创新产品开拓发达国家市场的战略及领先的全球化品牌影响力给予了高度认可。文章认为领先的产品品质以及满足当地消费者需求的创新产品是海尔赢得海内外消费者认可的“法宝”。海尔坚持“消费需求驱动创新”的发展模式，在全球范围内率先将消费者纳入研发体系，根据不同地区消费者需求进行技术与产品创新。在这种模式下，海尔研发出可以清洗土豆的洗衣机，可以在长时间断电状态下保持产品新鲜的冷柜，水晶系列滚筒洗衣机等产品，满足了不同消费者需求。

资料来源：法国《回声报》. 海尔重新定义中国制造

2. 市场营销的核心概念

市场营销的出发点是人类的需要和欲望，而需要和欲望是通过产品来满足的；消费者在对众多能满足某一需要的产品进行选择时，是以产品价值的大小和预期满足为依据的;消费者只有通过交换和交易才能获取产品;有交换就有市场和市场营销,如图 1-1 所示。

图 1-1　市场营销的核心概念

(1)需要、欲望和需求

①需要(Needs)。需要是指人类没有得到某种基本满足的感受状态。例如,人们对食物、衣服、房屋、安全感、归属感、受人尊重等的需要。需要产生于人类自身的生理与心理本能,市场营销者可以用不同的方式去满足它。

②欲望(Wants)。欲望是人们对能满足某种需要的特定物品的渴求。例如,为了满足“住”的需要,我想拥有一套住房;为了满足“行”的需要,我想拥有一辆轿车。市场营销者可以采取有效措施激发消费者的欲望,并通过生产、销售特定的产品和服务来满足消费者的欲望。

③需求(Demands)。需求是指对于有能力购买并且愿意购买的某个具体产品的欲望,简言之,需求就是有支付能力的欲望。当消费者有购买能力时,欲望便转化为需求。对于企业来说,有支付能力的欲望才能变成现实的需求,对企业才有实际意义。

作为市场营销者,我们应该注意的是,现在没有需求不等于将来没有需求。在市场营销中,我们将目前没有购买力或购买欲望的情况称为潜在需求,随着消费者购买力的提高或购买欲望的形成,潜在需求可以转化成现实需求。市场营销者的任务之一,就是要采取有效措施,将消费者的潜在需求变成现实需求。

(2)产品

人类是靠产品来满足各种需要和欲望的。所谓产品(Products),是指能够满足人们需要和欲望的任何东西,包括有形产品和无形产品。市场营销学常用产品和服务这两个词来区分实体产品和无形产品。从本质上讲,无论有形产品还是无形产品,都只是产品的形式,都是满足消费者需求的一种形式,产品的本质是产品的功能或产品能给消费者带来的利益。消费者购买实体产品,主要目的不在于拥有该产品,而是通过使用它来满足某种需要和欲望。例如,人们购买小汽车不是为了欣赏,而是因为它能够提供交通服务;人们购买洗衣机不是作为摆设,而是用它洗涤衣物,减轻家务劳动。所以,实体产品实质上是向人们传送服务的工具。人们不是为了产品的实体而购买产品,而是因为实体产品是服务的外壳,即人们通过购买实体产品可以获得所需要的服务。市场营销者的任务是向市场展示实体产品中所包含的利益和服务,而不是产品实体本身,否则,将导致“营销近视症”。

(3)价值和满足

消费者通常面临很多能够满足某一需要的产品，在对这些不同产品进行选择时，一般是以他们对这些产品的价值判断为依据，即根据他们认为哪一种产品提供的价值最大而做出购买决定。所谓价值(Value)，就是一种产品或服务给人们带来的满足，这种满足的大小，取决于顾客在拥有和使用某种产品时所获得的利益与为取得该产品或服务所付出的成本之间的比较。顾客所得到的利益，不仅包括实体产品本身所带来的利益，还包括服务利益、人员利益和形象利益；顾客所付出的成本不仅包括货币成本，还包括时间成本、精力成本和体力成本。顾客就是通过对各种产品利益和成本的比较，来判断商品价值大小的。总之，因为许多产品都能满足某个特定的需要，所以产品的选择要受到价值和期望满足两个概念的指导。

(4)交换和交易

通常，一个人可以通过四种方式获取所需产品：自行生产、强制取得、乞讨和交换，市场营销活动产生于第四种获取产品的方式——交换。所谓交换(Exchange)，就是通过提供某种物品(或服务)作为回报，从他人那里取得自己所需物品(或服务)的行为。交换的发生，必须具备五个条件：①至少要有交换的双方；②各方都认为对方的物品或服务对自己有价值；③彼此之间能进行信息沟通和货物传送；④各方都可以自由接受或拒绝对方的产品；⑤各方都认为这种交换是适当的或称心如意的。具备上述条件，就有可能发生交换行为，但交换能否真正发生，则取决于交换双方能否通过交换获得比交换前更大的满足。

交易(Transaction)是交换的基本单位，是交换双方之间的价值交换。交换是一个过程，在这个过程中，如果双方达成了一项协议，我们就称之发生了交易。一次交易包括三个可度量的实质内容：至少有两个有价值的事物、买卖双方所同意的条件、协议的时间和地点。由于交易很容易因为曲解或蓄意破坏协议而发生争议，所以要运用法律手段来强制交易双方执行协议。

(5)市场和市场营销

由交换概念引出市场概念。市场是商品交换的场所，是商品交换关系的总和，是企业某种商品现实购买者和潜在购买者的需求总和。

市场营销是指与市场有关的人类活动，它是以满足人类各种需要和欲望为目的，通过市场变潜在交换为现实交换的活动。

有市场营销，就有市场营销者。在交换双方中，如果一方更积极、更主动寻求交换，则该方称为市场营销者(Marketer)，另一方称为潜在顾客。市场营销者是指希望从他人那里得到资源并愿意以某种有价之物作为交换的人。市场营销者可以是卖方，也可以是买方，如果买卖双方都在积极寻求交换，则双方都称为市场营销者，这种营销称为相互市场营销。

1.3 市场营销观念

企业的市场营销活动是在特定的思想和观念的指导下进行的，企业在市场营销活动中所遵循的指导思想和经营哲学，就是市场营销观念。有什么样的市场营销观念就有什么样的市场营销行为，营销观念的正确与否，关系到企业营销活动的成败。

随着企业营销实践的发展，市场营销观念经历了由不成熟到逐步成熟的演变过程，先后经历了生产观念、产品观念、推销观念、市场营销观念和社会营销观念五个阶段。

1.3.1 生产观念

生产观念(Production Concept)是一种最古老的营销管理观念，盛行于 20 世纪 20 年代以前。当时，生产的发展不能满足需求的增长，商品供不应求，在这种卖方市场条件下，只要有商品，质量过关，价格便宜，就不愁找不到销路，许多商品都是顾客上门求购。在这种市场条件下，企业不需要在商品销售上下功夫，只要集中力量搞好生产就可以获得丰厚的利润，因此形成了以生产为中心的营销观念。

生产观念认为，消费者喜欢那些可以到处买到而且价格低廉的产品，企业应集中精力提高生产效率，扩大分销范围，增加产量，降低成本。生产观念的表现是"企业生产什么，就卖什么"。美国皮尔斯堡面粉公司当时的口号是"本公司旨在制造面粉"。

生产观念的适用条件是：产品供不应求，卖方竞争较弱，买方竞争激烈；企业生产成本高，必须通过提高效率，降低成本来扩大市场。例如，20 世纪初，美国福特汽车公司研制出了"汽车生产流水线"，汽车生产规模急剧扩大，成本大幅度下降，大多数美国人因此都能买得起汽车。福特的黑色 T 型车非常畅销，根本无须推销。公司创始人亨利·福特因而傲慢地宣称："不管顾客需要什么颜色的汽车，我只有一种黑色的。"这就是当时生产观念的典型表现。

生产观念并非在 20 世纪 20 年代以后就销声匿迹了，而是在特定的形势下得以存在。在我国的计划经济时期，因为物资短缺，产品供不应求，许多企业也奉行生产观念，企业生产什么，就销售什么，根本不重视营销工作。可见，生产观念在一定条件下是合理的。但是，随着买方市场的形成，这种观念就不适用了，甚至成为企业经营的障碍，企业需要用新的营销观念去指导营销活动。

1.3.2 产品观念

产品观念(Product Concept)认为,消费者喜欢那些高质量、多功能、有特色的产品。因此,企业的中心工作就是致力于生产优质产品,并且精益求精。产品观念的口号是:“只要产品好,不怕卖不了。”

产品观念和生产观念几乎在同一时期流行。产品观念与生产观念一样,也是典型的“以产定销”。由于过分重视产品而忽视市场需求,产品观念最容易导致“营销近视症”。所谓“营销近视症”,就是企业不适当地将注意力放在产品上,而不是放在市场需求上,在市场营销管理中缺乏远见,只看到自己的产品质量好,看不到市场需求在变化,当市场需求发生变化时,企业经营便陷于困境。例如,美国爱尔琴手表公司自创办以来,一直注重生产优质手表,曾享有全美最佳手表制造商的美誉。20 世纪 50 年代以前,该公司的手表销售量和市场占有率持续上升,但进入 20 世纪 50 年代以后,其手表销售量及市场占有率开始下滑。究其原因,是因为手表的市场需求发生了变化,消费者开始摒弃“一只手表佩戴终生”的传统消费理念,希望购买走时准确、款式美观、价格适中的中档手表。然而,爱尔琴公司忽视了手表市场需求的这一变化,仍然醉心于生产价格昂贵的高档手表,未对市场变化做出准确的判断和反应。

虽然产品观念和生产观念都是“以产定销”,但二者有所区别,产品观念是以质取胜,生产观念是以量取胜,二者都没有把市场需求放在首要地位。

1.3.3 推销观念

推销观念(Selling Concept)是一种以销售为中心的经营观念,盛行于 20 世纪 20 年代至 40 年代后期,即卖方市场向买方市场过渡的市场条件下。20 世纪 20 年代末,各主要资本主义国家的市场形势发生了重大变化,特别是 1929 年开始的经济危机,使大批产品供过于求,销售困难,企业之间的竞争日趋激烈。为了在激烈的竞争中求生存、求发展,企业必须加强产品推销,于是推销观念成为企业经营的主要指导思想。

推销观念认为,消费者通常有一种购买惰性和抗衡心理,企业若不大力推销,消费者就不会购买或不会足量购买某一企业的产品,企业必须大力推销以刺激消费者购买。推销观念的表现是:“我们卖什么,人们就买什么。”

推销观念与生产观念的不同之处是:生产观念以生产为重点,通过增加产量,降低成本来获利;而推销观念是以销售为重点,通过开拓市场、扩大销售来获利。

从生产观念发展为推销观念是企业经营思想的一大进步，但推销观念仍然没有摆脱“以产定销”的范畴，因为它也是从既定产品出发，考虑如何将其销售出去，而没有考虑产品是否符合消费者的需要，消费者是否满意。随着生产力发展水平的进一步提高，产品供应越来越充裕，这种观念就不适用了。

1.3.4 市场营销观念

市场营销观念（Marketing Concept）形成于第二次世界大战以后的买方市场条件下，它是一种全新的营销观念。第二次世界大战以后，各国经济迅速恢复和发展，随着技术革命的出现，劳动生产率大幅度提高，产品极大丰富，形成了买方市场。在这种情况下，企业的生存和发展就取决于消费者的需要以及对消费者需要的满足程度，企业提出了“顾客需要什么，就生产什么”的口号，从而形成了以消费者需求为导向的市场营销观念。

市场营销观念认为，实现企业目标的关键，是以消费者的需求为中心，根据消费者的需要和欲望设计和生产适销对路的产品，安排适当的营销组合，比竞争者更有效地满足顾客的需要，获得预期利润，实现企业目标。例如，美国皮尔斯堡面粉公司通过市场调查了解到第二次世界大战之后美国人的生活方式已经发生了变化，家庭主妇采购食品时，越来越要求多种多样的半成品或成品，如各式饼干、点心、面包等。皮尔斯堡面粉公司针对市场需求的变化，开始生产销售各种成品和半成品的食品，销售量迅速上升。

市场营销观念是一种以顾客需要和欲望为导向的经营哲学，它把企业的生产经营活动看作是一个不断满足顾客需要的过程，而不仅仅是制造和销售某种产品的过程。是“发现需要并设法满足它们”，而不是“制造产品并设法推销出去”；是“制造能够销售出去的产品”，而不是“推销已经生产出来的产品”；是“爱你的顾客”和“顾客才是企业的真正主人”，而不是以企业为中心。可以毫无疑义地说，市场营销观念的提出是市场营销史上的一场革命，它将生产观念和推销观念的逻辑倒了过来，企业不再是“能生产什么，就卖什么”，而是“能卖什么，就生产什么”，实现了以生产为中心向以消费者需求为中心的根本性转变。

市场营销观念与传统营销观念有着本质区别（图 1-2），其区别主要表现在以下几点：

1. 起点不同。传统营销观念将目标市场看成生产过程的终点，企业只有将产品生产出来以后才开始经营活动；市场营销观念将目标市场看成是生产经营活动的起点，企业要通过市场调研，根据目标市场的需要来组织生产经营活动。

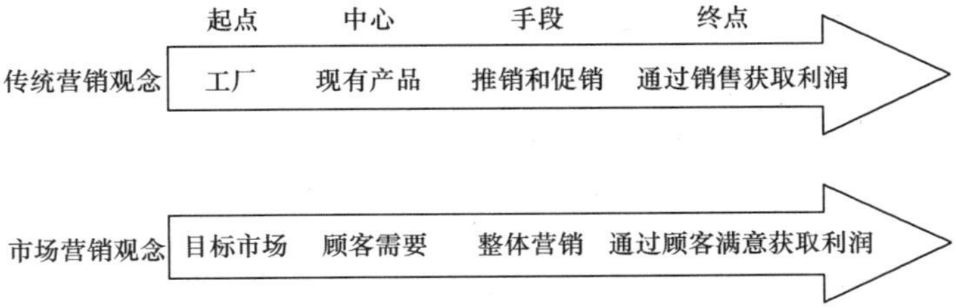

图 1-2 市场营销观念与传统营销观念的区别

2. 中心不同。传统营销观念是以现有产品为中心，轻视消费者的需要；市场营销观念是以顾客需要为中心，千方百计地去了解、满足并创造顾客需要。

3. 手段不同。传统营销观念是用广告等促销手段，千方百计地将现有产品推销出去；市场营销观念是通过市场调查与预测、产品开发与设计、包装、定价、促销、分销以及售后服务等一系列整体营销活动来满足顾客需要。

4. 终点不同。传统营销观念是从产品的销售中获取利润；市场营销观念是从顾客的满足中获取利润，它强调顾客满意度。

阅读资料 1-2

在营销方面出类拔萃的公司都明白，取悦顾客并不仅仅是建立一个处理顾客抱怨的部门，报以顾客更多的微笑以及对顾客和善。这些公司往往建立了非常高的顾客满意标准，并且经常付出看似奇特的努力来实现它们。思考以下例子。

一个人新买了一辆凌志（Lexus）车。他买得起梅赛德斯（Mercedes）、捷豹（Jaguar）、凯迪拉克（Cadillac），但是最终选择了凌志。他收到了新车并驱车回家，沉浸在车内的皮革气味和尊贵的驾驶感觉中。在高速公路上，他充分地放松精神，十分惬意。汽车的灯、雨刷、在仪表盘上突出的用来放杯子的小设计、可以在寒冷的冬天的早晨给予他温暖的座位加热器——他以一种逐渐增加的乐趣来尝试所有这些东西。出于一时好奇，他打开了收音机。他喜欢的古典音乐从四声道的立体声音响中立刻弥漫开来，并在车内缭绕婉转。他按了第二键，发现是他喜欢的新闻台。第三键也是他钟爱的谈话节目，可以使他在长途旅行中保持清醒。第四键被设定成他女儿最喜欢的摇滚节目。事实上每一键都依据他具体的品位来设定。这辆车难道有特异功能吗？答案是否定的。凌志的技工记录了他旧车上的收音机设置，并将它复制在新凌志车上。这位顾客非常满意，现在这辆车彻头彻尾地属于他了。没人告诉那个技工这样做，这只是凌志经营理念的一部分：取悦一个顾客并且持续使其愉悦，这样就能拥有顾客的一生。那个技工所做的并没有给凌志带来任何成本，没有花一分钱，但是却强化了与顾客的关系，这对凌志来说可能是相当重要的顾客生命周期价值。

如何服务顾客并没有简单的公式，但是它并不神秘。正如 L. L. Bean 公司的主席所说的那样："许多人关于顾客服务总有一些玄妙的理论，……事实上它只不过是一种日复一日的，正在进行，永不停止，坚持不懈，坚定不移和富有同情心的行动。"将顾客服务做得好的公司，也将会获得丰富的回报。

资料来源：(美)菲利普·科特勒，加里·阿姆斯特朗. 市场营销管理(亚洲版). 何志毅，等，译. 北京：机械工业出版社，2010：13

1.3.5 社会营销观念

社会营销观念(Societal Marketing Concept)产生于 20 世纪 70 年代西方资本主义国家出现能源短缺、通货膨胀、失业剧增、环境污染严重、消费者保护运动盛行的背景下。由于市场营销观念回避了消费者欲望的满足、消费者的长远利益和社会利益之间的潜在矛盾，企业在满足消费者个人需要时，可能与社会公众利益产生矛盾，造成了环境污染和资源浪费。到了 20 世纪 70 年代，有人提出要用新的营销观念来修正和完善市场营销观念，在这种情况下出现了社会营销观念。

社会营销观念认为，企业的任务是确定各个目标市场的需要、欲望和利益，并以保护和提高消费者及社会福利的方式，比竞争者更有利、更有效地向目标市场提供能够满足其需要的物品和服务。社会营销观念要求营销者在制定市场营销政策时，要兼顾消费者利益、企业利益和社会利益(图 1-3)。

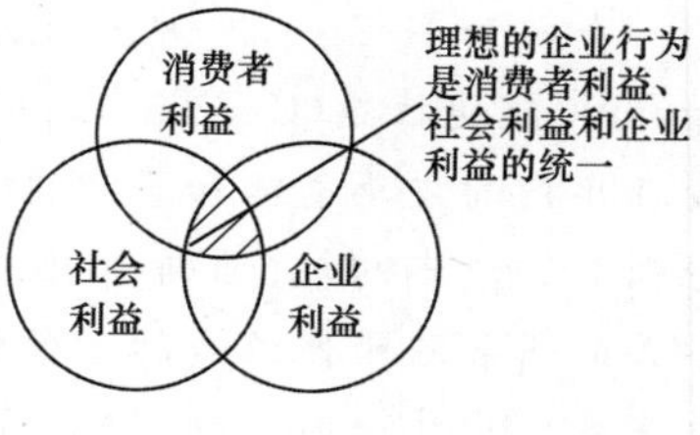

图 1-3　社会营销观念

社会营销观念是对市场营销观念的补充和修正。市场营销观念的中心是满足消费者的需要和欲望，进而实现企业的利润目标。但是，市场营销观念重视迎合消费者既有的需要和欲望，而忽视了消费者的长远利益和社会整体利益。例如，方便袋的生产满足了消费者购物的需要，但却造成了"白色污染"；洗衣粉满足了人们清洗衣物的需要，却污染了河流，等等。而社会营销观念把满足消费者需要以及消费者和社会公众的长期福利作为企业的根本目的和责任，将消费者利益、社会利益和企业利益较好地结合起来，这正是社会营销观念与市场营销观念的根本区别。

1.4 市场营销管理

1.4.1 市场营销管理的实质

市场营销管理(Marketing Management)是指为了实现企业目标,创造、建立和保持与目标市场之间的互利交换和关系,而对设计方案进行的分析、计划、执行和控制。市场营销管理的任务就是调整市场需求水平、需求时间和需求特点,使供求之间相互协调,以实现互利交换,达到企业目标。营销管理的实质就是需求管理。企业在开展市场营销活动的过程中,一般要在目标市场上设定一个预期要实现的交易水平,但实际需求水平可能低于、等于或高于这个预期水平,市场营销管理就是针对这些不同的需求状况采取不同的营销策略。

1.4.2 市场营销管理的任务

根据需求水平、需求时间和需求性质的不同,可以归纳出 8 种不同的需求状况。在不同的需求状况下,市场营销管理的任务不同(表 1-1)。

表 1-1　不同需求状况下市场营销管理的任务

序号	需求状况	市场营销管理的任务
1	负需求	扭转性营销
2	无需求	刺激性营销
3	潜伏需求	开发性营销
4	下降需求	恢复性营销
5	不规则需求	同步性营销
6	充分需求	维持性营销
7	过量需求	限制性营销
8	有害需求	抵制性营销

1. 负需求

负需求(Negative Demand)是指绝大多数人对某种产品感到厌恶,甚至愿意出钱回避它的一种需求状况。在负需求情况下,市场营销管理的任务是扭转性营销(Conversional Marketing),即分析市场为什么会出现负需求,以及是否可以通过产品重新设计、降低价格、加强促销等营销手段来改变市场对该产品或服务的态度,从而将负需求转变为正需求。例如,日本本田公司的摩托车最初进入美国市场时,美国消费者对摩托车有偏见,将它同流氓犯罪活动联系在一起,对摩托车持抵制态度。本田公司认识到,要打开市场,就必须设法改变公众的态度,于是以"你可以在本田摩托车上发现最温雅的人"为主题,大力开展促销活动,广告画面上骑摩托车的人都是神父、大学教授、美女等，于是，逐渐改变了人们对摩托车的态度，摩托车顺利地进入了美国市场。

2. 无需求

无需求(No Demand)是指目标市场对产品毫无兴趣或漠不关心的一种需求状况。通常市场对下列产品无需求：一是消费者熟悉，但觉得对自己没有使用价值的商品，如不吸烟者对香烟的需求；二是人们一般认为有价值，但在特定市场无价值的产品，如热带地区对滑雪用具的无需求；三是新产品或消费者不熟悉的物品。在无需求的情况下，市场营销管理的任务是刺激性营销(Stimulating Marketing)，即通过大力促销或其他营销措施，将产品提供的利益与人们的需要和兴趣联系起来，变无需求为有需求。

3. 潜伏需求

潜伏需求(Latent Demand)是指相当一部分消费者对某种物品有强烈需求，但现有产品和服务又无法使之满足的一种需求状态，如吸烟者渴望有一种味道好而对身体无害的香烟。在潜伏需求情况下，市场营销管理的任务是开发性营销(Developmental Marketing)，即开发出能有效地满足这些需要的产品和服务，将潜伏需求变成现实需求。

4. 下降需求

下降需求(Declining Demand)是指市场对一个或几个产品的需求呈下降趋势的一种需求状况。下降需求主要有三种情况：一是处于衰退期的老产品，市场需求饱和，消费者不再购买；二是某种产品被性能更先进的新产品所替代，其购买力转移；三是质量不稳定，或价格不合理、分销渠道不通畅、促销措施不得力的产品，其购买力下降。在下降需求情况下，市场营销管理的任务是恢复性营销(Remarketing)，即分析需求下降的原因，通过改进产品功能，调整价格，采取更有效的促销手段，来刺激新的需求，使老产品获得新的生命周期。

5. 不规则需求

不规则需求(Irregular Demand)是指某些产品和服务的需求在不同季节、不同时间波动很大的一种需求状况。季节性强、时令性强的商品往往如此。在不规则需求情况下，市场营销管理的任务是同步性营销(Synchromarketing)，即通过灵活定价，大力促销以及运用其他营销手段，改变消费者需求的时间模式，使产品或服务的供求在时间上协调一致。

6. 充分需求

充分需求(Full Demand)是指某种产品或服务的目前需求水平和时间等于预期的需求水平和时间的一种需求状况，这是一种最理想的需求状况。供求平衡是暂时的，而供求不平衡是长期的，所以在充分需求情况下，市场营销管理的任务是维持性营销(Maintenance Marketing),即通过努力保持产品质量、合理定价、激励推销人员和经销商、降低成本等措施,维持现有的销售水平。

7. 过量需求

过量需求(Overfull Demand)是指某种产品或服务的需求量超过了企业所能供给或愿意供给的水平的一种需求状态。在过量需求情况下,市场营销管理的任务是限制性营销(Demarketing),即通过提高价格、减少服务项目、限量消费或减少供应网点等措施来限制市场对该商品或服务的需求。

8. 有害需求

有害需求(Unwholesome Demand)是指市场对某些有害产品(如香烟、毒品、黄色书刊)或服务的需求。在有害需求情况下,市场营销管理的任务是抵制性营销(Countermarketing),即大幅度提高价格,大力宣传有害产品和服务的危害性以及停止生产等,使消费者放弃这种爱好或需求。

限制性营销和抵制性营销的区别在于:前者是采取措施减少需求,而后者是采取措施消灭需求。

思考题

1. 简述市场营销学的研究对象及学科性质。
2. 简述五种营销观念的区别及适用条件。
3. 传统营销观念与现代营销观念有何区别?
4. 怎样理解市场的概念?
5. 怎样理解市场营销的概念?
6. 需要、欲望和需求的区别及联系是什么?
7. 市场营销管理的实质是什么? 市场营销管理的任务有哪些?
8. 为什么说市场营销观念的形成是企业经营思想的一次根本性变革?
9. 为什么说市场营销的核心概念是交换?
10. 为什么说市场营销的基本原理也可以运用于非营利性组织? 请举例说明非营利性组织是如何运用市场营销原理的。

案例分析 1

宜家的营销神话

瑞典宜家(IKEA)是20世纪中期的一个商业奇迹。宜家在1943年初创时,仅仅是从一个很小的文具邮购业务开始，不到60年的时间就发展到在全球拥有180家连锁商店，分布在42个国家，雇用了7万多名员工的企业航母，成为全球最大的家居用品零售商。宜家的营销我们可从以下几点略见一斑：

1."娱乐购物"的文化

宜家一直以来都倡导"娱乐购物"的家居文化，他们认为，"宜家是一个充满娱乐氛围的商店，我们不希望来这里的人们失望"。宜家最先将"家居"这个全新的概念引入中国，很多来宜家的人都不是纯粹来购物的，他们已经习惯性地把它当作了一个休闲的地方，顾客在这个环境中会不知不觉被"宜家文化"所感染。宜家文化让顾客体会到：原来厨房可以如此整洁大方、井然有序，客厅可以如此色彩缤纷、功能丰富，卧室可以如此温馨无比、风情万种。顾客在宜家不但可以买到称心如意的家具或家居用品，更重要的是也学会了色彩可以这样搭配，杂物可以那样收纳等，许多生活常识和装饰灵感在这里悄然迸发。久而久之，宜家成为家居的代名词。

2."有价值的低价格"策略

2003年9月1日，宜家家居在华销售的1000种商品全部降价销售，2003年的新产品目录册中，平均降价幅度达到30%以上。其中最大降幅达到65%。宜家公司中国市场的营销策略是将大众路线执行到底，即降价再降价，其未来目标顾客将锁定家庭月平均收入为3350元以上的工薪客户群体。

宜家采取的策略是非常稳健的，先进行精品、高档的形象铺垫，然后进行循序渐进的价格滑落，这使顾客始终感觉宜家产品的价格不太高，又不让顾客觉得是便宜货，保持着"有价值的低价格"的策略。

3.透明营销

跟国内的很多家具店动辄在沙发、席梦思床上标出"样品勿坐"的警告相反，在宜家，所有能坐的商品，顾客都可以坐上去试试感觉。宜家出售的一些沙发、餐椅的展示处还特意提示顾客："请坐上去！感觉一下它是多么舒服！"

此外，宜家的店员不会像其他家具店的店员一样顾客进门就对着你喋喋不休，你到哪里她们跟到哪里，而是非常安静地站在另一边，除非你主动要求店员帮助，否则店员不会轻易打扰你，以便让你静心浏览。

在宜家，用于对商品进行检测的测试器总是非常引人注目。一是全部产品都要求供应商采取环保材料，并坚持对供应商进行培训；二是产品的耐用性测试。宜家出售的橱柜从摆进卖场的第一天就开始接受测试器的测试，橱柜的柜门和抽屉不停地开、关着，数码计数器显示了门及抽屉可承受开关的次数。看了以上的介绍，再坐上去亲身感受一番，你还会担心自己购买后上当吗？

宜家的渠道策略是绝对不打折扣的直销，为了保证对产品价格、销售记录、专利权的维护以及整个销售体系的控制，宜家一直拒绝对旗下产品进行批发，对大宗团购客户也不提供任何"让利"服务;另外宜家也不出租任何自己的柜台,连餐厅都是亲力亲为。

资料来源:世界营销评论.2006.12.26,经整理

案例思考题

1. 宜家奉行的是哪种营销观念?
2. 宜家的营销模式有哪些值得中国企业参考借鉴?

案例分析 2

MTV 全球音乐:音乐是世界的语言

有人说,爱是全世界共同的语言,但是对于 MTV 公司来说,音乐才是世界的语言。1982 年,美国 MTV 网络公司开始向全美国的音乐爱好者推出其品牌的独特节目。该频道怪异却极富节奏感的表演迅速在其定位的 12~34 岁人群中吸引了大批观众。MTV 很快就将自己塑造成为提供"年轻人关心的所有事情"的美国青年文化网络。在确保了美国国内的成功后,MTV 在 1986 年卖给日本 Asahi 公司几个小时的节目,开始了其全球化的进程。之后很快,在 1987 年启动了欧洲 MTV,并且从那以后,该网络的全球化进程飞速发展。

目前,MTV 的节目在 140 多个国家和地区播放,包括巴西、加拿大、中国、法国、德国、荷兰、印度、意大利、日本、韩国、拉丁美洲、波兰、俄罗斯、东南亚、西班牙以及英国。今天,MTV 全世界的观众人数是美国有线电视新闻网(CNN)所有人数的 2 倍。MTV 已经进入了 384000000 个家庭,使用 19 种不同的语言,共有 33 个频道和 17 个网站。到 2000 年,亚洲已成为其最大市场。在亚洲,MTV 拥有 109500000 个年龄为 12~34 岁的观众,占据该人群全球份额的一半。

MTV 国际化获得巨大成功的秘诀是什么?收听巴黎、北京、莫斯科或是火地岛及其他地方的 MTV 节目,你会发现这些元素——MTV 全球音乐的品牌标识、动感节奏的方式、VJ、非主流摇滚等——使得 MTV 在世界的任何地方都不尽相同。MTV 针对国外观众播放的并不是对本国节目的简单复制,而是谨慎地进行本地化。每一个频道播出的节目中,融和了当地市场具体观众品位的节目占到了 70%。

一位《商业周刊》的分析家指出:"(MTV)非常精明地认识到,全世界的年轻人虽然需要美国音乐,事实上,他们真的希望音乐中也包含当地特色。所以,MTV 节目制作者和 VJ 在当地市场上搜索精英,从而产生一种能够使 MTV 全球产品保持

新鲜感”的节目，例如，MTV 在印度推出了 21 个有当地 VJ 主持的印度国产节目。这些主持都操着一口印度英语，一种时髦的城市化及印度语和英语的混合口音。

对当地市场缩减这么多的控制措施，偶尔确实也会导致失足。在中国台湾地区的 MTV 节目中看到裸体摔跤时，MTV 经理都惊呆了。这时他们就必须进行干涉。还有，1996 年，当 MTV 第一次进入印度市场时，印度电影音乐浪漫的宝莱坞电影原声带非常流行。但是 MTV 在当地雇用的节目制作人却很轻视它，认为它不够酷。于是观众抛弃了 MTV 频道，从而使其不得不播放宝莱坞音乐。从那以后，其收视率迅速提升 700%。

MTV 将国际化和本土化融合的独特性节目不仅十分流行，而且获利丰厚。该网络掌握的是一个年轻而财富逐渐增加的人群，这使得其广受广告商欢迎。总之，MTV 既有地方特色又有国际化的内容，且其进入国际市场比较早，使得其难以被打败。

因此，仅仅用了 20 年，MTV 已经加入了国际优秀品牌行列，可以与以下品牌并列：可口可乐、李维斯和索尼。正如一位分析家所言：这是 MTV 版的全球化震撼。

资料来源：(美)菲利普·科特勒，加里·阿姆斯特良. 市场营销管理(亚洲版). 何志颜，等，译. 北京：机械工业出版社，2010：19-20

案例思考题

1. MTV 为什么要将国际化和本土化融合？

2. MTV 成功的原因是什么？

企业战略规划及营销管理过程

第2章

企业为了有效地开展市场营销活动，实现其营销目标，必须在现代市场营销观念的指导下，针对目标市场的需求，全面考虑影响市场营销的各种因素，制订有效的战略规划。一个企业如果战略决策失误，具体工作做得再好，也毫无意义。本章主要介绍企业战略规划的制订及市场营销管理过程的主要内容。

2.1 制订企业战略规划的重要性

2.1.1 企业战略的含义与特点

“战略(Strategy)”一词，来源于希腊语“Strategos”或者“Stragia”，译为“将军”“战役”“谋略”等，是同“战术”一词相对而言的。其最本质的含义是指导战争的谋略。随着时代的发展，“战略”一词逐步被引入政治、经济活动当中，成为各个领域使用较为频繁的一个概念，特别是近年来，随着企业竞争的加剧，“战略”一词已被广泛应用于企业的营销活动中。

企业战略泛指企业为实现自己的总任务和总目标所制订的全局性谋划方案。是企业根据当前和未来市场环境变化所提供的市场机会和可能出现的环境威胁，考虑如何有效地利用自身现有的以及潜在的资源能力，满足目标市场的需求，从而实现企业的既定目标。

从上述企业战略的含义中，可以总结出企业战略有以下几个方面的特点：

1. 全局性

企业战略体现了企业全局的发展需要和利益。例如，如何估计一定时期内市场需求发展的趋势和变化，相应地发展某一新技术，推出某一新产品，这是关系企业发展兴衰的大事情，属于战略决策，具有全局性的特点。当然，全局又是由它的一切局部有机地构成的，所以，照顾各个局部之间的关系，也是战略决策的一项重要任务。

2. 长期性

战略着眼于未来，要指导和影响未来一个相当长的时期。因此企业战略又具有长期性的特点。一个具有战略头脑的领导人不会只顾眼前的利益，他会更重视长远的利益。当然，未来又是以当前为出发点的，任何未来的发展都要以当前为依据。因此，立足当前，放眼未来，协调当前和未来发展的关系，是企业战略决策的关键。

3. 系统性

系统性就是说企业各个方面的问题是一个彼此紧密配合和有机联系的整体。系统有层次之分，又有主次和大小之分。对应于各不同层次和各部门系统的战略，又只能是整体系统战略的一个局部。局部应该服从全局。就一个企业内部而言，应该把整个企业战略作为一个整体系统工程来统筹制定，追求整体发展的最大效益。

4. 适应性

企业的营销受外部环境和内部条件的综合影响。当外部环境发生变化（如市场需求、政治或经济形势变化、政策与法令变更、原材料供应变化等）时，必须不失时机地做出战略调整。企业的内部条件变化也会对市场营销产生影响。战略决策应该适应内外环境变化而进行创造性的反应。也可以说，企业战略是以现在为基础对将来做出的决策，是积极地和有准备地迎接未来挑战的决策。

5. 风险性

任何决策都不可能是在信息绝对充分的条件下做出的，都是对未来所做的预测性决策。由于环境的多变性和复杂性以及企业自身的条件也在不断变化，任何战略都是时间的函数，具有不确定性和瞬时性的特点。某个机会的价值大小，往往取决于企业当时的地位、实力和素质条件，很多机会往往是瞬时即逝，失不再来。机会和威胁经常是可以互相转化的，一次机会就是一份有利的战略资源，谁能及时抓住时机抢先利用，谁就会得到有利的报偿。对于失去机会的企业来说，可能会变成更大的威胁。

2.1.2 制订企业战略规划的重要性

企业战略规划（Strategic Planning）是使企业的目标、资源与变化的市场环境相互协调的一种管理过程。其目的是使企业的经营结构、资源特长和经营目标，在可以接受的风险限度内，与市场环境所提供的各种机会取得动态平衡。

企业的经营管理工作，一般地说可以分为两大类：一类是在产品方向和市场方向既定的情况下，组织好产品的生产和销售工作。这一类工作经常地重复出现，通常可以制定出一套相对稳定的工作程序，叫作日常业务管理。日常业务管理的决策属于企业中层或基层的短期性或技术性决策，又叫战术性决策。它是在战略性决策做出以后，为了保证具体任务完成的决策。另一类的管理工作则是涉及企业全局性发展方向的问题，是不经常出现的问题。例如，产品方向或市场发展方向的选择，企业规模的扩大，多种经营的发展问题等。对于这一类问题的设计、谋划、抉择和实施，直到达成企业预期总体经营目标的全过程，叫作战略管理。企业的战略管理为日常业务管理指明方向和内容，而日常业务管理则是战略管理的基础和具体实施。战略管理决策是企业高层领导人最重要的工作，又叫战略决策。企业的营销战略规划是企业战略管理的一个组成部分。

企业的战略规划是贯穿于整个市场营销活动始终的灵魂，同时也是贯穿于市场营销策略、执行及运作过程各个环节的一套完整的战略思想。因此，制订企业战略规划具有十分重要的意义：

1. 企业战略规划对一个企业的生存和发展，具有决定性的指导作用

如果战略决策失误，具体工作做得再好，也毫无意义。没有正确战略思想指导的营销活动，就像一艘无舵的船，将随风漂泊，不知所终。特别是在市场环境变化无常的情况下，长期性、全局性、方向性的战略正确与否，对企业的前途和命运至关重要。因为按照“适者生存”的法则，谁能更好地适应环境，谁就能生存和发展；反之，则将被淘汰。市场竞争的过程，就是一个不断筛选、不断淘汰的过程。例如，20世纪70年代西方石油危机时期，美国的三大汽车公司都陷于困境，出现亏损，尤其是克莱斯勒公司到1980年亏损额累计达到14.77亿美元，濒临破产。究其原因，主要是战略决策的失误，这些美国公司长期以生产大型、豪华、舒适然而费油的轿车为目标，全然未考虑能源问题，结果当能源危机来临时措手不及，无力与日本汽车相竞争，因此，有的几乎遭到灭顶之灾。后来该公司聘用了著名企业家李·艾柯卡，做出正确的战略决策，才转危为安，重新发展起来。

2. 企业战略规划的制订价值，就在于打击竞争对手，保存自己

这是由战略本身具有的对抗特征所规定的本质属性。“打击竞争对手，保存自己”是企业的重要目标，但有时企业与其竞争者为了达到各自的目的，也往往采用“军事”联盟的措施，所以，企业的竞争者可以分为两类：一类是“敌人”，另一类是“盟友”，可以结成联盟。但从社会经济环境的变化及企业各自利益等因素的动态发展来看，联盟或盟友是在变化的，所以把企业战略规划的制订价值理解为一般意义上的打击对手保存自己是完全可以的。

企业战略规划是一切企业的生命线，企业的一切工作和一切业务活动都必须服务于战略规划，以战略规划所规定的任务和目标为转移。

阅读资料 2-1

2001 年，刘强东的京东商城已经成为当时中国最大的光磁产品代理商，并在全国各地开设 10 多家分公司。但京东商城转战电子商务领域并不是从战略上看到了电子商务的巨大发展前景。

2003 年，“非典”突然而至，这对传统零售业形成巨大冲击，刘强东原计划进行全国扩张连锁店面，后果断放弃。“非典”迫使他只能通过网络进行宣传，但没想到一些老客户居然看到了自己的宣传，通过网络买货。刘强东脑筋一转，何不直接在网上开店？第二年，“京东多媒体网”正式上线，成为京东商城的前身。

转型电子商务后的京东得到快速发展，以年均 300%以上的速度增长，并开始引起资本市场的关注。2007 年京东商城首次获得了来自今日资本 1000 万美元的注资，这次融资不仅是京东首次受到风险资本的关注，更重要的是迎来了一次发展转折。据艾瑞咨询公布的 2011 年第三季度数据，京东商城以 37.8%的市场占有率在中国自主经营式 B2C 网站中排名第一，市场份额超过第 2 名至第 10 名的总和。

资料来源：罗小卫. 京东速成记　刘强东从骑着二八车到拥有 1000 万用户. 华夏时报，2012-02-17. 有改动

2.2 企业战略规划的内容和步骤

企业战略规划是贯穿于企业经营活动各个方面的，而不是只限于市场营销一个方面。这种规划一般要定出 10～20 年的发展方向。

企业战略规划的内容和步骤主要包括：规定企业任务，确定企业目标，安排业务组合，制订新业务计划。

2.2.1 规定企业任务

企业的任务具体表现为企业的业务经营范围和领域，是企业寻求和判识战略机会的活动空间和依据。虽然，随着时间的推移和内外环境条件的不断变化，企业的任务也会相应地改变。但是，任何一个企业在确定其具体任务时，都应该明确地回答以下几个问题：“本企业经营的业务是什么”“本企业的主要市场在哪里”“谁是本企业的主要顾客”“顾客的主要追求和需要是什么？本企业应该如何去满足这些需求”。通过对这些问题的回答，就能明确地确定出企业的任务。

企业任务通常是由企业的高级管理层决定的。一个有效的任务书通常应具备如下条件：

1. 市场导向

在确定企业的任务，明确企业的经营领域时，应从消费需求的角度来规定和阐述企业任务，而不是以所生产的产品或从事的技术来表述企业任务，这样更能体现以市场为中心的原则。因为，任何先进的产品和技术都有可能会随着时间的推移而陈旧老化，被市场所淘汰，而市场上的某种需求却是长久存在和不断发展的。当电子计算器发明以后，计算尺就被市场淘汰了。如果生产计算尺的企业规定自己的经营业务是“满足顾客计算的需要”，就不会因为计算尺被淘汰而失去方向，就可以不断地开发与计算工作有关的各种产品和市场，使企业在不断创新中适应环境的变化而不断得到发展。美国通用汽车公司为自己规定的任务是生产交通工具，由于任务规定得比较广泛，所以，它既生产卡车，也生产轿车、公共汽车和其他多种与交通工具有关的产品。同样道理，生产照相胶片的企业把任务定为“满足情报记录的需要”；化肥公司把业务领域定为“满足粮食（农业）增长的需要”；吸尘器生产企业把任务定为“提供美化环境的工具”等，都是恰当的。这种把企业的业务领域明确地定为某一顾客群或某一个细分市场的需求服务，是以市场为中心的营销观念的体现。表 2-1 列出了部分企业以产品导向和市场导向界定企业任务的不同表述。

表 2-1　　以产品导向和以市场导向对企业任务界定的比较

公　司	产品导向	市场导向
某铁路公司	我们经营铁路	我们是人与货物的运送者
美国施乐公司	我们是卖复印机的	我们是卖办公室自动化的
标准石油公司	我们出售石油	我们提供能源
开利公司	我们生产空调和暖炉	我们为家庭提供舒适的气候
哥伦比亚电影公司	我们制作电影	我们经营娱乐

2. 切实可行

企业任务书要根据企业的资源与特长来规定和表述，不宜规定得过宽或过窄。过宽往往使企业力量分散而使目标难以实现，过窄又会使企业的潜力不能充分发挥。当然，随着企业业务范围的不断扩大，企业的任务也是可以改变的，通过企业任务的及时修订，可以及时向职工提供明确的方向，而且可以使顾客看到企业的业务不断扩大，在顾客中树立起良好的形象。

3. 具有激励性

企业的任务应该对企业全体员工具有鼓动性，产生激励感。通常企业的职工总是愿意感到自己工作的重要性。因此，企业应该让全体职工了解企业任务的意义从而鼓舞职工的士气。如“为农业增产而提供化肥”“为美化环境而提供工具”的任务就都具有这种作用。再如，我国久负盛名的“同仁堂”等老字号，数百年经久不衰的重要原因之一，就是它们都有一套世代相传的基本经营规范，同仁堂1702年提出“炮制虽繁，必不敢省人工；品味虽贵，必不敢减物力”的古训，至今坚持不渝。

4. 具体明确

企业任务应具体明确。不仅任务要明确，而且应该有明确的方针措施，即实现这些任务的途径和方法。例如，应当如何对待顾客，如何对待中间商和供应商，如何对待竞争者，如何对待公众等。使企业在重大问题上有共同一致的一套行为准则，以保证全体员工齐心协力，为实现共同目标而努力。

2.2.2 确定企业目标

企业任务确定后，还要将这些任务具体化为企业的经营目标。每一个企业在不同的时期内的目标内容不可能完全一样。但是，任何企业的经营目标一般都应该包括：贡献目标、市场目标、发展目标、利益目标等各个方面的内容。由于企业的生产经营活动主要是通过生产销售和财务等活动进行的，所以，经营目标一般应表现为产品品种、数量、销售额、利润额、利润率、市场占有率、产品创新和树立形象等一系列的目标值。

一个企业制定出了明确的目标，可以使企业的各项工作在统一的目标指引下得到协调，从而减少内部阻抗及离心力量，减少经营的盲目性，提高企业的经营效果；统一的经营目标还能够激发和鼓舞员工的士气，焕发员工的潜力，使经营活动更具有活力和群众基础。

企业目标的制定，应遵循以下原则：

1. 科学性与现实性相结合

所谓科学性，就是说目标要经过科学的预测和计算，有充分的科学依据；所谓现实性，就是说目标是在全面分析企业各种条件及主观努力程度以后确定的，是可以达到的。目标的制定需把二者结合起来，目标过高或过低都不利于调动职工的积极性。

2. 关键性和数量化

目标要突出企业经营的主攻方向，目标不宜太多或过分庞杂；目标不应只是一些定性要求或概念化原则，要尽可能地用数量表示，使之具有可考核性和可比性；除了要有数量目标外，还应该有时间目标和空间目标，以便在整个管理过程中进行计划和控制执行。

3. 层次化

一个企业的目标应是多种多样并有层次的。在总体目标的统帅下，要有各部门和各环节的分目标。这样，形成一个自上而下、主次分明、协调一致、相互保证的目标体系。各目标之间具有主次、纵横的层次和关系。

4. 灵活性

企业的目标应根据内外环境条件的变化而及时进行调整，改变已经不切合实际的目标，使之具有新的生命力。

2.2.3 安排业务组合

企业的最高管理层在确定了企业的任务和目标之后，就需要安排业务组合，把企业有限的资源合理分配给各个业务单位。这就需要对现有的业务或产品组合进行评估，以确定对哪些业务或产品追加投入，对哪些减少投入。

为了优化产品投资组合，企业高层管理人员应首先将企业所有的产品或业务分成若干个“战略业务单位”(每个“战略业务单位”都是单独的业务或一组相关的业务，并能单独计划、考核其营销活动，可以是企业组织中的一个部门或一个单位，也可以是企业所经营的一类产品或一种产品)，然后，再逐个分析、评价它们的经济效益和增长机会，并做出或发展，或维持，或缩减，或淘汰的决策。

对业务或产品组合进行分析和评估的一种著名的方法是由美国波士顿咨询集团提出的。

波士顿矩阵法(Boston Consulting Group)是用“市场销售增长率——相对市场占有率矩阵”对各业务单位进行评估，简称“BCG 法”，如图 2-1 所示。

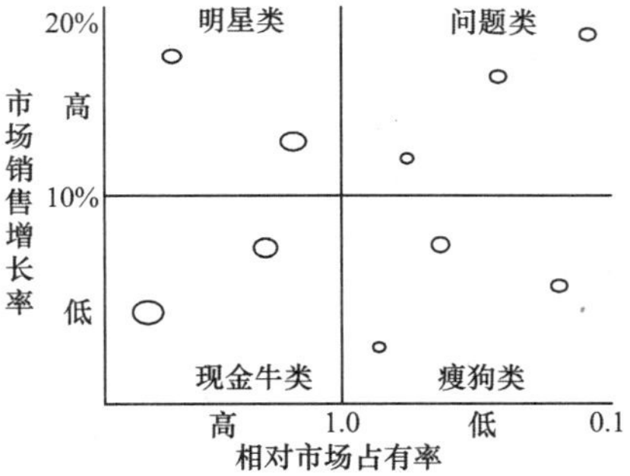

图 2-1 波士顿矩阵图

图中纵坐标表示市场销售增长率，即产品销售的年增长速度，以 10% 为分界线分为高低两个部分；图中横坐标表示业务单位的市场占有率与最大竞争对手市场占有率之比，称为相对市场占有率，以 1.0 为分界线分为高低两个部分。

矩阵图中每个圆圈都代表一个业务单位，圆圈的大小表示该业务单位的销售额占企业总销售额的比重，圆圈的位置表示该业务单位市场增长率和相对市场占有率情况。

根据有关业务或产品的市场增长率和相对市场占有率情况，波士顿矩阵把企业全部的经营业务定位在四个区域中，分别为：

1. 高增长——弱竞争地位的“问题类”业务

这类业务通常处于最差的现金流量状态。一方面，所在行业的市场增长率高，企业需要大量的投资支持其生产经营活动；另一方面，其相对份额地位低，能够生成的资金少。因此，企业在对于“问题类”业务的进一步投资上需要分析，判断使其转移到“明星类”业务所需的投资量，分析其未来收益，研究是否值得投资等问题。

2. 高增长——强竞争地位的“明星类”业务

这类业务处于迅速增长的市场，具有很大的市场份额。在企业的全部业务中，“明星类”业务在增长和获利上有着极好的长期机会，企业必须投入巨资支持其发展。但这并不等于说“明星类”业务能给企业带来大量资金，这类业务通常是现金消耗者，而非现金生产者，同时，它也常常盈利可观。当其市场增长速度降低时，这类业务单位就由“现金使用者”变为“现金提供者”，即“现金牛类”。

3. 低增长——强竞争地位的“现金牛类”业务

这类业务处于成熟的低速增长的市场中，市场地位有利，盈利率高，本身不需要投资，反而能为企业提供大量资金，用以支持其他业务的发展。这类业务的多少，是企业实力强弱的标志。

4. 低增长——弱竞争地位的“瘦狗类”业务

这类业务处于饱和的市场中，竞争激烈，可获利润很低，不能成为企业资金的来源。如果这类业务还能够自我维持，则应缩小经营范围，加强内部管理。如果这类业务已经失败，企业就应及早退出经营。

以上四类业务单位在矩阵图中的位置不是固定不变的，随着时间的推移会不断变化。例如，“明星类”业务的销售增长率最终会降下来，成为“现金牛类”业务；“现金牛类”业务有可能最终成为“瘦狗类”业务；如支持及时，“问题类”业务有可能成为“明星类”业务；如经营成功，“瘦狗类”业务也有可能转化为“明星类”业务。

正因为如此，企业在制订战略规划时，对不同类别的产品应持不同的投资战略。可供选择的战略有以下四种：

1. 拓展战略

拓展(Build)战略的目标是提高产品的相对市场占有率。为达此目标，必要时可放弃短期利润。这种策略特别适用于“明星类”业务或“问题类”业务中有希望转为“明星类”的业务。

2. 维持战略

维持(Hold)战略的目标是维持产品的相对市场占有率。这种策略特别适用于"现金牛类"业务,因为这类产品能够提供大量现金,对其投入可维持现状。

3. 收割战略

收割(Harvest)战略的目的在于通过减少投入降低成本增加短期现金收入,而不顾长期效益。这种策略特别适用于"现金牛类"业务中前景暗淡的业务。对"瘦狗类"业务和"问题类"业务也适用。

4. 放弃战略

放弃(Divest)战略的目的在于清理、变卖现在产品,不再生产,并把各种资源用于生产经营其他经济效益好的产品。适用于给企业造成很大经济负担而又没有发展前途的"瘦狗类"业务和"问题类"业务单位。

2.2.4 制订新业务计划

企业的最高管理层制订了业务组合计划后,还应对未来的业务发展方向做出战略规划,即制订企业的新业务计划或增长战略。可供选择的企业增长战略主要有以下三类:密集性增长(Intensive Growth)战略、一体化增长(Integrative Growth)战略和多元化增长(Diversification Growth)战略(表 2-2)。

表 2-2　企业增长战略

密集性增长	一体化增长	多元化增长
市场渗透	后向一体化	同心多角化
产品开发	前向一体化	水平多角化
市场开发	水平一体化	集团多角化

1. 密集性增长战略

密集性增长(Intensive Growth)战略是指企业利用现有业务内的市场机会寻求增长和发展的一种战略。可以采用以下三种形式:

(1)市场渗透

市场渗透(Market Penetration)是指企业以现有的产品在现有市场上,采用种种措施,提高市场占有率的战略。如通过加强广告宣传,利用各种促销手段等,刺激现有老用户多买产品;刺激尚未购买过本企业产品的潜在顾客前来购买;从竞争者手中争取顾客购买本企业产品。

(2)产品开发

产品开发(Product Development)是指企业通过开发新产品以满足现有市场需求的战略。开发新产品的战略可以通过对老产品的更新换代,或增加产品品种,对产品的特色、外观等进行改变等方式，以更好地满足现有市场的需求。

(3)市场开发

市场开发(Market Penetration)是指企业将现有的产品推向新市场，以扩大产品销售量的战略。这种战略可以通过扩大或转移市场区域，或找到产品的新的使用领域等形式实现。

2. 一体化增长战略

一体化增长(Integrative Growth)战略是指企业利用与现有业务有直接联系的市场机会寻求发展的一种战略。与企业现有业务有直接联系的有供应商、销售商和竞争者三个方面，由此，一体化增长战略也可以划分为以下三种形式：

(1)后向一体化

后向一体化(Backward Integration)是指企业向其供应商系统发展，实现供产一体化的战略，例如，某汽车制造企业原来向其他厂商购进汽车轮胎，现在发现汽车市场需求增长很快，改为自己开办轮胎厂或通过收购股份参与控制现有的轮胎公司。

(2)前向一体化

前向一体化(Forward Integration)是指企业向其销售商系统发展，实现产销一体化的战略，如汽车制造商自设分销系统等。

(3)水平一体化

水平一体化(Horizontal Integration)是指企业向其竞争者方向发展，以实现对竞争者控制的战略。如一个企业与其同类型业务的企业合并，扩大了生产规模。

3. 多元化增长战略

多元化增长(Diversification Growth)战略，是指向本行业以外发展，扩大业务范围，向其他行业投资，实行跨行业经营。当企业所属行业缺乏有利的营销时机或其他行业的吸引力更多时，可实行多元化增长战略。但多元化并不意味着毫无选择地利用一切可获利的机会，而是要扬长避短，结合自身的资源优势来选择市场机会，以充分发挥资源潜力并使风险分担。多元化增长战略主要有三种形式：

(1)同心多元化

同心多元化(Concentric Diversification)是指企业以现有产品为中心向外扩展业务范围，利用企业现有技术和营销力量，发展与现有产品近似的新产品，吸引新顾客。如汽车厂在原来生产汽车的基础上，又增加生产拖拉机、起重机等。

(2)水平多元化

水平多元化(Horizontal Diversification)是指企业利用原有的市场优势，发展与现有产品无关但在消费上有关联的产品或服务。例如，农机厂利用其在某个农村市场的优势，同时发展农药和种子，可以取得好的效果。

(3)集团多元化

集团多元化(Conglomerate Diversification)是指企业开发某种与现有产品、技术和市场无关的新产品,以寻求新的增长机会。

实行多元化发展,一般地说可以提高企业对环境的适应性,获得更大的发展机会,减少单一经营的风险,也有可能更充分地利用企业的内部资源,提高企业的整体经济效益;但是也会带来经营管理复杂化、资源分散等问题。

阅读资料 2-2

多元化与管理质量

过分追求多元化经营会造成管理质量下降,日本的著名企业家松下幸之助先生总结自己长达71年之久的企业经营实践时说:在企业经营里面,有所谓多元化和专业化的经营方法,但我原则上认为,与其多元化,不如想办法实行专业化。当然,多元化也有其优点。但是一般看来,专业化总是比较容易获得具体成果的。也就是说,各个企业在自己所能拥有的设备、技术、资金等力量的范围内去经营时,集中使用比分散力量更能产生巨大的效果。美国著名企业家李·艾柯卡也深谙此道。当年,他在接手深陷困境,濒临破产的克莱斯勒汽车公司后,为了挽救公司,毅然将每年有5000万美元利润的坦克工厂卖了出去。他认为,建造坦克不是克莱斯勒公司的主要经营领域,如果公司想要有发展前途的话,还是必须在汽车工业上求得发展。

资料来源:潘竞贤,周来阳.松下幸之助管理日志.北京:中信出版社,2010

2.3 企业的市场营销管理过程

战略规划过程明确了企业的基本任务和目标,而市场营销管理过程则用系统的方法寻找市场机会,进而把市场机会转变为有利可图的企业机会。所谓市场营销管理过程(Marketing Management Process),就是识别、分析、选择和发掘市场营销机会,以实现企业的战略任务和目标的管理过程,亦即企业与它最佳的市场机会相适应的过程。这个过程包括如下四个步骤:分析市场机会,选择目标市场,设计营销组合,管理市场营销活动。

2.3.1 分析市场机会

市场营销学认为,寻求、分析、评价市场机会是市场营销管理人员的主要任务,也是市场营销管理过程的首要步骤。所谓市场机会(Market Opportunity)就是市场上存在未被满足的需要。所以,为了得到一个市场机会,企业的营销人员必须进行专门的调查研究,千方百计地寻找、发掘、识别,然后还要加以分析、评估,判断是否适用于本企业。因此,营销人员不但要善于发现和识别市场机会,还要善于分析和评估哪些只是环境机会,哪些才是适合于自己的营销机会。

所谓企业营销机会,就是对这个企业的营销具有吸引力的,在此能享有竞争优势的环境机会。市场上的一切未满足的需要都是客观存在的环境机会,但是能否成为企业的营销机会,还要看它是否适合于企业扬长避短,发挥优势,比竞争者和可能的竞争者获得更大的超额利润。例如,市场上需要绿色食品,这只是一个环境机会,它不一定能成为一个汽车制造公司的营销机会。所以,企业的营销人员对于已发现和识别的市场机会,还要根据自己的目标和资源进行分析评估,从中选出对本企业最适合的营销机会。

营销管理者要善于捕捉市场机会,不失时机地占领市场。对待"机会损失"也应有足够的重视,应当像对有形资产损失一样重视机会损失。

企业不仅要善于发现市场机会,还要善于发现环境威胁,即对企业营销不利因素的挑战。机会和威胁是并存的,如果不能及时发现市场上的各种威胁,并采取有效的应变措施,就可能造成巨大的损失。

2.3.2 选择目标市场

选择目标市场(Selecting Target Market)是企业的一种经营选择。实践证明,成功的企业不仅要明确为什么样的需要服务,更要明确为谁的需要服务,即企业要识别各个不同的购买群体,选择其中一个或几个作为目标市场,运用适当的市场营销组合,集中力量为目标市场服务,满足目标市场需要。目标市场的选择包括四个步骤:

首先要仔细衡量其现有的和未来的市场容量。如果对市场前景的预测看好,就要决定如何进入这个市场。一个市场是由多种类型的顾客和需求构成的,这就需要进一步分析市场结构,了解构成这一市场的各个部分,并确定哪个部分可以提供达到目标的最佳机会。

其次,要对市场进行细分。因为每个顾客群都是根据地理、人口、年龄、性别、心理、收入和行为等方面的不同特征形成的。按顾客的不同需求特征把顾客分为若干部分,即把市场分成若干部分,就是市场细分化。市场的每一个细分部分或称子市场,都是由那些对一定的营销刺激具有相似反应的顾客群构成的,每个市场都可以划分为若干个子市场,但不是每一种细分都有实际意义,对不同产品来说,细分的依据往往不同。例如，电冰箱就没有按性别进行分类的必要。一般说来，一个企业不可能为所有的子市场都提供最佳的服务，而应根据自己的目标和资源，集中力量为一个或几个市场服务。

再次，在市场细分的基础上，选择一个或几个市场作为自己的服务对象，这些被选中的子市场称为目标市场。企业根据自己的资源条件选择一定的目标进行经营，就是市场目标化或目标市场营销。

最后，企业选定了自己的目标市场后，还要实行市场定位，采取适当的定位战略。所谓市场定位，就是企业在目标顾客心目中为自己的产品确立一定位置，形成一定的特色，即在目标市场上树立一定产品形象和企业形象，以区别于竞争者。为此，必须先分析竞争者的产品在市场上的地位和份额，充分了解目标市场上现有产品和品牌在质量、功能和广告形式、价格水平等方面有什么样的特点，了解现有品牌之间的竞争关系，以及它们对顾客需要的满足程度等，然后为自己选定一个市场位置。

2.3.3 设计市场营销组合

在选定了目标市场和确立了市场定位以后，市场营销管理过程的下一个步骤是设计市场营销组合策略。

所谓市场营销组合(Marketing Mix)，就是企业的综合营销方案，即企业根据目标市场的需要和自己的市场定位，对可控制的各种营销因素(产品、价格、渠道、促销等)的优化组合和综合运用，使之协调配合，扬长避短，发挥优势，以取得更好的经济效益和社会效益。搭配得好，可化平庸为神奇。所以，营销策略也是一种艺术。

企业可控制的营销因素很多，可分成几大类，最常见的一种分类方法是由E. J. 麦卡锡提出的，即把各种营销因素归纳为四类：产品(Product)、价格(Price)、地点(Place)和促销(Promotion)。因这四个词的英文第一个字母都是“P”，故简称“4P”(图 2-2)。

市场营销组合中的产品代表企业提供给目标市场的物品和劳务组合，其中包括产品质量、外观、式样、品牌名称、服务、包装、型号、保证、退货、买卖权，等等；价格代表顾客购买商品时的价格，包括价目表所列的基本价格、折扣、津贴、付款时间、信用条件等；地点代表企业使其产品可进入和达到目标市场或目标顾客所进行的种种活动，其中包括渠道选择、仓储、运输等；促销代表企业宣传介绍其产品的优点和说服目标顾客来购买其产品所进行的种种活动，包括广告、人员推销、营业推广、公共关系等。市场营销组合就是把这四个“P”进行适当的组合与搭配，体现了

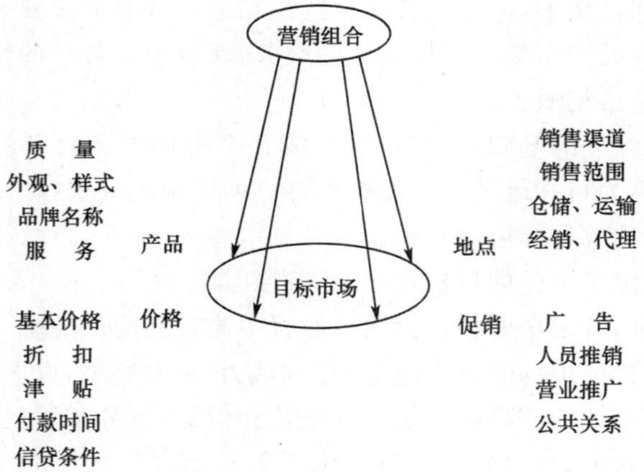

图 2-2　市场营销组合四要素

现代市场营销观念中的整体营销思想。

市场营销组合因素对企业来说都是可控制因素。即企业根据目标市场的需要，可以决定自己的产品结构，确定产品价格，选择分销渠道（地点）和促销方法，对这些市场营销手段的运用和搭配，企业都拥有自主权。但这种自主权是相对的，企业不能随心所欲地利用这些自主权。因为企业在营销过程中不但要受本身资源和目标的制约，还要受到各种微观环境和宏观环境因素的影响制约，这些都是企业无法控制的变量，即不可控因素。因此，市场营销管理者的任务就是适当安排市场营销组合，使之与不可控制的环境因素相适应，这是企业营销活动能否成功的关键。

市场营销组合是一个多层次的复合结构，四个"P"中又各自包含了若干小的因素，形成各个"P"的亚组合。因此，市场营销组合是至少包括两个层次的复合结构。企业在确定市场营销组合时，不但要求四个"P"之间最佳搭配，还要注意安排好每个"P"内部的搭配，使所有这些因素达到灵活运用和有效组合。

市场营销组合又是一种动态组合、整体性的组合。每一个组合因素都是不断变化的，是一个变量，同时又是互相影响的，每个因素都是另一个因素的潜在替代者。在四个大的变量中，又各自包含着若干小的变量，每一个变量的变动都会引起整个市场营销组合的变化，形成一个新的组合。

把企业的市场因素分为可控因素与不可控因素，以及把可控因素概括为"4P"，这一理论在西方已有几十年的历史。但是，随着国际市场的竞争日趋激烈，许多国家政府干预加强和贸易保护主义的再度兴起，市场营销理论有了新的发展。菲利普·科特勒从 1984 年开始提出了一个新的理论，他认为企业能够影响自己所处的市场营销环境，而不应单纯地顺从和适应环境。因此，除市场营销组合的"4P"之外，还应该再加上"2P"，即权利（Power）与公共关系（Public Relation），成为"6P"。

也就是，要运用政治力量和公共关系，打破国际或国内市场上的贸易壁垒，为企业的市场营销开辟道路。他把这种新的战略思想称为“大市场营销”。

2.3.4 管理市场营销活动

管理市场营销活动就是执行和控制市场营销计划，这是整个市场营销管理过程的关键步骤。因为企业制订市场营销计划不是纸上谈兵，而是为了指导企业的市场营销活动，实现企业的战略任务和目标。该部分内容将在后面章节详细叙述。

思考题

1. 什么是企业的战略规划？制订企业战略规划有何重要性？

2. 企业战略规划包括哪些内容和步骤？

3. 企业在规定自己的战略任务时，为什么要体现以市场为中心的现代市场营销观念？

4. “明星类”“现金牛类”“问题类”和“瘦狗类”战略业务单位的含义是什么？对这四类业务单位应分别采用何种投资策略？

5. 企业在什么情况下采用密集性增长、一体化增长和多角化增长战略？

6. 试举例说明什么是市场渗透、产品开发和市场开发战略？

7. 试举例说明什么是后向一体化、前向一体化和水平一体化战略？

8. 试举例说明什么是同心多元化、水平多元化和集团多元化战略？

9. 企业的营销管理过程包括哪些步骤？

10. 市场营销组合包括哪些因素？

案例分析 1

“百事可乐”的多元化战略

任何战略都是有正负效应的，关键在于权衡利弊，做出合理的选择。面对多元化，还是专业化，是搞兼并，还是建联盟时，尤其如此。

20 世纪 70～80 年代是西方公司实施多元化战略，进行跨国业务扩张的高潮时期。它们通过大量并购活动努力扩大业务范围和地理区域，取得了一时的成功。但随后的整合过程却颇费周折，各业务单元之间的协同不仅有正效应，而且存在负效应。因为要取得协同就必须通过建立一定的水平组织或将共享对象和职能上交总部，由此产生大量协调费用、信息费用，并且使业务单位管理者的积极性、自主性、灵活性都受到影响。这些负面效应足以抵消正面效应，导致关联性多元化失败。尤其是20世纪90年代初环境的动荡多变对企业的应变能力提出了更高要求，而取得“协同效应”的多业务公司就如同三国演义中曹操在赤壁之战中的连环船，庞大而迟钝。20世纪90年代开始，许多多元化的国际企业又纷纷剥离非核心业务，回归主业。

百事可乐公司（简称“百事”）多元化战略的终止，再一次从实践领域对战略协同理论提出质疑。回顾百事的战略变迁，对国内一些正在实施多元化战略的企业有一定借鉴意义。

百事可乐公司始建于1902年。到了20世纪40年代末，百事发展成为成功的专业饮料企业。1963～1986年唐纳德·肯道尔任百事的首席执行官，自此百事的战略导向发生了巨大变化：肯道尔要求公司对可口可乐从被动防守转向积极进攻。从此可乐之战连绵不绝，百事饮料的市场地位也大幅提高。另一方面，肯道尔深信“快餐薯条与碳酸饮料密不可分，往往是顾客同时购买和消费的对象”，兼并快餐业与餐馆一定程度上可以增加自己的饮料业务销售点。

1986～1996年百事的首席执行官韦尼·科勒威继续执行肯道尔的关联性多元化战略，形成了百事组织的八大组成部分：百事可乐北美公司、百事可乐国际公司、弗里托雷公司、百事可乐食品国际公司、必胜客比萨饼世界公司、泰科贝尔世界公司、肯德基炸鸡公司和百事可乐食品系统世界公司。八大部门分属软饮料、快餐和餐馆三大主营业务。1991年销售额近200亿美元，其中软饮料69.152亿美元，快餐55.658亿美元，餐馆71.269亿美元，餐馆业务首次在销售额上超过软饮料。这些餐馆系统在百事的领导下在美国和国际市场高速增长，尤其在国际市场上年销售额增长率持续多年超过12%。

此外，百事的多元化战略还包括：1968年购入北美长途搬运公司，1970年购入威尔逊运动用品公司，1972年购入亨利酒业公司。20世纪90年代初百事的产品与服务五花八门，涉及饮料、食品、运动用品、货物运输和建筑工程等。

当然，百事也非常注重避免协同的负效应。为保持各部门的积极性和灵活性，各业务主管基地都是直接向百事首席执行官韦尼· 科勒威报告工作；各业务部门保持高度的自治权，总部仅对各业务部门的高层人事任免、战略规划、资本支出进行管理。在百事的餐馆与连锁店之间，只有特别少的活动是共享的，所以很大程度上各餐馆是作为独立的业务单位来开展业务活动的。即使是联合行动也一般由部门发起，而不是公司总部，部门总裁拥有决定是否参加任何联合活动的特权。为了防止高度自治的多元化造成各业务部门出现部门本位主义，百事赋予全体员工百事公司的股票期权，培养各部门形成对“百事可乐的认同感”，并沿着已经分散的组织进一步放下权利。

为取得各业务部门的协同正效应，百事采取了非常有限的活动共享与横向沟通：

(1)共同顾客任务小组。百事存在一些多个业务单位都需要接触和协调的重要顾客或供应商，如沃尔玛公司、ARA公司等，小组成员来自各业务单元和总部，加强百事对外关系的协调性、有效性。

(2)百事的食品系统。1981年成立了这个供应和分销部门，利用网络技术提供24小时在线订货登录能力和库存采购系统，为饮料、食品和餐馆提供了部分可共享的供应、存储、运输、分销等服务，为各部门带来了成本节约。但是以餐馆连锁店为代表的部门坚持关键商品的采购控制自治，例如肯德基自己采购全部鸡肉。

(3)非正式协同。根据绩效评估提供的信息，工作调动在百事高层经理中是司空见惯的事情。由于拥有在百事多种连锁店工作的经验，所以一般不需要正式的调查和思想交流。

尽管百事采取了种种措施避免多元化的负效应，但百事的经营仍出现了种种问题，如：

(1)资金冲突。快餐店在经营上需要大量固定资产投资和广告宣传，需要大量的资金投入。据统计，1994年快餐店占用资金量达到整个集团的48%，这还不包括由快餐店发展的快餐食品加工业。百事饮料主业资金投入不足，而可口可乐全力投入饮料业：对世界各地的瓶装厂进行参股或控股，或是以契约联结与实力强大的瓶装厂构成战略联盟；在零售方面建立了规模庞大的自动售卖机系统；与重要零售商(如麦当劳、迪士尼企业)结为战略联盟。

(2)管理能力。快餐业与饮料业虽说关联性很高，但是经营特点、管理方式全然不同，领导者的管理能力有一定局限性。同时由于存在多个高度自治的业务部门，又使总部缺乏对环境做出快速有效反应的能力，这种不良影响一直在百事存在。例如，1999年可口可乐发生饮用中毒事件，市场人士批评恩里科反应迟钝，未能利用此事促进百事的进一步发展。

(3)多元化增加竞争压力。百事进军快餐业是为了借助快餐业广泛的营销网络，来促进饮料的销售，从而提高核心产品的市场竞争力。20世纪80年代晚期，可口可乐发动极富侵略性的广告业务，劝说餐馆经营者拒绝购买百事可乐，此举使百事于1991年失去了汉堡王公司和温迪公司的业务。

(4)非核心业务迅速膨胀损害核心能力。百事快餐业务的迅速膨胀使百事集团的业务结构发生了根本性改变，原来的核心业务——可乐制造只占总业务量的35%，原先拥有和潜在的饮料业务核心能力随着快餐业务的不断扩大和被重视，不断削弱。而可口可乐与麦当劳主业清晰,努力维护和创建核心能力。与百事的多元化战略相比,他们购并的业务与企业主业更加关联,可共享的资源与活动较为广泛,资源使用比较集中。

这些负效应使百事的地位受到严重威胁,百事的饮料在1996年美国市场的占有率落后于可口可乐11个百分点,是20年来差距最大的一次。同时除中东以外的全球各大市场均遭惨败,而快餐业又有麦当劳相抗衡。仅以炸鸡快餐为例,在国际市场麦当劳平均每天新开10家左右店铺,而肯德基平均每天才新开1家。

1996年4月恩里科出任百事首席执行官,公司战略发生变更,百事向主业回归。1997年1月23日恩里科宣布重组计划:美国百事可口可乐公司将放弃不景气的快餐店,以便集中力量开发饮料市场的主体业务,与可口可乐一争高下。在不到一年的时间内,他把包括肯德基、必胜客在内的餐饮业从百事分离出去,并购了TROPICANA果汁公司,还将百事的瓶装公司成功上市。分离出的快餐业务组建新的公司,经营管理权下放到新设公司,而百事集团对该公司享有收益权,这样的分离保证了快餐公司在资金上自主而非由总部进行资金调配,解决了饮料制造和快餐业争夺资源的矛盾,而且保留了快餐网络支持饮料销售的功能。

资料来源:王妙.市场营销学教程.上海:复旦大学出版社,2005

案例思考题

1.百事的多元化经营战略收到了什么成效?百事采取了哪些措施以避免多元化经营的负面效应?

2.为什么百事要由多元化向主业回归?

案例分析2

雷曼的破产之路

华尔街赫赫有名的投资银行雷曼兄弟公司曾经与高盛、摩根、美林和贝尔斯登合称美国五大投资银行,拥有包括时代华纳、戴尔、富士、IBM、英特尔、美国强生、百事、壳牌石油及沃尔玛等知名公司的客户群。但就是这样一个曾经在华尔街呼风唤雨的金融巨人,在经历了158年的风雨动荡之后,却在美国金融风暴中轰然倒地,最终落到申请破产保护的惨淡境地。造成这一悲剧性事件的原因是多方面的,有整个市场基本层面的变化和不稳定而导致的系统性风险,也有雷曼公司自身问题带来的特殊性风险,当然也与美国证券监管部门的监管失误有关。但在其一步步走向死亡的道路上,雷曼管理层所做出的错误战略决策绝对起到了不可忽视的作用。

2007 年的金融危机来势迅猛，让从事大量发行次贷及各种金融衍生品业务的雷曼措手不及。此时，雷曼本该立即减少信用违约掉期而将注意力转移到低杠杆风险的投资业务上，但在以 CEO 富尔德为首的高级管理层的错误战略决策下，公司在错误的道路上越走越远，直至万劫不复。

首先，雷曼的高层管理者认为美国已经不再具有统治力，而东方新近崛起的规模较小而实力强劲的市场正好可以弥补损失，因此必须进行海外收购，从而脱离美国市场实现全球化。这一战略举措缺乏事实的依据和长远的分析，忽略了世界货币体系密不可分这一事实。因为当美国人停止购买时，世界经济链就会断裂，其他国家虽可能继续发展，但终究要回到美元体系中去，世界是一个统一联系的整体。这一事实最终给予雷曼以致命的打击。

其次是受过去成绩的影响，管理层盲目乐观。雷曼的 CEO 富尔德在 1993 年成为雷曼的最高领袖，在当时是华尔街任职时间最长的 CEO。这期间，他带领雷曼成为华尔街上的巨无霸之一，荣获"债券之王"的称号，且几次避免了破产的厄运而走向辉煌。正因为如此，公司不免自上而下产生了盲目乐观和自满的情绪。在过去的几年里，公司业务拓展太快，将风险控制的重要性放在一边；对未来形势判断失误，即使是在房产市场出现危机苗头的 2007 年仍在拓展这方面的业务。在次贷危机初期，花旗、美林和瑞士银行等出现巨额的减持损失，而雷曼受益于自身所持资产结构受损较小，业界甚至一度赞扬雷曼是善于在非常时期成功处理危机的典范。凡此种种，都为雷曼后来的危机埋下了伏笔。

雷曼的第二个战略失误在于在危机发生时当断不断，错失良机。本来在 2008 年 3 月贝尔斯登倒掉的时候，雷曼就应该清醒地认识到问题的严重性。在以后的一段时间内，市场纷纷猜测下一个目标必定是雷曼和美林中的一个。出于这个原因，雷曼的管理高层数次出面辟谣，向市场说明自己的情况良好。同时在 3 月份以后，美联储已经出台了一些支持流动性的政策，使流动性问题对雷曼来说表面上已经得到很大缓解。这对雷曼来说是一个好机会，因为它完全可以利用这段时间来处理不良资产，出售优良资产进行融资，优化公司结构，甚至通过寻找战略伙伴走出困境。可是雷曼却错过了这样的好机会。由于公司管理层的盲目乐观("雷曼不是贝尔斯登")和斤斤计较(与韩国产业银行等的谈判中要价过高)，雷曼错过了一个又一个机会，直至意识到问题的严重性，坐等美联储来拯救的希望破灭后，再试图做些什么为时已晚。

最后，雷曼大肆购买不动产，且胃口大得惊人。其中第一笔交易就是耗资 450 亿美元收购德克萨斯的能源巨头 TXU 公司，成为史上最大规模的收购；第二笔交易是以 31 亿美元收购克莱尔连锁店。之后，雷曼开赴欧洲消费最高的国家心脏部位，开始收购位于法国巴黎商业区腹地的 39 层摩天大楼。此时，雷曼已经深陷 4650 亿美元的债务黑洞，处于全球性资产泡沫之中。

2008 年 9 月 15 日，雷曼正式按照美国破产法第 11 章进入破产保护。这是历史上规模最大的破产案，整个世界经济格局为之动摇。雷曼有其曾经的辉煌，却在金融危机中没落，背后是一系列战略逻辑的失误，值得深思。

资料来源：杨明生. 雷曼危机的根源与警示. 中国金融，2008(19)

案例思考题

理解和分析公司层战略和业务层战略的关系。

市场营销环境分析

第3章

企业的市场营销活动是在一定的市场营销环境中进行的，而市场营销环境又是不断变化的，市场营销环境的变化既会给企业提供机遇，也会给企业带来威胁。这就要求企业对市场营销环境进行研究，识别影响企业营销活动的各种环境因素及其发展变化趋势，了解环境因素对企业营销活动的影响机理，以便充分利用环境给企业提供的机遇，避开环境给企业造成的威胁，趋利避害，扬长避短，正确地制定营销战略和策略，实现企业经营目标。

3.1 市场营销环境概述

企业营销活动的成败，不仅受到外部环境因素的影响，还受到企业内部条件的制约。企业在开展市场营销活动时，要使内部资源和外部环境相匹配，把握和利用环境提供的机会，不断创造有利于企业发展的市场营销环境。

3.1.1 市场营销环境的概念

市场营销环境(Marketing Environment)是指影响企业市场营销活动和营销目标实现的各种因素的总和。企业的市场营销环境十分复杂，构成要素多，涉及范围广。根据环境因素对企业营销活动的影响方式以及企业对环境因素的作用情况，将企业的市场营销环境分为宏观营销环境和微观营销环境。

宏观营销环境是指间接影响企业市场营销活动的主要社会力量，包括人口环境、经济环境、政治法律环境、社会文化环境、自然环境和技术环境。

微观营销环境是指直接影响企业服务其目标市场的能力的各种因素，包括企业本身、消费者、供应商、营销中介、竞争者以及社会公众等。

微观营销环境对企业营销活动具有直接影响，宏观营销环境对企业营销活动具有间接影响，但是宏观营销环境却是给企业提供市场机会和造成环境威胁的主要因素，它对企业的营销活动具有广泛而深远的影响，微观营销环境中的各种行为者都是在宏观营销环境中运作并受其影响的。

市场营销环境如图 3-1 所示：

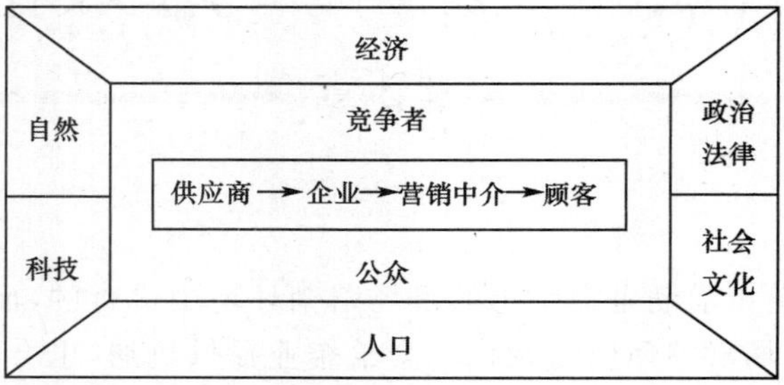

图 3-1　市场营销环境示意图

3.1.2　市场营销环境的特点

1. 客观性

客观性是指企业总是在一定的环境下生存和发展的，环境诸因素是独立于企业营销部门之外的、不以企业意志为转移的，环境对企业营销活动的影响具有强制性和不可控的特点。一般来说，企业营销部门无法控制营销环境，特别是宏观环境，企业难以按照自身的要求和意愿随便改变它，但是，企业可以主动根据环境的变化和要求制定和调整营销策略。

2. 差异性

差异性是指不同企业所面临的营销环境不同，即使是同一营销环境对不同企业的影响也不相同。环境的差异性要求企业针对不同营销环境制定不同的营销策略。例如，中国加入世界贸易组织，这一经济环境的变化对不同的企业所产生的影响是不同的，企业应根据这一变化，采取不同的应对策略。

3. 多变性

多变性是指市场营销环境诸要素是不断变化的。一方面，各种环境因素自身在不断变化；另一方面，某一环境因素的变化又会引起相关环境因素的变化，但环境诸要素变化的速度是不同的。相对而言，人口、社会和自然环境的变化相对缓慢一些，而科技、经济、政治与法律环境的变化则快一些，尤其是科技因素变化最快，它是促使企业技术改造和产品创新的主要动力。环境的多变性要求企业必须重视环境研究，监视环境的变化及其发展趋势，及时根据环境因素的变化调整营销策略。

4. 相关性

相关性是指市场营销环境的各种构成要素不是孤立存在的，而是相互联系、相互影响的，一个因素的变化可能导致许多因素的变化。例如，一个国家的体制、政策与法律总是影响该国科技、经济的发展速度和方向，继而会改变社会的某些风俗与习惯；同样，科技和经济的发展又会引起政治和经济体制的相应变革，促使某些法令和政策的相应变更。因此，环境因素对企业的营销活动并非单独产生影响而是综合发挥作用的，这种复杂的相互影响也使企业的外部环境更加难以把握。

5. 可影响性

可影响性是指企业可以通过采取适当的营销策略对外部环境施加一定影响，从而使某些环境因素向企业所预期的方向发展。现代营销理论认为，企业成败的关键在于能否适应不断发展变化的营销环境。"物竞天择，适者生存"，企业如果不能适应环境的变化，就会被环境所淘汰。但是，强调对环境的适应性，并不意味着企业消极地、被动地去适应环境，企业完全可以发挥主观能动性，积极影响甚至改变某些环境因素，"创造顾客"就是这一思想的体现。

3.2 宏观营销环境分析

宏观营销环境由那些间接影响企业市场营销活动的主要社会力量构成，包括人口环境、经济环境、政治法律环境、自然环境、技术环境和社会文化环境。

3.2.1 人口环境

市场是由具有购买欲望和购买能力的人构成的，企业营销活动的最终对象是购买者，因此，人口因素是影响市场规模及其结构，从而影响企业营销活动的一个重要因素。人口环境(Population Environment)包括人口数量、人口增长率、人口构成等因素，研究人口环境对企业准确地选择目标市场、进行市场定位具有重要指导意义。

1. 人口数量及其增长率

人是市场的主体，人口数量及其增长率与市场规模有着密切关系。在购买力一定的情况下，人口数量越多，人口增长率越高，则市场规模和市场容量越大，企业的营销机会越多。因此，企业在某一地区开展营销活动时，首先要了解该地区的人口总量，它是产品需求的上限。但是，人口数量及其增长率对企业营销活动的影响是双向的。如果人口增长速度快于经济增长速度，则会导致消费者的购买力水平下降，也会导致消费结构的变化，消费者家庭收入中的大部分就要用于食物等基本需求方面的支出，从而减少或延缓对其他商品的消费。我国通过实行计划生育政策，在一定程度上控制了人口增长，而且随着改革开放的深入，居民生活水平不断提高，购买力不断增强，这为企业开发市场提供了良好机会。

2. 人口结构

人口结构包括人口的年龄结构、性别结构、民族结构、文化结构和职业结构等。

不同年龄的消费者因其心理和生理特征、经济收入、购买力水平不同，对产品的需求存在较大差异，因而形成了具有年龄特色的市场，如婴儿市场、儿童市场、青少年市场、成年人市场和老年人市场。企业应根据不同年龄消费者的需要，提供不同的产品和服务。

目前，人口年龄结构变化的趋势主要有两个：一是人口老龄化加速；二是人口出生率不断下降。随着社会经济的发展，科技水平的提高和人类生活质量的改善，人类寿命不断延长，许多国家出现了人口老龄化的趋势，从而形成了“银色市场”。人们普遍认为，“老年产业”是 21 世纪最有前途的产业之一。为此，生产与老年人有关的保健品、营养食品、医疗卫生用品、老年人休闲娱乐等用品以及提供老年社区服务的企业应该认真研究老年人的需要，及时把握和利用这一市场机会。人口出生率下降导致儿童数量减少，这给生产儿童食品、儿童服装和儿童玩具的企业带来威胁，但是另一方面，人口出生率下降，使年轻夫妇有了更多的闲暇时间，这又给旅游、娱乐、餐饮等企业带来了商机。

不同性别的消费者，对商品的需求、购买习惯和购买行为有较大差异。尤其是随着职业妇女的增加，旅游、高档女性服装、妇女用品、托儿服务的需求不断增加，这为相关企业提供了发展机遇。此外，人口的民族结构、文化结构和职业结构等因素对消费者的消费需求、消费方式和购买行为也有较大影响，营销者也应予以重视。

3. 家庭规模及结构

产品是以家庭为单位进行消费的，家庭数量的多少、家庭规模的大小以及家庭决策方式的变化，都会对市场需求产生影响。目前，世界各国家庭变化的一个共同趋势就是家庭规模小型化，而且，越是经济发达地区，家庭规模越小。我国家庭规模也呈现出小型化的趋势，“四代同堂”“三代同堂”的大家庭已不多见，三口之家的核心家庭则很普遍。家庭规模小型化，使家庭的户数增加，从而对住房、家具、家用电器、炊具和相关产品的需求总量增加，同时对产品的规格、重量等方面也提出了新的要求。

3.2.2 经济环境

市场规模的大小，不仅取决于人口数量的多少，还取决于社会购买力的大小，购买力是构成市场和影响市场规模的一个重要因素。在人口数量既定的情况下，社会购买力越强，市场规模越大。社会购买力的大小受到国民经济发展水平、国民收入水平、消费者收入水平、储蓄信贷及消费者支出模式等一系列经济因素的影响，社会购买力是这些经济因素的函数。企业在进行经济环境（Economic Environment）分析时，要着重分析以下因素：

1. 国民经济发展水平

企业是在国民经济大环境中生存和发展的，其发展不可避免地受到国民经济发展水平的制约和影响。国民经济发展速度快、国民收入水平高，则消费者的人均收入高、社会购买力强，企业的营销机会就多；反之，国民经济发展陷入低谷，市场疲软，社会购买力下降，企业首先要受到影响。

2. 消费者收入

消费者收入是指消费者个人从各种来源所获得的货币收入，包括消费者个人的工资、奖金、其他劳务收入、红利、租金、得到的馈赠等。消费者收入主要形成消费资料购买力，是社会购买力的重要组成部分，因而是影响企业市场营销活动的最重要因素。

由于消费者收入并不全部用于购买商品，因此对企业营销而言，有必要区别"可支配的个人收入"和"可随意支配的个人收入"。

可支配的个人收入（Disposable Personal Income）是指个人收入扣除直接负担的各种税款（如个人所得税）和非税性负担（如工会会费）后的余额。这部分收入可用于个人消费和储蓄，是影响消费者购买力和消费者支出的决定性因素。

可随意支配的个人收入（Discretionary Personal Income）是指可支配的个人收入减去消费者用于购买生活必需品的支出和固定支出后剩下的余额。可随意支配的个人收入是消费者可任意投向的收入，因此是影响消费者需求结构最活跃的因素。这部分收入越多，人们的消费水平越高，企业的营销机会就越多。奢侈品、汽车、旅游等商品的销售主要受这部分收入的影响。

由于消费者的收入往往受到通货膨胀、税收等因素的影响，因此，还要将消费者的收入区分为货币收入和实际收入，因为实际收入会影响消费者的实际购买力。在消费者货币收入不变的情况下，如果物价上涨，则消费者实际收入下降；如果物价下降，则消费者实际收入增加；如果消费者的货币收入随着物价的上涨而上涨，但是货币收入上涨的幅度小于通货膨胀率，则消费者的实际收入下降，购买力也随之下降。

3. 消费者支出模式

随着消费者收入的变化，消费者支出模式也会发生变化，从而影响企业的营销活动。德国统计学家恩斯特·恩格尔(Ernst Engel)提出了著名的恩格尔定律(Engel's Law)，其主要内容是：一个家庭的收入越少，其总支出中用于食物支出的比重就越大；随着家庭收入的增加，用于购买食物的支出占总支出的比重下降，而用于其他方面的开支(通信、交通、娱乐等)和储蓄的支出比重将会上升。恩格尔定律阐述了消费者收入水平和消费者支出模式的内在关系。

食物支出占总支出的比例称为恩格尔系数。恩格尔系数是衡量一个国家、一个地区、一个城市和一个家庭生活水平高低的标准。恩格尔系数越大，表明生活水平越低；恩格尔系数越小，表明生活水平越高。随着我国经济的发展和人民生活水平的提高，我国居民消费的恩格尔系数在不断下降，消费结构也发生了很大变化，人们消费的趋势是"吃的要营养，穿的要漂亮，用的要高档，住的要宽敞"。企业要注意市场消费变化的特点，制定相应的营销策略。

4. 消费者储蓄和信贷情况

消费者的购买力还要受储蓄和信贷的直接影响。从消费者的角度出发，储蓄和信贷是两种截然不同的消费方式。储蓄着眼于未来消费，而信贷着眼于提前消费，它们对市场产生的影响是不同的。

消费者储蓄包括存款、股票、债券和不动产等形式。储蓄是一种推迟了的潜在购买力，它随时可以转化为现实购买力。在收入一定的情况下，储蓄增加，则购买力减少，这对当前的一般市场会产生消极影响，但是对住房、轿车等市场会产生有利影响。在正常情况下，储蓄与消费者收入成正比，是稳定的，但是在发生通货膨胀、物价上涨时，消费者就会将储蓄变成现金，抢购保值商品，从而加剧通货膨胀，也加大了企业的经营风险。企业必须了解消费者储蓄的现状、变化趋势及其影响因素，以便分析判断消费者的需求、支出和消费水平的变化。

消费者不仅可以用其货币收入购买产品，还可以用个人信贷购买产品，因此，消费者信贷也是影响消费者购买力的一个重要因素。所谓消费者信贷(Consumer Credit)，就是消费者凭信用先取得商品使用权，然后按期支付贷款以购买商品。例如，消费者可以利用商业贷款或公积金购买商品房。消费者信贷实质上是消费者提前支取未来的收入，是提前消费，可以刺激和创造需求。消费者信贷在西方国家非常盛行，美国的消费者信贷在全世界最高，各种形式的赊销、分期付款业务十分发达，消费者信贷为美国的企业提供了更多的市场机会，促进了美国经济快速发展。随着我国消费者信贷的不断发展，也会为企业提供越来越多的营销机会。

3.2.3 政治法律环境

政治法律环境(Political-legal Environment)是指与市场营销有关的各种政策法规以及有关的政府机构及社会团体的活动。任何一个企业都是在一定的政治法律环境中运行的,企业的营销活动不可避免地受到它的管理、制约和影响,这种影响主要表现在以下几个方面:

1. 政治环境

政治环境是指企业所在国的政权、政治局势、政府的有关方针政策以及对营销活动有直接影响的各种政治因素。

在市场经济条件下,政府对宏观经济的调控、对企业行为的干预主要是通过制定各种经济政策、运用经济杠杆来实现的,这些政策包括产业政策、财政政策、税收政策、金融政策、外汇政策、投资政策、价格政策、对外经济贸易政策等。企业不仅要了解、遵守政府的相关经济政策,还要了解政策的发展变化趋势,以便及时调整营销策略。

阅读资料 3-1

脱销的胰岛素

20 世纪 80 年代末期,由于宏观管理失控,大批进口胰岛素,使国内生产受阻,积压大量库存。于是国家规定 1990 年不准进口胰岛素。政府文件颁布之后,杭州肉联厂生化制药分厂对胰岛素市场进行了全面分析,认为严峻威胁中潜伏着良好的市场机会:①胰岛素的有效期为两年,1987 年、1988 年进口的产品最迟用到 1990 年 4 月份。②国内各厂家 1989 年起均不打算生产胰岛素。③胰岛素的生产需要一定的周期。根据以上分析,该厂预测 1990 年 4 月份起市场上将出现胰岛素脱销情况。于是在 1989 年 10 月毅然决定投料生产,12 月出成品。果然,1989 年年底在武汉召开的全国医药订货会上,胰岛素价格回升;1990 年 2 月在广州召开的医药订货会上,胰岛素出现了紧缺形势,与会者纷纷向该厂订货,仅此一项产品在这几个月中就为该厂创净利 20 万元以上。

资料来源:沈志平. 医药市场营销. 北京:科技出版社,2010

2. 法律环境

法律环境是指国家或地方政府颁布的各项法规、法令和条例等。营销者必须熟悉有关的法规条例，在法律法规允许的范围内开展营销活动，同时，也要运用法律手段保护自身的合法权益。

目前，我国有关市场营销方面的法规主要分为三个层次：一是制止不正当竞争，保护企业权益的法律，主要有《公司法》《经济合同法》《反不正当竞争法》《广告法》《商标法》《专利法》《价格法》《破产法》等；二是保护消费者权益，制止企业不正当商业行为的法律，主要有《消费者权益保护法》《质量法》；三是保护社会整体利益和长远利益，保护生态平衡，防止环境污染和破坏方面的法律，主要有《环境保护法》。此外，我国还制定了一些鼓励企业参与国际经济大循环的法规条例，如《中外合资经营企业法》《进出口关税条例》等。

3. 公众利益团体

公众利益团体包括消费者协会、环境保护组织、残疾人协会等。公众利益团体可以通过影响立法、政策和舆论，维护自身利益和社会利益，因此在西方被称为“压力集团”。例如，我国在 1985 年成立了“中国消费者协会”，消费者可以对不合格产品向消费者协会投诉，使不法经营行为受到制裁；消费者还可以向消费者协会了解自身的合法权益，从而用法律武器保护自己。目前，公众利益团体的数量不断增加，影响越来越大，对企业的营销活动也起到社会监督作用，企业在开展市场营销活动时，不可忽视这部分力量。

3.2.4 自然环境

企业的营销活动不仅需要一定的社会经济条件，还需要一定的自然条件，这种自然条件就是企业所面临的自然环境(Natural Environment)。当前，自然环境的主要动向是某些原料短缺、能源成本发生变化、环境污染严重、政府加强对自然资源和环境保护的干预。自然环境的发展变化，既给企业带来严重威胁，也为企业创造了市场机会，使市场机会与挑战并存。自然环境有以下四个发展趋势：

1. 自然资源短缺

地球上的自然资源可分为三大类：

(1)“无限供给的”资源，如空气、水等。但是空气污染严重，淡水资源短缺，许多国家和地区面临缺水的威胁。

(2)有限但可以再生的资源，如森林、粮食等。由于多年滥砍滥伐，我国森林资源遭到大面积破坏，供应量大幅下降，森林的更新远不能适应生产的需要。

(3)有限又不能再生的资源，如石油、矿产资源。这类资源的短缺问题最为严重。

自然资源短缺给企业营销活动带来了相当大的负面影响。资源短缺导致土地、原材料、能源价格上涨，从而导致企业成本上升、经济效益下降，迫使企业投入更大的营销努力。但是也应该看到，自然资源的合理开发和利用，寻找新材料、新能源和替代品，也为企业提供了发展机遇。

2. 环境污染严重

由于我国经济建设的迅猛发展和城市化进程加快，环境污染日益严重，在许多地区已经严重影响人们的身体健康、自然生态的平衡和社会经济的长远发展，引起政府和公众的极大关注，政府的干预措施也在逐步加强。在这种情况下，企业的营销活动必须考虑到人类赖以生存的生活环境和生态环境，不仅为消费者提供适销对路的优质产品，还要保护和改善广大消费者的生活环境，这对企业的发展形成了压力和约束，一些企业的发展将受到限制；但是另一方面，也为生产治理污染设备、开发治理污染技术的企业以及生产环保产品的企业提供了市场机会。

3. 政府对环境保护的干预加强

由于地球生态环境的恶化和公众对环境问题的关心，许多国家政府在环境保护方面加强了干预。政府的干预与管理，会在一定程度上与经济增长和企业扩大再生产产生矛盾，如政府往往要求企业投资于污染治理，购置昂贵的环保设备。我国为了控制某些地区的环境污染，按照法律和有关标准，对一些企业实行了"关、停、并、转"，这些措施在一定程度上影响了企业的经济效益。但是，从社会的长远利益和整体利益来看，环境保护工作绝不能放松，企业必须根据国家有关政策和法律的限制，开发研制污染小的产品，将企业的经济效益与社会效益和环境效益结合起来。

4. "绿色营销"势在必行

为了在世界范围达成共识，促进经济与环境协调发展，1992 年，联合国在巴西里约热内卢召开的环境与发展会议上发表了《21 世纪议程》，提出 21 世纪人类要走可持续发展道路。1994 年 3 月，中国国务院正式批准《中国 21 世纪议程》，把可持续发展战略列为中国的发展战略。

可持续发展是指既满足当代人的需求，又不对后代人满足其需求的能力构成危害。可持续发展要求人类在经济活动中要保护环境，维持生态平衡，在生态和资源可承受的范围内寻求人类社会的持续、全面发展。随着可持续发展理论逐渐被世界各国所采纳，作为可持续发展重要手段的绿色营销蓬勃兴起。

绿色营销观念要求企业在开展市场营销活动时，努力消除或减少企业生产经营活动对环境的破坏和影响，即企业在产品的设计、生产、包装、使用、废弃物的处理等各个环节中，注意节约资源，减少环境污染。可见，绿色营销的实质，就是强调企业在开展市场营销活动时，要努力将经济效益和环境效益结合起来，尽量保持人与环境的和谐，不断改善人类的生存环境。展望未来，开发绿色产品、争取绿色标志、传播绿色文明将成为企业营销活动的主要内容。

3.2.5 技术环境

技术环境(Technological Environment)对企业的营销活动也会产生巨大影响。科学技术是生产力,是企业和社会发展最重要的动因,每一次科学技术的创新都会给社会生产和人民生活带来深刻的影响。技术创新给企业带来的好处:一是促使企业开发新产品,满足顾客新的需要;二是降低成本,增强企业竞争力;三是为营销管理提供了先进的物质基础;四是影响企业营销策略的制定。新材料、新工艺、新设备、新技术的发展,使产品生命周期缩短,企业需要不断研制和开发新产品;电子商务技术的发展,使新的传播促销方式得到应用;科学技术的进步,也使企业的分销方式发生了变化。

但是,技术创新和其他事物一样,也具有两面性。"技术是一种创造性的毁灭力量",它既会创造新产品、新企业、新行业,也会摧毁传统企业和传统产品。企业的产品一旦跟不上技术创新的步伐,就要被市场所淘汰。企业要了解和掌握相关技术的发展变化趋势,及时开发和利用新技术,淘汰落后技术,跟上技术进步的步伐,充分利用技术进步给企业带来的机遇而避开技术进步给企业造成的威胁。

3.2.6 社会文化环境

社会文化环境(Social—cultural Environment)包括价值观念、宗教信仰、风俗习惯等因素,这些因素对消费者的需求和购买行为产生广泛而深刻的影响,从而影响企业的营销活动。

1. 价值观念

价值观念是人们对社会生活中各种事物的态度和看法。价值观念是文化的核心内容,人们的一切活动都是价值观念的外在表现。不同社会文化背景下的消费者,其价值观念不同,需求和购买行为也不同。例如,东西方消费者的价值观念差异很大,西方人普遍追求物质享受,讲究超前消费,因此消费者信贷很盛行。而东方消费者讲究节俭,生活朴素,因而在收入相同的情况下,储蓄普遍高于西方发达国家。企业的营销活动要符合消费者的价值观念,否则会遭受失败。

2. 风俗习惯

风俗习惯是人们在长期历史发展中所形成的并世代相传的,约束人们思想和行为的规范。它使消费者在服饰、饮食、婚嫁、礼仪等方面表现出独特的心理特征、道德伦理、行为方式和生活习惯。企业在开展营销活动时,必须了解目标市场的风俗习惯,尤其是当地的习俗、禁忌、信仰、伦理等。

3. 宗教信仰

宗教是一种特殊的文化现象，是构成文化因素的重要方面。世界上有许多宗教，影响较大的有基督教、伊斯兰教、佛教、犹太教、印度教等。不同宗教有不同的文化倾向和戒律，影响人们认识事物的方式、行为准则和价值观念，从而影响人们的需求动机和购买行为。企业的营销活动如果迎合了消费者的宗教信仰，就会获得成功；否则，就会遭受失败。例如，我国某企业出口到某阿拉伯国家的鞋，因为鞋底的防滑图案酷似当地文字中“真主”的字样而遭到大批军警的查封和销毁；而国外有个地毯商，针对伊斯兰教徒每天都要向他们心中的圣地麦加方向朝拜这一需要，生产了一种指南针地毯，即在每块地毯上都装有一枚指南针，这枚指南针不是指向南方，而是准确地指向麦加方向，这种地毯因此深受伊斯兰教徒欢迎。

4. 审美观念

审美观念是指人们对事物的好坏、美丑、善恶的评价。不同国家、地区、民族的消费者，具有不同的审美标准、审美方法和审美习惯，因而对商品有不同的看法和评价，企业应根据消费者的审美观念设计产品，提供服务。以颜色为例，泰国人喜欢黄色，它是尊贵的颜色，代表的是王室和僧侣；而在埃塞俄比亚，黄色却与死亡相关联；在信奉基督教的国家，黄色则被视为卑劣可耻的象征。上述实例表明，了解目标市场的审美观念是企业有效制定营销策略的前提。

5. 教育程度

处于不同教育水平的消费者，对商品或服务的需求不同。消费者受教育程度越高，对书籍、电脑、艺术品等高层次文化产品的需求越大，反之愈小。另外，消费者的教育水平越高，其购买行为就越理性、越复杂，对产品说明书等资料的要求就越高，企业应根据消费者的教育水平制定营销策略。如企业在教育水平较高的目标市场上做广告时，可选用杂志、报纸等广告媒体，而在教育水平较低的市场做广告，最好选用电视、广播、现场示范等直观形式。

6. 语言

语言是人类所特有的表达思想的工具，也是交际的工具。语言是社会文化的载体，是社会文化的重要因素之一，它体现了文化的特点，也标志着社会文化的差异。世界上常用的语言多达100余种，由于语言文字的种类、使用范围、使用习惯、语言歧义、语言禁忌不同，给企业的广告、推销、商标、谈判等营销活动带来了沟通障碍，企业要针对不同的语言群体制定不同的营销策略。例如，美国通用汽车公司生产的“NOVA”牌轿车，在北美市场非常畅销，但在拉丁美洲市场却不受欢迎，因为“NOVA”在西班牙语中是“走不动”之意。

3.3 微观营销环境分析

市场营销活动的主要目标是满足目标市场需要从而获取利润。为了实现这一目标，企业首先要从供应商那里获取生产所需要的原材料、设备等生产要素，然后通过企业内部各部门的协作生产出产品，再通过中间商将产品销售给顾客，从而形成了“供应商——企业——营销中介——消费者”这一企业核心营销系统。同时，企业能否成功地开展市场营销活动，还要受到竞争者和公众等环境因素的影响，它们共同构成了企业微观营销环境的全部内容(图 3-2)。

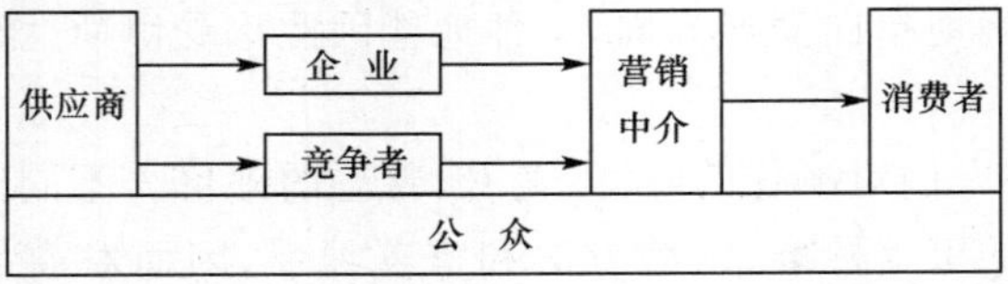

图 3-2 企业的微观营销环境

3.3.1 供应商

供应商(Supplier)是指向企业及其竞争者提供原材料、机器设备、能源和劳动力等资源的企业和个人。

供应商是企业经营活动的直接影响和制约力量，与企业形成协作关系，他们对企业营销活动的影响主要体现在以下几个方面：

第一，供应商提供的资源数量是否充足、时间是否及时，决定企业能否按期交货，企业营销活动能否顺利进行。

第二，供应商提供资源的价格及其变化趋势，直接影响企业产品的成本和价格，最终影响企业产品在市场上的竞争力和企业的盈利能力。

第三，供应商提供资源的质量水平，直接影响企业产品的质量。

由于资源供应对企业营销活动有着重要影响，因此，企业要处理好与供应商之间的关系，重视与供应商的合作。一是坚持“双赢原则”，与优秀供应商建立长期稳定的合作关系，从而获得稳定可靠的物资供应，降低外部交易成本，避免两败俱伤；二是采取多渠道采购策略，避免过分依赖一个或少数几个供应商，使企业在市场中始终处于主动地位；三是选择相对较小的供应商，使企业的采购成为其收入的一个重要部分，从而增强供应商对企业的依赖；四是采取后向一体化战略，自己经营某些原材料，保证原材料或零部件的质量，降低生产成本，获得竞争优势。

阅读资料 3-2

美的:帮出来的好汉

据有关数据显示,2000 年销售年度,美的空调销售 165 万套,实现销售收入 60 亿元,同比增长 40%,占全国空调市场 13%左右的市场份额。取得这样的成绩,除了严格按照市场策略行事外,美的还有四大优势:一是规模和品牌优势;二是技术优势;三是美的集团多元化发展的辐射力;四是渠道优势。

美的目前的渠道建设有两块:一是和上游供应商之间的战略伙伴关系;二是和销售商之间的合作关系。目前,美的已与很多供应商达成了战略伙伴关系合作协议。美的自 1996 年开始创造性地提出与供应商建立永久性的战略合作伙伴关系以来,三年多的生产实践证明,与供应商之间的良好协作关系是企业优化资源配置,强化成本和品质管理工作的基础,是全面参与市场竞争和提高核心竞争力的必然选择。在企业发展规划中,他们明确提出:制造系统的工作要密切围绕品质和成本两大主题,以战略性合作伙伴关系为纽带,积极探索制造模式的创新和生产组织体系的发展,最大限度地发挥资源配置和规模效应。2000 年,美的集团的空调销售量能达到 165 万套的好成绩,与上游供应商的支持是密不可分的。2000 年,很多企业在旺季都因供应链不顺畅而导致产品断货,但美的空调却从来未出现过这种现象。同样,针对下游的经销商来说,美的又成了他们的供应商,因此美的与下游经销商也是战略伙伴关系。

美的与上游供应商和下游经销商之间的战略伙伴关系是"同心、同步、同超越"的。所谓"同心",指的是真正稳定的上下游关系,意味着要建立长期的战略合作关系,意味着上下游各企业对各自发展目标、经营理念、市场前景的认同和理解。只有上下游各级企业同心,才能谋求发展;只有上下游各级企业同心,才能实现共荣。"同步"的意思是美的是个大命运共同体,美的的发展离不开上下游企业的发展,上下游企业的发展不能离开美的空调长期的市场策略。"同超越"则指美的空调是创新领导者,创新的本质在于不断地自我否定,不断地自我超越;经历了多年的发展,上下游企业都会不可避免地遇到进一步发展的瓶颈,因此上下游各企业都应该抛弃旧有的思想习惯,改变旧有的行为方式,共同突破发展的瓶颈,共同实现新一轮的快速增长。

资料来源:那薇,王昆来,曹国林. 市场营销理论与实务. 北京:北京大学出版社,2012

3.3.2 企业

企业(Enterprise)包括市场营销管理部门、其他职能部门和企业最高管理层。企业的市场营销活动主要由营销管理部门负责,营销管理部门负责市场研究、企业营销计划的制订、新产品开发、品牌管理、广告、产品销售及售后服务等工作。营销部门在制定营销决策时,不仅要考虑外部环境力量,还要考虑企业内部环境的影响。一是要考虑企业最高管理层的意图,要以最高管理层制定的企业任务、目标、战略和政策为依据来制订营销计划,并呈报最高管理层批准执行;二是要与企业其他职能部门(如研究与开发部门、制造部门、采购部门、财务部门等)密切配合,相互协调,共同制订企业的年度计划和长期计划,使营销工作得到内部的大力支持,从而形成强大合力,使各项营销管理决策和营销方案得以顺利实施(图 3-3)。

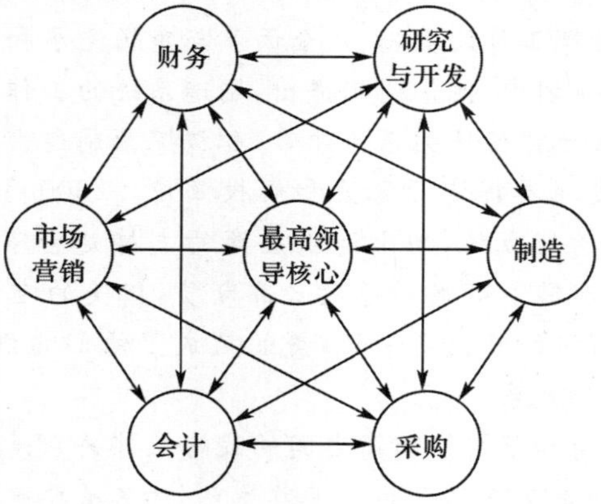

图 3-3 企业内部环境

3.3.3 竞争者

企业在开展营销活动时,不可避免地会遇到竞争者(Competitor)的挑战,竞争者的营销策略及营销活动都将直接对企业造成威胁。企业必须对其竞争对手进行研究,了解竞争对手的规模、生产设计能力、经营管理水平、营销策略和企业信誉等情况并制定出相应的对策,以求在竞争中获胜。

企业的竞争对手主要包括四种类型:

1. 愿望竞争者

愿望竞争者即提供不同产品以满足消费者当前存在的各种愿望的竞争者。如某消费者在一定时间内既想购买住房，又想购买汽车，但因其收入在一定时期内是一定的，他购买了住房就要推迟购买汽车，购买了汽车就要推迟购买住房，因此，汽车公司和房地产公司之间就是愿望竞争者。

2. 一般竞争者

一般竞争者即提供能满足消费者同一种需要的各种产品的竞争者。如汽车企业、摩托车企业、自行车企业之间就是一般竞争者，因为他们满足的都是消费者的交通需要。

3. 产品形式竞争者

产品形式竞争者即提供同类产品中的不同规格、不同型号或不同款式的产品的竞争者。如生产不同型号、式样的轿车企业之间就是产品形式竞争者。

4. 品牌竞争者

品牌竞争者即生产同种产品，而且其产品的型号、规格也相同，但是品牌不同的竞争者。如生产奔驰、宝马、奥迪等不同品牌汽车的企业之间就是品牌竞争者。谁的产品形象好、品牌知名度高，谁就能在竞争中占据有利地位。

3.3.4 营销中介

营销中介(Marketing Intermediary)是指协助企业将产品销售给最终购买者的中介机构，包括中间商和辅助商。

中间商是在销售渠道中参与交易活动或者协助交易活动完成的中间机构。中间商按其是否拥有商品所有权又分为经销商和代理商。经销商又叫商人中间商，他们从企业购进商品后再转售，从中赚取差价，并对其经营的商品拥有所有权。代理商为企业寻找买主或协助企业签订合同，但对其经营的商品不拥有所有权。

辅助商不直接经营商品，但对商品的经营起到促进和服务作用，包括商品实体分配机构(运输企业、仓储企业)、营销服务机构(广告公司、调研公司、咨询公司等)、金融中介(银行、保险公司、信托公司)等。

营销中介在市场营销中不可缺少，大多数企业的营销活动都需要营销中介的协助才能顺利进行，企业要与营销中介建立良好关系。

3.3.5 消费者

消费者(Consumer)是产品或服务的购买者，是企业的服务对象。消费者可以是个人和家庭，也可以是组织机构，为此，我们将市场细分为四个子市场：

1. 消费者市场

消费者市场是由为了满足个人生活消费而购买和租用产品的个人或家庭所构成的市场。

2. 生产者市场

生产者市场是由为了进行再生产、获取利润而购买或租用产品的个人和企业所构成的市场。

3. 中间商市场

中间商市场是由为了转卖、获得利润而购买或代理产品的中间商所构成的市场。

4. 政府市场

政府市场是由为了履行职责、提供公共服务而购买产品的政府机构所构成的市场。

消费者是企业市场营销的对象，是市场营销中起决定作用的力量。企业必须了解目标顾客的需求及其变化趋势，提供适销对路的优质产品和服务，满足目标顾客需要。

3.3.6 公众

公众(Public)是指对企业实现其经营目标有实际或潜在利害关系或影响力的团体或个人。

公众主要包括以下七种：

1. 金融公众

金融公众是指影响企业获得资金能力的财务机构，如银行、投资公司、保险公司、证券交易所等。企业要处理好与金融公众之间的关系以获得资金支持。

2. 媒介公众

媒介公众是指报纸、杂志、广播、电视、互联网等具有广泛影响力的大众媒体。新闻媒体因信息传递快、威信高、影响力大而被某些西方国家称为除立法、司法和行政三大权力之外的“第四权力”，新闻记者被称为“无冕之王”。

媒介公众对企业经营业绩的报道能提高企业知名度，树立良好的企业形象，扩大企业产品销售；相反，媒介公众对企业经营管理中问题的曝光会使企业信誉降低，从而影响产品的销售。因此，企业在努力搞好生产经营活动的同时，要与大众传媒建立良好关系，以赢得媒体的支持。

3. 政府公众

政府公众是指负责管理企业经营活动的有关政府机构，包括各级政府及其所属的工商、税务、财政、物价、质检、环保、卫生防疫、海关等机构。政府公众是企业营销活动的一个重要环境因素，政府之所以重要，因为它是拥有权力的公众，是宏观调控、综合协调的权力机构。企业在制定营销策略时，要充分考虑政府的相关政策，遵纪守法，在生产经营活动中取得良好的经济效益，承担社会责任，积极参加各项公益事业，经常与政府沟通信息，以此赢得政府有关部门的信任与支持。

4. 市民行动公众

市民行动公众是指各种消费者权益保护组织、环境保护组织和其他团体组织。市民行动公众可能热心支持企业的某些活动，也可能会对企业的某些经营行为提出质疑。例如，企业损害环境的经营行为会受到环保组织的质询；企业损害消费者利益的行为会受到消费者权益保护组织的干预。企业要重视市民行动公众，因为市民行动公众对企业的赞扬胜于企业的广告。

5. 社区公众

社区公众是指企业所在地附近的居民和社会组织，是企业的邻居。企业要重视并处理好与社区公众的关系，积极支持社区的重大活动，保护社区环境，为社区发展贡献力量，赢得社区公众对企业营销活动的理解和支持。

6. 一般公众

一般公众是指与企业经营活动无关的公众。虽然一般公众不能以有组织的方式对企业采取行动，但他们对企业产品及其生产经营活动的态度却会影响企业在公众心目中的形象，企业要力争在一般公众中树立良好的形象。

7. 企业内部公众

企业内部公众包括员工和股东。企业内部公众对企业的态度和信任，不仅影响其工作效率，也影响企业与外部公众的关系，进而影响企业的社会形象，因此，企业要加强与内部公众的沟通并对他们进行激励。

3.4 市场营销环境分析及企业对策

市场营销环境是客观存在和不断变化的。市场营销环境的变化给企业营销活动带来两方面影响，即正影响和负影响。正影响就是市场机会；负影响就是环境威胁。分析和研究市场营销环境的目的就是要寻找和利用市场机会，避开环境威胁，同时，也使企业能够扬长避短，发挥优势，在竞争中立于不败之地。

3.4.1 市场营销环境分析的方法

1. SWOT 分析法

S 代表企业优势(Strengths);W 代表企业劣势(Weaknesses);O 代表市场机会(Opportunities);T 代表环境威胁(Threats)。SWOT 分析法即优势、劣势、机会、威胁分析法,是对企业内外环境进行综合分析的一种方法。

企业自身的优势和劣势是相对于竞争对手而言的,企业的优势包括正确的经营战略、充足的资金来源、先进的技术设备、产品创新能力、成本优势、竞争优势、市场开发能力、管理能力等。企业劣势包括模糊不清的战略方向、恶劣的竞争地位、落后的研究开发、低下的利润水平、不良的市场形象、竞争劣势、成本劣势等。评价企业内部的优势和劣势,不仅要从资金、技术、产品、市场等单方面进行评价,还要对各项因素进行综合评价。综合评价就是先选定一些因素进行评价打分,然后根据每个因素的重要程度进行加权,根据各因素的加权值之和来确定企业是处于优势还是处于劣势。如果企业本身有优势,宜采取发展型战略,否则,宜采取稳定型或紧缩型战略。

外部环境可能会给企业带来市场机会,例如,宽松的政策、快速的市场增长、技术的进步等;外部环境也可能会给企业带来威胁,例如,新竞争者的加入、市场增长缓慢、不利的政府政策、衰退的经济周期、消费者需求的变化、原材料价格上涨等等。企业要对各项外部环境因素进行综合评价,以确定是机会还是威胁。

在对内外环境进行分析评价的基础上,企业就可以根据得分来判定企业属于哪种类型并采取相应的策略,如图 3-4 所示。

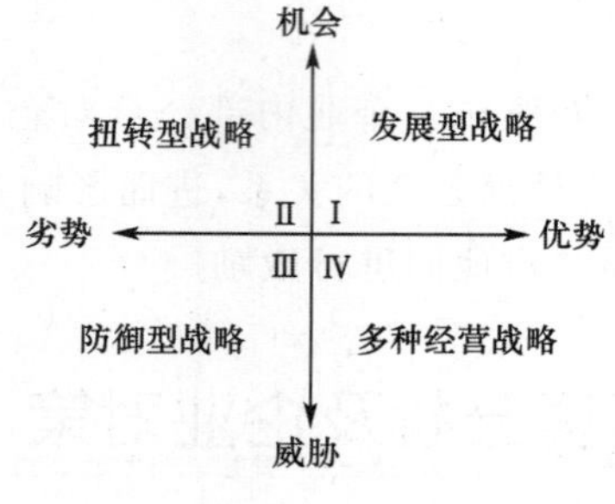

图 3-4 SWOT 分析图

处于第Ⅰ象限的企业,具有强大的内部优势和众多的环境机会,宜采用发展型战略,如开发市场,增加产量;处于第Ⅱ象限的企业,外部有机会而内部条件不佳,宜采用扭转型战略,即扭转企业内部的劣势以利用外部的机会;处于第Ⅲ象限的企业，外部有威胁而且内部条件不佳，应设法避开威胁，消除劣势，采取防御型战略；处于第Ⅳ象限的企业，拥有内部优势而外部存在威胁，宜利用优势开展多种经营，分散风险，寻求新的发展机会。

2. 环境机会与威胁分析法

对于企业来说，并不是所有的环境威胁都那么严重，都需要采取措施加以防范，也并不是所有的市场机会都那么有吸引力，都要采取措施加以利用。企业需要利用环境机会与威胁分析法对市场机会的大小和环境威胁的严重程度加以鉴别，以采取相应的对策。

(1)环境威胁分析

环境威胁(Environment Threat)是指营销环境所出现的不利的发展趋势以及由此形成的挑战，企业如不果断采取措施，不利的环境趋势将损害企业的市场地位，甚至使企业陷于困境。营销者要善于分析环境发展趋势，识别环境威胁和潜在的环境威胁，正确评估环境威胁的严重性和可能性，采取相应对策。例如，中美史克生产的感冒药“康泰克”，因被查出含有对人体有害的成分 PPA 而被国家药品管理局禁销，这对中美史克来说是一个严重的威胁，但中美史克通过开发不含 PPA 的“新康泰克”而很好地化解了这一危机。

营销者对环境威胁的分析主要从两方面考虑：一是分析环境威胁对企业的影响程度；二是分析环境威胁出现的概率。可利用威胁分析矩阵将这两个方面结合起来进行分析，如图 3-5 所示。

影响程度 \ 出现的概率	大	小
大	1	2
小	3	4

图 3-5　威胁分析矩阵

在图 3-5 中，对于第 1 象限的威胁，企业必须高度重视并制定相应的措施，尽量避免损失或将使损失降到最小，因为它的危害程度高，出现的概率大。对于第 2 象限和第 3 象限的威胁，企业要给予充分的重视，制订好应变方案，因为第 2 象限的威胁虽然出现的概率低，但一旦出现，给企业营销带来的危害特别大；第 3 象限的威胁虽然对企业的影响不大，但出现的概率大。对于第 4 象限的威胁，企业应监测其变化，当第 4 象限的威胁向其他象限转移时应采取对策。

(2)市场机会分析

市场机会(Marketing Opportunity)是指对企业营销活动富有吸引力的领域，在这一领域里，企业拥有竞争优势和差别利益。

营销者对市场机会也要从两个方面进行评价，一是机会给企业带来的潜在利益的大小；二是机会出现概率的大小，如图 3-6 所示。

在图 3-6 的 4 个象限中，第 1 象限的市场机会潜在利益大，成功的概率高，企业应全力发展这一机会；第2象限的机会虽然出现的概率小，可一旦出现，会给企业带来很大的潜在利益；第3象限的机会，虽然潜在利益小，但出现的概率大，因此，对这两个象限的机会，企业要注意制定相应的对策；对于第4象限的机会，主要是观察其发展变化，并根据变化情况及时采取措施。

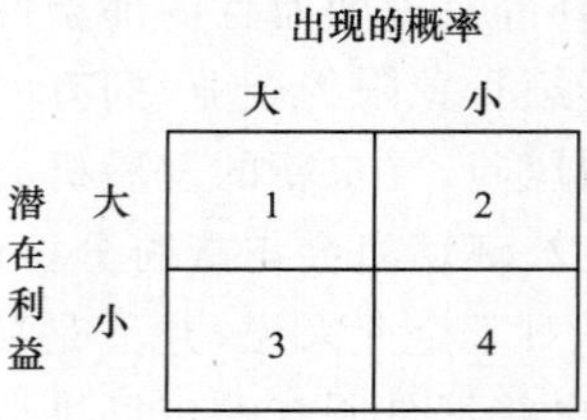

图3-6　机会分析矩阵

(3)威胁与机会综合分析

将上述两种方法综合起来分析和评价企业所经营的业务，会出现四种不同的结果，如图3-7所示。

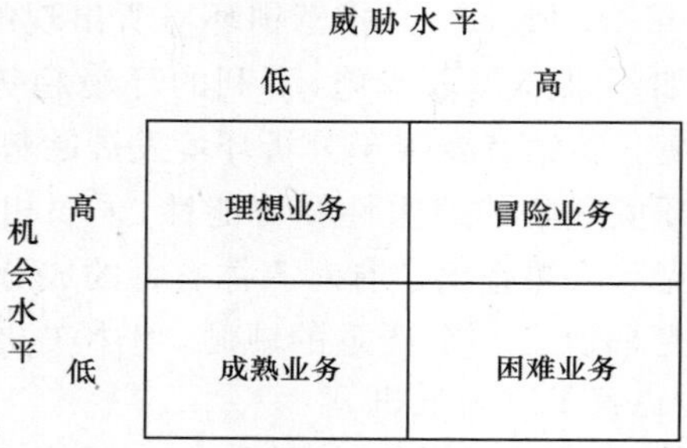

图3-7　企业的营销机会与环境威胁

①理想业务，即高机会和低威胁的业务。

②冒险业务，即高机会和高威胁的业务。

③成熟业务，即低机会和低威胁的业务。

④困难业务，即低机会和高威胁的业务。

3.4.2　企业的营销对策

企业在对市场机会和环境威胁进行分析评价的基础上，就可以有的放矢地制定营销策略了。

1. 企业应对市场机会的营销策略

企业应对市场机会的策略主要有以下几种：

(1)及时利用策略

当市场机会符合企业的营销目标，企业又具备利用这一机会的资源条件，而且能享有比竞争对手更大的差别利益时，应果断采取措施，及时利用这一机会，争取更大的发展。

(2)待机利用策略

当市场机会相对稳定,短期内不会发生变化,而企业暂时又不具备利用这一机会的条件时,可以积极准备,创造条件,待时机成熟时再加以利用。

(3)果断放弃策略

当市场机会非常有吸引力,但企业不具备利用的条件时,应当机立断,放弃这一机会,以免错过其他有利时机,一事无成。

2. 企业应对环境威胁的营销策略

(1)反抗策略

即当企业面临环境威胁时,试图通过自己的努力限制或扭转不利因素的发展。例如,某些烟草公司可以疏通议员通过一个法令,允许人们在公共场所吸烟。

(2)减轻策略

即当企业面临环境威胁时,通过调整市场营销组合等措施来改善环境,以减轻环境威胁的影响。例如,烟草公司大力宣传在公共场所设单独的吸烟区。

(3)转移策略

即当企业面临环境威胁时,决定转移到其他盈利更多的行业或市场。例如,烟草公司可以适当减少香烟业务,增加食品和饮料等业务,实行多元化经营。

思考题

1. 企业为什么要重视对市场营销环境的研究?
2. 市场营销环境有哪些特点?
3. 什么是宏观环境和微观环境? 二者的关系是什么?
4. 宏观环境分析的内容有哪些? 它们是如何影响企业市场营销活动的?
5. 微观环境分析的内容有哪些? 它们是如何影响企业市场营销活动的?
6. 选择本地区一个企业,对其营销环境进行分析。
7. 以某企业为例,说明企业对其面临的主要威胁和机会应采取何种对策?
8. 假如你有少量资金,正准备开设一家餐馆,请对你即将开设的餐馆的经营环境进行分析。

案例分析 1

寻找市场空白的"丑小鸭"

1977 年,一位 63 岁的前保险推销员汤姆·达克用他 1 万美元的储蓄开始实行一项他视为娱乐性的退休计划。他携款来到一个小车场，在那儿买下了9辆运行良好而且外观整洁的汽车，加上4辆他自己的车，达克将这一小队车辆在位于亚利桑那州图森乡村的自家门前一字排开，同妻子朱尼娅一道，以比同行低得多的价格开始了出租旧车业务。

当同行中的巨头们以15美元、20美元，甚至25美元一天的标准收费时，他们却以4.95美元一天和5美分1.6千米为起点的收费标准出租“旧车”。达克回忆说：“区别显然在于，他们用的是新车而我们的是旧车。但据我估计，如果能节省开支，人们不会介意租用安全、实用的旧汽车。”

“我脑海中突然闪现出一个以前从来无人问津的好主意。我们的许多辆旧车停在我们自己的12英亩土地上，它们一直是我们不错的交通工具。因此有一天我想到，如果我们出租这种汽车供人驾驶，就像我们自己驾驶它们一样，这有何不可呢？”

结果证明，美国公众都认为达克的主意丝毫没错。不仅他的租价收费在精打细算的乘客中引起共鸣，而且他的这个出租旧汽车的主意，引起了那些寻求新的经营机会的企业家们的注意。在租出第一辆车以后的几个月内，达克一直收到人们的咨询，想了解如何在诸如阿尔伯克基、得梅因或皮奥里亚之类的地方开办类似的业务。的确，达克处在了一个特许经营的行业之中。从创业初起不到10年，他那个家庭前院企业已变成全国第五家最大的汽车出租联号，在除少数州之外的其他所有地区拥有近600个特许联号。

以“丑小鸭”命名的该公司给人最深刻的印象就是它的发展速度。“雷·克罗克花了5年时间才使他的第二百个特许联号投入使用，而5年之内我们已拥有300个特许联号。所以你可以说，我们正跑在麦当劳快餐公司的前头。”这位公司创立者指出。

达克把这种快速发展归因于下述事实，即他的“丑小鸭”在汽车出租市场中认定了一个特殊的位置作为目标。由于较大的汽车出租公司的经营重点放在那些有公务在身的旅客上，所以他们都忽略了市场中的一个层面或者说空白区。“我们典型的顾客并非那些可以报销费用的公司高级管理人员，而是那些自己掏钱付租金并喜欢低价的一般美国人，他们可能是那些自己的汽车在维修的人，或许是正打算到另一城市去度假的一家子。”

“我们主要是在许多小城镇活动，其中的一些人口不过几千。我们针的主要是中年美国人——还有妇女。我们的主顾中有40%是妇女——是该业平均数的4倍。她们没有IC卡向公司报销汽车费。”

在他开业后的第一年年底，达克首次意识到他已成了“重要人物”。早些时候，当地的图森全国广播公司(NBC)分部一心要为达克夫妇及其简朴无华的出租汽车制作一档特别节目。节目在5点钟的新闻里播出后，那些未来的主顾们的电话立刻纷至沓来。

“这档关于我们的电视节目播放了几个月”达克说:“人们会把我们的事告诉另一些人,于是,不久我们就不得不迁往城里的一个商业点。从那时起,我们发展得更快了。”

公司因为所在州是个旅游热点而获益匪浅。达克的许多早期主顾都是度假者,他们需要的是一辆汽车以便游览亚利桑那州和西南地区沿途的风景点。他的第一笔汽车出租生意是与一对夫妇做成的,他们驾车去新墨西哥州的阿尔伯克基进行了一次往返旅游。他们花了300多美元的租金,但他们清楚,这要比从一家全新式的汽车出租公司租车节约一大笔钱。

当驾车去别的州的主顾们返回家后,他们经常把他们的这笔便宜“交易”告知亲朋好友。达克说,“丑小鸭”公司最早的特许经营就此开张了。

到1977年年底,达克夫妇已售出了7份特许联营权,都是主动联系的。一年以后,即1979年1月1日,他们组建了“丑小鸭”汽车出租系统有限公司,用以出售和批准特许联营权。

最初,大多数新的特许联营分号陆续通过口头形式被吸收进“丑小鸭”集团。汤姆和朱尼娅几乎没有对其旧车出租机构进行积极的宣传,而仅在《汽车时代》上刊登过一则广告。但随着生意日益兴隆,显然在特许权的出售方面需要更大胆和积极的努力。因此,达克夫妇,现在又加上他们的儿子小汤姆,建立了一个全国性的销售组织,它主要是由已经拥有“丑小鸭”公司的各个特许联号的个人组成的。

每个新的特许联号要一次性地预付3500美元。一旦机构开始运行,联号将把其全部利润按每月6%的比例以特许权使用费的名义支付给母公司。

到1984年,“丑小鸭”公司已有500多个特许联号,年交易额合计4970万美元,这给汤姆·达克带来庞大的个人财富,而他曾一度希望在一生中的这段日子里过一种舒适而朴素的退休生活。

汤姆·达克73岁时,他为公司确定了长远目标,首先是把经营范围扩展到比居本行业首位的赫尔兹公司更多的城市,其次是要在全美国建立6000个“丑小鸭”公司的经营点。

达克也并不特别担心近年来在旧车出租市场上急剧冒出的大量竞争者。首先,“丑小鸭”公司有一个能提供合适的旧汽车的稳定来源,因为公司联号的多数经营者本身就是汽车商,他们可以把自己折价换进来的旧汽车转而用来出租。这一安排是精心设计的,对出租商和汽车租户都有利。其次,在一辆旧车被准许加入“丑小鸭”公司的车队以前,它必须经过K.马尔特汽车检修中心的安全检查。达克还与K.马尔特签订了一份汽车保养合同。根据该合同,汽车检修中心保存了有关“丑小鸭”公司所有车辆的电脑化检修和保养记录。另外,汤姆·达克注重汽车的外表及其内部装潢，“我们强调车的内外都必须清洁，因为在我们的主顾中，妇女占了一个很大的比例——而妇女是不愿进些看上去很脏的汽车的”。

“我们的车受到妇女喜爱的另一个原因”他补充说，“是我们的丑小鸭标识。我们所有主要的联号都有这一标识，它引得许多人对之评价。”

资料来源：朱华，吕慧．市场营销案例精选精析．4版．北京：中国社会科学出版社，2009

案例思考题

1．汤姆·达克成功的主要原因有哪些？

2．汤姆·达克的成功给企业营销工作带来哪些启示？

案例分析2

个人职业SWOT分析

用SWOT分析法考虑自己的职业选择，需要总结自己的优势、劣势、机会和挑战，然后结合这四方面做出判断。

一、优势分析

在自己的职业生涯设计中，如果你能根据自身长处选择职业并“顺势而为”地将自己的优势发挥得淋漓尽致，就会事半功倍，如鱼得水；如果你像让兔子学游泳那样选择了与自身爱好、兴趣、特长背道而驰的职业，那么，即使以后再勤奋弥补，耗费了九牛二虎之力，也是事倍功半，难以补拙。职业生涯设计的前提是：知道自身优势是什么，并将自己的生活、工作和事业发展都建立在这个优势之上。具体来说，就是要知道：

第一，你学了什么。在几年的学习生活中，你从学校开设的课程中学到了什么有价值的东西，通过社会实践活动你哪些方面的知识和能力得到了提高。

第二，你曾经做过什么。在校期间的学生职务，参加过什么社会实践活动，工作经验的积累程度等。要提高自己经历的丰富性和突出性。你应该有针对性地选择与职业目标相一致的工作项目，坚持不懈地努力工作，这样才会使自己的经历有说服力。

第三，最成功的是什么。你做过的事情中最成功的是什么？如何成功的？通过分析，可以发现自己的长处，譬如坚强的意志、创新精神，以此作为个人深层次挖掘的动力之源和魅力闪光点，形成职业生涯设计的有力支撑。

二、劣势分析

同样，你要指出你的劣势和你最不喜欢做的事情。就像学游泳的小兔子一样，不知道自己的劣势在哪里，就会盲目高兴，觉得天生能做好许多事情，从而沉浸在自我优势的圈子里像井底之蛙，不知天到底有多大。找到自己的短处，可以努力去改正自己常犯的错误，提高自己的技能，放弃对不擅长的技能要求很高的职业。具体来说就是要知道：

第一，性格的弱点。人天生都有弱点，这是我们与生俱来且无法避免的。坐下来，跟别人好好聊聊，去看别人眼中的你是什么样子的，与你的自我看法是否一致，指出其中的偏差并加以借鉴，这将有助于自我提高。

第二，经验或经历中所欠缺的方面。欠缺并不可怕，可怕的是自己还没有认识到或认识到了却一味地不懂装懂。正确的态度是认真对待，善于发现，努力克服和提高。

第三，最失败的是什么。你做过事情中最失败的是什么？如何失败的？通过分析来避免在以后的工作中再次失败，防止在跌倒的地方再次跌倒。

自我认识一定要全面、客观、深刻，绝不能规避缺点和短处。“当局者迷，旁观者清”，尽量多参考父母、同学、朋友、师长、专业咨询机构等的意见，力争对自我有一个全面的认识。

三、机遇分析

环境为每个人提供了活动的空间、发展的条件和成功的机遇。特别是近年来，社会的快速变化，科技的高速发展，市场的竞争加剧，对个人的发展产生很大的影响。在这种情况下，个人如果能很好地利用外部环境，就会有助于个人发展的成功。否则，就会处处碰壁，寸步难行。同时，我们也面临各种各样的机遇，比如，经济快速发展为我们提供了发展空间，网络技术的发展使我们能了解更多的信息，出国深造的途径多了，择业的双向选择提供了自主选择权，等等，这都是大学生面对的机遇。

有人说，在机会面前有五种人：第一种人创造机会，第二种人寻找机会，第三种人等待机会，第四种人错过机会，第五种人漠视机会。我们如果做不了第一种人，至少也要主动去寻找机会。如果不善于创造机会，那我们一定要善于抓住身边的机会，不可让机会溜走。

四、挑战（威胁）分析

除了机遇，在这个社会中，我们也会面对各种各样的挑战和威胁。这是我们无法控制的外部因素，但是我们却可以通过努力弱化它的影响，这些因素包括：就业还处于买方市场形势、所学专业过时或不符合社会的需要、来自同学的竞争、面对有更好的技能和更丰富的知识及更多的实践经验的竞争者、公司不雇用你这个专业的人员，等等。这都是你可能遇到的挑战。对于这些挑战，我们不能采取一味回避的态度，自怨自艾就更不好了，因为我们不能让社会适应你，只能改变自己，提高自己去适应社会的能力，通过努力把挑战转化为一种内在的动力。这样，我们才能避免不利的影响，在困境中脱颖而出，寻求发展和成功。

SWOT分析是检查你的技能、能力、职业、喜好和职业机会的有用工具。如果对自己做个细致的SWOT分析，那么你会很明确地知道自己的优点和弱点在哪里，并且会仔细地评估出自己所感兴趣的不同职业道路的机会和威胁所在。

资料来源：庄贵军.营销管理.北京：中国人民大学出版社，2011

案例思考题

1.请为自己做一个SWOT分析。

2.根据SWOT分析，为自己做职业规划。

3.为自己做一套营销方案，并说明依据。

市场营销调研

第4章

营销大师菲利普·科特勒指出，营销胜利的基础越来越取决于信息，而非销售力量。企业要想成功地开展市场营销活动，比竞争对手更好地满足顾客需要，实现企业营销目标，就必须开展市场营销调研，掌握大量相关营销信息，以便做出正确的营销决策。

4.1 市场营销信息系统

科学的营销决策离不开营销信息。建立营销信息系统的目的就是为营销决策提供及时、全面、准确的营销信息，以降低决策的不确定性和风险。

4.1.1 市场营销信息系统的内涵

营销信息(Marketing Information)是企业营销决策的基础。所谓营销信息，就是在一定的时间和条件下，与营销活动有关的各种消息、数据、情报和资料的总称。

市场营销信息系统(Marketing Information System，MIS)是一个由人、设备和程序构成的相互作用的复合体，企业借助市场营销信息系统收集、分类、分析、评价和分配适当的、及时的和准确的信息，为营销管理人员进行营销决策、制订营销计划、执行和控制市场营销方案提供依据。

4.1.2 市场营销信息系统的构成

市场营销信息系统一般由内部报告系统、营销情报系统、营销调研系统和营销分析系统四个子系统构成。企业营销活动所需要的信息包括内部信息和外部信息，一般是由内部报告系统、营销情报系统和营销调研系统进行收集，再经过营销分析系统进行处理，提供给营销管理者使用，营销管理者做出的决策再流回市场，作用于环境，如图 4-1 所示。

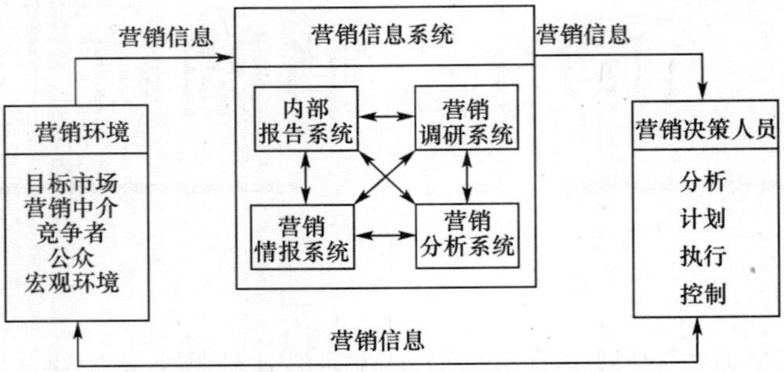

图 4-1　市场营销信息系统的结构

1. 内部报告系统（Internal Databases System）

内部报告系统以内部会计系统为主，同时辅以销售报告系统，集中反映订货、库存、销售、费用、现金流量、应收款、应付款等方面的数据资料。它是营销信息系统中最基本的子系统。内部报告系统的核心是"订单——发货——账单"的循环。负责订单管理的部门要及时处理销售人员、经销商和顾客提交的订单，企业相关部门要及时发货，然后再把账单或其复印件分送到有关部门。

阅读资料 4-1

沃尔玛的内部报告系统

沃尔玛在全球拥有 3000 多家商店、40 多个配销中心、多个特别产品配销中心，它们分布在美国、阿根廷、巴西、加拿大、中国、法国、墨西哥、波多黎各等国家。公司总部与全球各家分店和各个供应商通过共同的计算机系统进行联系。内部报告系统的应用使沃尔玛有关各方可以迅速得到所需的货品层面数据、销售趋势、存货水平和订购信息甚至更多。其独特的配送体系，大大降低了成本，加速了存货周转，形成了沃尔玛的核心力。

资料来源：贺继红，白建磊. 市场营销学通理. 北京：清华大学出版社，2012

2. 营销情报系统（Marketing Intelligence System）

内部报告系统主要为企业提供内部信息，而营销情报系统主要为企业提供外部环境发展变化的信息。营销情报系统可以通过公司的员工、供应商、中间商、顾客、竞争对手、政府等途径获取信息。企业应采取有效措施提高营销情报的质量和数量,如鼓励和训练营销人员收集信息情报;鼓励中间商及合作者互通信息;购买信息机构的信息;使用在线顾客反馈系统收集竞争情报等。

3. 营销调研系统(Marketing Research System)

营销调研系统的任务是针对特定的营销问题或机会,对有关信息进行系统地收集、分析和评价,并对研究结果提出正式报告,以供营销决策者有针对性地解决特定问题,减少决策失误。

营销调研系统与营销情报系统最本质的区别在于其针对性强,是为了解决特定的具体问题而进行的信息收集、整理和分析。企业在营销决策过程中,经常需要对某个特定问题或机会进行重点研究。例如,企业要开发某种新产品,或者遇到了强有力的竞争对手,或者要对广告效果进行研究时,就需要营销调研系统来承担信息的收集工作。

4. 营销分析系统(Marketing Analysis System)

营销分析系统的作用是利用科学的技术和技巧来分析营销信息,从中得出更为精准的研究结果,以帮助营销决策者更好地进行决策,因此也称为营销决策支持系统。该系统由统计分析模型和市场营销模型两个部分组成:第一部分是借助各种统计方法对所输入的市场信息进行分析的统计库;第二部分是专门用于协助企业决策者选择最佳的市场营销策略的模型库。

4.2 营销调研

企业开展市场营销活动的目的是满足顾客需要。那么,顾客的需要是什么?企业生产什么样的产品才能满足顾客需要?企业在满足顾客需要的过程中,有没有竞争对手与企业争夺顾客?企业开展的市场营销活动能否获利?企业要了解这些信息,做出正确的营销决策,就必须开展营销调研。

4.2.1 营销调研的类型

营销调研(Marketing Research),也叫市场调查,就是以营销管理和决策为目的,运用科学方法,对有关信息进行有计划、有步骤、系统地收集、整理、分析和报告的过程。

按照营销调研的目的,可以将其分为四种类型:

1. 探测性调研

探测性调研(Exploratory Research)是企业对市场情况不清楚或对调查的问

题不知从何处着手时采用的方法。通过探测性调研，收集并分析有关资料，可以弄清企业或市场的实际情况，找出问题的实质和关键，为描述性调研和因果调研做好准备。

例如，近期某企业的某产品销售量一直下降，但销售量下降的原因尚不清楚，是外部环境造成的还是企业自身因素造成的？是质量问题还是价格偏高？是促销不力还是出现了新的竞争对手？在这种情况下，就可以采用探测性调研寻找问题产生的原因。

2. 描述性调研

描述性调研（Descriptive Research）就是对已经找出的问题做出如实的反映和具体的回答。如前例，假如已经查明产品销售量下降的主要原因是质量差造成的，那么，调查者就可以对本企业产品的质量状况、竞争产品的质量、消费者对产品的质量要求等进行描述。

描述性调研必须占有大量的信息情报。调研前需要有详细的计划和提纲，以保证资料的准确性。描述性调研比探索性调研深入得多，但也只是对问题的现象进行描述，原因到底是什么，还必须通过因果调研做进一步的研究。

3. 因果性调研

因果性调研（Causal Research）是在描述性调研的基础上，进一步分析问题发生的因果关系。因果性调研一般采用实验法收集市场变化的实际资料，并通过分析和推理，探明哪些因素是因，哪些因素是果，其因果相关程度如何等问题。

如上例，产品的质量差，是设计质量欠佳？原材料质量不好？制造质量不好？还是管理不善？企业通过因果性调研，找出产生问题的主要原因，就可以有的放矢地解决问题了。

4. 预测性调研

预测性调研（Anticipatory Research）就是在收集整理资料的基础上，运用科学的方法，预测未来一段时间内某些环境因素的发展变化趋势及其对企业营销活动的影响。

上述四种调研是相互联系、逐步深入的。探测性调研主要是发现和提出问题；描述性调研主要是说明问题；因果性调研主要是分析问题的原因；预测性调研主要是估计问题的发展趋势，为企业经营决策提供依据。

4.2.2 营销调研的内容

营销调研的内容十分广泛，凡是与企业生产经营活动有关的信息资料，都是营销调研的内容。

1. 市场需求调研

市场需求是营销管理的核心，市场需求调研是营销调研中最重要的内容。市场需求调研的内容包括市场需求总量及其影响因素，市场需求的满足程度，潜在需求及本企业的市场占有率，本地市场的需求量、特点及新市场开拓的可能性，市场需求的发展变化趋势等。

2. 消费者调研

消费者调研也是营销调研的一项重要内容。消费者调研包括消费者的数量及地理分布；消费者的构成、收入状况及消费支出模式；消费者的需求状况，包括现实需求和潜在需求；消费者的购买动机，包括消费者的购买意向、影响消费者购买动机的因素、消费者购买动机的类型；消费者的购买行为，包括消费者购买行为类型及其影响因素。

3. 竞争者调研

竞争者调研包括对竞争者自身的调研和对竞争产品的调研。竞争者调研包括竞争者的数量及分布，竞争者的规模、生产能力、技术装备、市场占有率、经营方式、企业信誉和管理水平等，竞争者的经营目标、发展战略和营销策略，主要竞争者控制市场的程度以及消费者对其认可程度，竞争者采用新技术、开发新产品的动向，潜在竞争者状况等。对竞争产品的调研包括竞争产品的目标市场及其市场占有率、竞争产品的优缺点、竞争产品的价格及市场反馈、消费者对竞争产品的态度及接受情况、竞争产品的促销和分销渠道的使用情况等。

4. 市场营销策略调研

(1)产品调研

产品调研包括市场现有产品的数量、质量、结构、性能、市场生命周期，本企业产品的销售潜力及市场占有率，顾客对本企业产品的满意程度，产品的发展趋势。

(2)价格调研

价格调研包括市场供求变化的趋势、消费者对商品现行定价的反应、企业现行定价的竞争地位、目标市场对产品价格的要求、新产品定价及消费者的反应、产品价格调整及消费者和竞争者的反应、替代产品的价格、国际和国内相关市场的价格。

(3)销售渠道调研

销售渠道调研包括企业常用的销售渠道，企业最成功的销售渠道，现有销售渠道的效果，中间商的数量、素质及其销售情况，销售渠道的发展趋势等。

(4)促销调研

促销调研包括广告效果调研、人员推销效果调研、营业推广效果调研、公共关系及企业形象调研。

5. 宏观环境调研

宏观环境中的政治、经济、技术、社会文化、自然、人口环境对企业营销活动具有不同程度的影响，因此也是营销调研的重要内容。宏观环境调研包括：国家经济发展状况对市场的影响；政府的有关方针政策、法令法规对市场的影响；技术发展对市场的影响；人口数量、人口增长率、人口结构对市场的影响；自然资源状况对市场的影响以及民族构成、宗教信仰、风俗习惯、教育程度对市场的影响，等等。

4.2.3 营销调研的程序

营销调研是一项复杂而细微的工作，只有有计划、有步骤地开展营销调研工作，才能提高调研工作的效率和质量。营销调研一般分为三个阶段：调研准备阶段、正式调研阶段和结果处理阶段。

1. 调研准备阶段

调研准备阶段的重点是明确调研目标，确定调研项目，确定资料来源和调研方法，制订调研计划和培训调研人员，为实质性调研做好准备工作。

(1)明确调研目标，确定调研项目

明确调研目标应明确以下几个问题：为什么要调研？调研中想了解什么内容？谁想知道调研结果？调研结果对企业有什么作用？

为了顺利地开展调研工作，还要确定调研项目。调研项目是调研目标的具体化，因此应围绕调研目标进行设置。

(2)确定资料来源和调研方法

调研目标和调研项目确定以后，调研人员要考虑资料的来源问题。资料来源主要有两大类：原始资料(Primary Data)和二手资料(Secondary Data)。原始资料是调研者从实地调研中收集到的资料，又叫一手资料。二手资料是指经他人收集整理而积累起来的资料。在明确资料来源以后，就可以选择调研方法了。

(3)制订调研计划

调研计划是营销调研的行动纲领，应包括以下内容：调研目的、调研对象、调研方法、调研的时间和进度、调研人员、调研经费预算。

(4)培训调研人员

调研人员素质的高低直接影响营销调研的质量。企业在开展营销调研之前，必须确定合适的人选并采取有效方法对其进行培训，使之胜任调研工作。

2. 正式调研阶段

(1)收集资料阶段

营销调研收集的资料包括一手资料和二手资料。营销调研首先要收集二手资料，因为收集二手资料比较容易，费用较低，还可以防止重复他人的调研工作。二手资料可以从企业内部的各种报表、原始凭证、生产销售报告中获得，已建立营销信息系统的企业可从该系统中获得。另外，二手资料也可以通过企业外部如政府各有关部门、行业协会、新闻媒介、情报机构、银行、出版物等渠道获得。由于二手资料的时效性和准确性较差，使用前必须经过加工处理。当二手资料不能满足营销工作需要时，就需要收集一手资料，一手资料要通过实地调研来获取。

(2)实地调研阶段

实地调研可以获取调研对象对调研项目的反应，弥补二手资料的不足。在实地调研中既可以采用询问的方式，也可以采用观察和实验的方式。在营销调研过程中，调研人员有必要对调研情况定期进行汇总，了解调研工作是否顺利进行。

3. 结果处理阶段

结果处理就是把营销调研收集到的资料进行整理、统计和分析，去粗取精、去伪存真，以保证资料的系统完整和真实可靠，这样才能揭示问题的本质和各种市场现象之间的关系。

(1)资料的整理分析

资料整理分析的步骤：①编辑整理。在资料的编辑整理过程中，首先要检查调研资料的误差，其次要对情报资料进行评定，以保证调研资料的真实准确。②分类。即将经过编辑整理的资料进行分类并编上适当的号码，以便于查找、归档、统计、分析和使用。③统计。即将已经分类的资料进行统计计算，并制成各种计算表、统计表，以便于分析和利用。④分析。即运用调研得出的有效数据和资料进行分析并得出结论。

(2)撰写调研报告

调研报告是对调研成果的总结和调研结论的说明，也是营销调研的最终成果。调研人员要重视调研报告的撰写并及时提供给有关部门人员或领导使用，作为决策的依据。

调研报告的内容：

①题目。题目必须揭示调研报告的主题。

②目录。如果调研报告的内容和页数较多，应当使用目录和索引形式列出调研报告的主要章节和附录。

③概要。主要阐述营销调研的基本情况，如调研的目的、对象、范围、起止时间、采用的方法等。

④正文。正文是调研报告中最重要的部分，是通过对调研资料的统计分析得出的调研结果。

⑤结论和建议。调研是为了解决一定问题而进行的，而不是为了调研而调研，

因此要根据调研结果得出结论，并结合企业实际情况，提出解决问题的方法及建议。

⑥附件。附件是调研报告正文中包含不了或没有提及，但与正文有关，必须附加说明的部分，包括数据汇总表、原始资料、背景材料等。

撰写并呈交调研报告后，营销调研工作基本告一段落。但是，为了了解调研意见是否正确，调研结果是否被采纳，还应该进行跟踪调研。

(3)跟踪调研

跟踪调研要了解调研报告中所提建议是否符合实际，调研数据是否准确，调研结果是否适用，调研报告是否被采纳等。在执行期间，若市场环境发生了变化，调研人员可以根据实际情况对原调研报告提出修改补充意见。

4.2.4 营销调研的方法

营销调研方法的选择是否合理，直接影响调研结果，因此，合理选用调研方法是营销调研的一个重要环节。按照信息来源不同，可将营销调研的方法分为实地调研法和案头调研法两种。

1. 实地调研法

实地调研法是在制订详细调研方案的基础上，由调查者直接向被调查者收集第一手资料，然后进行整理分析，从而获取所需资料的方法。实地调研法又包括询问法、观察法和实验法。

(1)询问法

询问法是调查人员以询问的方式向被调查者提出问题从而收集资料的调查方法。按照询问方式的不同，询问法又可以分为面谈调查、电话调查、邮寄调查、留置问卷调查和网上调查。

①面谈调查。面谈调查就是调查人员通过与被调查者面对面地交谈，提出有关问题，获取所需资料的方法。面谈调查的优点是回答率高；有助于深入了解情况；可以直接观察被调查者的反应。缺点是调查成本高；受调查者主观偏见影响较大。面谈调查适合调查比较复杂的问题。

②电话调查。电话调查就是由调查人员通过电话向被调查者提出问题而收集资料的方法。电话调查的优点是收集资料快；调查成本低；不受地区限制；可按事先制定的调查表进行询问，便于统一处理调查结果。缺点是不能调查较为复杂的问题；不易取得被调查者的合作；不能观察被调查者的真实反应；对没有电话的被调查者不能采用此法。此法适用于不易被接触到的调查对象。

③邮寄调查。邮寄调查就是调查人员将事先设计好的调查表寄给被调查者，

请他们按要求填好后寄回以获取资料的方法。邮寄调查的优点是调查区域广，调查成本低；被调查者有充分的考虑时间，因而资料较为真实可靠；可以避免调查人员的主观偏见。缺点是问卷回收时间长，回收率低；被调查者可能因误解问卷的含义而影响调查结果。

④留置问卷调查。留置问卷调查即由调查人员将调查表当面交给被调查者，说明回答问题的要求，留给被调查者自行填写，然后由调查人员定期收回的调查方法。留置问卷调查的优点是回收率高；被调查者有充分的时间思考和回答问题，有利于提高回答问题的质量。缺点是费用较高，时间较长。

⑤网上调查。网上调查就是借助互联网与被调查者接触以收集信息资料的方法。网上调查可以细分为网上问卷调查、网上焦点座谈和 BBS 调查等方法。网上调查的优点是调查范围广；成本低；速度快；互动性强；容易控制。缺点是选择的对象只能是网络用户；缺乏人际交流，容易遭到拒答；当有报酬回答时，容易出现重复回答的现象；调查邮件容易被当成垃圾邮件删除。

(2)观察法

观察法是由调查人员直接或通过仪器在现场观察被调查者的行为并加以记录，从而获取所需资料的一种方法。运用观察法进行调查时，调查人员不需要向被调查者提问题，也不需要被调查者回答问题，只是通过观察被调查者的行为、态度和表现来收集资料。常用的观察法包括直接观察法、实际痕迹测量法、行为记录法等。

观察法的优点是被调查者不知道或者不介意自己的行为受到观察，因此表现十分自然，收集的资料比较客观真实。缺点是费用较高，时间长；只能观察被调查者的外部行为，而难以观察到其内在因素；当人们知道被观察时可能会改变其行为，从而导致观察结果失真；对调查人员素质要求较高。

(3)实验法

实验法是在既定条件下，通过实验对比，对市场中某些变量之间的因果关系及其发展变化过程加以观察分析的一种调查方法。运用实验法，需要选择实验对象，将其分为实验组和对照组，给予不同的条件，同时对其他变量加以控制，然后观察不同条件下所得结果的差异是否具有统计学上的意义，以找出因果关系。

实验法的优点是方法比较科学，通过在市场上进行实验，可以有控制地分析、观察某些市场现象之间是否存在因果关系，从而获得比较客观的原始资料。缺点是不易选择社会经济因素相类似的实验市场，且干扰因素多，调查成本较高。

以上三种方法各有利弊，调查者应根据调查问题的性质和要求选用合适的方法，也可将几种方法结合起来使用。

2. 案头调研法

案头调研法又叫文献调研法、文案调研法，就是对现成的信息资料进行收集、分析、研究和利用，是一种获取二手资料的调研方法。案头调研法所需时间短、费用低，因此是营销调研必不可少的基础和前道工序。只有当收集的资料不能满足需要时，才采用实地调研法。案头调研法要求调查者在使用二手资料时，要对资料的真实性和时效性进行分析判断。

4.2.5 营销调研技术

营销调研技术包括抽样调查和调查问卷的设计。

1. 抽样调查

(1)抽样调查的概念

抽样调查就是从调查对象总体中抽取一部分单位作为样本进行调查，并根据样本调查的结果去推断总体。与全面调查相比，抽样调查具有时间短、收效大、可靠性强、费用低、易推广等特点，因此是市场调查中最常用、最基本的方法，尤其适用于量大面广、被调查对象数目多的产品的调查。

(2)抽样调查的方法

按照抽样方式的不同，可将抽样调查分为随机抽样和非随机抽样。

①随机抽样，又叫概率抽样，就是对总体中的每个个体都给予平等的抽取机会的抽样方式。随机抽样分为简单随机抽样、等距随机抽样、分层随机抽样和分群随机抽样。

简单随机抽样就是对被调查总体不做任何分类，使用纯粹的随机方式从总体中抽取样本。等距随机抽样是根据一定的抽样距离从总体中抽取样本。分层随机抽样就是把调查对象总体按照某种特性分成若干个层次或若干种类型，然后在每个层次或种类中随机抽取若干样本。分群随机抽样就是按照外部条件，将总体分成若干个同质的群体，再从这些群体中随机地抽取某一群体作为样本进行调查。

随机抽样的优点是调查范围和工作量较小，排除了人为的干扰；抽取的样本可以大致上代表总体，还能计算调查结果的可靠程度。不足之处是对所有调查对象都平等看待，难以体现重点；抽样范围较广，所需时间较长；参加调查的人员多、费用较多。

②非随机抽样，又叫非概率抽样，就是总体中的每个个体不具有平等的被抽取机会，而是根据主观标准来抽取样本的方式。非随机抽样包括任意抽样、判断抽样和配额抽样三种类型。

任意抽样就是样本完全由调查人员根据自己的方便任意选择，街头询问就是这种抽样方法的应用。采用任意抽样的基本假设是被调查总体中的任何个体都是同质的，因此，选择哪一个个体作为样本都是一样的。判断抽样就是根据调查人员的主观判断来选取样本的方法。配额抽样就是先将总体按调查特征分层，并且规定各层的样本配额，然后由调查人员用判断抽样法在每一层中抽出配额的样本数。

非随机抽样的优点是按照一定的主观标准抽取样本，可以根据已知的资料选择较为典型的样本，使样本更具有代表性，还可以缩小抽样范围，节省调查人员、调查时间和调查费用。不足之处是无法判断调查误差和调查结果的准确性。

(3)抽样误差的控制

抽样调查可以节省人力、物力和财力，因而是一种很好的调查方式，但是存在一定误差，因此需要采取有效措施降低误差。降低抽样误差可以从以下几个方面入手：

①准确选择抽样方法。选择正确的抽样方法，可使抽取的样本真正代表样本的总体，降低误差。抽样方法分为随机抽样和非随机抽样两大类，每一类又包括很多具体方法，调查者应根据调查的目标和要求以及调查所面临的具体条件，选择适当的抽样方法。

②合理确定样本数目。一般而言，样本数目与抽样误差成反比关系，样本数目越大，误差越小。但是样本数目越大，调查成本也越高。因此，确定样本大小时，既要考虑样本的足够代表性，又要考虑费用和时间的节约。确定样本数目主要考虑两个因素：一是调查总体的特征。当调查总体特征差异不大时，样本数目可以少一些。二是调查结果的准确度。调查要求的准确度越高，所需选择的样本数目就越大。

③加强抽样调查的组织领导工作。抽样调查是一项技术性较强的工作，要由专门人员，或由经过严格培训的人员来承担。抽样对象要准确、抽样方法要适当、工作程序要规范，以确保抽样调查工作高质量、高效率地进行。

2. 调查问卷的设计

(1)调查问卷的含义

调查问卷又称调查表，是调查者根据营销调研的目的和要求设计出来的，并由一系列问题、备选答案及说明等组成的，向被调查者收集资料的一种工具。调查问卷是营销调研的基本工具，标准化的调查问卷有利于快速准确地收集资料，也便于快速高效地进行数据处理分析。

问卷调查法就是调查者运用统一设计的调查问卷，由被调查者填写，向被调查者了解市场有关情况，以收集有关资料的方法。问卷调查法是营销调研中最常用的方法，是询问调查法的发展和延伸，在各种调查中具有广泛用途，发挥着重要作用。

(2)调查问卷的基本结构

调查问卷一般由开头语、正文和结束语三部分组成。

①开头语。开头语包括问候语、填表说明和问卷编号。问候语的目的是引起被调查者的重视,消除他们的疑虑,激发他们的参与意识,争取他们的合作。在问候语中要说明调查者的身份、调查的目的和意义、对调查结果的保密原则以及奖励措施等。填表说明主要是指导被调查者正确填写问卷。问卷编号主要用于识别问卷、调查者和被调查者,以便于分类归档或计算机处理。

②正文。正文包括问题和答案,是问卷的主体,也是问卷最核心的部分。这部分内容在设计问卷时必须认真推敲,因为问题和答案的质量直接关系到调查结果的质量。

③结束语。结束语放在问卷的最后。一方面向被调查者表示诚恳的感谢;另一方面还应向被调查者征询对问卷调查的意见和看法。

(3)问题的设计

①问题的类型

a. 封闭式问题和开放式问题。封闭式问题是指答案已事先由调查者拟好,由被调查者从中选择答案的问题。开放式问题是指问卷上没有事先拟好的答案,回答者可以自由回答的问题。在选择问题类型时,应考虑答案的分散程度,如果可能的答案多且分散,应采用开放式问题;反之,宜采用封闭式问题。

b. 事实性问题、行为性问题、动机性问题和态度性问题。事实性问题是要求被调查者回答一些关于客观存在情况的问题;行为性问题是对被调查者的行为进行调查的问题;动机性问题是了解被调查者行为的原因或动机的问题;态度性问题是关于被调查者的态度、评价意见等方面的问题。

②问题设计的原则

a. 问题要与营销调研的内容相关

问卷中问题的设置应该紧扣调研课题和调研目的,提出的问题必须为调研目的服务,与调研目的无关或无关紧要的问题不要列入问卷中。

b. 问题要简单易懂

问卷中的问题要容易使被调查者理解,每个问题要尽可能地简单,使被调查者能马上理解所提问题的含义。用词要通俗,避免使用过于专业化的术语。

c. 问题要明确具体

抽象的问题使被调查者难以表达具体意见,也使调查者难以得到有意义的资料。因此,调查者应针对某些特定的问题提问。

d. 避免诱导性提问

问卷中的提问不能带有倾向性,应保持中立。词语中不能暗示出调查者的观点,不能向被调查者提示答案方向。

e. 避免敏感性问题

敏感性问题是指被调查者不愿让别人知道答案的问题。尽管在填表说明中已经申明保密原则,但被调查者仍然可能拒绝回答敏感性的问题;或者采取虚报、假报的方法应付这类问题,从而影响调查结果的质量。因此,在调查问卷中应尽量避免提出敏感性的问题。

f. 问题数量要适当

问卷问题的数量是个值得注意的问题。问题过多,不仅增加调查人员的工作量,也会引起被调查者的反感。问题过少,又达不到市场调查的目的。因此,在设计调查问卷时,要掌握好问题的数量,一般控制在10～20个。

③问题顺序的设计

问题顺序的设计应顺应被调查者的思维习惯,使问题易于回答,还要有利于对调查结果的处理。设计问题顺序时应注意以下几点:

a. 先易后难。设计问卷时,应把比较容易回答的问题放在前面,较难回答的问题放在后面;把被调查者熟悉的问题放在前面,不熟悉的问题放在后面;把被调查者比较感兴趣的问题放在前面,把比较严肃的问题放在后面。

b. 按照内容分组。市场调查问卷的内容常常涉及几个相对独立的部分,为了保持逻辑关系,在问卷编排时,应把同一性质和同一类别的问题排列在一起,以便被调查者按照一定的思路连贯地回答问题。

c. 按照时间顺序排列。可以采取由过去到现在,也可以采取由现在到过去的顺序,使被调查者按照连贯的思路回答问题。

d. 比较困难或敏感的问题应该置后。在市场调查中,往往无法回避对一些敏感性问题或困难问题的调查。在设计问卷时,应该把敏感性问题放得靠后一些,以保证市场调查工作顺利进行。

(4)答案的设计

在封闭式问题中,答案的设计与问题的设计同等重要。因此,答案的设计要经过周密细致的考虑,要符合以下要求:

①答案要穷尽

答案要穷尽就是要把所有可能的答案都列出来,以供被调查者选择。穷尽性原则要求将可能的答案都列出来,而许多问题难以做到这一点。对此,设计答案时最常采用的办法是将问题的主要答案列出来,最后把其他也作为一种答案,由“其他”来概括主要答案中没有列出的情况。

②答案要互斥

答案要互斥是指同一个问题的若干个答案之间的关系是互相排斥的,不能有交叉、重叠和包含等情况。即对每一个回答者来说,只能有一个答案适合他,如果有两个或两个以上的答案适合他,这个问题的答案就不是互斥的。

阅读资料 4-2

吉列公司的女士刀片

男人长胡子,因而要刮胡子;女人不长胡子,自然也就不必刮胡子。然而,美国的吉列公司却把“刮胡刀”推销给女人,居然大获成功。

吉列公司创建于 1901 年,其产品因为使男人刮胡子变得方便、舒适、安全而大受欢迎。进入 20 世纪 70 年代,吉列公司的销售额已达 20 亿美元,成为世界著名的跨国公司。然而吉列公司的领导者并不以此满足,而是想方设法继续拓展市场,争取更多顾客。

就在 1974 年,公司提出了面向妇女的专用“刮毛刀”。这一决策看似荒谬,却是建立在坚实可靠的市场调查的基础之上的。

吉列公司先用一年的时间进行了周密的市场调查,发现在美国,30 岁以上的妇女中有 65%的人为保持美好形象要定期刮除腿毛和腋毛。这些妇女之中,除使用电动刮胡刀和脱毛剂之外,主要靠购买各种男用刮胡刀来满足此项需要,一年在这方面的花费高达 7500 万美元。相比之下,美国妇女一年花在眉笔和眼影上的钱仅有 6300 万美元,染发剂 5500 万美元。毫无疑问,这是一个极有潜力的市场。

根据市场调查结果,吉列公司精心设计了新产品。它的刀头部分和男用刮胡刀并无两样,采用一次性使用的双层刀片,但是刀架则选用了色彩鲜艳的塑料,并将握柄改为弧形以利于妇女使用,握柄上还印压了一朵雏菊图案。这样一来,新产品立即显示了女性的特点。

为了使雏菊刮毛刀迅速占领市场,吉列公司还拟定几种不同的“定位观念”到消费者之中征求意见。这些定位观念包括:突出刮毛刀的“双刀刮毛”;突出其创造性的“完全适合女性需求”;强调价格的“不到 50 美分”以及表明产品使用安全的“不伤玉腿”等等。

最后,公司根据多数妇女的意见,选择了“不伤玉腿”作为推销时突出的重点,刊登广告进行刻意宣传。结果,雏菊刮毛刀一炮打响,迅速畅销全球。

资料来源:吉列公司市场调查的成功案例.百度文库

4.3 营销预测

“凡事预则立，不预则废。”预测可以最大限度地减少预测对象未来发展的不确定性，为科学决策提供依据。

4.3.1 营销预测的含义与类型

1. 营销预测的含义

营销预测是预测的一个分支，要了解营销预测，首先必须了解预测的含义。

预测就是根据过去和现在的资料，通过定性分析和定量计算，找出事物发展的内在规律，预见或推断其未来的发展趋势。简言之，预测就是根据过去和现在推断未来，根据已知推断未知。

营销预测(Marketing Forecast)也叫市场预测，就是对影响市场需求的诸因素进行调查研究，在掌握大量资料的基础上，运用科学的方法和手段，对未来一定时期内市场的需求变化及其发展趋势进行推测、估计和判断，为企业经营决策提供科学依据。

2. 营销预测的类型

营销预测可以从多个角度进行分类。按照营销预测的范围，可将其分为宏观市场预测和微观市场预测；按照营销预测时间的长短，可将其分为长期预测、中期预测、短期预测和近期预测；按照营销预测方法的不同，可将其分为定性预测和定量预测。其中，定性预测和定量预测是营销预测中常用的分类方法。

营销预测的类型多种多样，企业在研究实际问题时，要根据研究对象的主要特点，根据预测目的和要求，选择适当的预测类型，满足预测和决策的需要。

4.3.2 营销预测的内容

1. 国民经济发展趋势预测

企业的发展与整个国民经济的发展有着密切联系。国民经济的发展，不仅能扩大市场需求，还能从资金、物资和技术上为企业发展创造条件，从而促进企业发展；国民经济发展不景气，会限制和制约企业发展。因此，企业要对国民经济发展趋势进行预测，这是营销预测的首要内容。国民经济发展趋势预测包括国民经济发展状况的变化、货币投放状况、国民收入状况、物价变化、市场消费结构及其发展趋势等。

2. 市场需求预测

需求制约生产，所以，市场需求预测是营销预测的核心内容。市场需求预测首先要对市场需求量进行预测。由于市场需求受诸多因素影响，预测者在对市场需求量进行预测时，还要对影响市场需求变化的诸多因素进行预测。其次，要对市场需求变化进行预测。随着生产的发展，城乡居民物质文化生活水平的提高，消费者的需求在不断变化，对消费者需求进行预测也具有重要意义。通过消费者需求预测，可以使企业了解消费者的需要，从而走在消费需求变化的前面，提高企业竞争力。

3. 市场供给预测

市场供给预测是对进入市场的商品总量及其构成以及各种具体商品市场可供量的变化趋势进行的预测。市场供给预测同市场需求预测结合起来，可以预见未来市场供求矛盾的变化趋势。市场供给预测首先要预测整个行业的供给能力，包括从事同类产品生产的企业数量、生产规模、技术状况、管理水平、成本和销售情况；其次，要预测本企业的发展能力，包括企业的生产规模、技术条件、资源及能源供给、运输、人才和资金来源等方面的发展趋势；再次，要预测宏观决策对未来的供给会产生什么重要的影响。

4. 市场占有率预测

市场占有率预测就是预测企业所经营的商品销售量在整个市场商品销售总量中所占比例。市场占有率是考察企业在市场中的地位和经营管理好坏的一个重要指标。从市场占有率的提高或降低的预测中，可以判断市场需求、市场竞争和企业经营发展状况，从而采取相应的营销策略，取得良好的经营效果。

5. 市场价格预测

价格的高低，影响到市场需求和企业利润的多少，涉及国家、企业、消费者等各方面的利益，反映了社会再生产中各种复杂的经济关系，对市场有着重要的影响，是需求预测的重要内容。价格预测，就是在对影响价格的各种因素进行预测的基础上，对商品价格的未来水平及变动趋势进行预测，同时，还要预测价格变动对供应和需求带来的影响，以及由此引起的购买力在商品之间的转移情况。对供求和价格之间的互相影响程度进行预测，有助于合理地运用市场价格这个经济杠杆。

6. 技术发展预测

技术发展对产品发展有着决定性影响。新材料、新技术、新工艺及其在产品上的应用，都会改变顾客对产品的需求，从而对市场产生重大影响。新技术是一种“创造性的毁灭力量”，它既能毁掉旧行业、旧企业、旧产品，也能创造新行业、新企业和新产品。作为企业，要预测技术发展的趋势，及时利用新材料、新技术、新工艺和新设备，适时开发新产品，促进产品更新换代，跟上技术进步的步伐，把握技术进步提供给企业的机遇。同时，淘汰旧产品、旧技术、旧工艺，避开技术进步给企业带来的威胁。

4.3.3 营销预测的程序

营销预测是一项重要而复杂的工作，为了使营销预测更具有科学性，提高预测工作的效率、精度和质量，有效地为企业经营决策服务，必须遵循一定的程序。

市场预测的程序如图 4-2 所示：

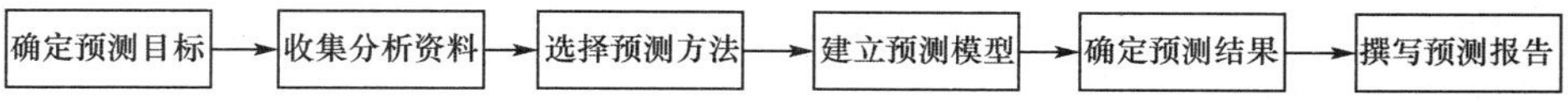

图 4-2　营销预测的程序

1. 确定预测目标

确定预测目标是营销预测的首要问题。确定营销预测目标，就是明确为什么要进行营销预测，要解决什么问题。只有明确预测目标，才能有针对性地选择预测的对象、内容和方法，制订预测的工作计划。预测目标要明确具体，不能抽象含糊。预测目标应包括预测的对象、内容、范围、要求、期限等。

2. 收集分析资料

资料是营销预测的基础。预测目标确定以后，就要通过营销调研广泛、系统地收集资料。收集什么资料，是由预测目标决定的。收集的资料按照时间可以分为历史资料和现实资料；按照空间可以分为企业内部资料和企业外部资料。

预测者在收集有关资料以后，还要对这些资料进行认真审核，对不完整和不适用的资料要进行必要的推算和调整，以保证资料的准确性、系统性、完整性和可比性。对经过审核和整理的资料还要进行初步分析，观察资料结构的性质，作为选择适当的预测方法的依据。

3. 选择预测方法

市场预测的方法很多，每种方法都有自己的特点、适用范围和局限性。预测者应该根据预测对象的特征选择合适的预测方法，并尽可能对同一预测对象采用不同的预测方法，以便比较分析。预测方法的选用是否得当，直接影响到预测结果的准确性。预测者在选择预测方法时，要考虑预测目的、预测时间的长短、拥有历史统计资料的多少及其完整程度、产品生命周期阶段等几个因素。

4. 建立预测模型

进行定量预测时，往往要建立预测模型。预测模型也叫数学模型，即用以描述经济现象之间关系的一个或一组数学方程式。预测模型大致有三类：一是表示预测对象与时间之间相互关系的时间关系模型；二是表示预测对象与其影响因素之间相互关系的相关关系模型;三是表示预测对象与其他预测对象之间相互关系的结构关系模型。预测者要根据预测目标的需要选择合适的预测模型。

5. 确定预测结果

利用选定的预测方法和预测模型,对各种变量或各种因素进行计算和分析,即可确定预测结果。由于预测模型和预测方法选择不当,历史统计资料不完整或存在虚假因素,外部政治、经济、技术条件发生了重大变化等因素导致预测值同未来的实际值总是有差距的,因此,需要对预测结果进行分析、检验和评价,即对初步预测结果的可靠性和准确性进行验证,估计预测误差的大小。预测误差越大,预测的准确度就越低,而预测误差过大,就失去了预测的意义。因此,要分析预测误差产生的原因,修改预测模型,在分析评价的基础上,修正初步预测值,得到最终的预测结果。

6. 撰写预测报告

经过预测后,预测者要及时撰写预测报告。预测报告要把历史和现状结合起来进行比较,既要进行定性分析,又要进行定量分析,尽可能利用统计图表和数学方法予以精确描述。要做到数据真实准确、论证充分可靠、建议切实可行,还要对预测结果进行判断和评价,重点要进行预测误差分析。预测报告是对预测工作的总结,用以向预测信息的使用者汇报预测结果。预测报告的主要内容包括预测目标、预测内容、预测人员、预测方法、预测的结论及建议,最后还应附上所使用的原始资料和记录。

4.3.4 营销预测的方法

营销预测的方法很多,归纳起来可以分为定性预测(Qualitative Forecast)和定量预测(Quantitative Forecast)两种方法。

1. 定性预测法

定性预测法就是根据预测者的知识、经验和分析判断能力,对收集到的资料进行综合分析,对市场的未来发展变化趋势做出推测和判断,因此又叫经验判断法。

定性预测法有利于发挥预测者的主观能动性,对市场的未来做出深入、细致、符合客观实际的预测。定性预测法的优点是简便易行、费用较低、时间较短、灵活性强。缺点是缺乏客观标准,受预测者知识经验和分析判断能力的局限而带有一定的主观片面性。定性预测法适用于缺乏数据资料、影响因素复杂、预测对象牵涉的领域比较广泛、预测期较长的情况。

定性预测法主要有以下几种:

(1)销售人员综合意见法

销售人员综合意见法就是把企业所有的销售人员(包括代理商、经销商等各类销售人员)召集起来或通过发放预测表的形式,把销售人员的意见加以集中进行预测的一种方法。

该方法的优点是:①销售人员直接接触市场和顾客,对市场需求变化趋势看得比较清楚,预测结果比较准确;②由于销售人员参与企业销售预测,对上级下达的销售配额有较大的完成信心;③预测速度快、成本低。缺点是:①销售人员受工作范围的限制,对经济发展形势或企业的市场营销总体规划不了解;②为了在下一年度超额完成销售配额指标,销售人员可能故意压低预测值;③销售人员可能对预测缺乏足够的知识、能力或兴趣。

(2)经理人员综合意见法

经理人员综合意见法就是由企业经理召集与营销有关或熟悉市场情况的各部门经理(包括市场经理、销售经理、采购经理、生产经理、财务经理、市场研究部门负责人等)对未来的市场发展趋势发表意见,做出判断,企业经理将各种意见汇总,进行分析研究,综合处理,最后得出预测结果。

该方法的优点是:①能集中企业高层管理者的智慧和经验,避免个人判断的局限性,得出比较可靠的预测结果;②成本低,速度快,易于组织。缺点是:①主观随意性大,易受讨论气氛的影响,悲观估计的可能性较低,而乐观估计的可能性较高;②易受权威人士的影响;③易受当时市场形势的影响,进而产生过分乐观或过分悲观的倾向。

(3)购买者意向调查法

购买者意向调查法就是调查顾客的意见,分析顾客的需求,参照市场的变化趋势,预测产品在某一时期的销售量。

购买者意向调查法在满足以下三个条件的情况下比较有效:①购买者的意向明确清晰;②这种意向会转化为顾客的购买行为;③顾客愿意把其购买意向告诉调查者。一般来说,用这种方法预测非耐用消费品需求的可靠性较低;用在耐用品方面稍高;用在产业用品方面则更高。顾客意见法的优点是节省调查费用,调查结果比较切合实际,但此法能否取得成功,主要取决于用户的合作。

(4)德尔菲法

德尔菲法(Delphi)是20世纪40年代末期由美国兰德(RAND)公司首创,现在已经成为广泛应用并享有盛名的一种预测方法。德尔菲法是一种专家调查法,它是以预先选定的专家作为征询意见的对象,向预测专家分别发函或调查表,提出预测的问题并提供预测所需的相关资料,要求专家背靠背地提出预测意见,由预测的组织者把专家们的意见汇集、整理后,再将不同的意见及其理由反馈给每位专家,这样多次反复征询,逐步缩小各种不同意见的差距,得到基本一致的预测结果。

德尔菲法的步骤包括:①确定预测目标;②设计调查表;③选聘专家;④反复征

询专家意见⑤得出预测结论。

德尔菲法的特点是:①匿名性。即专家们以“背靠背”的方式接受调查,在整个预测中互不见面,每位专家只是和预测的组织者保持联系,这样就使各位专家不受领导、权威的约束和能言善辩者的影响而畅所欲言,充分发表个人意见。②反馈性。德尔菲法不是经过一次征询就能统一意见,往往要进行多轮反馈。用德尔菲法进行预测,一般以反馈四轮为宜。反馈次数太多会使专家厌烦,反馈次数太少,专家们的意见又不一致。③收敛性。采用德尔菲法进行预测,一般经过几轮反馈后,专家们的意见会趋于一致,呈现出收敛的趋势。④统计性。德尔菲法不是简单地收集专家的意见,而是要对专家的意见和预测结果经过一系列的统计分析和处理,最后得到定量的预测结果。

2. 定量预测法

定量预测法是预测者在掌握充足统计资料的基础上,应用数学方法,建立数学模型,对预测对象的发展变化趋势进行预测的方法。定量预测的方法很多,下面主要介绍时间序列预测法和回归分析预测法。

(1)时间序列预测法

时间序列预测法就是将历史资料和数据,按照时间顺序排成一个系列,根据时间序列所反映的经济现象的发展过程和发展趋势,将时间序列外推或延伸,以预测经济现象未来可能达到的水平。

下面介绍几种常用的时间序列预测法。

①简单平均法

简单平均法就是把过去时期的时间序列数据全部相加,再除以资料的期数,求得平均值,把这个平均值作为下一期的预测值。

设有 n 期资料,分别为 $x_1, x_2, x_3, \cdots, x_n$,则简单平均法的计算公式为

$$\overline{x} = \frac{1}{n}\sum_{i=1}^{n} x_i$$

$\overline{x}$ 为预测对象 x 的历史数据平均值,这一平均值就是 $n+1$ 期的预测值,则预测公式为

$$\hat{x}_{n+1} = \overline{x}$$

式中:$\hat{x}_{n+1}$ 表示第 $n+1$ 期的预测值。

简单平均法的优点是简便易行,但该方法没有考虑不规则的、季节性的变化。因此适用于历史资料本身变化不大,大致沿着一条水平线上下波动的情况。

②移动平均法

移动平均法是在简单平均法的基础上发展起来的一种预测方法。移动平均法就是将历史数据按顺序逐点分段移动,以反映出预测对象的长期发展趋势。

移动平均法分为一次移动平均法和二次移动平均法。

a. 一次移动平均法

一次移动平均法是对原始数据逐点分段移动的方法，其计算公式为

$$M_t^{(1)}=\frac{x_t+x_{t-1}+\cdots+x_{t-n+1}}{n}$$

式中：$M_t^{(1)}$——第 t 期的一次移动平均值；

x_t——第 t 期的实际值；

n——移动平均期数。

用一次移动平均法进行预测，本期的移动平均值就是下一期的预测值，即$\hat{x}_{t+1}=M_t^{(1)}$。

b. 二次移动平均法

二次移动平均法是在一次移动平均法的基础上，再做一次移动平均。二次移动平均法并不直接用于预测，而是为了求出平滑系数，建立移动平均模型，以克服一次移动平均值的滞后现象。

二次移动平均值的计算公式是：

$$M_t^{(2)}=\frac{M_t^{(1)}+M_{t-1}^{(1)}+\cdots+M_{t-n+1}^{(1)}}{n}$$

式中：$M_t^{(2)}$——第 t 期二次移动平均值；

$M_t^{(1)}$——第 t 期一次移动平均值；

n——移动平均期数。

利用二次移动平均法进行预测的基本公式是：

$$\hat{x}_{t+T}=a_t+b_tT$$

式中：$\hat{x}_{t+T}$——$t+T$ 期的预测值；

a_t，b_t——平滑系数。

平滑系数 a_t，b_t 的计算公式为

$$a_t=2M_t^{(1)}-M_t^{(2)}$$

$$b_t=\frac{2}{n-1}(M_t^{(1)}-M_t^{(2)})$$

c. 加权移动平均法

加权移动平均法是对时间序列中各期数据加权后再进行平均的预测法。在加权移动平均法中，对权数的赋值一般是近期数据的权数大，越是远期的数据，权数取值越小。

加权移动平均法预测值的计算公式为

$$\overline{x}=\frac{\sum x_iW_i}{\sum W_i}$$

式中：$\bar{x}$—— 加权平均值，即预测值；

x_i—— 第 i 期的实际值；

W_i—— 第 i 期的权数。

③指数平滑法

在实际预测中，距预测期远近不同的数据资料，对预测值的影响不同。通常，越是靠近预测期的数据资料对预测值的影响越大；反之，越小。前面所讲的一次和二次移动平均法对时间序列的最近几期观察值都给予了相同的权数，加权移动平均法虽然根据实际情况确定了各期数据的权数，但权数要一个一个地确定，没有规律可循，确定的难度大，预测的精度难以把握。因此，有人提出了指数平滑法，作为对移动平均法的改进和发展。

指数平滑法就是对各期数据按照发生的先后次序不同，分别给出具有指数变化规律的不同权数，求出加权平均值，以此为基础对时间序列问题进行预测。指数平滑法实际上是一种特殊的加权移动平均法，其特点是对距预测期最近的观察值给予最大的权数，对距预测期渐远的观察值给予递减的权数。对同一市场现象，连续计算其指数平滑值，对较早期的观察值不是一概不予考虑，而是给予递减的权数。指数平滑法适用于预测呈长期趋势变动和季节变动的事物。

指数平滑法分为一次指数平滑法、二次指数平滑法和三次指数平滑法，下面分别介绍一次指数平滑法和二次指数平滑法。

a. 一次指数平滑法

一次指数平滑法是以预测目标的本期实际值和本期预测值为基数，分别给二者以不同的权数，求出指数平滑值，作为最终预测值。

一次指数平滑值的计算公式是：$S_t^{(1)}=\alpha x_t+(1-\alpha)S_{t-1}^{(1)}$

式中：$S_t^{(1)}$——第 t 期的一次指数平滑值；

$S_{t-1}^{(1)}$——第 $t-1$ 期的一次指数平滑值；

x_t——第 t 期的实际值；

α——指数平滑系数（$0\leqslant\alpha\leqslant1$）。

在应用一次指数平滑法进行预测时，是以第 t 期的指数平滑值作为第 $t+1$ 期的预测值，即

$$\hat{x}_{t+1}=S_t^{(1)}=\alpha x_t+(1-\alpha)S_{t-1}^{(1)}$$

b. 二次指数平滑法

二次指数平滑法是指对市场现象的实际观察值测算两次平滑值，并在此基础上建立预测模型，对市场现象进行预测的方法。

二次指数平滑法的一次、二次指数平滑值的计算公式为

$$S_t^{(1)}=\alpha x_t+(1-\alpha)S_{t-1}^{(1)}$$

$$S_t^{(2)}=\alpha S_t^{(1)}+(1-\alpha)S_{t-1}^{(2)}$$

式中：$S_t^{(1)}$——第 t 期的一次指数平滑值；

$S_t^{(2)}$——第 t 期的二次指数平滑值；

$S_{t-1}^{(2)}$——第 $t-1$ 期的二次指数平滑值。

二次指数平滑法的预测模型为

$$\hat{x}_{t+T}=a_t+b_tT$$

$$a_t=2S_t^{(1)}-S_t^{(2)}$$

$$b_t=\frac{\alpha}{1-\alpha}(S_t^{(1)}-S_t^{(2)})$$

二次指数平滑法适用于有明显趋势变动的市场现象的预测，它不但可以用于短期市场预测，还可用于近期和中期市场预测，它比一次指数平滑法更进一步。

④直线趋势延伸法

当时间序列的各期资料按大致相同的数量增减，且长期趋势基本上呈线性趋势变化时，则可利用直线趋势延伸法进行预测。

直线趋势延伸法的预测模型为

$$Y=a+bX_i$$

根据最小二乘原理：$\sum(Y_i-Y)=$ 最小值，则可推导出：

$$\sum Y_i=na+b\sum X_i$$

$$\sum X_iY_i=a\sum X_i+b\sum X_i^2$$

解上述方程得：

$$\begin{cases}a=\dfrac{\sum Y_i}{n}-b\dfrac{\sum X_i}{n}\\[2ex] b=\dfrac{n\sum X_iY_i-\sum X_i\sum Y_i}{n\sum X_i^2-(\sum X_i)^2}\end{cases}$$

在运用过程中，令 $\sum X_i=0$ 来简化 a,b 的计算，则：

$$\begin{cases}a=\dfrac{\sum Y_i}{n}\\[2ex] b=\dfrac{\sum X_iY_i}{\sum X_i^2}\end{cases}$$

式中：Y—— 预测值；

Y_i—— 第 i 期的实际值；

X_i—— 第 i 期的时间；

n—— 资料期数；

a,b—— 待定参数。

在运用此方法时，X_i 的简化原则是：当资料期数为奇数时，则令最中间一期的 X_i 为 0，向上分别为 -1、-2、-3…，向下分别为 $+1$、$+2$、$+3$…；当资料期数为偶数时，则令最中间两期的 X_i 分别为 -1 和 $+1$，向上分别为 -3、-5、-7…，向下分别为 $+3$、$+5$、$+7$…。

(2) 回归分析预测法

回归分析法是对具有因果关系的现象，根据数据资料，用数理统计的方法，建立数学模型，用以推算因变量随自变量变动的数值、程度和方向的一种预测方法。回归分析法分为一元回归分析和多元回归分析、线性回归分析和非线性回归分析。下面介绍一元线性回归分析法。

一元线性回归分析法是回归分析中最简单、应用较广的一种方法，是处理一个自变量 X 与因变量 Y 之间线性关系的预测方法。

其预测模型是 $Y = a + bX_i$

式中：Y—— 因变量；

a,b—— 回归系数；

X_i—— 自变量；

n—— 资料期数。

根据最小二乘原理：$\sum(Y_i - Y) =$ 最小值，则可推导出：

$$\sum Y_i = na + b\sum X_i$$

$$\sum X_iY_i = a\sum X_i + b\sum X_i^2$$

解上述方程得：

$$\begin{cases} a = \dfrac{\sum Y_i}{n} - b\dfrac{\sum X_i}{n} \\ b = \dfrac{n\sum X_iY_i - \sum X_i \sum Y_i}{n\sum X_i^2 - (\sum X_i)^2} \end{cases}$$

思考题

1. 为什么营销调研在市场营销中越来越重要？

2. 营销调研包括哪些类型？每类调研重点要解决什么问题？

3. 营销调研的内容及程序是什么？

4. 营销调研的方法有哪些？每种调研方法的优缺点是什么？
5. 询问法、观察法与实验法的区别是什么？
6. 营销调研与营销预测的关系是什么？
7. 营销预测的内容及程序是什么？
8. 定性预测和定量预测各包括哪些方法？
9. 德尔菲法的特点及程序是什么？

案例分析 1

满足顾客需要　英国商家倚重“数据库营销”

情人节期间，国内外零售企业像往年一样又迎来了一个营销的高潮。根据笔者对伦敦零售业的考察发现，相比节日营销，国外零售企业平时常用的精准营销、网络营销等更能体现其营销理念，可谓功夫在诗外。

伦敦的百货公司大致可分三类。首先，伦敦拥有世界上最高档的百货公司，例如，Harrods(哈罗德)、Harvey Nichols(哈维·尼克斯)、Liberty(利伯提)、Selfridges(赛尔福利奇)，这些百货公司以售卖世界最顶尖的设计师品牌而著称。

其次，定位中档消费市场的百货公司在伦敦零售业中占有很大的比重。具有代表性的百货公司有 Debenhams(德本罕)、House of Fraser(弗雷泽)、John Lewis(约翰·路易斯)等，这些百货公司除了联营的形式外，与国内百货公司有很大不同的是，这些英国百货公司大都有自营品牌，而且占有相当大的比重。

另外，在伦敦还有许多定位低档的百货公司，例如，Marks & Spencer(玛莎百货)、Primark (普瑞玛克)、Woolworths(沃尔沃斯)。这些百货公司相似于国内超市的经营模式，其销售的商品都是自己的品牌，而且服装是其主要的销售产品。

以消费者为本位的市场营销理念逐步完善并得到实施，零售商以“满足顾客需要”为宗旨，依托计算机信息管理系统不断完善客户关系管理，进行精准的“数据库营销”，稳固企业与顾客关系。相比较国内对客户关系管理系统的应用，英国零售企业更为实际和深入，例如，为了吸引每一位回头客，每次顾客购买的信息都会被及时记录。零售商会详细分析、处理这些数据，对每张会员卡用户的购物模式进行追踪调查，研究不同项目商品购买行为之间的关联，然后采取相应的营销行为。如每个会员卡顾客不定期会收到零售商寄来的信件，信里面有一定数额的积分返还代金券，同时持卡人还将获得零售商提供的对某类或某品牌商品提供折扣的优惠券或多倍积分券，零售商还会建议他们购买可能会喜欢的东西等。详尽的顾客个性化数据资料为这些零售商留住顾客并进行客户关系管理、开展有针对性的营销创造了条件和可能。另外，英国各大零售公司严格实施商品的质量管理，并采取无理由退货、退款政策，解决顾客后顾之忧，提升消费者对公司的信赖度，树立公司形象。而这些都是基于零售商全面贯彻以消费者为中心的营销理念以及完善的客户关系管理系统。

值得注意的是，网络在英国人的日常生活中具有举足轻重的地位。对英国零售企业来说，在互联网时代，利用现代信息技术进行管理和网络营销，已经不是新的管理方式和手段。英国的零售商已经大量采用现代化的信息技术和科学化的管理系统，方便快速地满足着不同消费者的不同需求。百货商店的网络营销额在近几年也不断上升，2010 年年底，高档百货商场 Selfridges 的网上销售额增长了 50%，中档百货商场 John Lewis 的网络销售额增长了 62.2%，而同期 John Lewis 的实体零售店销售额仅仅增长了 3.7%。

在英国，超市遍布全国，在每个城市小镇都可以找到大型的超级市场。英国目前主要有四大超市品牌：Tesco、Sainsburys、ASDA 和 Morrisons。这四家超市合起来的市场占有率超过 75%。其中 Tesco 是英国最大的零售商，目前已经进入中国。这四家超市竞争非常激烈，无论是广告、形象代言或者价格战，大家都毫不手软。经常可以在店面中发现如“买一送一”“买二送一”或者超低价格的标签。为了推出差异化产品，各大超市竞相推出有特色的产品，除了推出大量的自有品牌产品外，在超市内还有特色产品综合展卖区（如有机产品区、特色红酒区等）。

资料来源：苏斐，吴红平. 满足顾客需要　英国商家倚重“数据库营销”. 中国商报，2011-2-18(7)

案例思考题

1.“数据库营销”在英国零售企业营销中发挥了哪些作用？

2. 如何通过“数据库营销”维护客户关系？

案例分析 2

市场调查的成与败

润妍是宝洁旗下唯一针对中国市场原创的洗发水品牌，也是宝洁唯一利用中国本土植物资源的系列产品。曾几何时，润妍被宝洁寄予厚望，认为它是宝洁全新的增长点；曾几何时，无数业内外人士对它的广告与形象赞不绝口；曾几何时，我们以为又到了黑发飘飘的春天……但 2002 年的时候，润妍已经全面停产，退出市场。润妍怎么了？润妍上市前后的两三年里，中国洗发水市场真“黑”：联合利华的黑芝麻系列产品从“夏士莲”衍生出来，成为对付宝洁的撒手锏；重庆奥妮则推出“新奥妮皂角洗发浸膏”，强调纯天然价值，融合何首乌、黑芝麻、皂角等传统中草药之精华；伊卡璐把其草本精华系列产品推向中国；河南民营企业鹤壁天元也不失时机地推出黛丝黑发概念的产品……市场上一度喊出终结宝洁的声音。在外界看来一片“沙砾”般的问卷调查，宝洁却能从中看出“金子”，真正坚定调查员信心的是被访者不经意的话——总是希望自己“有一头乌黑的秀发，一双水汪汪的大眼睛”，这不正是传统东方美女的形象吗？

宝洁在润妍上市前做了大量的市场调查工作。“蛔虫”调查——零距离贴身观察消费者。一个被称为“贴身计划”的商业摸底市场调查静悄悄地展开。时任润妍品牌经理的黄长青等十几个人分头到北京、大连、杭州、上海、广州等地选择符合条件的目标消费者，和他们48小时在一起生活，进行“蛔虫”式调查。从被访者早上穿着睡衣睡眼蒙胧地走到洗手间，开始洗脸梳头，到晚上洗发卸妆，女士们的饮食、化妆、洗护发习惯尽收眼底。黄长青甚至会细心揣摩被访者的性格和内心世界。在调查中，宝洁发现消费者认为滋润又具有生命力的黑发最美。宝洁还通过一、二手的调查资料发现了以下的科学证明：将一根头发放在显微镜之下，你会发现头发是由很多细微的表皮组成的，这些称为毛小皮的物质直接影响头发的外观。健康头发的毛小皮排列整齐，而头发受损后，毛小皮则是翘起或断裂的，头发看上去又黄又暗。而润发露中的滋养成分能使毛小皮平整，并在头发上形成一层保护膜，有效防止水分的散失，补充头发的水分和养分，使头发平滑光亮，并且更滋润。同时，润发露还能大大减少头发的断裂和摩擦，令秀发柔顺易梳。宝洁公司专门做过相关的调查试验，发现使用不含润发露的洗发水，头发的断裂指数为1，含润发露的洗发水的指数为0.3，而使用洗发水后再独立使用专门的润发露，断裂指数就降低到0.1。中国市场调查表明，即使在北京、上海等大城市也只有14%左右的消费者会在使用洗发水后单独使用专门的润发产品，全国平均还不到10%。而在欧美、日本、中国香港等发达国家和地区，约80%的消费者都会在使用洗发水后单独使用专门的润发产品。这说明国内大多数消费者还没有意识到专门润发步骤的必要性。因此，宝洁推出润妍一方面是借黑发概念打造属于自己的一个新品牌，另一方面是迅速普及润发概念。

使用测试——根据消费者意见改进产品。根据消费者的普遍需求，宝洁的日本技术中心随即研制出了冲洗型和免洗型两款“润妍”润发产品。产品研制出来后并没有马上投放市场，而是继续请消费者使用测试，并根据消费者的要求，再进行产品改进。最终推向市场的润妍是加入了独特的水润中草药精华，特别适合东方人发质和发色的倍黑中草药润发露。

包装调查——设立模拟货架进行商店试销。宝洁公司专门设立了模拟货架，将自己的产品与不同品牌,特别是竞争品牌的洗发水和润发露放在一起,反复请消费者观看,然后调查消费者究竟记住和喜欢什么包装,忘记和讨厌什么包装,并据此做进一步的调查与改进。最终推向市场的润妍倍黑中草药润发露的包装强调专门为东方人设计,在包装中加入了能呈现独特的水润中草药精华的图案,包装中也展现了东西方文化的融合。

广告调查——让消费者选择他们最喜欢的创意。电视广告——宝洁公司先请专业的广告公司拍摄一组长达6分钟的系列广告,再组织消费者来观看,请消费者选择他们认为最好的3组画面,最后,概括绝大多数消费者的意思,将神秘女性、头发芭蕾等画面进行再组合成为润妍的宣传广告。广告创意采用一个具有东方风韵的黑发少女来演绎东方黑发的魅力。飘扬的黑发和少女明眸将"尽洗铅华,崇尚自然真我的东方纯美"表现得淋漓尽致。广告片的音乐组合也颇具匠心,现代的旋律配以中国传统的乐器如古筝、琵琶等,进一步呼应润妍产品现代东方美的定位。

网络调查——及时反馈消费者心理。具体来说,利用电脑的技术特点,加强润妍logo的视觉冲击力,通过flash技术使飘扬的绿叶(润妍的标志)在用户使用网站栏目时在画面上闪动。通过润妍品牌图标链接,大大增加润妍品牌与消费者的互动机会。润妍是一个适合东方人使用的品牌,又有中草药倍黑成分,所以主页设计上只用了黑、白、灰、绿这几种色,但以黑、灰为主,有东方的味道。网站上建立紧扣"东方美""自然"和"护理秀发"等主题的内页,加深润妍品牌联想度。通过实时反馈技术,可以知道消费者最喜欢什么颜色、什么主题等。

区域试销——谨慎迈出第一步。润妍的第一款新产品在杭州面市,在这个商家必争之地开始进行区域范围内的试销调查。其实,润妍在选择第一个试销的地区时费尽心思。杭州是著名的国际旅游风景城市,既有深厚的历史文化底蕴,富含传统的韵味,又具有鲜明的现代气息,受此熏陶兼具两种气息的杭州女性,与润妍要着力塑造的现代与传统结合的东方美女形象一拍即合。

委托调查——全方位收集信息。上市后,宝洁还委托第三方专业调查公司做市场占有率调查,通过问卷调查、消费者座谈会、消费者一对一访问或者经常到商店里看消费者的购物习惯,全方位搜集顾客及经销商的反馈。市场调查开展了三年之后,意指"滋润"与"美丽"的润妍正式诞生,针对18~35岁女性,定位为"东方女性的黑发美"。润妍的上市给整个洗发水行业以极大的震撼,其品牌诉求、公关宣传等市场推广方式无不代表着当时乃至今天中国洗发水市场的极高水平。

由于润妍市场业绩平平,到2002年年底,市场上已经看不到润妍的踪迹了。宝洁润妍洗发水为什么要退市?润妍的市场调查有没有问题呢?

资料来源:林红菱,等.市场调查与预测.北京:机械工业出版社,2009

案例思考题

1. 宝洁公司在推出“润妍”洗发水的前后，都对哪些内容进行了调查？采用了哪些调查方法？

2. 宝洁公司的市场调查有没有问题呢？问题是什么？

市场购买行为分析

第5章

企业所面临的市场可以分为消费者市场和组织市场两大类。消费者市场的购买者是消费者个人,组织市场的购买者是企事业单位、中间商和政府机构,二者的购买行为既有共性又有差异。本章研究市场购买行为,目的是通过研究市场购买行为的影响因素,探索市场购买行为产生形成的过程及其规律性,从而指导企业制定出正确的营销策略,进而影响和控制消费主体的购买行为,使之朝着有利于企业的方向发展。

5.1 市场类型及其特点

市场可以从多个角度进行分类,但是从市场营销的角度,最有意义的划分是按照顾客购买商品的目的或用途的不同,将市场分为消费者市场和组织市场两大类。

5.1.1 消费者市场的概念及特点

1. 消费者市场的概念

消费者市场(Consumer Market)又称消费品市场或最终产品市场,是指个人或家庭为满足生活需要而购买产品或服务的市场。由于社会产品和服务只有进入消费领域才能最终完成,而其他市场,如生产者市场和中间商市场,最终服务对象还是消费者,从这个意义上说,消费者市场是市场体系的基础,是最终起决定作用的市场。一切企业,无论是否直接为消费者服务,都必须研究消费者市场。

2. 消费者市场的特点

与组织市场相比,消费者市场具有以下特点:

(1)需求的分散性

消费者市场的购买者是消费者个人或家庭,消费者人数众多,分布广泛。由于消费者家庭人口少，商品消费量小，加之商品供应充足，购买方便，随用随买，因而消费者购买商品的次数多，但是每次购买的数量少。企业在选择分销渠道时，应广设商业网点，最大限度地方便消费者购买。

(2)需求的多样性

由于消费者在性别、年龄、文化程度、职业、收入水平以及需要、爱好和消费习惯等方面存在不同程度的差异，因而对消费品的需求也是千差万别，从而形成了消费者市场需求的多样性。企业应根据消费者需求的差异性进行市场细分，实行目标市场营销。

(3)需求的层次性

消费者的需求是在一定的购买力等条件下形成的，尽管消费者的需要无穷无尽，但是不可能同时得到满足，只能根据自己支付能力的大小和客观条件的许可，依据需要的轻重缓急，有序地实现需要，这就形成了需要的层次性。美国心理学家马斯洛将人类的需要分为生理需要、安全需要、社会需要、尊重需要和自我实现需要五个层次；恩格斯将人类的需要分为对生存资料的需要、对享受资料的需要和对发展资料的需要三个层次。企业营销人员要根据消费者需求的层次性准确选择目标市场，进行市场定位。

(4)需求的发展性

人类的需求是永无止境的。随着社会经济的发展、科学技术的进步和消费者收入水平的提高，消费者的需求也将不断扩展。消费者在原有需要满足后，就会产生新的需要，这样循环往复，以至无穷。消费者需求的发展性要求企业不断开发新产品，开拓新市场。

(5)需求的伸缩性

由于消费者需求受消费者收入、商品价格和储蓄利率等诸多因素影响，因此在购买商品的数量和品种的选择上表现出较大的需求弹性或伸缩性。消费者收入提高则需求增加；反之，则需求减少。商品价格上涨和储蓄利率提高导致需求减少；反之，则需求增加。产品的替代性也会影响需求弹性，当某种产品价格上涨时，其替代产品的需求量就会上升；当某种产品价格下降时，其替代产品的需求量就会下降。尽管商品需求具有伸缩性，但是不同产品，其需求弹性不同，生活必需品的需求弹性小，非生活必需品的需求弹性较大。企业应根据产品的需求弹性，制定相应的营销策略。

(6)需求的可诱导性

大多数消费者的购买行为属于非专业性购买行为。由于缺乏专业的商品知识和市场知识，消费者的购买行为很容易受到企业的广告宣传、促销活动和他人意见的影响，因而具有可诱导性。企业的新产品开发、广告宣传和其他营销活动，都可能诱发消费者的购买行为，将消费者的潜在需要变成现实需要。这就要求营销者不仅要了解并且满足顾客需要，还要采取有效措施，积极引导消费者的购买行为，创造顾客需要。

5.1.2 组织市场的概念及特点

企业不仅把产品出售给个人消费者，也出售给企业、中间商、社会团体和政府机构等组织用户，这些用户构成了市场体系中的一个庞大的子市场，即组织市场。

1. 组织市场的概念

组织市场(Organizational Market)是由那些以生产加工、转卖或履行职责为目的而采购产品或劳务的组织组成，包括生产者市场、中间商市场和政府市场。

生产者市场(Industrial Market)又叫产业市场，是指购买产品或服务用于生产其他产品或服务，然后出售或出租给他人以获取利润的组织和个人。

中间商市场(Reseller Market)又叫转卖者市场，是指购买商品或服务用于转售或租赁以获取利润的组织和个人。

政府市场(Government Market)是指为了执行政府职能而采购或租用商品的各级政府单位。

2. 组织市场的特点

组织市场与消费者市场具有相似性，但又有很大差别，表现出与消费者市场不同的特点。

(1)购买者数量少，每次购买数量大

在消费者市场上，购买者是消费者个人或家庭，购买者人数众多，但每次购买的数量较少。与消费者市场相比，组织市场的购买者大多数是企事业单位，购买者的数量比消费者市场少得多，但每次购买的数量很大，往往都是大宗商品的购买。

(2)供需双方关系密切

组织市场的买卖双方倾向于建立长期的业务联系，相互依存。卖方在用户购买的各个阶段往往参与决策，帮助用户解决购买过程中的一些问题，提供完善的售前、售中和售后服务，甚至按照用户要求的品种、性能、规格、质量和时间定期向用户供货。因此，卖方企业要与用户建立起持久的买卖关系，开展“关系营销”。

(3)派生需求

派生需求也称引申需求，即组织市场对产品和服务的需求归根结底是由消费者市场对消费品的需求派生出来的。例如，消费者对皮鞋的需求，引发了制鞋厂对皮革的需求；消费者对轿车的需求，引发了汽车制造厂对钢材的需求。消费者需求是原生需求，是组织市场需求的动力和源泉。企业在开展营销活动时，目光不能仅仅停留在组织市场上，而要透过组织市场看到最终消费者，只有消费者的需求增加了，组织市场的需求才能增加。

(4)需求波动大

由于组织市场的需求是派生需求，所以，消费者市场需求的微小变化都会导致组织市场需求量的巨大变化。有时消费者需求增减10%，就会使下期产业购买者需求出现200%的增减，这种必然性，西方经济学者称之为加速理论。由于产业市场需求变化大，生产产业用品的企业往往实行多角化经营，尽可能增加产品品种，扩大经营范围，以降低经营风险。

(5)需求弹性小

生产资料的需求主要受企业规模、生产工艺、技术水平和产品结构的影响，受价格影响较小。由于生产者对产品的规格、质量、性能、交货期、服务及技术指导等方面的要求比较严格，不会轻易采用代用品，因此需求对价格的灵敏程度较弱。例如，皮鞋制造商不会因为皮革价格上升而大幅减少皮革的购买量，也不会因为皮革价格下降而大幅度增加皮革购买量，因为企业的生产规模和生产工艺不会在短期内改变。尽管价格对购买量影响不大，但是购买者可以通过对价格进行比较，决定向哪一家供应商购买。因此，生产资料供应商应尽可能提高产品质量，并在此基础上确定适当的价格策略和促销策略。

(6)专业人员采购

产业用品的生产技术复杂，专用性强，对产品的质量、品种、规格、性能都有严格要求，企业一般需要经过良好训练、具备专业知识和一定采购经验的专业采购人员来购买。由于产业用品采购工作较为复杂，通常由若干技术专家和最高管理层组成采购中心负责购买，而且常常是由买方企业中的各方面人员经过讨论分析后做出购买决策，因此，参与购买决策的人较多，决策也更理性化。

(7)直接购买

组织市场采购的产品质量要求高、价格贵、技术性强，一般不通过中间商环节，而是直接向企业购买其所需要的产品，那些技术复杂和耗资巨大的商品项目更是如此。

(8)互惠购买

互惠购买即购买者和供应商互相购买对方的产品。例如，造纸公司从化学公司大量购买造纸用的化学物品，化学公司也从造纸公司大量购买办公和绘图用的纸张。互惠购买能使双方建立稳定的供销关系，使双方产品的销路都有了保障。

(9)租赁业务

组织市场往往通过租赁方式取得所需产品，这一般适用于大型机器设备和交通工具等。由于技术更新加快，也出于节约资金的需要，第二次世界大战以后，西方国家的租赁业务发展很快，有利于促进生产发展和技术进步。

5.2 消费者购买行为分析

5.2.1 消费者购买行为模式

1. 消费者购买行为分析的基本内容

完整的消费者购买行为包括七项内容:购买主体、购买对象、购买原因、购买组织、购买时间、购买地点和购买方式,即"7O"或"6W1H"。

(1)购买主体(Occupants)——由谁购买(Who)

购买主体即商品的购买者是谁。消费者可以从多个角度进行分类:按收入,可将其分为高收入、中收入和低收入消费者;按年龄,可以将其分为青年、中年和老年消费者;还可以按照性别、职业和地理位置等因素对其进行分类。不同类型的消费者会产生不同的购买行为,营销者必须对其目标顾客进行深入研究,采取有针对性的广告宣传和销售服务,促使其购买行为的实现。

(2)购买对象(Objects)——购买什么(What)

购买对象即消费者想要购买什么产品,包括购买什么类型、什么品牌、什么规格、什么样式、什么价格的产品。了解消费者的需要,有助于企业准确进行市场定位,更好地满足消费者的需要。

(3)购买目的(Objectives)——为何购买(Why)

购买目的即消费者为什么要购买该类产品。不同消费者购买产品的动机不同,同一个消费者在不同时期购买产品的动机也不相同。例如,有的消费者购买轿车是为了满足交通需要,有的消费者购买轿车则是为了攀比、炫耀。深入研究消费者的购买动机,能使企业的营销活动有的放矢。

(4)购买组织(Organizations)——谁参与购买(Who)

购买组织即有哪些人参与了消费者的购买决策过程。在消费者的购买决策中有很多参与者——倡议者、影响者、决策者、采购者和使用者。营销人员要弄清各种参与者所起的作用,尤其要弄清楚谁是购买活动的决策者,以便将促销活动主要集中于决策者身上,取得良好的营销效果。

(5)购买时间(Occasions)——何时购买(When)

购买时间即消费者将在什么时间购买产品。消费者购买商品往往具有时间性,例如,有的商品是全年性购买,有的商品则是季节性购买。研究和掌握消费者的购买时机,有利于企业将产品适时投放市场,在商品销售旺季,加强促销工作,这样既能满足消费者需要,又能提高企业经营效果。

(6)购买地点(Outlets)——何处购买(Where)

购买地点即消费者在何处购买商品。何处购买包括两方面内容：一是消费者在何处决定购买；二是消费者在何处实际购买。一般来说，日用消费品，消费者往往在购买现场做出购买决策并进行实际购买；而对于耐用消费品，消费者往往事先做出购买决策后再去商店购买，企业应根据消费者购买地点的差异采取相应的营销策略。例如，对于日用消费品，企业应加强销售现场的陈列和布置，影响消费者的现场决策；对于耐用消费品，则要做好广告宣传，提高产品知名度，影响消费者事先做出对企业有利的购买决策。

(7)购买方式(Operations)——如何购买(How)

即消费者采取什么方式购买商品。不同的商品，消费者购买的方式不同。便利品因消费者经常购买，单价较低，购买风险较小，消费者通常不愿花费更多的时间和精力去比较和挑选，购买时比较求方便；选购品因规格品种复杂，购买频率较低，挑选性较强，消费者要反复挑选和比较才能购买；对于具有独特性能的特殊品，消费者往往认牌购买。

2. 消费者购买行为模式

心理学家认为，人们行动的动机是一种内在的心理活动过程，看不见、摸不着，像一只"黑箱(Black Box)"。外界的刺激经过这一黑箱，产生一系列的心理活动和反应，最终引起某种行为。

在现实购买活动中，消费者的购买行为因其购买动机、消费方式、生活习惯、收入水平等方面的差异而千差万别，但基本遵从人类行为的一般模式。心理学家提出了一种"刺激—反应"(S－R)模式，解释了人类行为是如何受其心理活动支配的，这一模式得到了市场营销人员的普遍认可(图 5-1)。

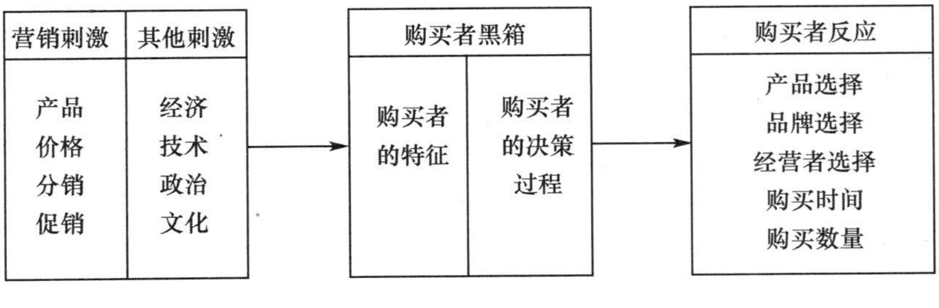

图 5-1　消费者购买行为模式

购买者的行为模式由三部分组成。第一部分包括企业内部的营销刺激和企业外部的环境刺激，它们共同作用于消费者以期引起消费者的注意；第二部分包括购买者特征和购买决策过程。不同购买者因其特征不同，对同一种刺激的理解和反应也不相同，因而会产生不同的购买行为。购买者的决策过程也会影响购买者的最后决定;第三部分是购买者的反应,是消费者购买行为的外显部分,是前面各种因素综合作用的结果。

5.2.2 影响消费者购买行为的因素

影响消费者购买行为的因素很多,综合起来,可以概括为四类(图 5-2)。

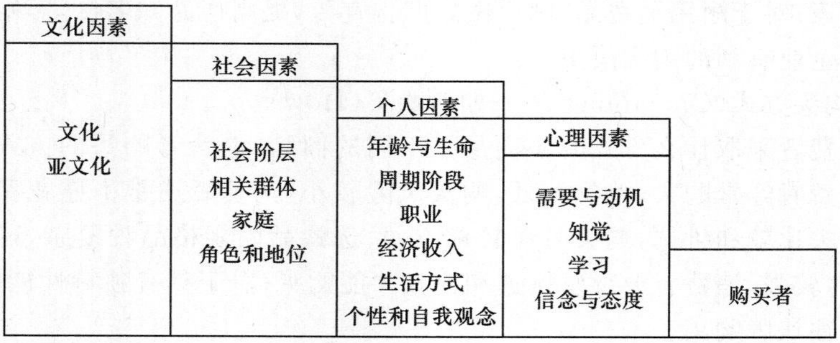

图 5-2 影响消费者购买行为的因素

1. 文化因素(Cultural Factor)

(1)文化

文化(Culture)有广义和狭义之分。广义的文化是指人类在社会发展过程中所创造的物质财富和精神财富的总和。狭义的文化是指人类精神活动所创造的成果,包括价值观念、道德规范、宗教信仰、风俗习惯、审美观点等。每一个消费者都是在一定的社会文化环境中成长的,文化对消费者购买行为具有最广泛和最深远的影响。

(2)亚文化

每种社会文化又可以按照民族、宗教或地理区域等标准划分为若干个亚文化(Subculture)。亚文化群是共享整体文化要素的同时,还共享他们独特文化要素的相同的人群。不同的亚文化群在语言文字、价值观念、生活习俗、艺术及审美观念等方面存在很大差异,而在同一亚文化群内部,人们的态度、价值观念和购买决策则具有相似性。

亚文化群主要有四种类型:

①民族亚文化群。我国有汉族、蒙古族、藏族、维吾尔族、朝鲜族等 56 个民族,不同民族有不同的价值观念、风俗习惯和生活方式,对商品需求有着不同的偏好和禁忌。

②宗教亚文化群。我国有佛教、道教、伊斯兰教、基督教、天主教等宗教,不同的宗教群体有着不同的偏好和戒律。

③种族亚文化群。如白种人、黄种人、黑种人等，不同的种族群体有不同的生活习惯、饮食习惯和文化风格。

④地理区域亚文化群。如我国南方人和北方人分属于两个不同的亚文化群体，由于南方和北方地理位置、气候等自然条件的差异，使得南方人和北方人在生活习惯、饮食、衣着等方面具有较大差异。

2. 社会因素(Social Factor)

任何一个消费者都是生活在一定的社会环境之中，他们的购买行为不可避免地要受到社会因素的影响。社会因素包括社会阶层、相关群体、家庭、角色和地位等。

(1)社会阶层

社会阶层(Social Class)是指由具有相似的社会经济地位、价值观念和生活方式的人们所组成的群体。现代社会一般根据职业、收入水平、受教育程度、居住区域等将人们归入不同的社会阶层。处于同一社会阶层的消费者，由于有着共同的经济基础、价值观念、生活态度和情趣，因而有着较为一致的购买行为，而不同社会阶层的消费者，其购买行为则存在着明显差异。例如，随着改革开放和经济的发展，我国出现了"大款"阶层，他们是别墅、高档商品的主要购买者，而广大的工薪阶层则是购买中、低档商品的主力军。

(2)相关群体

相关群体(Reference Groups)是指那些直接或间接影响人的看法和行为的群体。相关群体可以分为三类：一是对个人影响最大的群体，如家庭成员、亲戚朋友、同事、邻居；二是影响较次一级的群体，如个人参加的职业协会、宗教组织等；三是个人不直接参加，但是对个人影响也很显著的群体，如社会名流，文体明星等。每个消费者都处于一定的社会关系之中，从属于一定的相关群体，他们的购买行为要受到相关群体的直接影响。

相关群体对消费者购买行为的影响主要表现在三个方面：

①相关群体为消费者展示出新的行为模式和生活方式；

②相关群体影响消费者对某些产品的态度；

③相关群体引起人们效仿的欲望，使人们的行为趋于"一致化"，从而影响消费者对某些产品和品牌的选择。

鉴于相关群体对消费者购买行为的影响，企业营销人员应该重视对消费者所属的相关群体的研究，充分利用各种相关群体的影响，尤其要充分发挥相关群体中意见领袖的示范带头作用，有效地推销自己的产品。

(3)家庭

家庭(Family)是以婚姻、血缘和有继承关系的成员为基础组成的社会生活的基本单位。家庭是消费者的首要参照群体之一，对消费者购买行为影响最大。

消费者的价值观、审美观、爱好和习惯，多半是在家庭的影响下形成的，消费者的购买决策直接受到家庭成员的影响。美国社会学家根据家庭权威中心的不同，把家庭决策分为四种类型：丈夫主导型、妻子主导型、共同决定型和各自做主型。家庭决策类型受所购商品种类的影响。例如，在购买日常用品、食品和服装时，呈现出妻子主导型；在购买烟酒、摩托车时，呈现出丈夫主导型；在购买住房、家电等商品时，则呈现出共同决定型。

(4)角色和地位

一个人在一生中会参加很多群体，如家庭、社会、各种组织机构等，他在不同群体中的角色和地位(Role and Status)是不同的。例如，一名女经理，在父母面前，其身份是女儿；在丈夫面前，其身份是妻子；在孩子面前，其身份是母亲；在同事面前，其身份是经理。她的每种角色都在一定程度上影响其购买行为。

人的每种角色都伴随一种地位，不同身份和地位的消费者会产生不同的购买行为。例如，一家大集团公司的董事长，他的身份和地位远远高于一个普通职员，他在购买商品时所表现出来的购买行为肯定不同于普通职员的购买行为。营销人员要善于识别购买者因身份和地位的差异而造成的购买行为的差异，要因人而异地采取营销策略。

3. 个人因素(Personal Factor)

消费者购买决策要受其个人特征的影响，特别是受其年龄、职业、经济状况、生活方式、个性及自我观念的影响。

(1)年龄与生命周期阶段

消费者的购买行为受其年龄与生命周期阶段(Age and Stage in the Life Cycle)的影响。不同年龄的消费者，其购买行为会表现出明显的差异。

“家庭生命周期”对消费者的购买行为也有较大影响。家庭生命周期就是一个家庭在建立和发展过程中所经历的阶段，西方一些学者将家庭生命周期分为九个阶段：

①单身期。指已经成年，但尚未结婚这一阶段。

②新婚期。指结婚以后尚未生育这一阶段。

③“满巢”Ⅰ期。子女在6岁以下，即学龄前儿童。

④“满巢”Ⅱ期。子女大于6岁，已入学。

⑤“满巢”Ⅲ期。子女已经长大，但仍需抚养。

⑥“空巢”Ⅰ期。子女已成人分居，夫妻仍有劳动能力。

⑦“空巢”Ⅱ期。子女已离家分居，夫妻已经退休。

⑧鳏寡就业期。独居老人，尚有就业能力。

⑨鳏寡退休期。独居老人,已经退休。

家庭处在不同的生命周期阶段,表现出不同的需求特点和消费倾向。营销者只有了解目标市场所处的家庭生命周期阶段,开发适销对路的产品,制定适当的营销组合策略,才能获得成功。

(2)职业

职业(Profession)对消费者购买行为有着重要影响。不同职业的消费者,其自身素质、工资收入、工作环境、社会地位等方面存在差异,因而形成不同的心理特点,产生不同的购买行为。一般来说,消费者所从事的职业不同,其社会地位和职业声望也不同。拥有较高职业声望的消费者由于个人收入高,工作环境好,往往购买高档商品,以符合和显示自己的身份和地位;而职业声望较低的消费者,收入水平低,工作环境差,往往购买中低档商品。营销人员应根据目标顾客的职业特点开发不同的产品。

(3)经济状况

消费者的经济状况(Financial Status)是指消费者可支配的个人收入、储蓄与资产、借贷能力以及对储蓄和消费的态度。经济状况决定消费者的购买力,经济状况不同的消费者对产品的选择标准和要求也不相同。一般来说,消费者的收入水平越高,资产和储蓄越多,借贷能力越强,消费意识越高涨,对商品的需求量就越大,需求档次也越高。消费者只有购买欲望而没有相应的收入做保障,是无法形成购买行为的。企业营销人员不仅要注意研究目标顾客的收入水平、储蓄情况、借贷状况和消费习惯,还要注意研究其发展变化的趋势,根据消费者需求的变化及时调整企业的产品和营销策略。

(4)生活方式

生活方式(Lifestyle),简而言之,就是人们如何生活。不同的消费者,其生活方式不同。即使处于相同的社会阶层,有着相同的职业和收入,也可能有着不同的生活方式。例如,有人喜欢交际,有人安于家庭;有人喜欢铺张,有人喜欢简朴;有人喜欢轰轰烈烈,有人喜欢平平淡淡。不同的生活方式导致消费者对产品的兴趣、看法和反应不同,从而导致购买行为的不同。营销人员应注意因生活方式的差异而造成的需求差异,从中寻找对本企业有利的营销机会。

(5)个性与自我观念

消费者的个性与自我观念(Personality and Self-image)也会影响其购买行为。所谓个性就是导致一个人对其客观环境做出一贯、持久反应的明显心理特征,如外向或内向,创新或保守,刚强或懦弱,热情或孤僻,主动或被动,冒险或谨慎,独立或顺从等。不同个性的消费者在产品的选择上和对企业广告宣传的反应上截然不同。如自信独立的消费者不易受广告的影响,而顺从、依赖、被动的消费者则易受广告和他人的影响；自信或急躁的消费者购买决策过程较短，缺乏自信的消费者购买决策过程较长。营销者应特别注意消费者在个性上的差异和目标顾客的个性特征，针对消费者的个性制定不同的营销策略。

与个性相关的一个概念是自我形象，自我形象是关于我们怎样看待自己或人们怎样看待自己的一幅复杂的心灵图画。一般来说，人们总希望保持和增强自我形象，并且倾向于选择符合或者能够改善自我形象的产品，企业所塑造的产品形象必须与目标顾客的自我形象相符。

阅读资料 5-1

"80 后"消费行为特征研究

研究"80 后"，根源于消费世代理论，即假设出生于相同年代的人经历过相同的社会、政治、经济环境，会产生相似的观念和行为。

"80 后"现象在中国的出现，是整个社会变迁的结果，计划生育和改革开放造就了这样一个特殊的群体，继之的高校教育体制改革，更是起到了推波助澜的作用。

"80 后"这个群体大部分已在工作岗位上，已经或即将步入婚姻，他们作为一个庞大的细分市场，正显示着强大的消费能力。总结国内学者、专家对"80 后"行为特征的研究，归纳出"80 后"作为一个细分市场的消费特点。

(1)超前消费

"80 后"信贷消费意识崛起，花钱比较没有节制，挣多少花多少，很少为将来储蓄，敢于"花明天的钱，圆今天的梦"。这方面的特性使得"80 后"被称为"月光族""啃老族"，即收支相抵，这个月花下个月的钱，或工作后仍伸手向父母要生活费。

(2)感性消费

"80 后"从小处于家庭的核心，在成长中备受关注，形成了以自我为中心的价值观，并有很强的敏感性。因此，他们的选择又大多带有强烈的自身情绪因素，尤其是当感官受到广告传媒、促销人员、价格折扣、外部环境、群体消费趋向等各种因素影响时，其消费行为就会变得情绪化、感性化、冲动化，消费的重点有时甚至脱离商品本身，而热衷于其衍生的各种附加价值，如商品的外形、款式、颜色、品牌或商标等。

(3)个性消费

"80 后"缺乏兄弟姐妹，被大量的商业广告围绕，被新鲜的网络语言包围，于是形成了独立、自我的个性特点，有独立的思考方式和价值观，注重自我感受，不在乎别人的看法，他们选择商品的标准不是好或不好，而是喜欢或不喜欢。他们成为破了洞的牛仔裤的追逐者，他们会喜欢周杰伦冷冰冰的“酷”面孔和他所唱的听不清的歌，喜欢韩国明星的单眼皮、小眼睛。他们崇尚个性化的独特风格，喜欢与众不同。“酷”是对个性张扬抽象的表达。

资料来源：那薇，王昆来，曹国林．市场营销理论与实务．北京：北京大学出版社，2012

4. 心理因素(Psychological Factor)

消费者的购买行为受需要、动机、感觉、学习、信念和态度等心理因素的影响。

(1)需要

需要(Needs)是指人们在个体和社会生活中感到某种欠缺而力求得到满足的一种心理状态。

消费者的购买行为源于购买动机，购买动机产生于需要，需要又是由内、外部刺激引起的。当消费者产生了某种需要又未得到满足时，就会产生一种心理上的紧张感，这种紧张感会使消费者产生行动的念头，即购买动机。在购买动机的驱使下，消费者会产生一定的购买行为，从而使需要得到满足，生理或心理上的紧张得以消除，消费者重新恢复平衡，新的需要又会产生(图 5-3)。由此可见，需要是消费者购买动机的基础和根源，是消费者购买行为的原动力，企业要想使顾客产生购买行为，就必须巧妙地设置诱因，唤起顾客的需要。

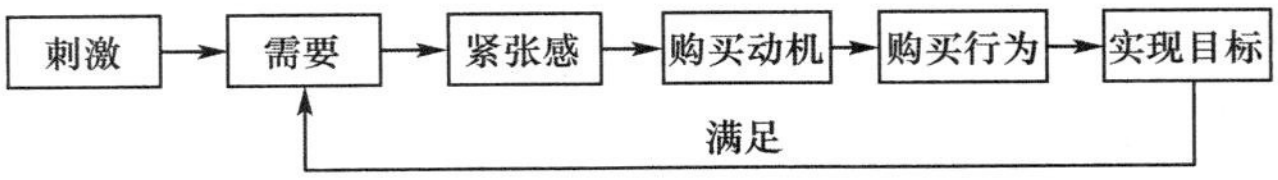

图 5-3　消费者购买行为的形成过程

消费者的需要是千差万别、多种多样的，但是任何一个人想在同一时间内满足全部需要是不可能的，只能按照需要的重要程度，排出满足需要的先后顺序。美国心理学家亚伯拉罕·马斯洛(Abraham Maslow)提出了著名的“需要层次论(Hierarchy of Needs)”，这一理论将人类的基本需要分为生理需要、安全需要、社会需要、尊重需要和自我实现需要五个层次，这些需要相互联系，依次由低级向高级发展(图 5-4)。

生理需要(Physiological Need)是对人类维持基本生存所必需的各种物质的需要，包括衣、食、住、行等方面的需要。它是人类最原始、最基本的需要，也是推动力最强的需要；安全需要(Safety Need)是与人类为了免遭身体和心理伤害有关的需要，包括对保健、保险和保安的需要等。社会需要(Social Need)是感情和归属方面的需要，包括与同事、伙伴保持良好关系，被某些群体接纳和承认，得到或给予他人

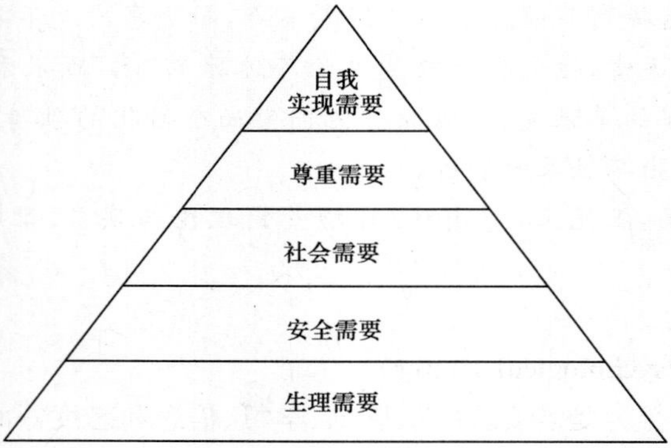

图 5-4　马斯洛需要层次论

友爱和帮助的需要；尊重需要（Self-esteem Need）是人类对自尊心和荣誉感的追求。人们希望得到他人的重视和尊敬，希望自己有一定的身份和地位。自我实现需要（Self-actualization Need）是人类最高层次的需要，是指一个人需要从事自己最适宜的工作，发挥自己最大的潜力，成就自己所希望实现的目标，成为自己所期望成为的人。

马斯洛认为，人类的五种需要是相互联系的，前两种需要是低层次的基本需要，后三种需要是较高层次的发展需要。人类的需要是由低级向高级发展的，当低一层次的需要基本得到满足以后，就会产生高一层次的需要，人的需要是无止境的。由于需要呈现出无限性和不满足性，消费者会不断产生新的购买动机，引起新的购买行为。

马斯洛的需要层次论可以帮助营销人员了解目标顾客的需要层次，提供适宜的产品，开展有针对性的营销活动，满足不同层次顾客的需要。例如，低收入的消费者对商品的需要主要是满足基本生活的需要，对商品的要求不高，挑选性不强，企业应该为他们提供经济实用的中、低档商品；高收入消费群体的需求层次高，需求内容更加复杂，心理需要和社会需要所占的比重较大，他们购买商品主要追求品牌和质量，要能显示自己的身份、地位和成就，企业要为他们提供高档商品。

（2）动机

动机（Motive）是一种推动人们为达到特定目的而采取行动的迫切需要，是行为的直接原因。心理学的观点认为，人的行为是由动机支配的，动机是由需要引起的，当人的需要基本得到满足时，动机就不复存在了。

消费者需要的多样性，决定了购买动机的复杂性。消费者的购买动机可以概括为三大类：

①生理性购买动机。生理性购买动机是消费者由于生理需要而产生的购买动

机。受生理性购买动机支配的消费者在购买商品时，注重商品的实际效用，而不大考虑其他因素。而当消费者收入达到一定水平时，其生理性购买动机逐步减弱，心理性和社会性购买动机会逐步增强。

②心理性购买动机。心理性购买动机是指消费者由于心理需要而产生的购买动机。由于消费者心理活动的复杂性，心理性购买动机较生理性购买动机更为复杂多变，更难以掌握。心理性购买动机可分为感情动机、理智动机和惠顾动机。

感情动机是由消费者的情绪和情感变化而引起的购买动机，包括情绪动机和情感动机。情绪动机是由消费者的喜、怒、哀、乐、惧等情绪触发的动机，它具有冲动性、即景性和不稳定性的特点。情感动机是由消费者的道德感、理智感和美感等人类高级情感触发的心理性购买动机，它具有相对的稳定性和深刻性。

理智动机是消费者在对商品的认识、分析和比较基础上产生的购买动机。受理智动机支配的消费者注重商品质量，讲究商品的实际效用，注重商品的价格是否合理，辅助服务是否完善，追求安全和便利。由理智动机支配的购买行为具有客观性、周密性和控制性的特点。

惠顾动机是消费者以表示信任、感谢为主要目的的购买动机。当某企业具备了良好的信誉、优质的产品和合理的价格，消费者就会对该企业产生一种信任感，从而引发其惠顾动机。具有惠顾动机的消费者是企业最有力的支持者，他们不仅自己购买该企业的产品，还会在其他消费者中起宣传、影响作用，成为企业的义务推销员。企业要努力开发特色产品，提高产品质量，树立良好的企业形象，激发消费者的惠顾动机，培养更多的忠诚顾客。

③社会性购买动机。社会性购买动机是由社会性因素引起的购买动机。每个消费者都生活在一定的社会环境之中，消费者的购买动机不可避免地受其科学文化水平、经济状况、社会阶层、相关群体、风俗习惯的制约和影响，如通过购置名车、豪宅以显示个人的威望和地位就是社会性购买动机的表现。

营销人员在研究消费者购买动机时要注意以下两点：

①在现实的商品购买活动中，单纯受生理性购买动机或心理性、社会性购买动机驱使而采取的购买行为已不多见，消费者的购买行为大多是在各种购买动机共同驱使下进行的，是各种动机综合作用的结果。营销人员应研究分析顾客的各种购买动机，尤其是那些最强烈的优势动机，通过强化消费者的优势动机使其产生购买行为。

②消费者的购买动机是在需要的基础上产生的，但是，只有需要并不一定能产生购买动机。购买动机的产生至少需要两个条件：一是需要；二是具有满足需要的对象。企业要分析消费者对商品的期望，对本企业产品进行合理定位，使之与消费者的需要相吻合，同时，通过广告宣传激发消费者的购买动机。

(3)知觉

消费者产生购买动机后，随时可能付诸行动。但是怎样采取行动，则取决于他对客观情境的知觉。两个具有同样动机和处于同样情境的人，由于他们对情境的知觉不同，可能导致不同的行为。所谓知觉(Perception)是指人们通过感觉器官，对客观刺激物的反应。人们之所以对同一刺激物会产生不同的知觉，是因为人们要经历三种知觉过程，即选择性注意、选择性曲解和选择性记忆。

①选择性注意(Selective Exposure)。人们每天都面对大量刺激物，但是不可能注意到所有的刺激物，人们往往注意那些与目前需要相关的、与众不同的或者预期出现的刺激物，这就是选择性注意。

②选择性曲解(Selective Distortion)。人们接受外界信息的刺激后，不一定都能正确地、客观地去理解这些信息，而是往往按照自己的想法、偏见或先入之见来曲解客观事物，这种按照个人信念曲解信息的倾向就叫选择性曲解。例如，某些新上市的产品即便质量比现有的名牌还好，消费者也不会轻易相信和接受。

③选择性记忆(Selective Retention)。人们对所了解的信息不可能全部记住，而只会记住那些符合自己态度和信念的信息，这就是选择性记忆。

上述知觉过程给营销者的启示是，企业必须不断改善产品的内在质量和外观设计，广告宣传要富有特色，以引起消费者的注意，使之过目不忘，从而激发消费者的购买行为。

(4)学习

学习(Learning)是指由于经验而引起的个人行为的改变。消费者的购买行为通常是学习和体验的结果。按照“刺激—反应”理论，人类的学习过程是驱动力、刺激物、诱因(提示物)、反应和强化诸要素相互作用的过程。人类的学习过程可用“刺激—反应”模式来表示(图 5-5)。

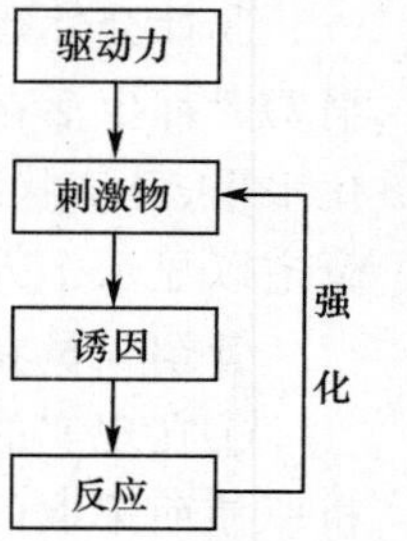

5-5　刺激—反应模式图

驱动力是一种内在的心理推动力。例如，一个人走在路上感到饥饿，这就是购买食物的“驱动力”；看到有许多快餐店、食品店等，这就是“刺激物”；经过考虑决定购买点心，边走边吃，既省钱又省时间，这里的“金钱”和“时间”就是促使他做出如上反应的“诱因”；“反应”则是对刺激物和诱因所做出的反射行为，如果反应是成功的，以后在同样条件下还会做出同样反应，这就是反应的“强化”。

企业在开展市场营销活动时，一是要了解企业产品与潜在消费者的驱动力之间的关系，提供能满足消费者需要的产品；二是要反复提供能够诱发消费者购买该产品的提示物，加深消费者的印象，使消费者产生购买行为；三是要尽量使消费者在购买后感到满意，从而强化消费者的积极反应。

(5)信念与态度

人们通过实践和学习获得了自己的信念和态度(Belief and Attitude)，它们反过来又影响人们的行为。

信念是人们对某些事物所持的看法。营销者应该关心消费者对其商品的信念，因为信念会形成产品和品牌形象，进而影响消费者的购买决策。消费者的信念可能建立在客观公正的基础上，也可能建立在偏见和误解的基础上。如果消费者因误解而拒绝购买本企业的产品，企业应开展宣传工作，纠正消费者的偏见，消除消费者的误解。

态度是人们对某一事物的好恶。消费者对所购商品的态度，通常是从满意或不满意、肯定或否定、喜欢或厌恶中表现出来的。消费者对某些事物的态度往往会影响到多家企业，而且态度一经形成很难改变，企业最好使其开发的产品能迎合消费者的态度。但是，当企业研究消费者的态度并且试图改变它时，必须考虑成本与收益。

综上所述，消费者行为是文化、社会、个人和心理因素相互作用的结果，营销人员的一项重要任务，就是通过对文化、社会、个人和心理因素的研究与应用，诱导消费者的购买行为，使其朝着有利于企业的方向发展。

阅读资料 5-2

九鑫集团的产品转型

国家药品监督管理局新规定的出台，使九鑫集团不得不重新定位自己的产品。经过周密细致的市场调研，九鑫集团走上功能日化产品的道路，即由新肤螨灵霜向满婷系列日化产品转型。

据科学调查，螨虫的人群感染率因地域分布而有所不同，我们国家为4.43%～86.6%，而成年人的感染率尤其高，达到97.68%。九鑫集团将这一信息通过医学专家等各种方式广为传播，告知广大消费者除螨并非一定要用药品，完全可以通过香皂、洁面乳、护肤霜等日化品在日常生活中轻轻松松地实现，无须其他额外程序。

到2003年，国内除螨市场已基本形成。肌肤无螨化不仅仅成为健康的一项新内容，也是一种新的健康标准，除螨防螨产品也成为广大消费者的日常所需。九鑫集团通过其敏锐的市场洞察能力和高超的品牌运作能力于短时间内便在广大消费者心中牢牢树立起了满婷系列日化产品的除螨专家形象，彻底扭转了局面，成为除螨市场的领导者。

资料来源：吴健安. 市场营销学. 北京：高等教育出版社，2007

5.2.3 消费者的购买决策过程

1. 消费者购买决策的参与者

消费通常是以家庭为单位进行的。在一个家庭的购买决策中，人们担任着不同的角色，起着不同的作用。依据消费者在家庭购买决策中所起的作用，将其分为五种类型。

(1)发起者(Initiator)，即第一个提出购买某种产品或服务的人。

(2)影响者(Influencer)，即对最终购买决策起到一定影响的人。

(3)决策者(Decider)，即对部分或整个购买决策有权做出最后决定的人。

(4)购买者(Buyer)，即实际采购的人。

(5)使用者(User)，即实际使用和消费该产品的人。

市场营销者必须了解谁是发起者，谁是影响者，尤其要了解谁是决策者，从而有针对性地采取促销策略，取得最佳的营销效果。

2. 消费者购买决策过程

消费者购买决策过程是指消费者在购买产品时所经历的若干阶段。消费者购买决策过程一般经历五个阶段，即确认需要、收集信息、比较评价、购买决策和购后行为(图 5-6)。

图 5-6 消费者购买决策过

(1)确认需要

需要是消费者购买过程的起点，只有当消费者对某种产品产生需要时，才有可能产生购买动机和购买行为。需要可由内部刺激或外部刺激引起，或者是由这两者相互作用而产生。例如，由饥饿、攀比等引起的需要属于内部刺激，由企业的广告、优良的产品质量、适宜的价格引起的需要属于外部刺激。营销者应注意对消费者的需要进行研究，并通过合理地、巧妙地设置诱因，唤起消费者对本企业产品的需要。

(2)收集信息

一般来说，消费者对被唤起的需要并不是马上去满足的。消费者由于对所要购买的商品缺乏了解，为了做出正确的购买决策，实现购买效益的最大化，需要收集有关信息。

消费者信息的来源一般有四个：

一是商业来源，如广告、推销员、经销商、代理商、展览等；

二是公共来源，如大众媒体（电视、广播、报纸、杂志）和消费者评比机构；

三是个人来源，如家庭、朋友、同事和熟人；

四是经验来源，即通过自身或他人实际使用和消费而获得的信息。

消费者信息主要有商业来源和公共来源，但其最信任的是个人来源和经验来源。不同信息来源对消费者的购买决策有着不同的影响，商业来源和公共来源起着告知的作用，而个人来源和经验来源则起着鉴定和评价的作用。营销人员应了解消费者使用的信息来源以及各种信息来源对其购买决策的影响力，通过设计合理的信息和传播途径引导消费者的购买行为。

(3)比较评价

消费者在广泛收集有关信息以后，就可以根据所掌握的信息资料，对备选的产品进行比较评价，做出选择。比较评价的内容包括以下几个方面：

①产品属性。消费者不仅要了解商品质量的优劣，还要比较各种商品的不同属性，包括产品的性能、价格、品牌、服务和外观等。

②属性权重。不同消费者对产品各种属性的重视程度不同，消费者要将各种商品属性按照重要程度进行排序，建立心中的属性等级。

③品牌信念。即消费者对产品品牌优劣程度的总的看法，不同的消费者对不同品牌的产品有不同的偏爱。

④效用函数。即商品对消费者需求的满足程度，它表明某商品的某些属性达到何种水平消费者才能接受。

⑤评价模型。即消费者对不同商品进行评价时所选择的程序和方法。

(4)购买决策

消费者对所掌握的信息资料进行分析评价以后就会对某种产品形成偏好，产生购买意图，进而产生购买行为。但是，形成购买意图并不等于购买。消费者在购买过程中，如果受到某些因素的影响，就可能推迟或者放弃购买。从购买意图转化为购买行为的过程中要受到两个因素的影响：一是他人的态度；二是意外情况（图 5-7）。

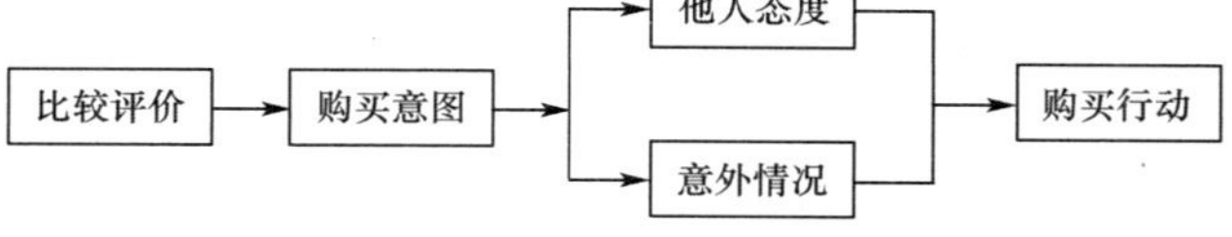

图 5-7　购买意图与购买决策

(5)购后感受

消费者在使用和消费所购商品后，会产生某种程度的满意感或不满意感。消费者的满意程度取决于他对该商品的预期性能和使用中的实际性能的对比。如果该商品的实际性能大于预期性能，消费者会非常满意；如果该商品的实际性能符合预期性能，消费者会基本满意；如果该商品的实际性能小于预期性能，消费者就会不满意。

提高消费者的满意程度有两个途径：一是提高产品质量，加强服务，提高产品的实际性能；二是降低消费者对本企业产品的预期性能，这就要求企业在进行广告宣传时，不能过分夸大产品的优点，而要实事求是，甚至留有余地地进行宣传，使消费者产生合理的预期。

消费者的购后感受还会影响其后续购买行为。如果消费者对所购商品感到满意，则以后可能还会购买，同时会向他人积极推荐，进行正面口碑宣传；如果消费者对所购商品不满意，不仅他自己不会再买，还会劝阻他人购买，进行负面口碑传播。由此可见，消费者对企业产品的评价，会给企业带来重大影响。营销人员必须重视消费者的购后感受，采取有效措施，提高顾客满意度。此外，还应建立通畅的顾客抱怨处理系统，鼓励消费者对本企业产品提出意见和建议，企业要采取措施改进营销工作，努力消除顾客的不满。

需要指出的是，消费者的购买决策过程并非都要经过五个阶段，有的购买行为比较复杂，需要经历五个阶段的全过程；有的则比较简单，可以跳过某些阶段。研究消费者购买决策过程的目的，是使营销者能够针对消费者购买决策过程不同阶段的主要矛盾，采取不同的营销策略。

5.3 生产者购买行为分析

5.3.1 生产者购买行为模式

生产者的购买行为模式与消费者的购买行为模式既有共性又有区别(图 5-8)。

生产者购买行为模式表明了产业购买者对各种环境刺激的反应。与消费者购买模式一样，环境因素可以分为营销刺激和其他刺激两个部分。营销刺激包括产品、定价、分销和促销，其他刺激包括政治、经济、文化、技术和竞争等因素。所有这些刺激被转入准备采购的组织并且转化为购买者的行为：选择产品、选择供应者、确定购买数量、购买时间、服务条款、付款方式等。对生产者购买行为模式进行研究，关键是要弄清楚产业购买者是如何把外界刺激变成购买行为的。在企业中，购

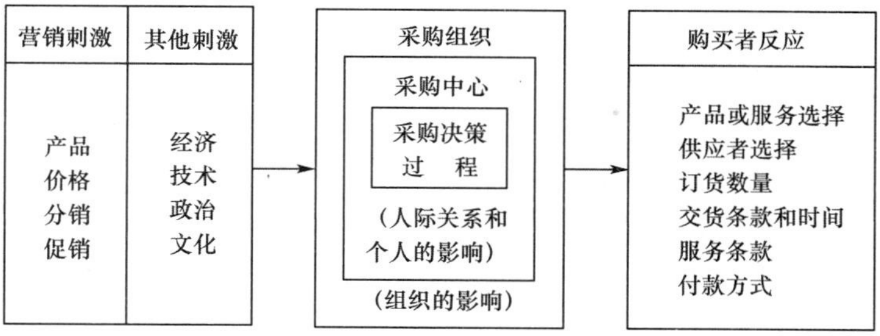

图 5-8　生产者购买行为模式

买决策过程通常由企业采购中心做出,而采购中心又是置于企业之中的,因此,采购中心的决策过程不可避免地受到组织因素、人际因素、个人因素和外部因素的影响,产业购买者的行为就是上述各种因素综合作用的结果。

5.3.2 生产者购买行为的类型

生产者购买行为主要有三种类型:

1. 直接重购

直接重购(Straight Rebuy)是指购买者按照既定方案不做任何调整直接进行的采购业务。这是一种重复性的采购活动,供应者、购买对象、购买方式等都不变,按一定程序办理即可,基本上不需要做新的决策。在这种情况下,采购部门可以建立一个自动订货系统,以节省重新订货的时间。原有的供应商应当努力使产品和服务保持一定的水平,并尽量简化买卖手续,争取稳定的供应关系。名单外的供应商应改进产品和服务,以获得重新评价和考虑的机会。

2. 修正重购

修正重购(Modified Rebuy)是指购买者在产品规格、价格、发货条件及其他方面加以调整的情况下进行的重复购买。在这种情况下,采购活动比较复杂,参与采购决策的人数也较多。原有的供应商应尽力改进供应工作以保持客户,新的供应商则有较多的竞争机会。

3. 新购

新购(New Task)是指购买者第一次采购某种产品和服务。新购的金额和风险越大,参与购买决策的人就越多,需要收集的信息也越多,制定决策需要的时间则越长。新购对于供应商来说是最好的竞争机会,供应商可以派出专业推销人员携带样品或样本上门推销,尽量提供必要的信息,帮助用户解决问题,促成交易。

在直接重购情况下,产业购买者要做的决策最少,基本上属于程序化决策;而在新购情况下，产业购买者要做的决策最多、最复杂，属于非程序化决策，通常要对产品规格、价格幅度、交货条件和时间、服务条件、支付条款、订购数量、供应商等方面做出决策。

5.3.3 生产者购买决策的参与者

在产业购买中，购买决策的参与者很多，除了专职采购人员外，还有一些其他人员也参与购买决策过程。所有参与购买决策过程的人员构成采购组织的决策单位，在市场营销学中称之为“采购中心”(Buying Center)。企业采购中心通常包括五类成员：

1. 使用者

使用者是指企业中将要使用所购产品和服务的人员。通常情况下，往往是由使用者最先向组织提出购买建议与要求的，他们在拟购产品的品种、规格和技术要求等方面起着重要作用。

2. 影响者

影响者是指企业内外直接或间接影响购买决策的人员。如企业的技术人员，他们通常协助企业的决策者确定产品的规格、型号和购买条件，提供相关的信息、建议和评价，对采购决策起着重要影响。

3. 决策者

决策者是指企业中有权决定采购项目和供应者的人员。在日常采购中，采购者就是决策者；在复杂的采购中，决策者通常是企业的主管。

4. 采购者

采购者是指具体执行采购任务的人员，他们负责选择供应商并与之谈判签约。在比较重要的采购工作中，通常有企业的高层管理人员参与。

5. 信息控制者

信息控制者是指在企业外部和内部，能够控制市场信息流到决策者和使用者的人员，如企业的购买代理商、技术人员等。

需要注意的是，并不是任何企业、采购任何产品都要有以上五类人员参与采购决策过程。企业采购中心规模的大小和成员的多少会随着拟采购产品的不同而有所不同，采购电脑肯定比采购办公用品需要的参与者多。产业市场的营销者必须了解企业的采购中心，如谁参与购买决策、每个参与者的相对影响力以及每个参与者采用的评价标准，只有清晰地认识这些问题，才能有针对性地采取各项促销措施。

5.3.4 影响生产者购买行为的主要因素

生产者的购买行为受诸多因素影响，概括起来主要有四类，即环境因素、组织因素、人际因素和个人因素（图 5-9）。

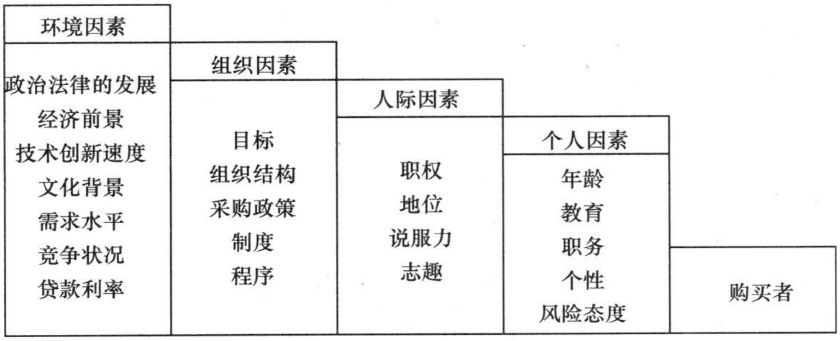

图 5-9 产业市场购买行为的影响因素

1. 环境因素

环境因素即购买者所面临的外部因素，诸如一个国家的政治法律状况、经济前景、技术发展变化、文化背景、市场需求和市场竞争等，这些因素都会对生产者的购买行为产生影响。例如，如果一个国家和地区经济发展处于上升时期，市场需求旺盛，产业购买者就会增加投资，扩大对产品的需求；反之，如果一个国家和地区经济发展陷于低谷，产业购买者就会减少厂房和设备的投资，减少原材料采购量和库存量。市场营销者要研究各种环境因素是如何对生产者的购买行为产生影响的，并采取有效措施化不利因素为有利因素。

2. 组织因素

组织因素是指产业购买者自身的因素，包括组织的采购目标、政策、程序、组织结构和内部工作程序等。营销者首先要研究企业的采购目标，因为不同企业有不同的采购目标，同一企业又有不同的具体采购目标。此外，还要研究有哪些人参与购买决策，他们选择和评价产品的标准是什么，企业对采购人员有哪些政策和限制等。

3. 人际因素

人际因素是指企业中人际关系对产业购买行为的影响。生产者在购买产品时，参与购买决策的往往包括使用者、采购者、影响者、决策者和控制者，他们各自的职位、权力、说服力以及他们之间的相互关系不同，他们在购买决策中的影响力和作用也不同，这种人际关系不能不影响生产者的购买决策和购买行为。

4. 个人因素

企业的购买行为归根结底是个人的行为，只有通过个人才能做出购买决策，实现购买行为，因此，生产者的购买行为还要受到个人因素的影响。购买决策过程中的每个参与者都有个人的动机与偏好，这些因素又受决策参与者的年龄、收入、教育、个性、文化及风险意识的影响。

5.3.5 生产者购买决策过程

生产者的购买决策过程与消费者的购买决策过程既有相似之处，又有区别。生产者的购买决策过程包括八个阶段（表5-1）。

表 5-1　　生产者购买决策过程

购买类型 / 购买阶段	新购	修正重购	直接重购
1. 提出需要	是	可能	否
2. 确定需要	是	可能	否
3. 说明需要	是	是	是
4. 物色供应商	是	可能	否
5. 征求建议	是	可能	否
6. 选择供应商	是	可能	否
7. 正式订货	是	可能	否
8. 绩效评价	是	是	是

1. 提出需要

产业市场的购买过程是从提出需要开始的，需要又是由内部刺激和外部刺激引起的。内部刺激，如企业决定推出某种新产品，因而需要采购生产这种新产品的设备和原料；设备发生故障，需要更新设备和零部件；发现过去采购的某些原料质量不好，需要更换供应商，或寻找更好的货源等等。外部刺激，如采购人员看到广告或参加展销会，发现了更物美价廉的产业用品等。供货企业在这一阶段应加强外部刺激，引起或促使产业用户认识其需要。

2. 确定需要

产业购买者提出对产业用品的需要后，就要确定所需产品的总体特征和数量。标准化产品的需要易于确定，非标准化产品的需要必须由使用者、工程技术人员、高层管理人员与采购人员共同协商确定。供货企业的市场营销人员应及时向购买者介绍产品性能，协助买方确定需要。

3. 说明需要

产业购买者确定自己的需要以后，要指定专家小组，对所需产品进行价值分析，对产品的品种、规格、型号、功能、特征、服务、数量等方面做出技术说明，写出详细的技术说明书，作为采购人员采购的依据。供货企业的市场营销人员也要运用价值分析技术，向顾客说明其产品的优越性，争取被列入选择范围。

4. 物色供应商

产业购买者要通过各种途径收集有关供货商的信息，产业购买者要将那些无法满足其购买要求或信誉不好的供应商排除在外，而将那些符合自身要求且信誉良好的供应商列为备选对象。供应商应通过各种媒体宣传介绍自己，提高企业知名度，争取被列为供应商的备选对象。

5. 征求建议

产业购买者要求合格的供应商提供建议书，以便对供应商做进一步的评价和筛选。如果采购复杂的、价值高的产品，产业购买者应要求每个潜在供应商提交详细的书面建议。产业购买者还要从合格的供应商中挑选最合适的供应商，要求他们提出正式建议书。供货企业的营销人员要善于提出与众不同的建议书，赢得产业购买者的信任，争取成交。

6. 选择供应商

产业购买者根据供应商的产品质量、价格、信誉、及时交货能力、技术服务等条件来评价供应商，从中选择最有吸引力的供应商合作。企业的采购中心在做出最后决定之前，还要和那些较为中意的供应商谈判，争取较低的价格和更好的交易条件，最后选定一个或几个供应商。精明的采购经理一般会选择多个供应商，以免受制于人，同时也促使供应商之间展开竞争，改善供应工作。

7. 正式订货

产业购买者将最终订单发给选中的供应商，在订货单上列明所需产品的技术规格、所需数量、交货时间、保修条件、支付方式、退货条款等项目。现代企业日益趋于采取“一揽子合同”，而不采取“定期采购交货”，因为这样可以避免按期重复签约的麻烦。“一揽子合同”要求供应者必须按照规定随时向买方供货，等于买方把存货放在供应者手中，这种合同又叫作“无库存采购计划”。

8. 绩效评价

产业购买者要对各个供应商的供货行为及其绩效进行评价，以决定是否维持、修正或终止供货关系。评价的方法一是向使用者征求意见，了解他们对购进的产品是否满意；二是检查和评价各个供应商履行合同的情况。供应商必须密切注意是否为买主提供了预期的满足，以便及时采取相应的策略。

需要指出的是，上述八个阶段是在全新采购情况下的完整采购过程，实际上在修正重购和直接重购的情况下，有些阶段是可以被省略或简化的。购买过程需要经历哪些阶段，要视具体情况而定。对于供货企业的营销人员来说，了解买方购买决策参与者的需要，了解不同购买阶段的特点，有针对性地实施营销策略是成功经营的关键。

思考题

1. 什么是消费者市场？其主要特点有哪些？
2. 什么是组织市场？其主要特点有哪些？
3. 市场营销人员为什么要了解消费者行为？
4. 试分析消费者购买行为模式。
5. 文化和亚文化是怎样影响消费者购买行为的？
6. 举例说明相关群体是如何影响消费者购买行为的。
7. 马斯洛需要层次论给企业营销以哪些启示？
8. 试述影响消费者购买行为的因素。
9. 举例说明消费者的购买决策过程。
10. 产业市场购买行为的影响因素有哪些？
11. 产业市场的购买决策过程如何？
12. 试分析产业市场的购买行为模式。

案例分析 1

苹果公司营销之道："折磨"顾客

到目前为止，企业营销一直以"客户就是上帝"为信条，以顾客为中心。但是，苹果公司的营销案例却告诉我们，现在应该进入"复古营销"时代——回到靠"折磨"顾客而不是讨好顾客来取得营销成功的日子。

其实很多时候，顾客并不希望被奉承迎合，极力地讨好反而使其无所适从，倒不如吊足胃口来激发他们的兴趣。史蒂夫·乔布斯对于苹果产品的营销策略与"顾客至上"的营销观念背道而驰。相反，他积极利用了复古营销的五大基本原则，收获了极大的成功。

一、独占性

现代营销主张："只要客户需要，要多少有多少。"而复古营销则是故意控制供应量，不让顾客很容易就得到满足："你想要吗？没货，下次再来试试吧。"苹果很多产品在其推出前和推出后都会有大量的短缺现象。这种造成市场饥饿感的手法，它运用得可是炉火纯青。试想一下，如果你不是一直听到苹果的东西那么难买，你会很冲动地马上购入吗？肯定不会，因为苹果的产品并不便宜。

二、神秘感

现代营销讲求坦率、光明正大，而复古营销则看重神秘、诡异的行动。苹果公司每一款新产品的推介会，都会选择充满神秘色彩的剧场进行，通过幕剧的形式对产品进行宣传，激起人们强烈的好奇心。

三、造声势

在充斥着商业宣传的世界里，造声势其目标就是要确保营销的产品成为人们谈论的话题，更重要的是，确保这种谈论本身是有效的。苹果公司在推出 iPhone 系列时，当用户还没有见到产品，你就发现新闻里谈的都是关于 iPhone 4 与中国联通的合作关系如何紧张，中国移动推出了专门针对联通的剪卡器等等信息，引起人们热议并翘首期待这个已经快成为传说的产品。

四、娱乐性

营销必须逗乐，必须吸引人参与。在网络微博正火的当下，iPhone 手机又充当了娱乐大众的工具。微博上超高人气的企业家、明星都在用 iPhone 发着逗乐的信息，信息下方还会标注此信息来自 iPhone 用户。

五、耍花招

顾客喜欢被逗弄的感觉。花招不一定要精妙，相反，非常低劣的手法可能就已经够用了。例如，苹果公司会将其产品宣传成标志时代意义的物品，将其先进的技术创新吹嘘得天花乱坠，让顾客如痴如醉渴望得到，但最终你会发现你买回家的就是一部手机或者是一部带“智能”的手机。故意刁难消费者的想法可能会让营销经理们惊慌失措，但是如果真为顾客着想，就应当满足顾客的“需要”，用极具挑逗性的老式营销手法来满足他们。

资料来源：钟启文. 苹果公司营销之道：“折磨”顾客. 时代经贸[J]2011,7(210),(上旬刊)

案例思考题

试用消费者行为理论分析苹果公司的营销之道。

案例分析 2

速溶咖啡的尴尬

20 世纪 40 年代后期，速溶咖啡作为一种方便饮料刚刚进入美国市场。让生产者和经营者始料不及的是，这种被他们认为方便、省时、省力、便捷、价格也适中的新商品并不受欢迎，问津者寥寥无几。而当直接问到消费者不买这种速溶咖啡的原因时，他们中大部分人的回答是不喜欢速溶咖啡的味道。但若深究下去，却没有人能说出速溶咖啡的味道与普通咖啡豆加工的咖啡的味道相比到底有什么不同。为此,生产者和经营者都感到茫然。

美国加州大学的海尔认为,消费者并没有回答拒绝购买的真正原因,其实味道只是他们的一个托词,实际是一种潜在的心理在起抵制作用。于是,海尔采用了间接的角色扮演法进行深入的调查。在调查中,他首先制订两种通常使用的购物单。这两种购物单中个开列数种食品,除咖啡外,其余项目完全相同。在咖啡一项中,一种写速溶咖啡,另一种写新鲜咖啡豆。下表所示的是海尔的购物清单。

海尔的购物清单

购物单 A	购物单 B
汉堡牛肉饼	汉堡牛肉饼
面包	面包
胡萝卜	胡萝卜
发酵粉	发酵粉
速溶咖啡	新鲜咖啡豆
桃子罐头	桃子罐头
土豆	土豆

在调查中,把两种购物单分别发给 A、B 两组各 50 名家庭主妇,要求他们描述按该购物单买东西的家庭主妇的个性。调查结果发现,家庭主妇们认为,购买速溶咖啡的人一般是懒惰的、邋遢的、无计划的、没有家庭观念的人,而购买新鲜咖啡豆的人被认为是生活有经验的、勤俭持家的、有家庭观念的人。显然,被调查的家庭主妇们用消极的语言来描述速溶咖啡的购买者,这表明速溶咖啡在消费者心中的不良印象。因此,这并不是产品本身的问题,而主要是由于情感偏见造成的。速溶咖啡的生产者和经营者利用这一研究成果,改变广告宣传策略,使商品很快打开了销路,占领了市场。

资料来源:荣晓华,孙喜林. 消费者行为学. 大连:东北财经大学出版社,2001

案例思考题

1. 最初美国家庭主妇为什么不购买方便快捷的速溶咖啡?为什么后来又愿意购买了呢?

2. 你从美国家庭主妇对速溶咖啡态度的前后变化中得到什么启示?

市场细分与目标市场选择

第6章

企业的目标市场营销包括三个步骤：市场细分(Segmenting)、目标化(Targeting)和市场定位(Positioning)，即实行STP营销，是企业营销战略的核心。一般说来，企业无法为一个广阔市场上的所有顾客服务。因为这样一个市场上的顾客人数太多，分布太广，顾客的需求差异也很大。因此，企业不应到处与人竞争，而应用自己的优势与别人的劣势竞争，也就是确定最有吸引力的、本企业可以提供最有效服务的细分市场，在细分市场上确立自己的经营优势。

6.1 市场细分

6.1.1 市场细分的内涵与层次

1. 市场细分的内涵

将整体市场进行细分，是随着市场观念的演变于20世纪50年代在美国出现的。19世纪末到20世纪初，生产观念居于统治地位，企业从产品出发，视消费者为具有同样需求的整体市场，从而大量生产单一品种的产品，采用普遍广泛的分销渠道和同样的广告宣传方式。到了20世纪50年代，美国许多企业以市场营销观念作为指导思想，从满足消费者的不同需求出发，注意消费需求的差异性，有针对性地营销不同的商品。例如，美国一家生产肥皂的公司发现，消费者由于洗涤不同质料纤维织物的需要，已不满足于使用单一品种的肥皂，于是生产了三种不同性能、不同牌子的洗衣肥皂：一种碱性强的；一种碱性弱的；一种多用途的全能肥皂。因而这个企业在美国肥皂市场上获得了最大的占有率，盈利甚巨。1956年，美国市场营销学家温德尔·史密斯(Wendell R·Smith)总结一些企业的营销经验，提出了“市场细分(Market Segmentation)”这一新兴的现代化市场营销观念。

所谓市场细分，就是根据整体市场上消费者需求的差异性，按照一定的标准，将消费者整体划分为不同的消费者群体，并与之相应地将整体市场划分为若干个小市场的过程。市场细分的目的是确定目标市场，使企业更有针对性地制定营销战略，成功地运用营销组合。

整体市场细分后，各个细分的“子市场”之间，对同类商品存在着不同的需求，但在各细分的“子市场”中，对同类商品又有着近似的需要。因此，市场细分化对于整体市场中的社会需求，既有同中求异，也有异中求同，一般是运用求大同存小异的方法。

一般说来，经济越发达，市场的划分也就越细，其主要原因是消费者的需求异性加大。比如在美国，打网球作为一种时髦的体育运动，推动了网球拍的消费，但对网球拍的消费需求除了在量上有了很大变化外，其消费结构也有明显的变化，由过去单一的变为多种多样的。富有的人希望得到能够炫耀自己身份的十分昂贵的球拍；网球明星则希望得到能够表明自己技艺的特别的球拍；而初学者和儿童只需要一般的，比较便宜的球拍。由于对网球拍的需求存在着上述差异，网球拍的销售市场就可以划分为若干个小市场。就某一个企业而言，很难满足全社会所有消费者的消费需求，所以必须从自身的条件出发，选择自己的目标市场。企业选择目标市场的关键就是市场细分化。它是企业选择目标市场的前提条件。

市场细分不同于一般的市场分类，因为一般的市场分类是以产品来划分市场的，比如消费品市场，生产资料市场。而市场细分化则是从消费者的角度，按照消费者需求爱好的差别来划分的。

2. 市场细分的层次

通过市场细分，企业可以将繁杂的整体市场划分为若干个小的子市场，从而更有效地满足其需要。根据细分的程度的不同，市场可分为以下几个层次：无市场细分（大众市场营销）、细分市场营销、补缺市场营销、完全市场细分（微市场营销）。如图 6-1 所示。

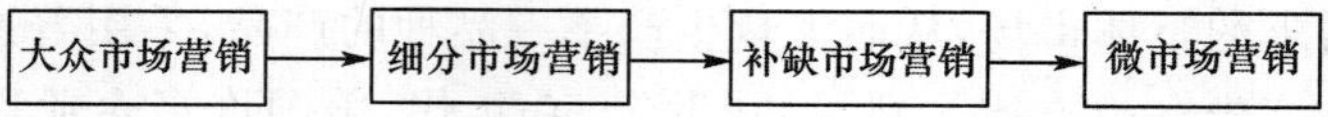

图 6-1　市场细分的层次

（1）大众市场营销

大众市场营销（Mass Marketing），即企业不对市场进行细分，以整个市场中的共性部分为目标，对所有顾客采用同一种方法大批量生产、分销和促销同一种产品。大众市场营销战略的主要优势是，由于大量营销，品种少批量大，可降低生产成本和经营成本，提高利润率。

(2)细分市场营销

细分市场营销(Segmentation Marketing),即企业根据消费者需求的差异性,将整个市场划分为几个较大的子市场,然后为其中的一个或几个子市场提供相应的产品及服务,制定相应的营销策略。与大众市场营销相比,细分市场营销能使企业更有效地开展营销活动。

(3)补缺市场营销

补缺市场是划分更细的市场。相对而言,细分市场在整个市场中是较大的易识别群体,补缺市场则是细分市场中的子群体;细分市场较大,容易吸引较多的竞争者,补缺市场则较小,仅吸引少数竞争者。对于小企业而言,进行补缺市场营销(Niche Marketing)能更有效地利用有限的资源,更充分地了解补缺市场消费者的需求,同时,补缺市场消费者愿意为特定利益支付更高的价格。

(4)微市场营销

微市场营销(Micromarketing)是指企业根据特定个人和特定地区的需求制定产品和营销策略,主要包括本地化营销(Local Marketing)和个性化营销(Individual Marketing)。本地化营销是一种因地制宜的营销策略,即根据当地顾客群的需求来制订产品和营销计划。显然,本地化营销能更好地满足顾客的需要,但这种策略的生产成本和营销成本较高,且给售后服务带来一系列的问题;个性化营销,又称"一对一营销(One to One Marketing)""定制营销",即根据单个消费者的需求和偏好来调整产品和营销方案。个性化营销的兴起主要有两个原因:一是随着社会经济的发展,顾客的需求日益个性化,使得企业的个性化营销成为必要;二是科技快速发展,为个性化营销的实现提供了可能。

6.1.2 市场细分的作用

对于进入现代市场经营的企业,市场细分有十分重要的作用:

1. 市场细分有利于企业发掘新的市场机会

企业在市场细分的基础上,可以根据对每个子市场购买潜力的认识,进一步分析各子市场需求的满足程度和竞争状况,发现那些需求尚未满足或满足不够的消费者,及时做出经营决策,采取有力措施,发挥企业优势,迅速占领市场。尤其是中、小企业资源、能力有限,很难与大企业正面展开竞争。但如果能认真研究消费者的需要,并能善于发现一部分特定的消费者未得到满足的需求,细分出一个小市场,推出相应的产品,往往能取得较好的经济效益。

2. 市场细分有利于提高企业的竞争力

一方面,企业在细分后的子市场上开展营销活动,可增强市场调研的针对性,市场信息反馈较快，企业易于掌握消费需求的特点及其变化，这就有利于及时、正确地调整产品结构、产品价格、销售渠道和促销策略，使产品保持适销对路，满足各细分市场的需求；另一方面，对市场进行细分，可避免企业在整体市场上分散使用精力，企业可将有限的资源集中用于一个或几个细分市场，扬长避短，有的放矢地开展针对性营销，这样，不仅费用低，竞争能力也会因此而得到提高。

3. 市场细分有利于满足不断变化的、千差万别的社会消费的需要

众多的企业奉行市场细分化策略，尚未满足的需求就会逐一成为企业营销的目标市场，这样新产品就会层出不穷，整个社会的消费需求就会得到较好的满足。

6.1.3 市场细分的标准

由于市场细分是建立在市场需求差异的基础上的，因此，从总体上讲，凡是能够构成消费者需求差异的因素，都可作为市场细分的标准。但现实生活中购买者为数众多，企业不可能完全彻底地细分，只能概括性地细分。

消费者市场与生产者市场有不同的特点，细分的变量也有所不同。下面就消费者市场和生产者市场的细分，分别加以论述。

1. 消费者市场细分的标准

正确的市场细分对企业具有十分重要的意义，而选择正确的市场细分标准，则对市场细分有更重要的作用。消费者市场细分的主要标准有：地理标准、人口标准、心理标准和行为标准。如图 6-2 所示。

地理标准：	人口标准：	心理标准：	行为标准：
国家	年龄	社会阶层	购买时机
地区	性别	生活方式	追求利益
城市规模	职业	购买动机	使用状况
人口密度	收入	个性	使用频率
气候	教育程度		忠诚程度
	家庭规模		待购阶段
	宗教		
	种族		
	国籍		

图 6-2 消费者市场细分的标准

(1)地理标准

按消费者所在的地理位置，如按某个国家，某个地区，某个城市或某些农村来细分市场。这是传统的划分方法，也是现代市场营销学细分市场的重要依据。由于消费者所处的地理位置不同，气候不一样，对某些商品的需求就不一样；由于消费者所处的地域不同，如高山、平原、沼泽地等自然条件不同，消费需求也会有差异；由于消费者所处地区人口密度不同，对商品的需求量也不同，人口密度大，需求量也大，否则就小；由于城市和乡村的差别，大城市和小城市的差别，在消费需求上，也呈现许多差别。所以企业从地理位置来细分市场，可以专门生产某一地区或某几个地区消费者需要的商品。

（2）人口标准

在多数情况下，人口标准是细分市场的主要标准。它包括年龄、性别、职业、收入、教育程度、家庭规模、宗教、种族、国籍等细则，按照这些细则，可将整体市场细分为许多小市场。

消费者年龄性别不同，消费需求也不相同。所以，按照人的年龄可将市场划分为婴儿、少年、青年、中年、老年等市场。按照消费者性别不同，可将市场划分为男性市场、女性市场。

按照消费者从事的职业不同所产生的不同需求来划分市场，可分为工人、农民、军人、知识分子等市场。

教育程度也是细分市场的重要标准。一般说来，文化程度的高低对人们吃、穿、用和精神文化方面的消费影响是较大的。文化水平高的消费者对消费的结构和商品的科学知识有深入的认识；文化水平低的消费者，特别是农村消费者，较低的文化水平限制了他们对所购消费品的认识能力，这在商品的花色、品种、式样的要求上与文化水平较高的消费者有较大的区别。文化水平的高低对精神消费需求的影响更加明显，文化程度高，在这方面的消费需求较高，也较多；文化程度低，其精神消费的比例就小，而且也较容易满足。

民族不同，在消费需求上的差异也是明显的。我国是一个多民族的国家，除了汉族外，还有55个少数民族，占全国总人口的6.7%。这些少数民族在吃、穿、用方面都有较大的差别，这些差别的存在使得按消费者民族不同细分市场成为必要。

消费者的个人收入和家庭平均人口的收入，也直接关系到消费需求。一般说来，收入越高，消费需求也就越大。收入水平不仅影响需求总量，而且它的变化还直接影响到消费需求的构成。收入水平和消费需求的变化，一般是同向的，随着收入水平的提高，原来属于消费者理想中的需求或潜在需求，也会变成现实的需求。所有这些情况都是企业在细分市场时值得注意研究的。

（3）心理标准

在市场营销活动中，经常产生这种情况，即在人口因素相同的消费者中间，对同一商品的爱好和态度截然不同，这主要就是由于心理因素的影响。消费者的心理因素很复杂，在细分市场时主要参照以下几个因素：社会阶层、生活方式、购买动机、个性特点等。例如，生活方式是人们对工作、消费、休闲和娱乐的特定的习惯和倾向性。不同的生活方式产生不同的需求偏好。企业可根据生活方式将消费者分为紧跟潮流者、享乐主义者、主动进取者、保守者等消费者群体，并开展目标营销。如有些汽车厂商为“保守”的消费者设计经济、安全、低污染的汽车，为“玩车者”设计华丽、灵敏度高的汽车等等；再如，消费者购买商品的心理活动是十分复杂的，动机也是多种多样的。主要有求实、求廉、求名、求美、求吉、求速等心理动机。动机不同，需求也就不同，企业可按这些需求的差异把整体市场划分为若干个细分市场，如廉价市场、便利市场、时尚市场、炫耀市场等。

(4)行为标准

消费者的消费行为反映了消费者的生活方式。利用消费者的行为可以把市场划分为多个具有明显差异的子市场。常用来进行市场细分的行为因素主要包括购买时机、追求利益、使用状况、使用频率、忠诚程度、待购阶段等。

以上是市场细分的主要标准。在企业市场营销实践中，不同企业应根据本身的具体情况，对市场进行细分。一般说来，按照人口标准和地理标准来细分市场比较方便，但仅仅按照这一标准来细分市场是不妥的，因为消费者采取购买行为往往还取决于购买动机、信赖程度等因素。所以，尽管在谈细分市场标准时将各细分标准分开说明，但实际上，在细分市场时，是将各种标准和具体因素组合起来，也就是说，要将几个细分标准组合在一起细分市场。

2. 产业市场细分的标准

产业市场细分的标准与消费者市场细分标准大部分基本相同，如地理因素、人口因素、心理因素、行为因素等。此外，还存在一些特殊的市场细分标准，常用的有：

(1)顾客类型

在产业市场上，不同的最终用户对同一种产业用品往往有不同的需要，因此，产业市场可以以最终用户为标准进行市场细分。

(2)顾客规模

在现代市场营销实践中，许多公司建立适当的制度分别与大顾客和小顾客打交道。这种细分方法来自于营销中的“重要的一半(Heavy－half)”假设，即企业的少数顾客就购买了企业的大部分产品，所以，企业可以按照规模把顾客细分为大顾客和小顾客两类，建立不同的营销制度分别处理的业务。如 Dell 计算机公司就分设了“大客户部”和“零售客户部”。

(3)产品用途

很多产品都具有多种用途。客户如何试用产品直接关系到客户购买的数量、购买标准以及对卖主的选择。

6.1.4 市场有效细分的条件

消费需求的差异性是市场细分的基础,如何认识这些差异,怎样细分消费者市场,在营销实践中并非易事。一般而言,有效的子市场必须具备以下几个条件:

(1)可衡量性。指细分后的子市场是可以识别和衡量的,亦即细分出来的子市场不仅范围明确,而且对其容量大小也能大致做出判断。有些细分变量,如具有“依赖心理”的青年人,在实际中是很难测量的,以此为依据细分市场就很难成立。

(2)可进入性。指细分出来的子市场应是企业营销活动能够抵达的。这些细分市场能使企业资源得到利用,生产的产品能够满足消费者的需求;能将企业的产品送抵消费者;能把企业信息通过适当媒体传达给顾客。如不具有这些可进入性,细分出来的市场就是毫无意义的。

(3)可盈利性。指细分出来的子市场有足够的市场容量,能使企业获得目标利润。进行市场细分时,企业必须考虑细分市场上顾客的数量,以及他们的购买能力和购买频率。如果细分市场的规模太小,市场容量太小,就不值得去细分。

(4)相对稳定性。指细分出来的子市场必须具有相对的稳定性,能保证企业有足够的时间实施营销方案。如果市场变化太快,企业还没来得及实施其营销方案,目标市场就发生了彻底的变化,这样的市场细分就没有意义。

6.1.5 市场细分的方法

市场细分的标准确定之后,即可按一定的方法进行细分。市场细分的方法很多,现在主要介绍以下几种:

1. 完全细分法

完全细分法就是根据某种产品整体市场所包括的消费者的数目进行最大限度市场细分的方法。此方法也称为“超细分”策略,即把每一个消费者都作为一个细分市场,然后根据每一个消费者的需求提供不同的市场营销组合策略。例如,服装店为消费者定制服装,家具厂为消费者定做家具等就是完全细分法的典型表现形式。在实际市场营销中,考虑到经济规模效益,细分市场并不是越细越好,因为如果细分过细,不仅会增加细分变量,给细分带来困难,而且影响规模效益,从而增大费用和成本。所以,当完全细分法带来消极影响时,就应当实施“反细分化”策略。

2. 单因素细分法

单因素细分法就是根据影响消费者需求的某一个重要因素进行市场细分。例如,儿童玩具市场需求量的主要影响因素是年龄,可以针对不同年龄段的儿童设计适合不同需求的玩具。这种方法的适用条件：一是市场竞争不太激烈，用单一变量就能细分出有效市场；二是影响消费者购买的各个因素中有一项主导因素，其影响最为强烈，如图 6-3 所示。

3. 综合因素细分法

综合因素细分法就是根据以两种或两种以上影响需求较大的因素为细分变量，以达到更为准确地细分市场的目的，如图 6-4 所示。

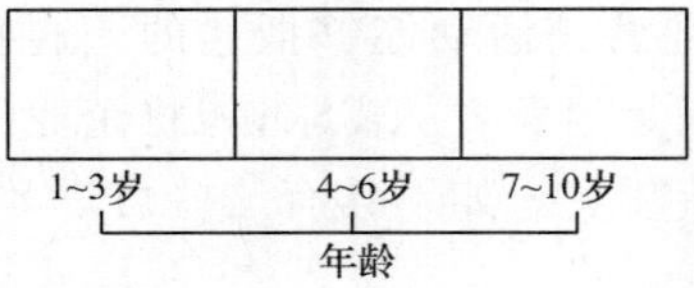

图 6-3　儿童玩具市场细分

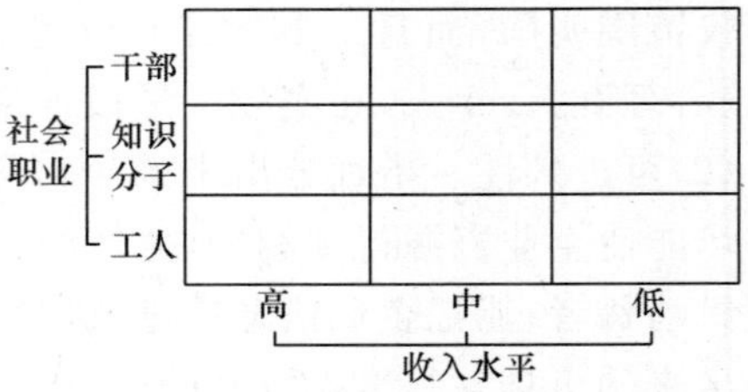

图 6-4　家具市场细分

4. 系列因素法

系列因素法又叫多层次变量法，它是指用两个以上变量因素根据一定顺序逐次细分市场。细分的过程也就是一个比较、选择细分市场的过程，下一阶段的细分在上一阶段选定的细分市场中进行。例如，某汽车制造企业对小轿车市场细分，如图 6-5 所示。

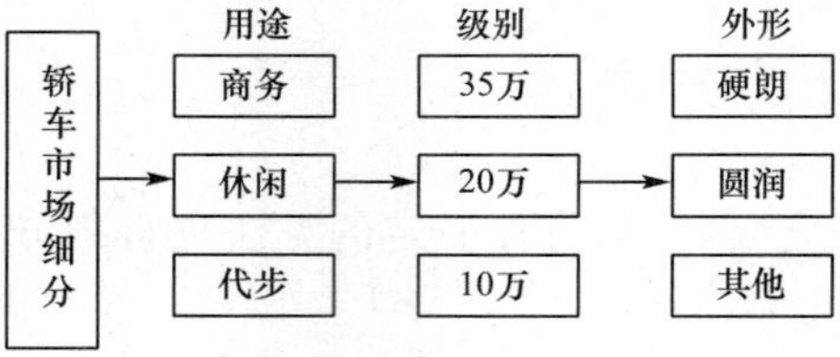

图 6-5　汽车市场细分

阅读资料 6-1

万豪酒店的市场细分

万豪酒店是美国一家大中型连锁酒店。1985 年，它管理 160 家酒店的 67034 间客房。万豪决定用新的品牌，通过市场细分和定位加强对旅客价值的开发。万豪是一个旗舰品牌，每个新品牌都要支持万豪的整体品牌形象——致力于卓越的顾客服务，并培养员工对服务的热情。万豪员工必须：

• 尽一切所能来照顾顾客。

• 格外重视细节。

• 为他们的工作环境感到自豪。

• 发挥他们的创造力寻找新方法来满足顾客的需求。

万豪相信所有顾客都需要基础服务水平，但它还认为顾客在为舒适与豪华的支付意愿上是存在差异的。管理人员了解到：许多顾客只在酒店待几个晚上，但是越来越多的顾客如有任务在身的商务人士往往需要住宿几个星期。认识到顾客的不同需求，万豪是第一家进行市场细分战略的大型连锁酒店。万豪有计划地发展其新品牌，主要通过收购来实施该战略。

• 万豪的旗舰品牌继续服务于那些需要优质餐厅、会议室、运动设施和其他高档娱乐设施的顾客。但万豪新增了几个品牌，每一个品牌都服务特定的目标市场。这些品牌有：

• 万豪庭院：商务旅客想要价格适中并提供一些便利设施的酒店，像健身房和提供早餐的餐馆。

• 费尔菲尔德旅馆：顾客想要一个价格适中、品质上乘的酒店，位于美国主要的州际高速公路系统沿线，这样顾客很容易开车到达。

• 万豪居家：针对那些由于工作调动、出差以及政府承包等原因，需要长期居住在旅馆的顾客。

• 万豪汤普雷斯：类似于万豪家居，但针对那些希望价格更便宜的顾客。

• 万豪春丘：针对需要设施齐全，愿意支付中高价格的酒店顾客。

• 万丽酒店和度假村：针对那些要求高档设施的国际顾客。

• 丽嘉酒店：针对在市中心寻找终极奢华的酒店顾客。

每一个万豪品牌都具有鲜明的个性与风格。万豪努力将各品牌的核心理念和优势传递给目标顾客，以增加顾客对这些品牌的了解。尽管有些目标顾客是重叠的，但每个品牌都致力于特定的细分市场，内部竞争很小。

万豪通过市场细分和市场定位战略取得了非凡业绩。万豪庭院品牌现在经营的客房数比 1985 年珍格格公司经营的还要多，公司总体经营的客房数增加了 7 倍。

资料来源：[美]诺埃尔·凯普，[荷]柏唯良，[中]郑毓煌. 写给中国经理人的市场营销学. 刘红艳，施晓峰，马小琴，闫怡，译. 北京：中国青年出版社，2012

6.2 选择目标市场

6.2.1 目标市场的含义

市场细分化是按一定的标准划分不同消费者群体的过程，而目标市场（Targeting market)则是根据细分化标准选择一个或一个以上细分市场,以作为企业营销对象的决策。所以,目标市场就是一个企业为满足现有的或潜在的消费者需求而开拓的特定市场。它是在市场细分的基础上,企业根据各方面因素的分析,在众多的细分市场中,选择出的特定市场。企业的一切营销活动都是围绕目标市场展开的,目标市场是企业制定营销战略的出发点,其选择是否恰当,直接关系到企业的经营业绩。

一般而言,一个细分市场要成为企业的目标市场,应具备以下条件:

1. 有一定的规模和发展潜力

选定的目标市场只有具备一定的规模或具备一定的发展潜力时,目标市场才有实际意义;如果市场规模过于狭小且不具备发展潜力,企业进入后将难以获得发展,甚至无法收回前期的投入。

2. 竞争者不多或不至于控制该市场

不同细分市场的竞争激烈程度是不同的,选定的目标市场如果竞争者不多或不至于控制该市场,企业才有进入的机会和显露身手的可能。如果细分市场的竞争十分激烈,竞争对手实力强大,企业将面临很高的进入成本。

3. 企业有能力进入

企业在选择目标市场时,还必须考虑企业自身的目标、资源和能力。在有些情况下,即使某些细分市场很有吸引力,但如果企业在该市场中的竞争力不够,就不能进入这个细分市场。企业只有拥有优于竞争对手的资源、技术和能力,才能在该细分市场中真正获胜。

所以,选择目标市场,就是选择一个或一个以上有利于企业扩大产品销售的市场,而不是越多越好。据英国市场营销协会的安德鲁·泰斯勒教授对英、法、德等国家的360家出口大企业的调查,90%的出口商品集中在少数几个目标市场,而盈利却比无目标市场的企业高出30%～40%。

6.2.2 目标市场的选择

企业通过评估细分市场,将决定进入哪个细分市场,即选择企业的目标市场。企业在选择目标市场时,有5种可供考虑的市场覆盖模式,如图6-6所示。

1. 单一市场集中化

如图6-6(1)所示,企业只选择一个细分市场(M_1),集中销售一种产品(P_1)。企业这样做是因为可能它本来就具备了在该细分市场上取胜的必需条件;这个细分市场可能没有竞争对手;可能企业资源有限,只能在一个细分市场上经营;这个细分市场可能会成为促进企业产品品牌延伸的起始点。通过这种模式,企业能够

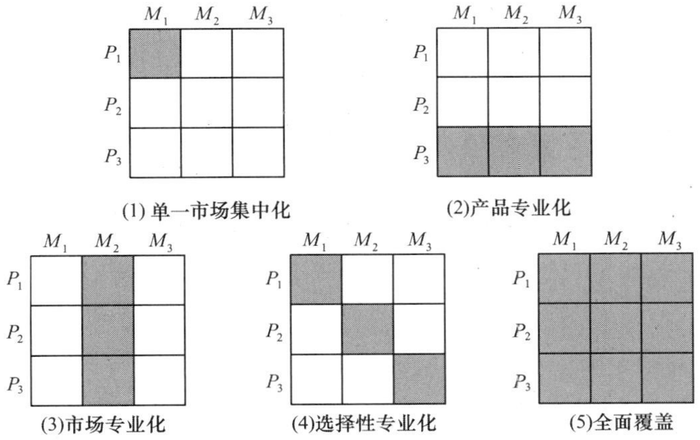

图 6-6　目标市场模式

在细分市场上建立巩固的市场地位，同时能提高经济效益，但这种模式的经营风险相对较大。

2. 产品专业化

如图 6-6(2)所示，企业同时向几个细分市场(M_1、M_2、M_3)销售一种产品(P_3)。例如，某生产企业同时向学校、政府机关和工商企业销售其某种产品。通过这种模式，企业可以在特定的产品领域树立良好的信誉。但是，如果这一领域发展出全新的替代技术，该企业则会面临较大的经营风险。

3. 市场专业化

如图 6-6(3)所示，企业专门为一个顾客群(M_2)服务，生产、经营他们需要的各种产品(P_1、P_2、P_3)。例如，某实验仪器生产企业专门为学校实验室提供系列产品，包括显微镜、化学烧瓶、测量仪、示波器等。企业专门为这个顾客群服务，可以在这个顾客群中树立良好声誉，还可向其推销新产品，成为有效的新产品销售渠道。但该顾客群购买力一旦下降，企业就会出现效益下跌的危险。

4. 选择性专业化

如图 6-6(4)所示，企业有所选择地进入几个不同的细分市场，并针对每个细分市场销售不同的产品(P_1M_1、P_2M_2、P_3M_3)。采用这种模式是因为每个细分市场都具有吸引力，并且符合企业的经营目标和资源状况，各细分市场之间很少或根本没有联系，而且在每个细分市场上企业都能获利。这种多细分市场覆盖优于单细分市场覆盖，可以分散企业的经营风险，即使某个细分市场失去吸引力，企业仍可在其他细分市场上获利。

5. 全面覆盖

如图 6-6(5)所示，企业用各种产品(P_1、P_2、P_3)去满足各种顾客群体(M_1、M_2、

M_3)的需要。只有实力雄厚的大企业才有实力采用这种模式，如通用汽车公司在汽车市场、可口可乐公司在软饮料市场上，采用的就是市场覆盖模式。

6.2.3 目标市场策略

企业选择的覆盖市场的方式不同，营销策略也就不同。归纳起来，有三种不同的目标市场选择策略可供企业选择：无差异营销策略，差异营销策略，集中营销策略。

1. 无差异营销策略

无差异营销策略(Undifferentiated Marketing)，是指企业将市场看成一个整体，不做细分，把整体市场作为企业的目标市场。采取这种策略的企业，认为所有消费者对某一商品有着共同的需求。因而，企业以单一的产品投向市场，面向整体消费者。美国的可口可乐公司，由于拥有世界性专利，在相当长的时间里只生产一种口味，一种大小和形状的瓶装产品，广告的字句也只有一种。这种策略采用的是单一的营销组合，宜被企业在以下几种情况下使用：

第一，某类产品供不应求的情况下；

第二，新产品开始进入市场的阶段；

第三，某类产品确实存在消费者需求差异不大的情况下；

第四，产品具有专利权。

采取无差异营销策略的优点是，由于生产和经营上的大批量，可以降低成本；同时，由于不需要进行市场细分，也可相应节约市场调研和销售宣传等费用。但是采用这种策略的适用范围是很小的，由于多数产品有其不同的用户需求，所以一种产品长期被所有消费者接受是极少的。而且当有若干企业都采用这种策略时，就会加剧竞争，减少企业收益。而小的细分市场的需求则会增加，使企业获得较多收益。例如，美国一些汽车公司，长期只生产大型轿车，实行无差异策略，而日本根据能源紧张等情况，及时向消费者推出小型轿车，占领了美国市场。因此，大多数产品不宜采用无差异策略。

2. 差异营销策略

差异营销策略(Differentiated Marketing)，是指企业整个市场细分为若干个小市场后，依据各小市场在需求上的差异性，有针对性地分别设计产品和制定促销策略。在生产经营上的特点是小批量、多品种，采取各异的推广方式，选择能使之达到该细分市场的渠道，规定不同的价格，满足同种产品在不同市场中的需求。在商品竞争激烈的情况下，采用这种策略，可以减少企业在市场中的失利。

但是，采用这种策略，要根据企业本身的特点以及产品和市场的状况来确定。一般来说，对那些经营差异性较大、市场变化较快的产品的企业，以及那些本身有一定的资源能力，能应付市场变化所带来的产品更新和技术设备更新所需费用的企业，可以考虑采用这种策略。如瑞士雀巢公司是以生产和销售优质食品而闻名于世的企业，它生产的食品属于差异性较大、市场变化较快的产品。咖啡是雀巢公司系列产品中的骄子，为了适应不同消费者的口味，它确定制作了四种咖啡品种：①专为特殊口味人士制作的金牌咖啡；②为嗜爱厚重口味人士而制作的特浓咖啡；③不含咖啡因，但保留有咖啡真味的特制咖啡，以满足那些喝咖啡，却嫌咖啡因的消费者的需求；④用玉米糖浆、植物油、乳脂等制成的咖啡伴侣，冲在咖啡中，让人感到甜滑适口，适于那些喝不惯咖啡饮料的苦涩味的人饮用。除以上产品外，雀巢公司还生产奶类、谷类速溶营养饮品，烹调食品，巧克力及婴儿系列食品等等。他们紧紧追随消费者口味需求的变化，不断改进和开发营养丰富、品质高级的食品，使企业不断扩展发达。对于企业来说，采用这一策略，有它的优点，也有一定的局限性。优点是采用这一策略，可以充分发挥潜力，同时还可以提高企业竞争能力，提高企业的信誉；它的局限性在于采用这种策略要求增加企业产品品种，使用较多的分销渠道和促销方法，这样必将增大生产成本和销售费用，同时还受到企业资金和资源的限制。这些情况，在企业运用这一策略时，应给予充分的重视。

3. 集中营销策略

集中营销策略(Concentrated Marketing)，也称密集性营销策略。集中营销策略是企业在市场细分过程中，从众多的细分市场中选出的一个或两个细分市场为目标市场，开展营销活动。实行这种策略的企业，它们期望的不是在较大的市场上拥有较小的份额，而是在较小的市场上拥有较大的份额。集中营销策略适于经营对象集中，对局部市场又有较深入了解，信息反馈快，且在生产和销售方面实行专业化的企业。它容易使企业在某一特定的细分市场中取得有利地位。这种策略的缺点是风险大，最容易受竞争对手冲击。因为目标市场比较狭窄，一旦竞争者的实力超过自己，或者消费者的爱好发生转移，或市场情况发生突然变化，都可能使企业陷入困境。所以，采取这种策略必须随机应变，有条件后尽可能多开拓几个细分市场。

以上三种目标市场策略所采用的营销手段及所覆盖的市场范围如图 6-7 所示。

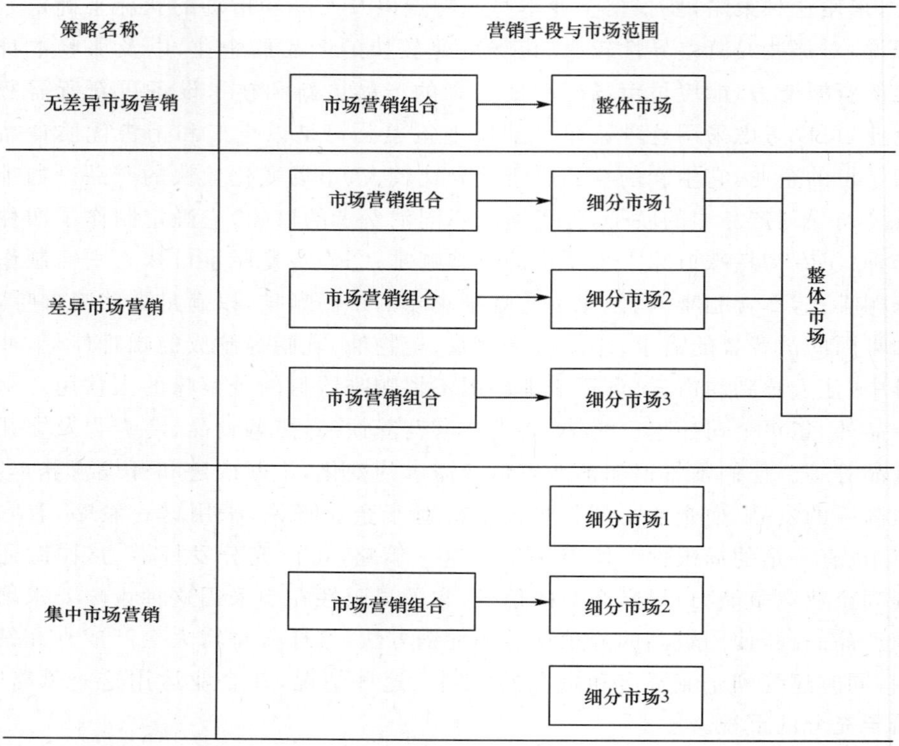

图 6-7　目标市场策略示意

6.2.4　目标市场策略的选择

上述三种目标市场策略各有优缺点，企业究竟采用哪种策略，这就要根据具体情况，全面综合研究，才能做出抉择。

1. 企业资源条件

如果企业资源充足，实力雄厚，可采用无差异或差异营销策略；如果企业资源不足，无力兼管整个市场，最好选用集中营销策略。如当前我国进入国际市场的产品，一般以集中营销策略为主。

2. 产品的特性

根据产品的不同特性采取不同的市场策略。有些产品，如食盐、煤炭等，尽管在品质上有差异，但差异不显著，消费者并不了解，也不严加区分。对这类产品，则宜采用无差异市场营销策略。而有些产品其品质等方面差异性很大，如电视机、洗衣机、汽车、照相机等，消费者选择常以产品特性为依据。因此，经营这类产品，只能采用差异营销策略或集中营销策略。

3. 消费需求的特点

如果消费者的需求、爱好、习惯和其他特点颇为接近，可采用无差异市场策略。反之，如果消费者需求、爱好、购买习惯等存在很大差别，则适宜采用差异营销策略或集中营销策略。

4. 产品的生命周期

如果产品处于投入期或成长期，为了探测市场需求量和潜在顾客，可采用无差异市场策略；如果产品进入成熟期或衰落期，为了开拓市场，延长产品生命周期，则宜采用差异营销策略或集中营销策略。

5. 竞争对手的市场策略

选择目标市场策略，往往还要看竞争对手的市场策略。如果竞争对手采用无差异营销策略，则本企业可采用差异营销策略与之竞争；如果竞争对手采用差异营销策略，而且竞争性又相当强，则本企业可采用集中营销策略。当然，也可采用同向策略，发挥优势。实践证明，由于竞争双方在市场上的情况复杂多变，因此，企业应根据具体情况，不断分析对比，扬长避短，发挥优势，掌握时机，采取对策，以便取得最满意的经济效益。

6.3 市场定位

6.3.1 市场定位的概念

一个企业在选定目标市场后，还要决定怎样进入市场。如果该市场已有竞争者捷足先登，甚至竞争者已经占领了有利的市场地位，那么，企业就要着手进行一项竞争分析，辨明现有的竞争者们在该市场究竟处于什么地位？实力如何？有何特点？在这种分析的基础上进行本企业的市场定位。

所谓市场定位(Market Positioning)，就是根据所选定的目标市场的竞争情况和本企业的条件，确定企业和产品在目标市场上的竞争地位。具体地说，就是要在目标顾客的心目中为企业和产品创造一定的特色，赋予一定的形象，以适应顾客一定的需要和偏好。这种特色和形象可以是实物方面的，也可以是心理方面的，或者两方面兼而有之。例如，“价廉”、“优质”、“豪华高贵”、“服务周到”、“技术先进”等，都可作为定位的概念。实际上，定位就是要设法建立一种竞争优势，以便在目标市场上吸引更多的顾客。

对市场定位的理解应该把握：

(1)市场定位的基点是竞争。市场定位是一种帮助企业确认竞争优势,寻找竞争战略的方法。通过定位,企业可以进一步明确竞争对手和竞争目标,发现竞争双方各自的优势与劣势。

(2)市场定位的实质是设计和塑造产品的特色和个性。通过特色和个性的塑造,使产品在目标顾客的心目中占据一定的位置。

6.3.2 市场定位的步骤

市场定位的关键问题就是企业要设法找到自己的竞争优势。竞争优势有两种基本类型:一是在同样条件下比竞争者定出更低的价格;二是提供更多的特色以满足顾客的特定需要,从而抵消更高价格的不利影响。在前一种情况下,应千方百计地寻求降低单位成本的途径;在后一种情况下,则应努力发展特色产品,提供有特色的服务项目。这样,就能在市场上占据有利的竞争地位。竞争优势的这两种基本类型,提供了市场定位的两条有利的途径。因此,企业市场定位的全过程就可以通过以下三大步骤来完成。

1. 识别可能的竞争优势

菲利普·科特勒认为:赢得和保持目标顾客的关键在于比竞争者更好地了解顾客的需求,并向他们提供更多的价值。企业只有向顾客提供有别于竞争对手的差异化产品或服务,才能与竞争对手区别开来,才能给消费者带来比竞争对手更大的价值,从而获得竞争优势。

要发现和识别企业的竞争优势,营销人员必须对企业向顾客提供产品或服务的全过程进行仔细分析,分析内容涉及与顾客发生联系的每一个环节,具体分析路径包括:产品、服务、渠道及形象差异化。

2. 准确地选择反竞争优势

企业在面对多种竞争优势并存的情况下,要运用一定的方法评估选择,准确地选出对企业最适合的竞争优势加以开发。选择方法可选择评分法,将本企业同竞争者在各项目(如技术、成本、质量、服务等)中的得分加以比较,选出最适合本企业的优势项目。

3. 有效地、准确地向市场传播企业的定位观念

在确定了企业的市场定位之后,还必须大力开展宣传,把企业的定位观念准确地传播给潜在购买者。要避免因宣传不当在公众中造成误解,如传播给公众的定位过低,不能显示出自己的特色;或定位过高,不符合企业实际情况,使公众误认为企业只经营高档高价产品;实际上也备有中档产品,或定位含糊不清,不能在顾客中形成统一明确的认识等。上述种种误解,都是由于定位宣传上的失误所致,营销者应注意防止。

6.3.3 市场定位策略

企业在进行市场定位时，一方面要了解竞争对手的产品具有何种特色；另一方面，要研究顾客对该产品的各种属性的重视程度（包括对实物属性的要求和心理上的要求），然后根据这两方面进行分析，再选定本企业产品的特色和独特形象。至此，就可以塑造出一种消费者或用户将此产品与别的同类产品联系起来并按一定方式去看待的产品，从而完成产品市场定位。

例如，某公司了解到卡车购买者最关心的两个特性是车的“规格”和“速度”，潜在顾客和中间商对各种牌子的卡车主要考虑的也是这两个特性。就应以这两个特性作为产品市场定位的依据。假定目标市场上现有A、B、C、D四个竞争者，它们的产品定位如图6-8所示：A公司的卡车被认为是小型高速的，B公司的卡车是中型中速的，C公司的卡车是小型低速的，D公司的卡车是大型低速的。图中各圈的大小代表各竞争者的销售量。

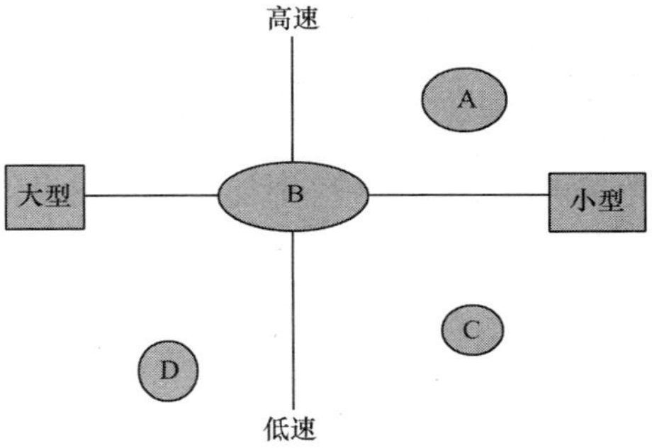

图6-8 市场定位示意图

在上述竞争者位置既定的情况下，某公司该定位于何处呢？有两种可供选择的方案：

方案一：定在现有某一竞争者（A）的附近，与之争夺市场份额，这需要具备如下条件：①要能够生产出比A公司更好的产品；②对这两个竞争者要有足够的市场潜量；③要比竞争者有更多的资源；④这个市场位置最符合公司的业务实力。

方案二：将产品定在市场上空缺处，如图6-8的左上方，即以大型高速卡车为公司的市场定位。这种选择需具备如下条件：①技术上可行，即有能力生产大型高速卡车；②经济上可行，即在一定的价格水平上销售这种卡车，仍能获利；③有足够数量的潜在购买者需要这种卡车。如果这些条件齐备，则该公司可着手填补市场上的这一空位。

如果第一种选择即与A公司竞争，有更多的盈利潜力和较少风险，那么，就要研究A公司的产品特点,并设法使自己的产品在潜在顾客心目中优越于竞争者的产品,在产品特性、型号、质量、价格等方面,实行竞争性定位。

以上分析表明,市场定位是一种竞争策略,它显示了一种产品或一家企业同类的产品或企业之间的竞争关系,采取的定位策略不同,竞争态势也就不同。以下分析几种主要的定位策略。

1. 避强定位

这是避开强有力的竞争对手,在目标市场的空隙或空白领域开拓新的市场的市场定位策略。上例中的方案二就属于这种定位策略。避强定位的优点是能够迅速在市场站稳脚跟,并能在消费者或用户心目中迅速树立起一种形象。这种定位策略的市场风险较小,常常为多数企业,特别是中小企业所采用。但相对空白的细分市场往往同时也是难度最大的细分市场。

阅读资料 6-2

中国手机市场的竞争

苹果手机风靡世界,一直奉行单一产品策略。2012 年 6 月,通信专家项立刚表示,苹果目前在手机市场的份额不过只有 20%,还有 80%的市场由其他产品占据,消费者对手机产品的要求是多样性的,手机厂商精耕细分市场,满足消费者的不同需求。不少手机厂商也看到了商机,开始了对细分市场的运作。互联网手机、老年人手机、学生手机、儿童手机等各种功能性手机不断在市场上涌现。尤其是一些国产品牌,更是立足细分市场,与国际大牌开始了差异化较量。

手机市场的巨大份额吸引了许多企业前赴后继。在小米之后,阿里巴巴、百度、盛大、奇虎 360、网易、淘米等公司也纷纷涉足这一领域,掀起一股投“机”热潮。其中第一个“吃螃蟹”的小米手机,在 2011 年 8 月中旬发布,售价定为 1999 元,只有市面上相同配置手机价格的一半,并采取线上销售模式。

除了广受关注的互联网智能机市场,学生机、老年人手机、多卡多待机等细分市场也成为手机企业市场开拓的重点。近期,奇虎 360 董事长周鸿祎透露,360 将推出 360 特供学生机,其售价低于千元。中国老年人口达到 3 亿,用手机者至少有 2 亿人,平均每 3 年就要更换一部手机,这样算来,未来 3 年之内,仅老年人手机市场的需求量就将达到 6000 万部。目前的老年人手机功能简单,仅能满足基本的短信需求,未来厂商将开发智能老年人手机,利用微信等软件建立群体,满足老年人的社交需求,还可以开发健康软件,实现健康管理功能,但这样产品价格也很高。

资料来源:左盛丹. 苹果单品策略存在漏洞 国产手机抢占细分市场. 新浪网财经频道,http://news.xhby.net/system/2012/06/26/013628938.shtml. 有改动

2. 迎头定位

这是一种将本企业的产品确定在竞争对手产品较近的位置上，即与市场上占据支配地位的竞争对手"对着干"的定位策略。上例中的方案二就属于这种定位策略。这种定位策略必然会导致与竞争对手之间的激烈竞争，所以，并不是所有的企业都愿意采取这种定位策略。只有具备以下条件时，企业才可能选择这种定位策略：

(1)本企业具有更为先进的技术，在满足顾客需要方面比竞争对手做得更好；

(2)目标市场的容量足够大，能够容纳两个或者更多的竞争者产品；

(3)企业的资源实力与对手相当，或者更胜一筹。

3. 比附定位

这是一种攀附名牌，比拟名牌来给自己定位的策略。例如，利用名牌企业的影响来给自己造声势。常用的方法有三种：一是甘居第二，通过与行业最大竞争对手的比较，公开承认自己是行业的老二，给人以谦虚、诚实的感觉，同时以第二的形象使自己进入消费者的眼帘；二是攀龙附凤，首先承认在自己经营的领域中存在实力雄厚的、消费者公认的名牌企业，同时，又标榜自己在某些方面或在某些区域内能与该当名牌企业并驾齐驱，甚至认为自己有过之而无不及，以提高自己的知名度；三是高级俱乐部，当企业不是行业或某区域的第一时，仍然可以借助名牌企业来抬高自己的身份，此时，企业可以借助群体的声望或模糊数字的手法，强调自己是某一高级群体的一员，从而提高自己的形象。如企业可以宣称自己是全国十大驰名商标之一，或者自己是行业50强企业之一等。

4. 重新定位

这是一种针对销路少、市场反应差的产品进行的二次定位。在上述方案中，如果实施方案一未获成功，转而实施方案二，就是重新定位。

由于企业面临的竞争环境是不断变化的，企业产品的定位也需要根据环境的变化适时调整。当出现下列情况时需要考虑重新定位：①产品定位不准；②产品定位能够吸引的市场有限；③产品定位缺乏先进性；④竞争者的产品定位于本企业产品的附近，侵占了本企业品牌的部分市场，使本企业品牌的市场占有率有所下降。

阅读资料 6-3

进口瓶装啤酒的市场定位

20世纪90年代早期，英国的瓶装啤酒市场主要有美国的百威、荷兰的Grolsch、德国的Holsten和贝克四大品牌，占据了英国进口瓶装啤酒80%的市场。而这四大品牌成功的关键在于它们的广告与包装都有清晰的市场定位。百威强调它的悠久历史，用诙谐的语言为自己进行市场定位，如“青蛙与蜥蜴”；Grolsch 的独特之处在于顶部可摇摆有浮雕花纹的瓶子，它的广告强调自己酿酒的悠久历史，花别人 3 倍的时间酿出的酒独具特色；Holsten 重点讲述自己酿酒的原料不加任何添加剂，“纯正、清新、无污染”；贝克的促销特色在于一系列自然形象，如一片片啤酒花田地、奔跑中的马群、雨中女人的脸，它还在 1994 年赞助了第 4 频道的连续剧，该频道吸引的是青年观众，这正是贝克的目标市场。

资料来源：杨耀丽，杨秀丽. 市场营销学. 上海：上海财经大学出版社，2013

思考题

1. 什么是 STP 营销？
2. 什么是市场细分？市场细分有哪些作用？
3. 消费者市场细分的标准有哪些？
4. 市场有效细分的条件有哪些？
5. 用一种有效的方法细分家用洗涤剂市场。
6. 目标市场营销策略有哪些类型？分别具有哪些优缺点？
7. 企业在选择目标市场策略时应考虑哪些因素？
8. 市场定位的方法主要有哪些？
9. 试以某产品为例，说明市场定位工作的步骤。

案例分析 1

信用卡市场细分 银行争抢女客户

2009 年 6 月，中国银行推出了中银钛金女士信用卡。2009 年 9 月，光大银行推出首张女性主题信用卡，该卡面向 25～45 岁的女性发放。此外，中信银行、民生银行、华夏银行、招商银行等多家银行也相继推出了女性主题的信用卡。据了解，这些银行发行的女性主题信用卡，其目标群体均为高端女性客户，而且这些信用卡的推出均获得了女性的青睐。

一项调查显示，我国现阶段透支群体中大多是中青年职业女性，她们消费力旺盛，刷卡次数多。另外，女性客户的优良品质，也获得了众多银行的认可。她们的优良品质表现在信用普遍比男性好。有调查显示，女性的信用度好于男性，她们不会轻易牺牲自己的信用，逾期还款的情况比较少。

与普通信用卡相比，个性化的卡片设计成为吸引女性的一大亮点。在看惯千人一面的银行卡后，卡通式的女性银行卡让人感觉与众不同。

中银钛金女士信用卡有三款时尚绚丽的卡面，每款卡面的设计均独具匠心，其中玫瑰红、亮天蓝为镜面卡面，能很好地满足现代女性消费者追求品质、时尚、健康、理财的诉求，充分展现爱自己、更美丽的新生活态度。中银钛金女士信用卡为每一位持卡人免费赠送一份女士专属保险大礼包，提供丰富全面的保险服务。激活钛金女士信用卡，首刷即可享有三大保险：最高保额 3 万元的女性重大疾病险、最高保额 2 万元的购物保障险和最高可达 200 万元保额的航空类保险。

光大银行推出的首张女性主题信用卡——阳光伊人钛金国际信用卡，采用青花图案作为背景，给人以素雅而不失高贵、古典而不失时尚、鲜活而不失庄重的感觉。该卡既是信用卡，又像一张高端会员卡。例如定期举办美丽讲座，邀请知名美容、服饰专家介绍最新时尚观念、美容方法、服饰搭配、才艺气质培训等；定期举办高端对话，邀请知名成功女性与持卡人进行近距离交流；组织团购，不定期联系知名品牌进行会员团购；建立“小圈子生活”，根据白领女性在理财、健身、美容、儿童教育等方面的不同爱好和需求，组织各种活动，提供交流、互动的平台。

华夏钛金丽人信用卡在保险方面也下足了功夫。根据约定，该卡为持卡人奉上价值 2 万元的女性安康保险计划，乳腺癌、子宫癌、卵巢癌等女性人群高发疾病都可得到相应的疾病保险承诺。持卡人乘坐飞机时，只要出示该卡，就能在机场享受贵宾服务。

资料来源：纪宝成，吕一林. 市场营销学教程. 北京：中国人民大学出版社，2012

案例思考题

1. 你是否看好这种专门针对女性市场的细分？为什么？

2. 女性卡的相继推出，不可避免地又将引发同质化的竞争，如何才能摆脱这种由差异化到同质化的尴尬？

案例分析 2

“三只松鼠”的丛林战役

经过 2011 年的价格战、倒闭潮，众多电商企业息鼓收兵、修炼内功，市场趋于平静，资本开始复苏，中小电商企业得以喘息。但安宁的表面下暗潮汹涌，战场的焦点转移，其实带来更大的压力。对于中小电商企业来说，电商仍是一片危机四伏的丛林。平台大鳄、传统品牌大佬、大数据带来的新挑战，前后夹击，内忧外患。

恰是在这种情况下，“三只松鼠”横空出世。一个刚成立4个月、名不见经传的淘宝店，在2012年天猫“双十一”活动中完成了800万元的销售业绩，身处三线城市，却仅用半年时间，就让自己淘宝店铺的单月业绩从0元到2000万元，成为线上坚果品牌的排头兵。“三只松鼠”是如何做到的？

定位与聚焦：做互联网森林食品品牌

2012年，章燎原赢得IDG资本150万美元的天使投资，开始向森林食品品牌迈进。而在此之前，章燎原是位成功的职业经理人，在他的带领下，詹氏山核桃在线下快速崛起并以攻城略地之势迅速取得了坚果细分品牌的优势地位，线上他以“壳壳果”为名打造电商品牌并在短短8个月内就创造了近千万元的销售业绩。为了和“壳壳果”区别开来，一直看好细分市场的章燎原需要一个全新的概念和品牌形象来给消费者传递和塑造一个概念性的品牌定位。

不要专做坚果细分类目，这是章燎原认定的一大原则。“我们是做多品类的纯互联网森林食品品牌，不是另一个坚果品牌。”章燎原说。目前“三只松鼠”的核心产品还是坚果类，但章燎原称店铺很快就会有花茶、蜜饯等茶叶、干果类的产品上线，所有的产品都被归为“森林系”，倡导“慢食快活”的生活方式。这一定位，章燎原坦言自己也思索了很久。章燎原一直提倡聚焦战略，看好细分市场的发展，如今“三只松鼠”所定位的“互联网森林食品品牌”从字面上理解宽泛宏大，无法聚焦某一个产品品类。“营销定位的根本在于你背后支持定位灌输的资源有多少。”章燎原认为，如果已有的资源只够做好一个坚果类目，那就老老实实聚焦坚果，而手握1000万元风投的“三只松鼠”显然有足够的资源支撑做更抽象的品牌定位。

此外，“三只松鼠”还坚持做“互联网顾客体验的第一品牌”和“只做互联网销售”。章燎原认为，“电子商务的本质是零售，电子只是手段”，“线上和线下正在走向融合”，但主体不同，会导致融合的结果不同。“线上为主体融合线下”和“线下为主体融合线上”的基因和结构是不同的。线上企业有很多后发优势，一切的搭建和重构定位会较高；而线下企业在走向融合的时候，必然有很多线下资源的掣肘。为了不背上传统企业的包袱，章燎原将品牌目标人群锁定在爱在网上购物的“80后”“90后”身上。这就要求他要做到完全的互动化并依照目标客户的喜好去打造产品和品牌形象。为此他选择了森林绿和高端黑作为店铺的主打色，“黑色显高贵，绿色是对产品的暗喻，和产品健康绿色的定位相符”。

成功秘诀：一个核心、四点、四化

“三只松鼠”成功的秘诀无外乎“一个核心、四点、四化”。章燎原解释，所谓“一个核心”，即始终围绕“让品牌和消费者更近”这个中心部署战略；“四点”分别是品牌、速度、服务和品质；“四化”是品牌动漫化、数据信息平台化、仓储物流智能化和食品信息可追溯化。

品牌：建立独树一帜的形象体系，并让品牌和消费者更好地沟通，如利用松鼠的形象和多个接触点（如微博、旺旺、自有杂志等）与消费者近距离沟通；速度：如何更快——提高坚果从树枝到消费者客厅的速度，提高消费者从购买到收货的速度，追求速度就是在追求产品的新鲜和优秀的消费者体验；服务：如何做到个性化——基于大数据的收集和挖掘，充分了解消费者，从而做到提供更个性化的服务；品质：如何让坚果更好吃。

为了保证上述理念的实现，"三只松鼠"在产品原产地统一采取订单式合作，在收购原材料后委托当地企业生产加工成半成品，并将合格的半成品送回位于芜湖总部的1万平方米的封装工厂或冷库中完成最后的分装工作，最大限度地保证产品的新鲜。

大数据时代的客户资产运营思想和强大的IT系统使得这一切变得可以流水线化和工业化，基于客户数据的积累和挖掘，可以了解、洞察客户的真实需求。"三只松鼠"也尝试运用了大数据的方法，通过后台数据，"三只松鼠"精确地掌握了顾客购买的客单价、二次购买频率、购买内容、购买打折商品的比例、几次购买等信息。如果了解到这是一个老客户的反复购买，这时发货的坚果就可以不提供封袋夹，因为客户已经积累了太多的封袋夹，再多送就显得不环保了。这样在认真分析数据的基础上，"三只松鼠"将一对一地为客户服务，以保证客户收到的包裹及包裹中的用具能时时更新。

此外，章燎原还是"三只松鼠"的第一个客服，积累了客服经验之后，他写下了一本上万字的《松鼠服务秘籍》，推出客服十二招，目的就是要教会客服"做一只讨人喜欢的松鼠"，将消费者和客服的关系演化成主人和宠物的关系。他不仅亲自上阵为客户服务，还要求全员参与客服流程，让所有人都熟悉客户的需求，保证实现客户的需求。

同时，"三只松鼠"在包装及用户体验上也颇费心思，真正交付到消费者手中的产品形象亦是关键所在。"三只松鼠"产品的包装盒上印有松鼠的卡通形象，打开包装盒后，客户会发现更多惊喜：纸袋、夹子、垃圾袋、纸巾、微杂志……吃坚果的工具一应俱全，这样强大而攻心的细微服务让"三只松鼠"牢牢地抓住了用户的心。

资料来源：江山，姚云. 三只松鼠的丛林战役. 销售与市场，2013(7)，有删改

案例思考题

1. "三只松鼠"的差异定位体现在哪里？它是如何实现这一定位的？
2. 上淘宝网浏览"三只松鼠"网店，小组讨论该网店的特色。
3. 你看好"三只松鼠"未来的发展吗？为什么？

产品策略

第7章

企业的市场营销活动是以满足市场需要为中心的，而市场需要的满足只能通过提供某种产品和服务来实现。因此，产品策略是市场营销组合中最重要的因素，是其他市场营销组合策略的基础，认真研究并制定有效的产品策略是企业生存发展的根本所在。

7.1 产品整体概念

7.1.1 产品整体概念的内涵

研究产品策略，首先要明确产品概念。所谓产品，是指能提供给市场，用于满足消费者或用户某种需要和欲望的任何事物，包括实物、服务、场所、组织、思想、主意等。由此可见，产品包括一切能够满足购买者需要的物质实体和非物质形态的服务，由此提出了产品的整体(Total Product)概念。

对于产品整体概念，以往市场营销理论一直沿用三个层次的表述方式，即核心产品、形式产品和附加(延伸)产品。近年来，菲利普·科特勒教授又提出了包含五个层次的产品整体概念，他认为五个层次的概念更准确地描述了产品整体概念的内涵。

1. 核心产品

核心产品(Core Product)是指产品能给消费者带来的特定利益及满足感，即产品的效用及利益。

消费者购买某种产品，并不是为了获得产品本身，而是为了获得能满足某种需要的效用和利益。例如，消费者之所以购买手表，是因为它能显示时间；消费者之所以购买汽车，是因为它能代步。核心产品是消费者真正要买的东西，离开核心产品，产品也就失去了存在的意义。因此，市场营销人员的任务就是要发现顾客隐藏在产品背后的真正需要，把产品的核心利益和服务提供给顾客。

但是，核心产品只是一个抽象的概念，它所提供的效用和利益必须借助一定的具体形式来表现。

2. 形式产品

形式产品（Tangible Prodcut）是核心产品借以实现的形式，主要由产品质量、式样、特色、品牌和包装五个部分构成。

形式产品是向消费者展示的产品的外部特征，它既能实现核心产品的内容，又能唤起消费者的购买欲望，是消费者选择商品的重要依据。企业在开发设计产品时，不仅要着眼于顾客所追求的基本利益，还要使形式产品能够满足顾客的特定需要。

3. 期望产品

期望产品（Expected Product）是指消费者购买产品时期望得到的一整套属性和条件。例如，顾客到旅馆住宿，期望得到的是干净的床铺、安静的环境和周到的服务；顾客到饭店吃饭，期望得到的是美味的食物、干净的餐具、清洁的环境和快捷的服务。产品如果达不到顾客的最低期望，就难以被顾客接受。

4. 延伸产品

延伸产品也叫附加产品（Augmented Product），是指消费者购买有形产品时所获得的全部附加服务和利益，包括提供信贷、免费送货、安装调试和保证等。国内外许多企业的成功，在一定程度上应归功于他们更好地认识了服务在产品整体概念中所占的重要地位。在现代市场营销中，延伸产品已经成为企业竞争的重要手段。

5. 潜在产品

潜在产品（Potential Product）是指对消费者可能产生的对某些产品新的需求的满足，它表明现有产品可能的演变趋势和前景。潜在产品能够促使企业对现有产品不断进行更新改造，并且努力开发新产品。

整体产品概念如图 7-1 所示。

产品整体概念体现了以消费者需要为中心的现代营销观念。产品整体概念的提出，对市场营销有着十分重大的意义，它扩大了企业的视野，拓展了企业市场营销的思路。产品整体概念使企业认识到消费者购买产品，不只是购买产品的物质形体，而是购买该产品提供的效益的总和；产品整体概念还使企业认识到，企业之间的竞争，不只是存在于他们所生产的产品上，还存在于产品的包装、品牌、咨询、信贷、仓储运输和其他服务条件上。随着市场竞争日趋激烈，向顾客提供能够满足其需要的整体产品，已经成为企业竞争的重要手段。正如美国学者西奥多·李维

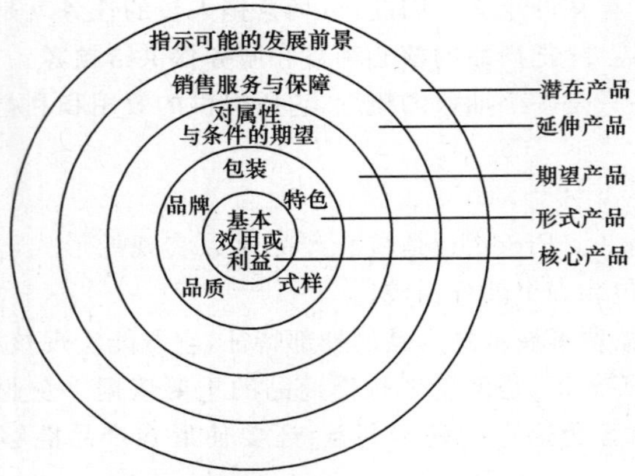

图 7-1　产品整体概念的五个层次

特所说的："未来竞争的关键不在于企业能生产什么产品，而在于其产品所提供的附加价值：包装、服务、广告、顾客咨询、融资、送货、仓储和人们所重视的其他价值。"

阅读资料 7-1

小天鹅的"12345"

无锡小天鹅股份有限公司坚持做到上门服务随叫随到，并且提出了"12345"服务规划，即进了用户家门，必须换一双干净鞋；进门后向用户说两句道歉语："对不起""给你添麻烦了"；维修时使用三块抹布，一块专门用来铺在地上垫机器，一块用来擦机器，一块用来自己擦手；维修时做到四不，即不抽用户烟，不喝用户茶，不吃用户饭，不收用户钱；如果按预约时间晚去一天，厂家对维修员进行相关处罚。

资料来源：王维. 市场营销学. 北京：清华大学出版社，2012

7.1.2　产品分类

产品按其最终用途可以分为两大类：消费品和产业用品。

1. 消费品分类

消费品可从不同角度进行分类，按照消费者购买习惯的不同，将消费品分为便利品、选购品、特殊品和非渴求物品。

(1)便利品

便利品(Convenience Goods)是指消费者日常随时需用的,不肯花费很多时间和精力购买的物品,如牙膏、香烟、肥皂等。便利品一般为消费者日常生活必需品,消费者对便利品的品牌、质量、价格和销售地点都很熟悉,通常就便购买。所以,经营便利品的零售商应广设销售网点,方便消费者随时随地购买。

(2)选购品

选购品(Shopping Goods)是指消费者在购买过程中,要对产品质量、样式、价格等进行充分比较才能做出购买决策的消费品,如家具、家电、服装等。选购品又分为同质选购品和异质选购品。同质选购品是指质量相同或相似,但价格不同的选购品。顾客购买该类产品时,主要通过比较价格来选择。异质选购品是指产品质量有较大差别,消费者认为产品质量比价格更重要的选购品。消费者在选择异质选购品时,更重视产品质量上的差异。如顾客在购买一套高档服装时,主要是选择自己称心的式样、面料、颜色等,而对价格一般不十分重视。生产选购品的企业,一方面要生产出更多的花色品种以供顾客挑选,另一方面要选择比较繁华的商业区来销售产品。

(3)特殊品

特殊品(Specialty Goods)是指特定品牌或具有特色的、为特定顾客群购买的物品,如音响组合、名牌服装、高档乐器等。消费者在购买该类产品时,一般不涉及对产品的比较,而是愿意付出努力找到该产品的经销商,如奔驰牌轿车。特殊品通常定价较高,销售网点不多或独家经营。

(4)非渴求物品

非渴求物品(Unsought Goods)是指消费者不知道,或者虽然知道但一般情况下不想购买的物品,如上市不久的新产品、人寿保险、百科全书等。非渴求物品的性质,决定了企业必须加强广告等推销工作,使消费者对该类产品有所了解,以唤起消费者对产品的兴趣,扩大销售。

2. 产业用品分类

产业用品可以分为三类:原材料与零部件、资本项目、供应品与服务。

(1)原材料与零部件

原材料与零部件是指完全进入产品制造过程的产业用品。原材料是指直接用于产品生产,构成产品实体的原料、主要材料以及有助于产品形成的辅助材料。零部件是指已经过部分加工,尚需进一步加工才能成为成品或不需要进一步加工,但要装配在产品之上的那部分产业用品。

(2)资本项目

资本项目是指部分进入产成品的那部分产业用品,分为主要设备和辅助设备。

主要设备包括建筑物和固定设备，其特点是价值高，使用时间长，售前谈判时间长。辅助设备包括轻型设备、工具以及办公设备，它们在生产中只起辅助作用，不会成为最终产品的组成部分。

(3)供应品与服务

供应品和服务是指维持企业生产经营所必需，但其本身不会形成最终产品的那部分产业用品。供应品可以分为一般供应品(如润滑油、打印纸、文具等)和维修供应品(油漆、钉子等)。作为产业用品的服务包括维修服务和咨询服务。

7.2 产品组合策略

在现代市场经济条件下，大多数企业都生产销售多种产品。企业应根据市场需求和自身实力，确定产品的经营范围以及各种产品的比例结构，进行产品组合决策。

7.2.1 产品组合及其相关概念

1. 产品组合

产品组合(Product Mix)是指一个企业生产经营的全部产品线和产品项目的组合，即企业的经营范围。产品组合一般包含若干条产品线，每一条产品线又包含若干个产品项目。

2. 产品线

产品线(Product Line)是指一组相似或相近的产品项目，即产品大类。它们或在产品功能上相似，或在消费上具有连带性，或供给相同的顾客群，或具有相同的分销渠道。例如，化妆品、炊具、家用电器、妇女儿童用品等都可以形成一条产品线。

3. 产品项目

产品项目(Product Item)是指产品线中各种不同品种、规格、质量、价格的特定的产品。

4. 产品组合的宽度、长度、深度和相关性

产品组合包括四个变数：宽度(Width)、长度(Length)、深度(Depth)和相关性(Consistency)。下面以宝洁公司的产品组合为例，说明这些概念(表 7-1)。

表 7-1　　宝洁公司的产品组合(部分)

产品线长度	产品组合的宽度				
	洗衣粉	香皂	化妆品	纸尿布	洗发护发
	汰渍	舒肤佳	蜜丝佛陀	帮宝适	飘柔
	碧浪	玉兰油	SK-Ⅱ	露肤	海飞丝
	奇尔	卡玫尔	玉兰油		潘婷
	格尼		伊奈美		沙宣
	达诗		封面女郎		伊卡璐
	波德				
	卓夫特				
	象牙雪				
	奥克多				
	时代				

产品组合的宽度是指产品组合中的产品线数目,即一个企业生产经营的产品大类的多少。该案例中,宝洁公司产品组合的宽度是5。

产品组合的长度是指产品组合中产品项目的总数。产品项目总数除以产品线的数目,就是产品组合的平均长度。宝洁公司产品组合的长度是25,产品线的平均长度是5。

产品组合的深度是指某一条产品线所含的产品项目数。

产品组合的相关性是指各条产品线在最终用途、生产条件、分销渠道或其他方面相互关联的程度。宝洁公司的产品是通过相同渠道销售的,所以相关性较强。

产品组合的宽度、长度、深度和相关性在市场营销战略上具有重要意义。

首先,增加产品组合的宽度,扩大经营范围,可以充分利用企业各种资源,降低经营风险;

其次,增加产品线的长度,可使产品线更加丰满,也给每种产品增加更多的变化因素;

再次,增加产品组合的深度,即增加每种产品的规格品种,可以适应不同顾客的需要,从而吸引更多顾客;

最后,增加产品组合的相关性,有利于实现企业资源共享,充分发挥协同效应,提高企业竞争力。

7.2.2　产品组合策略

产品组合策略就是企业根据经营目标对产品组合的宽度、长度、深度和相关性进行的决策。常用的产品组合策略有以下几种:

1. 扩大产品组合策略

扩大产品组合即增加产品组合的宽度或深度。前者是在原产品组合中增加产品线，扩大企业的经营范围；后者是在原产品线内增加新的产品项目。当企业预测现有产品线的销售额和利润在未来一段时间内可能下降时，就应考虑在现有产品组合中增加新的产品线；当企业打算增加产品特色，为更多的细分市场提供产品时，则可选择在原有产品线内增加新的产品项目。

扩大产品组合的优点是：①有利于企业充分利用各种资源，发挥生产潜能，降低经营成本；②有利于适应顾客多方面的需要，拓宽市场面，增加企业销售额；③有利于开展多角化经营，降低企业经营风险。扩大产品组合的缺点是提高了企业经营的复杂程度，加大了企业管理的难度。

2. 缩减产品组合策略

缩减产品组合即从产品组合中剔除那些获利很小，甚至不获利的产品线或产品项目。

缩减产品组合的优点是：①可以使企业集中资源、技术于少数产品，提高产品质量，降低消耗；②减少资金占用，加速资金周转；③退出部分效益不高的市场，使企业目标集中，提高效率。缩减产品组合的缺点是要承担较大的经营风险。

3. 产品线延伸策略

产品线延伸包括向下延伸、向上延伸和双向延伸三种策略。

(1)向下延伸

即在高档产品线中增加低档产品项目。企业采用向下延伸策略的原因是：①利用高档名牌产品的声誉，生产该产品线中的低档廉价产品，以吸引购买力水平较低的广大顾客慕名购买；②企业最初进入高档产品市场的目的是建立名牌信誉，然后再进入中、低档产品市场，以扩大市场占有率，提高销售增长率；③高档产品销售增长缓慢，企业的市场范围有限，资源设备没有得到充分利用，不能为企业带来满意的利润，为了提高市场占有率，赢得更多顾客，企业不得不将产品线向下伸展；④以低档产品填补产品线的空缺，使竞争者无机可乘，使企业占领全部市场。

向下延伸会使企业面临一定的风险：①推出低档产品可能会使原来高档产品的市场缩小；②低档产品可能影响企业高档产品（或名牌产品）在市场上的质量形象和声誉；③低档产品利润微小，经销商可能不愿意经营。

(2)向上延伸

即在原有产品线内增加高档产品项目。企业采用向上延伸策略的原因是：①高档产品市场具有较大的潜力和较高利润率的吸引力；②企业的技术设备和营销能力已具备加入高档产品市场的条件；③企业欲使自己的产品线高中低档俱全，以便占领更多的市场；④企业想通过增加高档产品提高整个产品线的市场形象。

向上延伸也会给企业带来一定的风险：①可能促使原来生产高档产品的竞争者采取向下延伸策略，从而增加了自己的竞争压力；②顾客可能对企业生产高档产品的能力缺乏信心，且改变产品在顾客心目中的地位也是相当困难的；③企业和经销商缺乏经销高档产品的技能和经验。上述风险若处理不当，企业不仅难以收回开发高档产品的成本，还会影响原有产品的市场声誉。

(3)双向延伸

即企业原来生产中档产品，现在同时增加高档产品和低档产品。双向延伸可以扩大企业经营范围，提高企业竞争力。

4. 产品线现代化策略

这一策略强调把现代化科学技术应用到生产过程中去。有时，产品组合的宽度、深度虽然适当，但产品线的生产形式可能已经过时，这就需要对产品线进行现代化改造。产品线现代化可采取两种方式来实现：一是逐项更新；二是全面更新。逐项更新可以节省投资，但容易使竞争者很快察觉，并有充足的时间采取措施与之抗衡。全面更新可以减少竞争者，出奇制胜，但在短时间内投资较大。

7.3 产品生命周期策略

产品生命周期理论是企业制定产品策略的重要依据。研究产品生命周期，可以使企业更好地了解本企业产品的发展趋势，适时地开发新产品、淘汰老产品，进行产品的更新换代；还可以使企业根据产品生命周期各阶段的特点，有针对性地制定营销策略，赢得有利的市场地位。

7.3.1 产品生命周期的概念

1. 产品生命周期的概念

产品在市场上的销售状况及获利能力随着时间的推移而变化，这种变化的规律就像人类和其他生物的生命一样，从诞生、成长到成熟，最终走向衰亡，这个过程在市场营销学中称为产品生命周期。

产品生命周期(Product Life Cycle，PLC)是指产品从进入市场开始，到退出市场为止所经历的全部时间。产品生命周期是指产品的市场寿命，不是指产品的使用寿命，它与产品的使用寿命是两个截然不同的概念。产品使用寿命是指产品的耐用性，是产品从投入使用到报废为止所经历的时间；而市场寿命是指一种产品从上市到退出市场的时间间隔。有的产品市场寿命很长，但使用寿命很短，如鞭炮；有的产品市场寿命很短，但使用寿命很长，如流行服装。

产品生命周期的长短受诸多因素影响，包括产品本身的性质和特点、市场竞争的激烈程度、科学技术的发展速度、消费需求的变化速度以及企业营销的努力程度。从总的趋势看，产品生命周期正在日益缩短。

典型的产品生命周期分为四个阶段，即介绍期（Introduction Stage）、成长期（Growth Stage）、成熟期（Maturity Stage）和衰退期（Decline Stage），如图 7-2 所示。

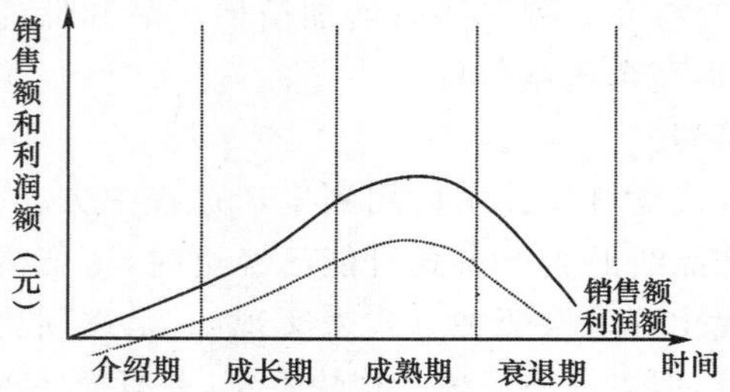

图 7-2 典型的产品生命周期曲线

介绍期（引入期、导入期）是新产品刚投放市场阶段。这一时期，产品的销售量和利润都缓慢增长，利润一般为负。进入成长期后，销售量迅速增长，企业开始赢利。在成熟期，销售量达到顶峰并缓慢增长，利润在后期开始下降。在衰退期，销售量和利润都大幅度下降，产品即将退出市场。典型的产品生命周期呈现"S"形曲线。

2. 产品种类、产品形式和品牌的生命周期

产品种类（如电视机）、产品形式（如黑白电视机、彩色电视机）和品牌（如长虹电视、海信电视）的生命周期有很大区别。

产品种类的生命周期最长。有些商品，如服装、家具的成熟期甚至可以无限地延续下去。

产品形式的生命周期最接近典型模式。一种产品在经历了介绍期、成长期、成熟期和衰退期四个阶段之后，被新产品取代而退出市场。例如，黑白电视完整地经历了产品生命周期的四个阶段。

品牌的生命周期一般是不规则的，它受市场需求、企业营销策略和品牌知名度等因素影响。品牌知名度高的产品，生命周期就长，如"可口可乐"；反之，则短。

3. 产品生命周期的非典型形态

产品生命周期的四个阶段是对产品生命周期的一种典型描述，并非所有产品生命周期都呈现典型状态。有些产品一上市就很快进入成长期，没有经过介绍期的缓慢增长过程；有些产品没有成长期，从介绍期直接进入成熟期。下面介绍三种典型的不规则形态：

(1)再循环形态

指产品进入衰退期后,由于市场需求变化或者厂商投入更多的促销费用等因素,使产品进入第二个成长阶段,如图 7-3(a)所示。

(2)多循环形态

亦称"扇形",是在产品进入成熟期以后,厂商通过制定和实施正确的营销策略,使产品销售不断达到新的高潮,如图 7-3(b)所示。

例如,美国杜邦公司生产的尼龙,最初用于军工市场,生产降落伞、绳索等。第二次世界大战以后,军工市场饱和,企业及时将尼龙转入民用市场,生产尼龙袜、蚊帐、窗纱等日用品。20 世纪 60 年代以后,民用市场饱和,企业又用尼龙生产轮胎、包装物等工业用品。杜邦公司对尼龙的每项新用途的开发,都使产品从成熟期转入新的成长期,不仅延长了尼龙产品的生命周期,也使企业获得了长期稳定的利润。

(3)非连续循环形态

大多数时髦商品都呈非连续循环状态,这些产品一上市即热销,然后很快在市场上销声匿迹,如图 7-3(c)所示。

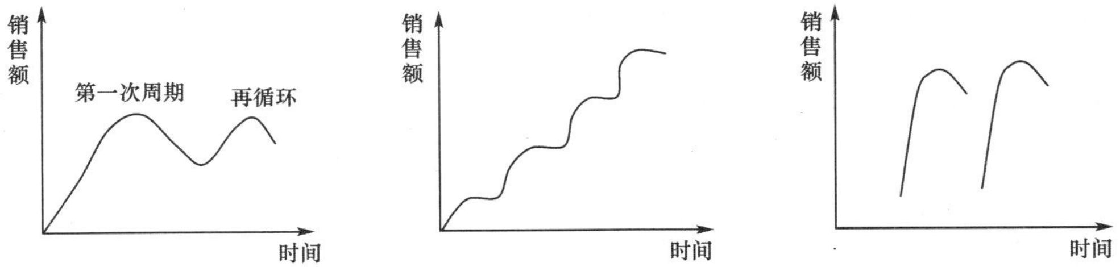

(a)产品生命周期再循环　(b)产品生命周期多循环　(c)产品生命周期非连续循环

图 7-3　产品生命周期的三种不规则形态

7.3.2　产品生命周期各阶段的特点及营销策略

1. 介绍期的特点及营销策略

(1)介绍期的特点

介绍期是指新产品刚投入市场,销售量缓慢增长的阶段。

介绍期的主要特点是:

①消费者对产品不熟悉,销售量小且缓慢增长;

②产品的生产成本和促销费用较高;

③利润较少,甚至亏损;

④尚未建立理想的营销渠道和高效率的分配模式;

⑤产品的技术和性能还不够完善；

⑥竞争者较少。

(2)介绍期的营销策略

介绍期的营销策略要突出一个"快"字，使产品尽快为消费者所接受，缩短产品的市场投放时间，扩大产品销售，迅速占领市场，使其尽快向成长期过渡。为此，企业要在产品、价格、促销、分销渠道等方面做出决策。如果把价格和促销两个因素结合起来考虑，则有四种营销策略(图 7-4)。

	促销费用：高	促销费用：低
价格：高	快速撇脂策略	缓慢撇脂策略
价格：低	快速渗透策略	缓慢渗透策略

图 7-4　介绍期的四种营销策略

①快速撇脂策略。即以高价格和高促销费用向市场推出新产品。该策略的目的是尽快收回投资，快速建立产品知名度。该策略的适用条件是新产品优于市场上同类产品；大多数潜在消费者还不了解该产品；市场潜力很大，目标顾客有较高的支付能力；企业面临潜在竞争者的威胁，需要尽快建立品牌偏好。

②缓慢撇脂策略。即以高价格和低促销费用向市场推出新产品。该策略的目的是以尽可能低的费用获取最大限度的收益。该策略的适用条件是市场规模有限；市场上大多数消费者已经了解该产品；购买者愿意出高价；潜在竞争者威胁不大。

③快速渗透策略。即以低价格和高促销费用向市场推出新产品。该策略的目的是争取快速占领市场，以薄利多销取得规模效益。该策略的适用条件是市场容量很大，但消费者对产品不熟悉；多数消费者对价格非常敏感；潜在竞争激烈；单位生产成本可随着厂商生产规模的扩大和经验的积累大幅度下降。

④缓慢渗透策略。即以低价格和低促销费用向市场推出新产品。该策略的目的是以低价扩大销售，以低促销费用降低成本，从而增加利润。该策略的适用条件是市场容量很大；消费者熟悉该产品且对价格反应敏感；存在潜在竞争，但威胁不大。

2. 成长期的特点及营销策略

(1)成长期的特点

成长期是指产品已经打开销路，销售量和利润都迅速增长的阶段。

成长期的主要特点是：

①销售量迅速上升；

②单位成本大幅度下降，利润大幅度上升；

③价格稳定或略有下降；

④建立了比较理想的分销渠道；

⑤竞争者涌入。

(2)成长期的营销策略

成长期的营销策略要突出一个“好”字，即抓好产品质量，建立良好的企业形象，扩大销售量，取得较高的市场占有率。具体策略是：

①提高产品质量。如增加产品的新功能，改变产品款式，提高产品质量，以提高产品的竞争力，满足顾客更广泛的需求。

②开拓新市场。对于高速发展时期的新产品，市场需求潜力较大，企业应该抓住这一机会，为产品寻求更广阔的市场。

③树立产品形象。将广告宣传的重点从介绍产品转到宣传产品形象上来，突出产品的特色和品牌，培养消费者的品牌偏好。

④调整产品价格。在适当时机，可适当降价，以吸引对价格敏感的顾客，并抑制竞争。

3. 成熟期的特点及营销策略

(1)成熟期的特点

成熟期是指产品在市场上已经普及并达到饱和程度的阶段。

菲利普·科特勒根据成熟期产品销售量的变化情况，将成熟期分为三个阶段。第一阶段称为成熟中的成长。在这一阶段，销售增长率开始下降，尽管有新顾客进入市场，但销售渠道已达到饱和。第二阶段称为成熟中的稳定。这一阶段市场已经饱和，大多数潜在消费者试用过这种产品，未来的购买只受重复需求和人口增长的影响。第三阶段称为成熟中的衰退。这一阶段由于消费者转向其他产品或代用品，销售量开始下降。

成熟期的主要特点是：

①销售额和利润额的增长达到顶峰后开始缓慢下降；

②市场竞争最激烈。

(2)成熟期的营销策略

成熟期的营销策略要突出一个“占”字，即通过积极改进产品、市场和市场营销组合，千方百计地扩大产品销售量，提高产品市场占有率，尽可能延长成熟期，为企业带来更多利润。具体策略主要有三种：

①市场改良。市场改良不是改变产品本身，而是通过发掘产品的新用途、寻找新的细分市场、创造新的消费方式等手段去扩大市场，增加销售。具体措施有以下

几种：

a. 寻找新的细分市场。即通过适当的营销手段发掘那些没有用过本产品的新市场。如香水制造商可以说服那些不用香水的女士使用香水，说服男士使用香水，或向其他地区销售香水等。

b. 使现有顾客增加使用量。例如，生产洗发香波的企业在促销时宣传：适当加量使用，效果更佳。再如，制造商在火腿肠的产品包装上印有多种食用方法——剥皮即食或切丝切片凉拌、烹炒、油炸、炖汤，使消费者了解多种食用方法以扩大销售量。

c. 市场重新定位。企业可以通过市场重新定位，寻找有潜在需求的新顾客。例如，吉利公司研制生产了女士刀片，从而将目标市场从男性扩大到女性。

②产品改良。即通过改变产品特性吸引顾客，扩大销售。产品改良主要有三种形式：一是提高产品质量；二是增加产品功能；三是改进产品款式。提高产品质量主要是改善产品的性能，如耐用性、可靠性、速度等。增加产品的功能就是增加产品新的特性和新的使用功能，如日本的手表、计算机、复印机和家用电器等产品的制造商都成功地使用了这个策略。改进产品款式就是采用新的款式、颜色和包装以提高产品对顾客的吸引力。如汽车制造商推出新款汽车，食品制造商推出新款包装的食品等。

③营销组合改良。即通过改变市场营销组合中一个或几个因素达到扩大产品销售的目的。如适当降价，改变销售渠道，采用更有效的广告形式，开展多样化的营业推广，扩大附加利益，增加服务项目等。

4. 衰退期的特点及营销策略

(1)衰退期的特点

衰退期是指产品销售量急剧下降，并逐渐被市场所淘汰的阶段。

衰退期的主要特点是：

①销售量急剧下降；

②利润下降甚至亏损；

③消费者的消费习惯发生转移；

④多数企业无利可图，被迫退出市场。

(2)衰退期的营销策略

衰退期的营销策略要突出一个“转”字，即要积极地、有计划地淘汰老产品，将企业的生产销售力量转向下一代新产品。具体策略有以下几种：

①维持策略。即企业继续沿用原有的营销策略，保持原有的细分市场，使用相同的销售渠道、定价及促销方式，直到该产品完全退出市场。

②集中策略。即将企业的资源集中到最有利的细分市场、最有效的销售渠道

和最易销售的产品品种上,以获得尽可能多的利润。

③榨取策略。即大幅度降低促销水平,从而降低销售费用,使企业在短期内获取较多的利润。采用榨取策略会加速产品在市场上的衰退,但仍能从忠实于该产品的顾客中获得利润。

④放弃策略。对于那些衰退比较迅速的产品,应该当机立断,放弃经营。企业可以采取完全放弃的方式,即将产品完全转移出去或立即停止生产;也可以采取逐步放弃的方式,即将其占用的资源逐步转移到其他产品中去。企业在使用该策略时,要处理好现有顾客的服务问题,如果顾客得不到所需要的服务,就会产生不满,从而影响顾客对企业的忠诚度。

7.4 新产品开发策略

产品生命周期理论告诉我们,任何一种产品投放到市场以后,经过或长或短的时间,终将被市场所淘汰,企业要想持续发展,就必须不断开发新产品。

7.4.1 新产品的概念及类型

市场营销学中的新产品,不是从纯技术角度讲的,而是从产品整体概念来理解的。因此,凡是在产品整体概念中的任一部分有所创新和改变,能给消费者带来新的利益和满足的产品,我们就称之为新产品。

新产品主要有四种类型:

1. 全新产品

即企业采用新原理、新技术、新结构、新材料生产的前所未有的产品。如首次推出的电视机、飞机、火车、计算机等。全新产品的出现,往往具有划时代意义,它对社会生产和人们的生活方式都会产生重大影响。但是这类新产品研制难度大,需要较长的时间、巨额的资金、先进的技术和一定的市场需求潜力,所以,绝大多数企业都难以提供这类新产品。

2. 换代新产品

即企业在原有产品的基础上,部分采用新技术、新材料、新工艺并在产品功能等方面有显著提高的新产品。例如,普通机床发展到数控机床;普通洗衣机发展到全自动洗衣机。对企业来说,全新产品的开发比较困难,但是换代新产品的开发却是可以做到的。因此,换代新产品应该是企业重点研究和开发的项目。

3. 改进新产品

即企业对原有产品从不同方面进行改革而产生的新产品。例如,将普通门铃变成音乐门铃，将普通雨伞变成折叠雨伞。改进新产品的开发受技术限制较小，成本较低，开发相对容易，便于市场推广和被消费者接受，因此，改进新产品在全部新产品中所占比例最大。但是，改进新产品容易被竞争者模仿。

4. 仿制新产品

即企业通过对国际市场或国内市场上已经出现的产品进行引进或模仿而研制生产出来的新产品。例如，企业通过引进技术而生产的电视机、电冰箱、汽车等产品。企业根据市场需求和自身特长，仿制某些具有竞争力的产品，对于提高企业技术水平、增强企业竞争力、扩大产品销售具有十分重要的作用。因此，开发仿制新产品也是企业新产品开发的一个重要项目。但是，企业在引进某些产品时，要注意对原有产品的某些缺陷和不足加以改进，不能完全照抄照搬。

7.4.2 新产品开发的方式

新产品开发主要有以下几种方式：

1. 独立研制

独立研制就是企业依靠自己的科研和技术力量开发研制新产品。通过独立研制而开发出来的新产品具有独创性，能在市场上获得竞争优势。但是，独立研制对技术、资金等条件的要求较高，因此适合于资金和技术力量雄厚的企业。

2. 技术引进

技术引进就是企业通过引进市场上已有的成熟技术开发新产品。这是企业开发新产品的一种重要方式，通过技术引进，能使企业迅速掌握新技术，缩短企业之间的差距。特别是通过引进国外先进技术开发出来的新产品，起点较高，能填补国内空白，节省研制费用，赢得时间。但是由于引进的技术属于其他企业已经采用的技术，这些企业已经占领了一定的市场，有了一定的声誉，会给本企业新产品的推广带来一定困难，企业要采取相应的对策。

3. 独立研制与技术引进相结合

独立研制与技术引进相结合就是在充分消化某些引进技术的基础上，结合本企业的特点进行某些创新，或者在充分利用本企业技术的基础上，引进某些技术以弥补自己的不足。这种方式投资少，见效快，产品比较先进，企业自身技术又能得以提高，因此运用得比较广泛。企业可与其他企业、科研单位、大专院校开展协作，共同开发研制新产品。

7.4.3 新产品开发的程序

新产品开发过程由八个阶段构成，即新产品构思、构思筛选、产品概念的形成与测试、制定营销策略、商业分析、产品开发、市场试销和商业化(图 7-5)。

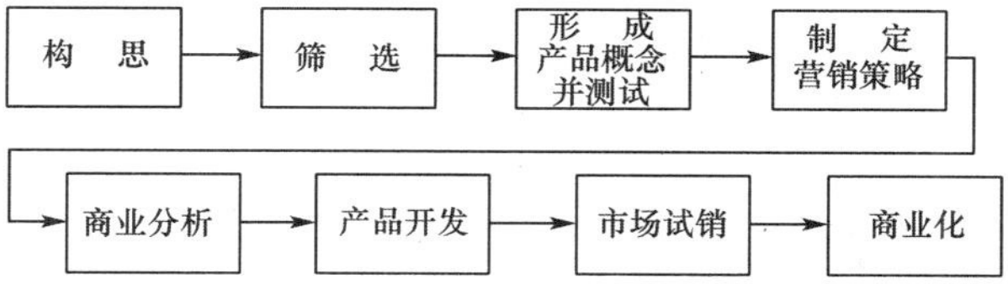

图 7-5 新产品开发的程序

1. 新产品构思

新产品开发是从新产品构思开始的。新产品构思就是开发新产品的设想，也叫新产品创意。虽然不是所有的构思都能变成产品，但新产品的构思越多，为新产品开发提供的机会也就越多，因此，企业都非常重视新产品构思的开发。

新产品构思的来源非常广泛，包括顾客、企业内部人员、竞争者、中间商、咨询部门、大专院校等。新产品构思的方法主要有产品属性列举法、强行关系法、顾客意见法、头脑风暴法等。不论采用哪种新产品构思方法，都必须坚持四个基本原则：一是不准批评，即对任何构思都不要批评嘲讽；二是鼓励自由联想，敢于打破常规；三是争取数量；四是注意对构思、创意的组合与改良。

2. 构思筛选

筛选就是选出那些符合本企业发展目标和长远利益，并与企业资源相协调的产品构思，摒弃那些可行性小或者获利较少的构思，从而使企业将有限的资源集中于成功机会较大的创意上。

构思的筛选要避免两种失误：一是“误弃”，即对好的构思在没有认清之前，轻率放弃；二是“误用”，即对不好的构思轻率采纳。“误弃”和“误用”都会给企业造成重大损失，正确的筛选是根据企业内外部条件，全面地分析衡量，慎重地决定取舍。

企业在筛选新产品构思时，应该考虑两个因素：一是新产品构思是否符合企业的战略目标，二是企业是否有足够的资源开发该新产品构思。企业对新产品构思不仅要进行定性评价，还要进行定量评价，即通过建立评分模型进行评价。

3. 产品概念的形成与测试

新产品构思经过筛选后，需要进一步发展成更明确、更具体的产品概念。产品概念是指已经成形的产品构思，即用文字、图像、模型等予以清晰阐述，使之在顾客心目中形成一种潜在的产品印象。

一个产品构思可以引出许多种不同的产品概念。企业要对这些产品概念加以评价，从中选出最好的产品概念。产品概念形成以后，还要对产品概念进行试验。所谓产品概念试验，就是用文字、图画描述或者用实物将产品概念展示于一群目标顾客面前，观察他们的反应，从而更好地完善产品概念。

4. 制定营销策略

企业选择了最佳的产品概念以后，还要制定该产品进入市场的营销策略。企业有关人员要拟订一份将新产品投放市场的初步的市场营销策略报告书，它由三部分组成：

(1)描述目标市场的规模、结构、消费者的购买行为、产品的市场定位以及短期的销售额、市场占有率和利润率等。

(2)概述新产品的预定价格、分销渠道以及第一年的促销预算。

(3)阐述较长时期(如3～5年)的销售额、投资收益率以及各阶段的市场营销组合。

5. 商业分析

商业分析也叫财务分析，就是对新产品构思的经济效益进行分析。在这一阶段，企业的营销管理者要详细分析新产品的销售量、成本、利润和投资收益率是否符合企业目标，如果符合就可以进一步开发。

商业分析常用的方法有盈亏平衡分析法、投资回报率分析法、资金利润率分析法、内部收益率分析法等。应该注意的是，商业分析不仅在这一阶段要进行，而且在新产品开发的整个过程都要进行。

6. 产品开发

如果新产品构思通过了商业分析，则可交给生产技术部门进行研制。只有在这一阶段，文字、图表及模型等描述的产品才能变成实体产品。在这一阶段应该弄清楚的问题是，产品概念能否变成技术上可行的产品，如果不能，企业由此而花费的一切投资都会付诸东流。

产品研制出来以后，还必须进行严格的功能测试和消费者测试。功能测试可分别在实验室和现场对新产品的性能、成分等进行一系列严格的测试和技术鉴定，以确定该新产品是否安全有效。消费者测试可以把消费者请到实验室，也可以让消费者把产品带回家试用，要求用户反馈意见，以便进一步改进新产品。

7. 市场试销

样品经过测试如果得到满意结果，即可投入小批量生产，上市试销。所谓试销，就是把产品和营销方案在更加符合实际的条件下推出，以观察市场反应。在试销过程中获得的有关资料和数据，可为以后的营销决策提供依据。

市场试销规模的大小取决于两个方面：一是投资费用和投资风险的大小；二是

市场试销成本的大小和试销时间的长短。投资费用和投资风险较高的新产品，试销的规模要大一些；反之，则可以小一些。如果新产品试销成本高，试销所需要的时间长，试销的规模要小一些；反之，则可以大一些。

8. 商业化

产品试销成功后，就可以正式生产，全面投放市场。企业在正式推出新产品时，还要做出四项决策：

(1)上市时机。新产品上市要选择最佳时机。如果是季节性产品，最好应季上市，以便上市后能立即引起消费者的兴趣。选择上市时机还要考虑新产品的类型和市场需求。如果是全新产品，投放时间越早越好，以便抢占市场先机；如果是换代新产品和改进新产品，应在老产品的成熟期投放市场，这样，当老产品进入衰退期时，新产品已经成长起来；如果是仿制新产品，最好在竞争产品的成长期进入市场，这样既可以分享竞争者开拓的市场成果，又可以使自己有较大的发展余地，否则，投放的时间太迟，竞争者已经占据了市场，企业要与之竞争，困难太大。

(2)上市地点。一般情况下，新产品可在主要市场区域集中投放，占有相当市场份额，取得立足点以后，再扩展到其他区域。但是资金实力雄厚、具有完备的国内或国际销售网络的大企业，也可以将产品直接推向全国或国际市场。

(3)目标市场。企业应根据新产品的特点，选择最有潜力的消费者群作为新产品的目标市场。新产品的目标顾客应该具备以下条件：一是最早采用新产品者；二是大量购买新产品者；三是具有一定传播影响力的购买者；四是用最少的费用争取到的购买者。

(4)营销策略。采用什么样的营销策略推出新产品，即对各营销组合要素的投资比例和先后次序，要做出适当的安排。对于不同市场和不同的目标顾客，应采取不同的营销策略。

7.4.4 新产品市场扩散

新产品市场扩散是指新产品进入市场后，被消费者认识、试用和接受的过程。企业要研究消费者接受新产品的规律性，有针对性地采取营销策略，以加速新产品的扩散过程。

1. 消费者采用新产品的过程与市场扩散

消费者对新产品的采用过程，客观上存在一定的规律性。美国市场营销学者埃弗雷特·罗杰斯(E. M. Rogers)通过调查研究，将消费者接受新产品的过程分为五个阶段：

(1)认知。这是个人获得新产品信息的初始阶段。信息的主要来源有广告、产品说明书和技术资料等，在这一阶段，企业应采取各种促销手段以引起消费者对其产品的认知。

(2)兴趣。消费者对新产品不仅认识而且发生了兴趣，开始积极寻找有关资料进行对比分析，如果满意，消费者就会产生初步购买动机。

(3)评价。消费者根据有关信息对使用新产品的好处以及可能带来的风险进行评价，并考虑是否试用该产品。

(4)试用。消费者开始小规模地使用新产品，并在使用中检查自己对新产品的评价和购买决策是否正确。如果试用满意，就会重复购买，还可能向他人推荐；否则，就会放弃。因此，试用是新产品推广的关键时期，企业应采取有效措施，增强顾客的消费信心。

(5)采用。消费者试用新产品后，如果收到理想的效果，就会放弃原有产品而完全接受新产品并且开始正式购买、重复购买。

新产品营销者应设法促使消费者尽快通过这五个阶段，缩短其采用新产品的过程。

2. 消费者对新产品的反应差异与市场扩散

在新产品的市场扩散过程中，由于性格、文化背景、受教育程度和社会地位等因素的影响，不同消费者对新产品接受的快慢程度不同。罗杰斯根据这种接受快慢的差异，把采用者划分为五种类型(图 7-6)。

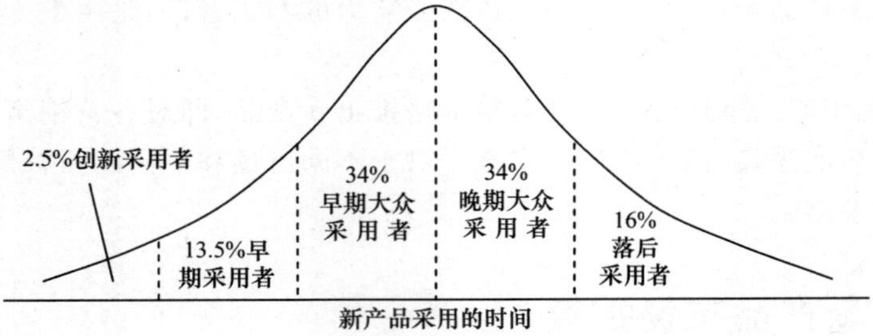

图 7-6　新产品采用者的分类

(1)创新采用者。这个群体占全部采用者的 2.5%，也称为“消费先驱”。他们的特征是：富有个性，勇于冒险，性格活泼；收入水平、社会地位和受教育程度较高；一般是年轻人；交际广泛，信息灵通，易受广告等促销手段影响。创新采用者是企业投放新产品的极好目标。

(2)早期采用者。这个群体占全部采用者的 13.5%，他们大多数是某个群体中具有较高威信、受到周围朋友拥护和爱戴的人。他们对广告及其他渠道传播的新产品信息很少有成见，促销媒体对他们有较大影响。但与创新采用者相比，他们对新产品持较为谨慎的态度。

(3)早期大众采用者。这个群体占全部采用者的34%,这部分消费者的特征是:深思熟虑;态度谨慎;决策时间较长;受过一定教育;有较好的工作环境和固定的收入;对舆论领袖的消费行为有较强的模仿心理;不甘落后于潮流。但是受特定的经济地位所限,购买高档产品时持非常谨慎的态度。

(4)晚期大众采用者。这个群体占全部采用者的34%,他们的工作岗位、受教育水平以及收入状况比早期大众略差,对新事物、新环境多持怀疑的态度或观望态度,往往在产品成熟阶段才加入购买。

(5)落后采用者。他们占有16%的份额,这些人受传统思想束缚很深,思想非常保守,怀疑任何变化,对新事物、新变化多持反对态度,固守传统消费行为方式,在产品进入成熟期后期以至衰退期才能接受。

新产品的整个市场扩散过程,从创新采用者到落后采用者,形成完整的"正态分布曲线",这与产品生命周期曲线极为相似,为企业规划产品生命周期各阶段的营销策略提供了有力依据。

7.5 品牌策略

品牌是产品整体的一个重要组成部分,是企业的无形资产。知名品牌能提高产品身价,赢得广阔市场,增强企业竞争力。在市场竞争日益激烈的条件下,搞好企业品牌资产经营意义重大。

7.5.1 品牌及其相关概念

1. 品牌

品牌(Brand)就是生产者或销售者为自己的产品所规定的商业名称,通常由文字、标记、符号、图案、颜色等要素或这些要素的组合构成,用以识别产品的经营者和区别于竞争者的同类产品。品牌是一个集合概念,它包含品牌名称、品牌标志、商标等概念。

2. 品牌名称

品牌名称(Brand Name)也称"品名",是品牌中可以用语言称呼的部分,如可口可乐、奔驰、Haier等。

3. 品牌标志

品牌标志(Brand Mark)也称"品标",是品牌中可以被识别,但不能用语言称呼的部分,包括符号、颜色、设计、图案等,如奥迪车的品牌标志是四个相连的环。

4. 商标

商标(Trademark)是一个法律术语,是在政府有关部门注册登记,受法律保护的品牌或品牌的一部分。品牌一经注册,其注册者就拥有了该商标的专用权。商标专用权具有排他性、时间性、地域性和产权性等特点。

商标与品牌既有联系,又有区别。二者都是商品的标记,都是用以识别不同生产经营者的产品。二者的区别是品牌是一个商业名称,是产品或服务在市场上通行的牌子,而商标是一个法律概念,它是品牌的法律化,商标受法律保护。因此,商标是品牌的一个组成部分,商标与品牌是局部与整体的关系。

7.5.2 品牌的作用

1. 对生产经营者的作用

对于从事市场营销活动的企业来说,品牌具有以下作用:

(1)有利于促进产品销售,树立企业形象

品牌是产品的标识,是消费者记忆产品质量和特征的标志。多数情况下,消费者是根据品牌选购产品的。品牌能形成消费者的品牌偏好,培养忠诚顾客群。消费者在记住一个品牌的同时,也就记住了企业,因此,品牌还具有提高企业知名度、树立企业形象的作用,"Haier"品牌与海尔集团、"长虹"品牌与长虹集团都是如此。

(2)有利于保护品牌所有者的合法权益

品牌一经注册就成为商标,商标的注册者拥有该商标的专用权,其他企业和个人未经许可不许使用和仿冒,从而保护了商标所有者的合法权益。

(3)有利于提高企业竞争力

品牌作为消费者识别商品来源的重要标志,可以起到引导顾客购买的作用。著名品牌更是企业一笔巨大的无形资产,是一种强有力的竞争手段。现代市场竞争已经不是单纯的价格竞争,而是品牌等无形资产之间的竞争。

(4)有利于约束企业不良行为

品牌一方面因其容易为消费者识别和记忆而具有促进商品销售的作用,但是另一方面,品牌对其使用者的市场行为也具有约束作用。品牌是商品质量的象征,是企业信誉的体现,企业要创立名牌并且保住名牌,就必须不断提高产品质量,维护消费者和社会利益,规范企业营销行为。

(5)有利于扩大产品组合

企业可以借助名牌实行品牌延伸战略,不断地推出新产品,达到扩大产品生产,优化产品组合的目的。

2. 对消费者的作用

(1)便于消费者选购商品

随着科学技术的发展,产品的科技含量越来越高,技术性能越来越复杂,产品之间的差异越来越小,同类产品也越来越难以区别。由于不同的品牌代表着不同的产品品质和不同的利益,所以,消费者就可以借助品牌来识别和选择所需要的商品和服务,从而节省购物时间,提高购物效率。

(2)有利于维护消费者利益

品牌便于有关部门对产品质量进行监督,质量出了问题,也便于追查责任,所以,品牌具有维护消费者利益的作用。我国《商标法》规定:凡规定必须使用注册商标的商品,必须申请注册,经批准后方可上市,否则不准销售,对于一般商品的商标则实行自愿注册。

3. 对社会的作用

(1)促进质量不断提高

品牌是商品可靠性的象征,是某种商品质量的体现。企业要保证品牌的信誉,就必须加强质量管理,保证和提高商品质量,从而使全社会的产品质量得到普遍提高。

(2)加强社会创新精神

品牌可以加强社会的创新精神,鼓励生产者在竞争中不断开发新产品、不断创新。

(3)保护企业公平竞争

商标专用权可以保护企业之间的公平竞争,促使整个社会经济健康发展。

7.5.3 品牌命名与设计

品牌命名与设计是否得当,对企业的经营效果关系重大,有战略眼光的企业家都极其重视品牌的设计和命名。美国埃克森石油公司,为设计商标而前后历时 6 年,耗资 1.22 亿美元,聘请了经济学、心理学、社会学、语言学、商品学等方面的专家,研究了 55 个国家和地区的语言和风俗习惯,最后才从一万个候选商标中选定了"埃克森(Exxon)"。

品牌的命名和设计工作应符合以下要求:

1. 符合法律规范

品牌设计首先要遵守商标法的有关规定。我国《商标法》规定,同中华人民共和国的国家名称、国旗、国徽、国歌、军旗、军徽、军歌、勋章等相同或者近似的,同外国的国家名称、国旗、国徽、军旗等相同或者近似的,同政府间国际组织的名称、旗帜、徽记等相同或者近似的，同“红十字”、“红新月”的名称、标志相同或者近似的，带有民族歧视性的，带有欺骗性的，有害于社会主义道德风尚或者有其他不良影响的文字图形不许用作商标。

2. 暗示产品效用或质量

好的品牌应该使消费者容易联想到商品的效用或质量。如“黑又亮”（鞋油）、“胃必治”（胃药）、“雪花”（啤酒）、“娃哈哈”（儿童营养液）等。

3. 具有鲜明特色

消费者每天都要接触大量信息，如何使消费者能在众多品牌中注意到本企业的品牌，对本企业的品牌产生好感，甚至过目不忘，就涉及品牌的特色问题。那些平庸无奇的品牌是无法吸引消费者注意的，只有别出心裁、独具特色的品牌才能给消费者留下深刻印象。“康师傅”方便面、“狗不理”包子、“七匹狼”男装等品牌都具有鲜明的特色。

4. 易于识别记忆

品牌设计要简洁明了，易于识别、记忆和传播。根据人类的记忆规律，品牌名称的字数以二、三字为宜，多于五个字则不易记忆，而且印象模糊。蒙牛、娃哈哈、农夫山泉等品牌都朗朗上口，容易记忆。

5. 符合传统文化

品牌名称和标志要符合不同国家、地区和民族的风俗习惯，尊重当地的传统文化，避免触犯禁忌。例如，法国人忌讳孔雀，瑞士人忌讳猫头鹰，英国人忌讳人像，北非一些国家忌讳用狗做品牌；相反，品牌如果迎合了顾客心理，就会产生促销效果。江苏红豆集团的“红豆”品牌，让人能自然地联想起唐代大诗人王维的千古绝句，“红豆”在中国传统文化中还含有浓郁的挚爱、美满、思念、吉祥、幸福等多层含义，能适应消费者多层次的心理需要，对产品具有较强的促销作用。

7.5.4 品牌策略

1. 品牌化策略

品牌化策略就是决定企业生产经营的产品是否使用品牌。品牌对生产经营者和消费者都有好处，因而大多数产品都需要品牌。但是，建立品牌要付出成本，增加费用，还要承担品牌开发失败的风险和损失，因此，并不是所有产品都需要品牌，在以下情况下一般不使用品牌：

(1)不会因生产企业不同而形成不同的特点，因而无法用品牌加以区别的产品。如电力、煤炭、钢材等。

(2)消费者不认牌购买的产品。

(3)临时性、一次性生产的商品。

(4)工艺简单,没有明确技术标准的小商品。

2. 品牌归属策略

企业在决定使用品牌后,还要明确使用谁的品牌,即品牌归属策略。品牌归属主要有三种选择:

(1)生产者品牌

生产者品牌也叫企业品牌、全国性品牌,就是企业使用自己的品牌来销售产品,如海尔、可口可乐。生产者使用自己的品牌,可以享受到品牌所带来的利益;一旦品牌具有了知名度,还可以提升企业和产品形象,扩大产品销售;企业还可以利用知名品牌推出新产品。因此,对于生产者来说,使用自己的品牌无疑是建立品牌资产的首要途径。

(2)中间商品牌

中间商品牌也叫私人品牌,即企业将产品大量销售给中间商,中间商再用自己的品牌将商品销售出去,如沃尔玛、家乐福。一般来说,产品知名度不高的企业,或者不如中间商声誉高的企业,大多采用这种策略。

过去,生产者品牌在市场上一直占据统治地位。近年来,中间商品牌颇为盛行,许多信誉好的中间商,都争相设计和使用自己的品牌。在现代市场经济条件下,生产者品牌与中间商品牌经常展开竞争,即所谓的品牌战。中间商在品牌战中有许多优势:①零售商的营业面积有限,生产企业,尤其是那些小企业很难以自己的品牌打入零售市场;②中间商,尤其是那些大零售商,特别注意保持自有品牌的信誉,从而赢得广大消费者的信任;③中间商品牌一般比生产商品牌价格低;④大零售商将自己的品牌陈列在商店最醒目的位置,而且妥善储备,因此,生产者品牌的优势正在削弱。

(3)混合品牌

即一部分产品用制造商品牌,一部分产品用中间商品牌。选择的标准是哪种品牌对企业更有利。

3. 家族品牌策略

家族品牌策略就是要决定企业所有的产品都使用同一个品牌,还是分别使用不同的品牌。家族品牌决策主要有以下四种:

(1)统一品牌

即企业所有的产品都使用同一个品牌。如海尔集团生产的所有产品都使用"Haier"这个品牌,佳能公司生产的所有产品都使用"Canon"这个品牌。统一品牌的好处是:①可以节省品牌的设计费、注册费、管理费和促销费用;②壮大企业声势,提高品牌知名度;③利用该品牌的良好声誉推出新产品。统一品牌虽然具有一荣俱荣的优势，也有一损俱损的劣势。因此，使用这种策略是有条件的，只有那些实力雄厚、技术水平高、产品质量较好的企业才能使用；否则，一种产品出了问题，企业的其他产品和声誉都要受到影响。

(2)个别品牌

即企业的不同产品分别使用不同的品牌。例如，欧莱雅旗下的化妆品品牌有赫莲娜、兰蔻、碧欧泉、羽西、薇姿、理肤泉、巴黎欧莱雅、美宝莲等。个别品牌的好处是：①可以适应不同消费者的需要，争取更多的消费者；②可以把个别品牌的成败同企业的声誉分开，不至于因为某个品牌的失败而损害整个企业的形象；③企业原来生产高档产品，后来又生产低档产品，如果低档产品使用自己的品牌，则不至于影响原有产品的高档形象。个别品牌的缺点是：①不利于树立企业统一的品牌形象；②品牌设计、注册和广告宣传等费用较高；③采用多个品牌在管理上较为困难。

(3)分类品牌

即企业生产或经营的各类产品分别使用不同的品牌，也就是一类产品使用一个品牌。这种策略可以区分在需求上具有显著差异的产品类别，对于多角化经营的企业尤其适用。例如，美国的菲利浦·莫里斯公司生产的不同种类商品分别使用不同的品牌，如“万宝路”香烟、“卡夫卡”酸奶、“麦斯威尔”咖啡、“米勒”啤酒等。

(4)企业名称加个别品牌

即一种产品使用一个品牌，同时在每一个品牌前冠以企业名称。例如，美国凯洛格公司就采取这种策略，推出“凯洛格米饼”“凯洛格葡萄干”等。这种策略的好处是既可利用公司的声誉推出新产品，节省广告宣传费，又可使企业的各个品牌保持相对独立性。

4. 品牌延伸策略

品牌延伸就是企业利用其成功品牌的声誉推出新产品或改良产品。如海尔在成功地推出电冰箱、洗衣机、空调之后，又相继将品牌延伸到电脑、电视和手机上。品牌延伸也包括产品线延伸，就是把现有的品牌用到同类新产品上，以推出新口味、新色彩、新配方、新包装的产品。如“乐百氏”相继推出“乐百氏”AD钙奶、“乐百氏”健康快车等。品牌延伸策略的好处是可以节省新产品的促销费用，使新产品迅速地、顺利地进入市场；可以扩大品牌影响力，为创立驰名商标奠定基础。但是品牌延伸策略是一把双刃剑，如果品牌延伸不当，将会损害原有的品牌形象，模糊品牌定位，这就是通常所说的“产品延伸陷阱”。

5. 多品牌策略

多品牌是指企业在同类产品上设立两个或两个以上的品牌。这种策略为美国宝洁公司(P&G)首创并获得了成功。如宝洁公司在其洗发用品上分别使用了“海飞丝""潘婷""飘柔""沙宣"等品牌;在其洗衣粉上分别使用了"汰渍""碧浪""象牙雪""时代"等品牌。多品牌的好处是:①零售市场的商品陈列位置有限,如果企业不同品牌的产品能够被零售商接受,就可以占用更大的货架面积,而竞争者占用的货架面积就会减少;②许多消费者是品牌转换者,多品牌能够有效地满足消费者"喜新厌旧"的心理,防止消费者转移到竞争产品中去;③多品牌有助于企业内部各部门、各产品经理之间展开竞争,提高效率;④不同品牌代表了不同产品特色,可以吸引不同需求的顾客,提高市场占有率。但是品牌过多,也会分散企业资源,增加企业成本。

6. 品牌重新定位策略

无论一种品牌在市场上最初的定位如何成功,由于市场环境的变化,竞争者的影响或顾客偏好的转移,会使产品在市场上的需求减少。企业为了保护自身利益,保持原有的品牌声誉,需要对品牌进行重新定位。品牌重新定位要考虑两个方面的因素:一是将品牌从一个市场转移到另一个市场所需的成本,包括改变产品品质的费用、包装费用和广告费用等。一般来讲,再定位的距离越远,再定位的成本就越高。二是品牌定位于新位置后所得收入的多少,而收入的多少是由以下因素决定的:①消费者的数量及其平均购买力;②在同一市场上竞争者的数量和实力;③在该细分市场上为品牌所付出的代价。企业要在权衡品牌重新定位的收入和费用的基础上,做出品牌重新定位决策。

7.6 包装策略

包装是产品的延伸,是货架上的广告。包装除了具有保护商品的基本功能外,还能增加产品价值,促进产品销售。因此,包装作为营销组合的重要因素,已经成为市场竞争的重要手段。

7.6.1 包装的概念

包装(Packaging)是产品整体的又一个重要组成部分,通常是指产品的容器或包装物及其设计装潢。包装有两层含义:一是指盛放或包裹产品的容器或包装物;二是指为产品设计和制作包装物的活动过程。

产品包装一般包括三个层次:

(1)首要包装。也称内包装,即产品的直接包装,如牙膏皮、酒瓶等。

(2)次要包装。也称中层包装、销售包装,即保护首要包装的包装物,如牙膏外的纸盒。

(3)装运包装。即为了便于储运、识别商品而采用的外包装,如装运牙膏的纸板箱。

此外,包装物上的标签、装潢等也属于包装的范畴。

7.6.2 包装的作用

1. 保护商品

保护商品是包装的基本功能。包装对商品的保护作用主要表现在两个方面:一是保护商品本身。有些商品怕压,怕振,怕风吹、日晒、雨淋、虫蛀,只有通过包装,才能使商品避免损坏、腐烂、曝光、散落、渗漏、污染等损失,保护商品的使用价值。二是安全保护。有的商品易燃、易爆、有辐射、有毒、有腐蚀性等,只有通过合理的包装,才能避免它们对环境造成危害。

2. 便于经营和使用

商品具有不同的物质形态,如气态、固态和液态;商品也有不同的形状。绝大多数商品如果不进行包装,则无法进行储存、运输和销售。合理的包装便于商品运输,有利于降低运输费用;合理的包装便于储存,有利于合理堆码,节约仓容;合理的包装便于销售管理;合理的包装也便于消费者的选购和使用。

3. 促进商品销售

消费者在购买商品时,首先接触到的是商品的包装,一个设计独特、造型美观的商品包装,不仅能给消费者留下深刻印象,还能激发消费者的购买欲望。同类同质的竞争性产品能否吸引消费者选购,往往取决于包装的优劣,良好的包装具有促进商品销售的作用。因此,有人把包装称为"无声的推销员",我国古代也有"货卖一张皮"之说。

4. 增加商品价值

良好的包装不仅能扩大销售,还能美化商品,提高商品的档次和身价,增加企业利润。例如,苏州生产的檀香扇,在香港市场的售价原为 65 元,后改用精美的锦盒包装,售价提高到 165 元,销量大幅度增长,而每个锦盒的成本仅为 5 元。再如,我国在伦敦市场上出售的 18 头莲花茶具,原包装是光身瓦楞纸盒,既不美观,又不能使人了解出售的是什么产品,销路不好。后来经销商加制了一个精致的美术包装,上面印有彩色的实物照片,套在原包装外面,结果销量大增,售价由我国出口时的每套 1.7 英镑,提高到 8.99 英镑。

7.6.3 包装设计的基本要求

产品包装设计要突出包装的主要功能，不同层次的包装，其侧重点不同，对包装设计的要求也不相同。商品内包装的重点是安全卫生，防止污染；销售包装的重点是美化商品，促进销售和便于使用；运输包装的重点则是保护商品在运输过程中品质的安全和数量的完整。产品的包装设计应符合以下要求：

1. 包装应与商品的价值或质量水平相适应

企业在确定商品包装时，应考虑商品自身的价值和质量水平。如果商品自身价值大、质量高，包装可以高档一些，精美一些；反之，包装应简单一些。包装时应避免两种错误倾向：一是“金玉其外，败絮其中”；二是“烂稻草包珍珠，自贬身价”。

2. 包装要能显示商品的特点或独特风格

包装是商品的外衣，要能显示出商品本身的特点。对于那些以外形和色彩表现其特点和风格的产品，如服装、装饰品、食品等，其包装应能向消费者直接展示商品本身，以便于消费者选购。常用的方法有全透明包装、开天窗包装或在包装上附有产品的彩色图片。另外，包装要力求新颖别致，美观大方，令人耳目一新。那些一味模仿，毫无创意和特色的包装应予以摒弃。

3. 包装要便于消费者购买、携带和使用

商品包装的造型、结构除了要满足消费者艺术性方面的要求外，还要考虑方便消费者购买、携带和使用。如易拉罐、八宝粥的包装，罐头的易开启式包装等。

4. 包装上的文字说明应实事求是并能指导消费

产品的性能、使用方法和使用效果常常不是直观所能显示的，需要用文字表达。包装上的文字应针对顾客的心理，对不同商品应突出不同的重点。如食品类的商品包装应说明用料、使用方法等，药品应说明成分、功效、用量、禁忌及副作用等。总之，文字说明要能够直接回答顾客所关心的问题以消除顾客的疑虑。但是，文字说明必须有科学依据，要实事求是，夸大其词的文字说明等于欺骗，它不仅损害消费者利益，也破坏企业声誉。

5. 包装装潢要符合目标市场的风俗习惯和宗教信仰

不同国家和地区的消费者，由于所处的社会文化环境不同，有着不同的风俗习惯和宗教信仰，对包装也有不同的偏好和禁忌。企业在设计产品包装时，要投其所好，避其所忌。

6. 包装要符合法律规定并兼顾社会利益

商品包装要符合有关法律的规定。我国政府制定颁布的《消费品使用说明总则》《产品质量法》等法规条例，对商品包装设计都有明确要求。例如，不同企业的产品包装应避免雷同；包装上必须注明生产企业或经销企业的名称、地址等；食品应注明生产日期、有效期、成分及其含量、用量、使用方法、禁忌与注意事项等。商品包装还必须考虑和维护消费者的利益，坚决反对和抵制利用包装弄虚作假、损害消费者利益的行为，如低值商品高级包装、小商品大包装、欠量包装等。包装时还要增强环保意识，尽量减少包装物对资源的浪费和对环境的污染。目前，国际上通行的“3R”原则，即减量(Reduce)、再循环(Recycle)、再利用(Reuse)原则，已被国际包装界普遍认可，我国产品包装也应遵循这一原则。

7.6.4 包装策略

1. 类似包装策略

类似包装也称统一包装，是指企业对其生产的各种不同产品，在包装上采用相同的图案、色彩及其他共同的特征，使消费者容易辨认是同一企业的产品。该策略的优点是节省包装设计费用；壮大企业声势，提高企业的市场地位；有利于推出新产品，消除顾客对新产品的不信任感。但是，如果产品档次或质量相差悬殊，则不宜采用此策略。

2. 差别包装策略

差别包装是指企业生产的各种产品都有自己独特的包装，在设计上采用不同的风格、色调和材料。这种策略往往配合个别品牌策略使用，适合于产品差异较大的情况。

3. 配套包装策略

配套包装就是把使用时相互关联的多种产品放在同一包装物内出售，如化妆盒、家庭药箱、家用工具箱等。配套包装不仅为消费者的购买和使用带来方便，还有利于企业扩大产品销售和推广新产品。企业在采用配套包装策略时，要防止引起消费者反感的硬性搭配。

4. 等级包装策略

等级包装就是对同一种产品采取不同档次的包装，以适应顾客不同的购买力水平或不同的购买目的。例如，同一种白酒，高档包装可满足消费者送礼的需要，普通包装可满足消费者自己饮用的需要。再如，同一种糖果，可采用盒装、袋装、散装等不同等级的包装形式。

5. 复用包装策略

复用包装也叫再使用包装。这一包装策略有两种形式：一是企业回收包装，重复使用，如啤酒瓶等；二是包装内的产品用完后，其包装物还可以转作他用。如饮料瓶可以用作水杯，饼干盒可用来装针线或票据。复用包装不仅可以节约资源、减少包装废弃物，使消费者得到额外的利益，还能使带有商标的容器发挥广告效用，引起重复购买。

6. 附赠包装策略

附赠包装就是在包装物上或包装内附赠奖券或实物，以吸引消费者购买，扩大销售。这种策略有两种形式：一种是包装物本身就是赠品；另一种是包装物内附有赠品。附赠包装不仅能吸引消费者购买，还极易引起重复购买。我国江苏省生产的"芭蕾"珍珠霜，在每盒珍珠霜的包装内附有一枚珍珠别针，作为礼品送人很合适。如果重复购买几十盒，就可以串成一条珍珠项链。这一包装策略非常成功，在我国香港市场上，虽然每瓶珍珠霜的售价高达65港币，购买者仍然十分踊跃，销售量打破了我国香港市场的历史纪录。

7. 改变包装策略

商品包装的改变如同产品本身的改善一样，对于拓展商品销路同样具有重要意义。当包装不能适应市场需求变化而销路不畅时，当企业计划开拓新市场时，当包装对消费者的影响下降时，就需要改进包装。变更包装不仅要研究消费者的需求，而且要尽量采用先进的包装技术和材料，增强应变能力。

8. 包装标识语策略

包装标识语策略就是在商品包装容器上加写标识语。这是一种国外商品推销中流行的做法。标识语并非品牌与商标，而是针对消费者所做的一种努力。虽然寥寥数语，却有很大功效。标识语主要有以下几种：

(1)指示性标识语。在包装上加上一个标记，如火花形、椭圆形、星形等，以醒目的颜色做底色，标上"鲜""酷""爽"等指示性标识语，以标明商品特点。

(2)解释性标识语。就是对商品所含成分进行解释，以打消消费者的顾虑。例如，在一些小食品上注明非油炸食品，在方便面上注明不含添加剂，在咖啡上注明不含咖啡因等。

(3)鼓动性标识语。如娃哈哈果奶上的"妈妈我要喝"的鼓动语。

阅读资料 7-2

罗林洛克——美国啤酒业的小不点儿，无论从产量和资金规模上都不能与百威、米勒相提并论。最初罗林洛克上市时，仅有1500万美元的营销预算(可对照的是，百威一年仅用于电视广告的费用就达1亿美元，米勒为5000万～6000万美元)。预算的不足，促使营销人员在包装上大做文章。罗林洛克设计了一种独特的绿色长颈瓶，并漆上显眼的艺术装饰，使其包装在众多啤酒品牌中独树一帜。消费者通常会认为瓶子上的图案是手绘的，样子独特有趣，并且愿意把它摆在桌子上。

为了突出罗林洛克的长颈瓶，以及啤酒是用山泉酿造的这一事实，公司重新设计了包装箱，在包装箱上印有放在山泉中的绿色长颈瓶，图案色彩鲜艳、清晰，令消费者在10米以外也能认出罗林洛克啤酒。

罗林洛克为何要在包装方面花费如此大的心血？包装是无声的推销员，罗林洛克在促销预算方面先天不足，只好在包装方面下苦功，力图在包装方面与众不同，以吸引消费者。

资料来源：徐文蔚. 市场营销学. 北京：电子工业出版社，2012

思考题

1. 什么是产品整体概念？明确产品整体概念对市场营销有何重要意义？

2. 试述产品生命周期各阶段的特点及营销策略。

3. 产品组合策略有哪些？其适用条件是什么？

4. 新产品开发的程序是什么？新产品开发各阶段需要解决的主要问题是什么？

5. 什么是品牌？品牌与商标的关系是什么？

6. 品牌的作用有哪些？

7. 品牌策略有哪些？企业应如何选用？

8. 结合我国企业品牌经营现状，谈谈如何进行品牌延伸。

9. 商品包装的作用有哪些？常用的包装策略有哪几种？

10. 结合实际谈谈我国企业的商品包装存在的问题及对策。

案例分析 1

欧莱雅，让世界更美好

欧莱雅创建于1907年，目前是《财富》世界五百强之一、世界化妆品行业的领头羊。欧莱雅事业涉及五大专业领域（护发、染发、护肤、彩妆、香水），产品在130多个国家和地区销售，在全球拥有68900位员工、38家工厂、27个国际品牌，2011年综合销售收入达203.4亿欧元。

1996年，欧莱雅进入中国市场，先后在上海浦东、江苏苏州和湖北宜昌开设了三家生产工厂，在上海成立了研发中心，业务拓展到中国500多个城市。2011年，欧莱雅在中国市场的销售收入为107亿元人民币，比2010年增长了18%，连续11

年实现两位数增长，中国市场是欧莱雅集团全球第三大市场。欧莱雅是中国市场上第一大护肤品集团、第一大彩妆集团、第一大高档化妆品集团和第一大专业美发品集团。

一、多品牌为媒，践行差异化营销

欧莱雅认为由于个体在年龄、肤色和发质上的差别，每个人的外形和生理特征都是独一无二的。公司在尊重个人独特性的基础上，力求将个人的多样性与企业产品和品牌的多样性相融合，因而多元化是欧莱雅的核心价值。

面对人口众多、地理范围广阔的中国市场，欧莱雅采用了差异化的市场营销战略，多角度对市场进行细分，针对不同的细分市场推出20个产品品牌，每个品牌之下又推出若干不同品种、不同系列、不同功能与特点的产品，力求更好地满足更多消费者对个性之美的需求。

如针对不同收入的消费群体，欧莱雅推出的品牌可以分为三大类：高端品牌，包括赫莲娜、兰蔻、碧欧泉等；中端品牌，包括欧莱雅专业美发、卡诗、薇姿、理肤泉等；低端品牌，包括美宝莲、卡尼尔、小护士等。

但在同一档次的品牌中，欧莱雅又会按年龄、受益等不同的要素进行进一步细分。如高端品牌中的赫莲娜，颇具现代感的前卫品牌，无论是产品品质还是价位都是众多品牌中最高的，在中国的大中城市设有销售专柜，针对的是年龄相对偏高并具有较强消费能力的消费群体；而兰蔻的消费者的年龄比赫莲娜的年轻一些，但也具有相当的消费能力，其涉及的地理范围也比赫莲娜的更广一些，业务已开展到一些较小的城市；碧欧泉强调的是以自然温和的方式使肌肤细胞达到平衡，针对的是具有一定消费能力、刚转向高端化妆品的年轻时尚消费者，价格也比赫莲娜和兰蔻的低一些。

欧莱雅除了服务于女性消费者外，近年来也开始关注男性消费群体。2001年，欧莱雅集团旗下的碧欧泉男士产品首先进入中国，这也是国际高档护肤品中第一个涉足中国的男士品牌。经过多年的市场推广，碧欧泉男士产品在中国已经拥有了稳定的消费群，多年占据近三分之二的高档市场份额。2008年，欧莱雅旗下另一款男士专业健康护肤系列薇姿品牌男士护肤品也正式进入中国，这带来了专业的皮肤医学护理方法和含温泉水的专业产品。之后，欧莱雅又推出全新升级的、为中国男士健康护肤打造的薇姿男士系列皮肤医学护肤品。到目前为止，欧莱雅集团旗下的碧欧泉、巴黎欧莱雅、兰蔻、薇姿等绝大部分品牌都在中国推出了男士护肤品系列，兰蔻、阿玛尼则还有男士香水产品。它们通过百货商店、大卖场、药房、超市等不同渠道，以不同的价格来满足男士们的消费需求。

欧莱雅在采用差异化营销战略的基础上，对不同的细分市场分别采用不同的产品、价格、渠道及促销策略来满足消费者的需求。在产品方面，欧莱雅一方面注重产品与品牌的本土化；另一方面结合目标市场的需求特性，提供富有特色的产品。

二、以研发为基础，实现产品本土化

欧莱雅认为美是没有标准的，全球各地都有其独特的本土、地域之美。产品研发是欧莱雅实现产品与品牌本土化、塑造地域之美的重要途径。欧莱雅对科研创新的极端重视，也是其取得成功的重要秘诀。仅2011年，欧莱雅集团的研发投入就达7.21亿欧元(占当年集团总销售额的3.5%)，远远高于行业的平均水平。欧莱雅把自己定位于高科技化妆品公司，共有3670名研发与创新人员。他们专门研究各地消费者的皮肤、发质以及需求，以保证欧莱雅集团旗下品牌的产品使用安全与功能化。为了为中国及亚洲的消费者提供最好、最适合的护发、护肤和彩妆等产品，欧莱雅集团2005年9月在上海成立了研发中心，专门从事对中国人皮肤、毛发以及中国原材料和配方方面的研究和开发工作。

如在羽西的产品开发中，多位卓有成就的中医药专家、植物学家以及皮肤学专家经过精诚合作，对上千种天然药性植物进行深入研究，初步筛选出两百多种具有美容价值的活性成分，之后，运用专利再造肌肤测试，结合由专业皮肤学专家主持的实验进一步测定其对各种肌肤问题的实际效用(美白、抗老化及安全性等)，最终再运用到产品中，为中国女性肌肤研发量身定做美容产品。

通过多年的研究，欧莱雅发现中国不同地方的消费者，因其饮食习惯和所处的气候条件不一样而存在差异。如四川与哈尔滨的女性的皮肤明显不同，中国女性油性皮肤的比例比其他国家的女性略高一些，中国女性对彩妆大色彩下面的小色调的追求也不一样。欧莱雅根据这些研究成果对在中国投放的产品配方进行了调整。

三、针对需求特性，提供富有特色的产品

欧莱雅集团对每个细分市场需求进行了认真研究，把握了消费者对不同产品层次的希望与要求，用独特的产品与服务为他们的生活增添了色彩。

如针对高端品牌，欧莱雅集团以高质量、精美的包装、高贵的感觉来塑造产品，通过在百货商店、百货公司设的形象专柜来提供专业化销售服务的方式进行销售。这样，在提升产品高档形象的同时，欧莱雅集团也满足了高消费人群追求个人品位、将消费作为社会地位和身份象征等方面的心理需求。

资料来源：贺继红，白建磊，等.市场营销学通论.北京：清华大学出版社，2012

案例思考题

1. 试分析欧莱雅是如何通过产品策略体现“欧莱雅，让世界更美好”的。
2. 该案例还给你带来了什么启示？

案例分析 2

“小护士”多品牌战略的得与失

多品牌战略是指企业在同类产品中，使用两种或两种以上的品牌战略。宝洁公司的多品牌战略在中国市场上取得了令人瞩目的市场业绩，旗下的“飘柔”“潘婷”“海飞丝”“沙宣”四个品牌产品，在中国洗发水市场上的占有份额超过了2/3。

几乎所有的日化企业都想学习“宝洁”和“欧莱雅”的多品牌策略，但事实上没有那么容易成功。

知名化妆品品牌“小护士”曾是深圳丽斯达日化公司的主打品牌。自1981年创立以来，丽斯达一直是品牌大旗的高举者。它相继推出了“立得”“邦氏”“古方”“小护士”“兰歌”五大品牌。其中“小护士”凭借独特的“防晒”概念从1997年开始就杀入护肤品的三甲，成为深圳丽斯达公司的骄傲。

1999年，靠“小护士”站稳脚跟的丽斯达企图用新的品牌“兰歌”来进攻“大宝”。而那时“大宝”已经成为中低档护肤的第一品牌，分销已经深入到县级城市。“兰歌”品牌一方面定位于“专业护理”，另一方面却是“低价”。这种自相矛盾的做法让它在诞生之初就因“低利润”而缺乏足够的经费去推广产品。“小护士”的成功是因为发现、培养并占据了防晒这个利基市场。而“兰歌”却是向市场的领先者发动全面的总攻，靠“小护士”的经验来推广“兰歌”结果可想而知。

据说当年丽斯达在“兰歌”项目上亏损1亿元，这等于“小护士”白卖一年。失败并不可怕，可怕的是加上前几个品牌的挫折，丽斯达几乎没有了推广新品牌的勇气。

2000年，如日中天的“小护士”对欧莱雅的收购提议嗤之以鼻，但从那以后它的市场份额再也没有上升过。和第一名“玉兰油”的差距已经从2001年的2倍落后到现在的6倍，即使是和“大宝”也不在同一个竞争级别上。同时更多国际品牌“雅芳”“欧莱雅”在中国的迅猛发展，几乎让“小护士”看不到未来。

2003年12月，著名的化妆品品牌“小护士”被欧莱雅收购，可以说，小护士被收购，很大一部分原因是栽在蹩脚的多品牌战略上。

资料来源：刘国力，龙桂杰. 市场营销学. 北京：清华大学出版社，2014

案例思考题

1. 结合案例谈谈“小护士”实施多品牌战略失败的原因是什么。
2. 你认为实施多品牌战略适用的条件是什么？
3. 企业应用多品牌战略应注意哪些问题？

定价策略

第8章

价格(Price)是市场营销组合因素中十分敏感而又难以控制的因素，它直接关系着市场对产品的接受程度，影响着市场需求和企业利润的多少，涉及生产者、经营者、消费者等各方面的利益。因此定价策略是企业市场营销组合策略中一个极其重要的组成部分。

8.1 企业产品定价的依据与目标

8.1.1 影响产品定价的因素

影响产品定价的因素是多方面的，在此，我们仅对以下几方面进行分析研究。

1. 成本费用

成本费用可分为：固定成本费用、变动成本费用、总成本费用、平均固定成本费用、平均变动成本费用、平均成本费用。它们对定价起着不同的影响作用。企业定价必须首先使总成本费用得到补偿。这就要求价格不能低于平均成本费用，但这仅仅是获利的前提条件。由于平均成本费用包含平均固定成本费用和平均变动成本费用两部分，而固定成本费用并不随产量变化而按比例发生变化，因此，企业取得盈利的初始点只能在价格补偿平均变动成本费用之后的累积余额等于全部固定成本费用之时，即盈亏分界点 Q，见图 8-1。

图 8-1 表明：总收入线与总成本线交于 Q 点，这一点就叫盈亏平衡点。这时，从销售收入中扣除已发生的变动成本费用，余额刚好能够补偿全部固定成本费用。由于销售收入是产品单位价格与销售数量的乘积，所以合理定价以使企业盈利既受总成本费用以及固定、变动成本费用构成比例的制约，也必须以一定的销售量为前提。

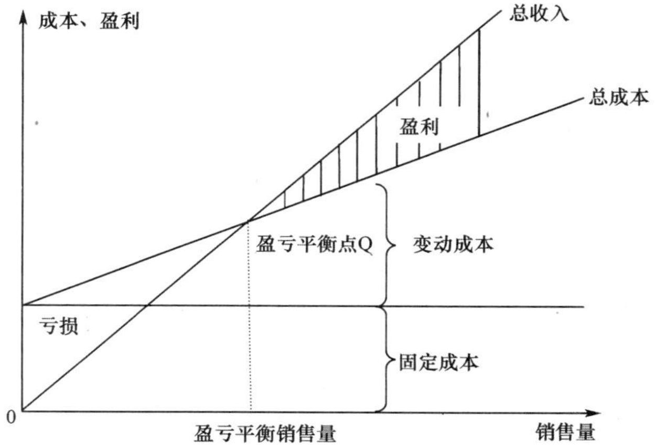

图 8-1　盈亏平衡分析图

2. 销售数量

就单个商品而言,如果成本费用不变,则价格越高,盈利越大。但是企业盈利总额并不是单位商品盈利之和,单位商品包含的盈利水平高并不意味企业总盈利水平必然就高。正确的计算公式是:

企业盈利＝全部销售收入－全部成本费用

＝商品销售量×(单位商品价格－单位商品成本费用或平均成本费用)

由上式可见,企业盈利是单位商品实现的盈利与销售量两者的乘积。但这两个因素是相关的。由于价格对需求存在反作用,价格过高可能导致需求量及销售量的缩减,进而减少企业收入及降低盈利水平。因此,其他条件既定,企业盈利状况最终取决于价格与销售量之间的不同组合。

3. 资金周转

合理定价与加速资金周转是增加年利润的两个密切相关的方面。合理定价的积极效果既表现为现时静态利益的获取,也体现在迅速实现商品价值,加速资金周转,从而不断创造新价值的动态过程之中。在销售状况不利条件下,定价带来的眼前利益与加速资金周转实现的长远利益往往不相一致,维持高价往往会带来高盈利水平,但却因此延缓了资金周转速度;降价促销是加速资金周转的有效手段,但由此又会丧失一部分可得盈利。在这种情况下,企业要趋利避害,适当选择定价方案。

4. 供求关系

商品供求状况和价格有密切的联系。首先,供求推动价格变化。如,当供给增加时,价格下降;供给减少时,价格上升。其次,价格也推动供求的变化。当价格上升时，需求减少，供给增加；当价格降低时，需求增加，供给减少。

供求与价格的这种相互关系，决定了企业在制定商品价格时，必须掌握价格弹性(Price Elasticity)理论。

(1)供给弹性。供给弹性指的是商品的供给与价格之间相互变化的数量关系。价格变化引起供给量变化的程度，叫作供给弹性系数，用 E_s 表示，则：

$$E_s = \text{供给量变动的百分比}/\text{价格变动的百分比}$$

供给弹性系数说明，当价格变动百分之一时，供给量所变动的百分比。

(2)需求弹性。需求弹性是指商品的需求与价格之间互相变化的数量关系。需求量对价格变化反应的灵敏程度叫作需求弹性系数，用 E_d 表示，则：

$$E_d = \text{需求量变动的百分比}/\text{价格变动的百分比}$$

需求弹性系数说明，当价格变动百分之一时，需求量所变动的百分比。

需求弹性的大小可分为三种情况进行说明：

$E_d=1$，表示价格变动引起需求量同等幅度的变化，叫作单一弹性。它说明价格弹性系数绝对值等于1，这个数值说明价格变动百分比恰好等于需求数量相反方向的变动百分比。对于弹性一致的商品，价格变化对销售收入影响不大。

$E_d<1$，表示价格变化只引起需求量微小的变化，叫作需求缺乏弹性。对于需求弹性不足的商品，定价时，较高水平价格往往会增加盈利，低价对需求量刺激不强，薄利并不能多销，反而会降低收入水平。

$E_d>1$，表示价格变化引起需求量大幅度的变化，叫作需求富有弹性。定价时，应通过降低价格、薄利多销达到增加盈利的目的。反之，提价时必须谨慎以防需求量发生锐减，影响企业收入。

(3)交叉弹性。交叉弹性是用来测度一种商品的价格变化影响另外一种商品需求量的程度。用 E_{AB} 来表示交叉弹性系数，则：

$$E_{AB} = \text{B 商品需求量变动的百分比}/\text{A 商品价格变动百分比}$$

若 $E_{AB}>0$，则表明 A 商品和 B 商品是代替品。因为，当 A 商品涨价时，B 商品需求增加；或 A 商品降价时，B 商品需求减少。

$E_{AB}<0$，则表明 A 商品和 B 商品是互补品。因为，当 A 商品降价时，B 商品的需求量随着增加。

若 $E_{AB}=0$，则表明 A 商品与 B 商品是相互独立的商品。因为，A 商品的价格变动对 B 商品的需求没有什么影响，在 A 商品与 B 商品之间不存在交叉弹性。

由此可见，企业在调整商品价格时，应考虑到某一商品的价格发生变化时，其他相关商品需求量的变化。

5. 同类产品竞争

同类产品竞争体现在产品的开发、设计、生产，直至市场营销的全过程。对于定价来说，竞争的影响主要表现为价格竞争对产品价格水平的约束。

价格竞争不仅是同类产品竞争的一个方面，它同其他形式的竞争也存在着紧密的联系。表面上看，价格竞争仅表现为价格的变动，但其实质却是通过调整价格，改革企业产品的质量价格比或效用价格比，促使消费者对商品的质量和整体效用做出新的评价，从而对消费者的购买行为施加影响。定价过程虽然发生在产品各方面特征既定之后，但却发生在消费者对产品做出整体评价之前。事实上，对消费者而言，产品质量、效用等方面满足需求的程度是相对的。对应不同的价格水平，他们对同等质量和效用的产品所做出的评价往往迥然不同。消费者的购买行为只是在期望得到满足与愿意支出的货币量相一致时才会发生。由此可见，价格水平与其他各方面结合而成的综合指标才是消费者完整的、现实的评价标准。同类产品的竞争是全面的竞争，企业定价时对此不容忽视。

6. 产品生命周期

在产品生命周期的不同阶段，市场需求和竞争状况不同，因此，对处于不同阶段的产品，企业要依其阶段特征，在定价时做出相应决策。

在导入阶段，成本费用水平较高，因而该阶段价格水平难免较高。为防止价格过高影响产品销路，企业定价时应以补偿成本费用而不是以获取盈利为主要依据，而且应着重考虑变动成本费用。至于固定成本费用的补偿，因需要以大批量销售为基础，应放在以后的阶段完成。

在成长阶段，成本费用水平大幅度下降，市场销售量扩大，价格应有条件地下调。企业定价时应依照预期目标盈利率的要求，制定相应价格。

在成熟阶段，市场竞争加剧，维持原价难以保持企业的市场份额。由于固定成本费用已全部补偿，预期目标盈利率也已基本实现，这时，定价应以保持企业市场占有率为主要目标，采用竞争性的低水平价格。

在衰退阶段，产品趋于淘汰，销售条件恶化。企业定价就应以尽快收回占压的资金为目标，大幅度降低价格，必要时价格甚至可与平均变动成本一致，以便尽快将有限的资金转入新产品的开发与生产。

8.1.2 企业产品定价的目标

任何企业都不能孤立地制定价格，而必须根据企业的目标市场策略及市场定位策略的要求来进行，根据市场营销环境和企业自身的条件来制定。企业产品定价的目标一般有如下情况：

1. 维持企业的生存

如果企业面临生产过剩，或面临激烈竞争，或试图改变消费者需求，则需要把维持生存作为主要目标。为了确保企业继续开工和使存货出手，企业必须制定较低的价格，并希望市场是价格敏感型的。这时，生存远比利润重要。

2. 本期利润最大化

许多企业希望制定一个能使本期利润最大化的价格。他们估计各种价格下的需求和成本，选择一种价格使本期利润、现金流入量和投资报酬率最大。总之，公司注重的是本期的财务成果而非长期的成果。

3. 市场占有率最大化

有些企业想通过定价来取得市场的控制地位，即使市场占有率最大化。因为企业想拥有较大的市场占有率，他们会使成本降低，尽量压低价格，有的企业也可能追求某一特定的市场占有率，例如，企业计划在一年内将其市场占有率从10%提高到15%。为实现这一目标，企业就要制定相应的市场营销计划和价格决策。

4. 产品质量最优化

有的企业也以产品质量最优化为目标。通常需要以高价位来承担高质量和研究与开发的昂贵费用。在产品优质的同时，还应辅以优质服务。

8.2 企业产品定价的程序与方法

8.2.1 企业产品定价的程序

企业产品定价的程序大体可分为以下主要步骤：

(1)根据企业发展方向、经济实力及所处的市场环境，制定符合某一发展阶段特征的定价目标。

(2)根据企业产销能力，计算成本费用水平和产量界限。

(3)收集市场信息，考察各种产品的需求弹性、竞争产品的市场份额和价格水平等与定价相关的因素。

(4)估算不同价格水平所对应的销售量，预测实际可销售量，确定盈亏分界点。

(5)根据本企业产品特征及其他营销策略的要求，运用恰当可行的定价方法及定价技巧。

(6)确定产品最终价格，并根据市场变化及时调整。

8.2.2 企业产品定价的方法

企业产品价格的高低要受市场需求、成本费用和竞争情况等因素的影响和制约。企业制定价格时理应全面考虑到这些因素。但在实际定价工作中往往只侧重某一方面的因素。大体上，企业定价有三种导向，即成本导向、需求导向和竞争导向。

1. 成本导向定价法

成本导向定价法，就是以产品的成本（包括固定成本和变动成本）作为定价的基础，这是企业最常用的定价方法。这种定价的具体方式有：

（1）成本加成定价法

所谓成本加成定价是指按照单位成本加上一定百分比的加成来制定产品销售价格。加成的含义就是一定比率的利润。所以，成本加成定价公式为：

$$P=C(1+R)$$

式中：P——单位产品售价；

C——单位产品成本；

R——成本加成率。

采用成本加成定价法的优点：①成本的不确定性，一般来说要比需求的不确定性小得多，定价立足于单位成本，可以使定价工作大为简化，不需要随时依需求情况的改变而改变。②只要在同行业中，企业都采用这种定价方法，则在成本和加成率相当的情况下，产品价格也大致相同，这样就使价格竞争降到最小。因为价格上的竞争会导致经营者收入减少。③这种定价方法对购买者和销售者都比较公平，因为销售者不会因消费需求量增大而趁机抬高价格。同时固定的加成也使销售者获得比较稳定的投资利润，从而排除了短时间供求变化对产品价格的影响。

采用成本加成定价法必须具备一定的条件：①产品的平均单位成本在其产量的某个范围内相对稳定。②需求曲线上每个点的需求弹性相当于一个常数。

由于这两个条件，零售业比较容易具备，所以成本加成定价法是零售业经常采用的定价方法。

（2）目标收益定价法

这种定价方法通常为制造业所采用，将某个产量的总成本，加上企业自己确定的目标利润率，然后折算出单位产品的售价。

由于价格是影响销售量的一个重要因素，如前所述，价格高，销售量小；价格低，销售量大，所以，目标收益定价法的一个重要缺点是根据销售量倒过来推算价格，这可能导致实际经营决策的偏差。

（3）收支均衡定价法

所谓收支均衡定价法也叫保本定价法。就是在一定时期内所获的毛利额与同期发生的费用额相等，即收支相抵，不盈不亏。计算公式为：

收支均衡单位产品价格＝应摊固定成本＋预期销售量变动成本/预期销售量

例如，某商店固定成本为 50 万元，其中经营西服应摊固定成本为 1 万元，每套西服进价为 110 元，可变费用和税金为 10 元。若商店在一年内预期销量为500 件，该西服售价应定为多少时，商店才能收支均衡达到保本。

单位产品保本价格＝[10000＋(110＋10)×500]/500＝140(元)

即每套西服的价格至少定为 140 元，才能达到收支平衡。

若一年销售量可望达到 1000 件，则：

单位产品保本价格＝[10000＋(110＋10)×1000]/1000＝130(元)

即每套西服至少定价 130 元，才能达到收支平衡。

这种定价方法的关键是必须正确预测市场的销售量。

如果该店采取与竞争商品同样的价格 145 元出售，那么，根据收支均衡定价法，为了使商店保本，销售量就应该是：

收支平衡销售量＝应摊固定成本/(单位商品价格－单位商品变动成本)

＝10000/(145－120)＝400(件)

即每套西服售价为 145 元时，只需售 400 件，就可以达到收支平衡。

2. 需求导向定价法

企业在定价时，不仅要考虑到成本，而且要注意市场需求的强度和消费者的价值观。即在市场需求强度大时，可适当提高价格；而在市场需求强度小时，可适当降价。这种定价方法的主要形式有：

(1)理解值定价法

所谓理解值定价法就是根据消费者对商品价值的理解，即商品在消费者心目中的价值观念所决定的定价方法。此种定价方法不以卖方的成本为基础，而是以买方对商品需求的强度和对商品价值的认识为出发点。企业运用促销组合的诸因素影响消费者，使他们在思想上形成一种价值观念，然后，再根据这种价值观念制定价格。例如，一个企业在某个目标市场上发展一种新产品，首先企业从质量、服务、价格以及广告宣传等方面为这个产品树立一个形象，然后再预测以这个价格出售时的市场销售量，并据此计算生产量以及由此带来的投资额和产品的单位成本。最后，企业根据这些数据核算能否获利，决定是否组织营销。

理解值定价法的关键在于企业要对消费者理解的商品价值有一个正确的估计。如果企业对消费者理解的价值估计过高，定价必然过高，从而影响销售量。反之，定价过低，则不能实现营销目的。

(2)区分需求定价法

区分需求定价法是指同一种商品或者劳务不是按照其实际成本的差异来定价，而是根据不同的顾客，不同商品的式样，不同的时间、地点来制定不同的价格。这种定价方法的主要形式有：①以顾客为基础的区别价格。企业对同一种产品，根据顾客的需求强度来定价。例如，美国的轮胎业，卖给汽车制造厂的价格便宜，因为需求弹性大；而卖给一般用户的价格贵，因为需求弹性小。电力工业对工业用户收费低，因需求弹性大；反之，对民用收费高，因为需求弹性小。发电厂若对工业用户收费高于其自行发电的费用，工业用户就会自行发电。②以产品改进为基础的区别价格。这种方法就是对一种产品的不同型号定价不同，但是，价格上的差别并不和其成本上的差别成比例。例如，某洗衣机厂生产三种型号的洗衣机。A型是普及型的简单洗衣机，成本为150元，售价为180元；B型是带有甩干装置的两用洗衣机，成本为200元，售价为400元；C型是带有甩干和烘箱装置的三用洗衣机，成本为400元，售价为750元。这三种型号的洗衣机因为成本不同，当然售价要有所不同，但是后面两种型号的洗衣机，较高的售价不仅反映了更多的生产成本，而且反映了顾客更大的心理上的需求，因此，定价高出成本很多。③以地域为基础的区别价格。在实际生活中，同一种商品在不同地理位置的市场上，其需求强度有时是不同的，这就可以制定不同的价格，而且定价的差别也并不和运费成比例。例如，我国的传统出口产品茶叶、生丝、桐油、猪鬃等在国际市场上需求十分强烈，所以，国际市场的定价就比国内市场定价高得多。再如，演唱会、剧院里座位的票价，前排、中排、后排、边座的票价是不同的，有时可以相差若干倍。旅游地点的旅馆、饮食店的定价通常也比一般的地区高。④以时间为基础的区别价格。如果商品的需求随着时间的变化而变化，那么对同一种产品，在不同的时间就可以制定不同的价格。例如，同一商品，在不同季节需求量变化是很大的，夏季对电扇、冷饮、裙子、凉鞋的需求量就增加，而冬季就减少，这就可以制定不同的价格。再如长途电话，白天用户多，所以定价高；晚上用户少，所以定价低。加急电报定价高，普通电报定价低等。

(3)比较定价法

所谓比较定价法，是指根据商品需求弹性来决定价格的方法。一般认为价格高，获利就多；价格低，获利就少。其实，并不尽然。根据市场需求的情况实行薄利多销，定价虽低，销量增加，仍然可以获得较高的利润。那么，究竟采用低价薄利多销，还是采用高价厚利少销，这可以通过对价格需求弹性的研究和市场调查来决定。对富于需求弹性的商品，可以采用低价的方法；对缺乏弹性的商品，可以采取提高价格的方法。这样通过市场调查，分别按高价、低价出售然后计算其销售量和利润，并加以比较，从而判断哪一种定价对企业有利，最后采用对企业有利的定价方法。这种定价方法有较强的实用性。

(4)反向定价法

反向定法的基本点是以零售价格为基础，反向计算出批发价、调拨价、出厂价的方法。这种定价方法不仅以市场需求、购买力情况、消费者愿意支付的价格为依据，而且能满足在价格上与现存类似商品竞争的需要，从而设计出在价格上具有一定竞争力的商品，并能使所营销的商品在市场上保持一定的地位。

阅读资料 8-1

由消费者定的价格更合理

沃尔福森公司是一家有名的制鞋公司。一直以来，新鞋设计出来后，都是由公司定好价格，最后交给销售部进行销售。

有一年，沃尔福森公司设计出了特别适合中老年人穿的鞋，这款鞋穿在脚上十分舒适，它是采用松软猪皮制成的。鞋设计完成之后，负责销售的部门经理开会商议这款鞋子的价格。销售部门的工作人员听到这个消息非常诧异，因为一直以来，销售部只负责销售，至于产品的价格都是由公司决定。

如何定价已成为销售部门最大的问题，为此他们十分头疼。如果价格定得不合适，卖得不好，那责任就在销售部门了。经理看着员工们的争论说道："公司让我们来定这个价，也就是说这款鞋在 5 美元上下销售，应该是不成什么问题的。"

其中一个下属就说："经理，这个可不好说，现在这种松软的便鞋，销售价格 2 美元、3 美元、10 美元的都有。咱定 5 美元合适吗？万一定了 5 美元，卖不出去怎么办啊？"

另一个下属也说："要是定成 5 美元，在市场上热销，结果咱们赚少了怎么办啊？"

对于这双鞋到底定在什么价位合适，大家议论纷纷，开了一天的会，也没拿出一个好的方案。最后还是经理想出一个好办法："我们先拿 100 双鞋送给 100 个目标用户让他们去试穿。一周之后，我们去询问这些顾客，是否愿意花 5 美元把这双鞋买下来。如果愿意，就说明这个价位可行，如果不愿意，我们就把鞋拿回来。"

大家都赞同经理的这个建议。于是，第二天销售部将 100 双鞋送到了 100 个目标用户手中。一周后，销售人员纷纷去回访这 100 个拿到免费试穿鞋的用户。

当他们回来后，告诉经理"一共卖出了 98 双鞋，只有两双鞋退回来了"。

经理听后高兴地说："这 100 个人当中 98 个人认为 5 美元的价格合理，那就说明现在定的价格有点低了，我们应该适当调整一下价格。"

经讨论最后将价格定在了 7.5 美元。这款松软的猪皮便鞋，也因价格合理而风靡了整个美国。

资料来源：邓琼芳. 总经理必读的 638 篇经典营销故事. 北京：北京工业大学出版社，2009

3. 竞争导向定价法

竞争导向定价法，是指企业按照竞争者同类商品的价格作为主要依据，充分考虑自己商品的竞争能力，选择有利于在竞争中获胜的定价方法。竞争导向定价法的主要形式有：

(1)随行就市定价法

所谓随行就市定价法，就是将本行业平均定价水平作为本企业的定价标准的一种定价方法。尤其是当企业对顾客和竞争者的价格反应难于估计时，更宜采用。这种定价方法的优点是能够和同行业和平共处，比较容易集中本行业的智慧，取得合理的收益，并且少担风险。因为在竞争激烈的市场上，消费者对市场行情很清楚，企业之间也十分了解，某一企业价格稍有变化，或者降低，或者提价，就会在顾客一方或竞争者一方体现出来。所以，随行就市定价法就是一种很流行的定价方法。

(2)低于竞争者的商品价格定价

该方法就是本企业商品定价，比竞争者商品定价要低。这种定价形式的适应条件是:本企业商品的成本低，为了渗入其他企业已经建立牢固基础的市场，或者为了扩大市场占有率。

(3)高于竞争者的商品价格定价

高于竞争者商品价格的定价，是指能制造特种商品和高质量商品的企业，凭借其商品本身所独具的特点和声誉，以及能为消费者提供更高水平的服务，完全有能力与同行竞争的一种定价方法。但这些按高价出售的商品，其前提可能是受专利权的保护，或因企业有良好形象。

(4)倾销定价法

倾销定价法是指企业在控制了国内市场的情况下，以低于国内市场的价格向国外抛售商品，甚至价格低于其成本，目的是借低价打击竞争对手，以占领市场。在以低价控制了国外市场后，再提高价格，取得高额利润。

(5)投标定价法

投标定价法是指事先不对商品规定价格，而是运用各种方式，大力宣传商品的价值和特点，然后规定统一时间，采取公开拍卖的方式，由顾客投标出价竞购，卖方则以最有利的价格，即顾客愿意支付的最高价格拍板成交的定价方法。例如，在建筑工程承包方面，承包者根据招标广告的内容，密封投标，参加比价，最后以最低价格成交。投标定价的特点是不以本企业的成本和主观愿望为依据，而是根据买者竞争出价情况来决定。投标定价，经常被用于处理土地、承包工程、出售珍贵文物和艺术珍品以及倒闭企业的拍卖。

阅读资料 8-2

反其道而行

1960 年,一家公司推出了一种新型伏特加酒,其质量与史密诺夫酒不分上下。为了能在伏特加酒市场上占有一席之地,他们将新型伏特加酒每瓶售价定得比伏特加酒低 1 美元。

其他公司知道这一消息后,立刻通知销售部降价,但休布雷公司的老总却没有这么做,他认为面对挑战,应先搞好产品价格整合,既符合高层消费者的心理,也不会因提价而失去中低层消费者市场,最终达到扩大市场份额的目的。

休布雷公司采取了一个令竞争对手意想不到的反击战略。将史密诺夫酒的价格提高 1 美元而不是降低 1 美元或更多;同时,还推出商标为“瑞色加”和“波波”的两种伏特加酒。前者的定价与竞争对手的新型伏特加酒的价格一样,后者的价格则比竞争对手低得多。这些措施一出来,公司内部纷纷质疑,但决定就是决定,没有更改的余地。

休布雷公司成功地摆脱了“他降我也降”这一传统的价格竞争思路,经过一番较量后,休布雷公司不但没有出现任何险情,公司的地位还更加稳固了,市场占有率非但没有下降,还有上升趋势,盈利非常可观。并且休布雷公司生产的史密诺夫酒,在伏特加酒市场上的占有率高达 23%。

休布雷公司的老总胜在何处呢?其主要原因有:首先,高价格意味着高质量已成为消费者较为认可的一种消费行为及消费心态。提高史密诺夫酒的价格无疑是提高了它的身份,使它以休布雷公司产品中高档品的身份出现在消费者面前。此举不仅使竞争对手的新产品沦为一种更加普通的品牌,还断绝了竞争对手抢先占领高档酒市场的可能。其次,即使把竞争对手的产品沦为普通品牌,竞争过程也不能就此中止。休布雷公司推出与竞争产品同价的“瑞色加”酒,无疑是在中价位酒或普通酒的市场上也要同竞争对手进行猛烈厮杀。最后,如果休布雷公司仅采取上述两项应对措施,面对这种反击,竞争对手也可能把攻击目标再转向低价位的伏特加酒市场。但休布雷公司借用“波波”酒这一招,抢先占领低价位酒市场。先发制人的应对策略,没有给对方任何反击的机会。

资料来源:邓琼芳.总经理必读的 638 篇经典营销故事.北京:北京工业大学出版社,2009

8.3 定价策略

8.3.1 新产品定价策略

新产品定价，就是商品处于投入期(或称试销期)的价格。新上市的产品采用何种定价策略，不仅关系到新产品能否占领市场，而且影响到可能出现的竞争量。因此，新产品定价是市场营销策略中的一个十分重要的问题。常用的定价策略一般有三种。

1. 取脂定价

取脂定价，是将产品价格定得较高，尽可能在产品寿命周期的初期阶段，赚取最大的利润，就像喝牛奶时先撇走上面的奶油一样。一般来说，新产品采取高价投放，会给消费者一种提供了优质产品的印象，会给消费者一种神秘感，会助长其先用为快的购买欲望。同时新产品多从高收入阶层和追赶流行品的消费者群体导入市场。这类消费者对价格反应不太灵敏，在暂无竞争对手的情况下，可以按照消费者可能接受的价格，抢先把高价需求的高额利润吸取过来，等到仿制品或替代品介入后，再根据供求状况来调整价格。这一策略是以“高利”为定价目标。采用取脂定价，必须具备一定的条件，即企业对该种产品具有相当的垄断地位。例如，1945年，美国的雷诺公司从阿根廷引进短期制造出来的圆珠笔。当时，这种新产品是作为圣诞节的礼物投放市场的。因为第二次世界大战后美国市场商品紧缺，人们又希望能买到好的礼品，所以当时构造新颖别致的圆珠笔风靡美国，成为畅销货。那时每支圆珠笔的成本只有0.5美元，而制造商却以每支高达10美元的价格卖给零售商，零售商又以每支20美元的价格卖给消费者。由于价高利大，后来许多厂家纷纷大量投产。当该产品进入成长期后，雷诺公司的圆珠笔每支成本降到0.05～0.10美元，零售价格降为0.70美元，有时仅卖0.25美元一支，但此时雷诺公司已经是大捞一把了。

取脂定价法的优点是：

(1)初上市的新产品，需求弹性小，竞争者尚未及时进入市场，在一定期间内，在预期价格范围内，利用求新心理动机，以偏高价格刺激顾客，提高产品身价，配合品质较高的特性，有助于开拓市场。

(2)采取此策略时，价格本身留有余地，可依据消费者的购买力水平，实行市场细分化，购买力高的地区定价可稍高，对价格敏感的地区，可略微降低售价。

(3)倘若定价不当，无法引起市场反应，可主动地降低价格；但如定价偏低，想提高价格，则很难获得顾客的谅解。

(4)高价比低价获利更多，所得资金可作为扩充市场之用。

(5)初期市场景况良好，定价高一点，使市场不致发展过于迅速，生产能力可应付需求。

取脂定价法的缺点是：

(1)价格远高于价值，损害消费者利益。

(2)当新产品在消费者心目中的声誉尚未建立之时，不利于开拓市场，甚至无人问津。

(3)如果高价投放而销路旺盛，则极易诱发竞争，潜在的对手会纷纷参与竞争，迫使价格惨跌，好景不长。

阅读资料 8-3

三十三元一斤的橘子皮

橘子皮，中药称为“陈皮”。罐头厂不生产中药，百货公司的食品部也不卖中药，但汕头某罐头厂在北京王府井百货大楼竟把橘子皮卖出了 33 元一斤的价格。这事谁听谁都觉得有些“邪乎”，可你抽空到北京王府井百货大楼食品部看一看，就会发现这是真的，身价不凡的橘子皮，堂而皇之地躺在玻璃柜台上，每大盒内装 15 克包装的 10 个小盒，每盒 10 元，如此折算，每 500 克售价高达 33 元之多。

汕头这家食品厂，原本生产橘子罐头，以前鲜橘装瓶后，橘子皮就被送进药材收购站，价格是几分钱一斤，近年来加工橘子罐头的多了，橘子皮几分钱一斤也卖不出去，于是他们在橘子皮上打主意——难道橘子皮除了晾干后入中药之外，就没别的用场吗？他们组织人力开发研究其新的使用价值，终于开发出了一种叫“珍珠陈皮”的小食品。但是产品开发出来了，要以什么样的价格将其投放市场？他们进行了市场分析评估：

(1)这种小食品的“上帝”多为妇女和儿童，城市的女孩和儿童多有吃小食品的习惯。

(2)城市的女孩既爱吃小食品又追求苗条、美容，惧怕肥胖，并视吃小食品为一种时髦。

(3)儿童喜欢吃小食品，家长也从不吝惜花钱，但又担心小孩过胖。

(4)珍珠陈皮的配料采用橘皮、珍珠、二钛糖、食盐，经加工后味道很好，食后还有保持面部红润、身材苗条的功能，由于是袋装小包装，吃起来也很方便。

(5)市场上当前很少有同类产品。

于是这种小食品采用高价策略进入了市场。一斤橘子皮卖33元钱,就是那些领新潮消费之先的年轻女士也称太贵。可是,当她们买了尝过之后,又介绍给别人去买去尝,儿童们更是口手不离。于是33元钱一斤的橘子皮,真的成了"挡不住的诱惑",诱得求购者纷至沓来。亚运会期间,北京展览馆亚运购物中心举办的商品展销,评定出的单项商品销售冠军,竟然就是这33元一斤的"橘子皮"——珍珠陈皮。

资料来源:杨耀丽,杨秀丽.市场营销学.上海:上海财经大学出版社,2013

2. 渗透定价

渗透定价,是将新产品的价格定得低于预期价格,以利于消费者接受,从而较快地渗入市场。渗透定价较取脂定价具有积极的竞争性。如果潜在市场很大,竞争者又易进入市场时,采取低价投放,能有效地排斥竞争者。实行渗透定价对老产品还可以延长其寿命周期。

渗透定价的优点是:

(1)对于需求弹性大的产品,消费者对价格非常敏感。低价薄利可迅速打开销路,大批量的生产和销售可降低生产与销售成本。在经营界流传的买卖经"一分毛利撑死人,十分毛利饿死人"说的就是与其高利生意难做,不如做薄利买卖这一道理。

(2)实行低价薄利,使竞争者望而却步,有利于较长期占领市场,控制市场价格。

(3)低价易为购买力弱的消费者群体所接受。

渗透定价的缺点是:

(1)收回投资的时间比较长,企业需要有较强的实力。

(2)当新产品大量上市后,再降低价格与竞争对手及代替品竞争会比较困难。

(3)倘若因成本等原因变化需调高价格,就会影响市场的销售量,又易引起消费者的不满。

阅读资料 8-4

"双汇"与"春都"的较量

春都火腿肠作为中国西式肉制品的第一家,自1986年从日本引进了中国第一套火腿肠生产线后,以火腿肠为主营产品引领中国肉类行业很多年。特别是20世纪90年代初更是家喻户晓。

然而1995年同在河南的双汇火腿肠却把春都火腿肠几乎挤出肉类食品行业。双汇作为行业的后进者和跟随者，已经省去火腿肠在老百姓中间推广的环节，在双汇火腿肠投产伊始就把工作重点放在产品营销及有针对性地与春都竞争和抗衡上。

双汇在一开始就把100克火腿肠中的猪肉成分由80%调低到70%（其他成分为淀粉、油、盐、味精等），价格也随之由每根1.1元调低到9角钱，但仍有10%产品保持着原来的成分比例及售价不变。春都火腿肠这时一直在关注双汇的动向。当春都火腿肠知道双汇的降价信息后，立即也调低了自己的火腿肠猪肉比例以及售价，但是全部产品都调到了这个档次。双汇一看春都上钩了，就不停地下调火腿肠的品质和价格，双汇每调一次，春都就忙着跟进。最终，春都火腿肠的价格也降到了5角钱一根。但是春都怎么也没想到，双汇火腿肠里的猪肉成分每调低一次，这种档次的火腿肠产量就减少一些，由最初的90%变为80%、70%、60%……最后当它的价钱降到5角钱一根时，这种品质的火腿肠仅占10%，其他90%的火腿肠仍然维持在85%的成分比例及原来的价格上。

双汇集团在广告中大力宣传这种低价、低质的火腿肠，但是你进超市一看，各种档次和价格的双汇牌火腿肠都有，想吃便宜的就买5角钱一根的，想吃好的，选择余地也会很大。而春都火腿肠却全部降到了这种品质和价位上。就这样双汇在不停地给春都设下"价格"的圈套，一步步把春都带进只重视价格而丢掉产品质量的陷阱。

当春都火腿肠意识到上当之后赶紧恢复"高质高价"火腿肠的生产、销售时，为时已晚，经销商也不进春都的货了，顾客已经不吃春都牌火腿肠了！

资料来源：邓琼芳.总经理必读的638篇经典营销故事.北京：北京工业大学出版社，2009

3. 满意定价

取脂定价一开始就把价格定得很高，竞争者会认为该产品"大有油水可捞"；渗透定价一开始把价格定得很低，竞争者会认为"没有油水可捞"。满意定价是介于二者之间，以均衡收益为定价目标的一种定价，因而被认为是"满意价格"或"温和价格"。满意定价策略是一种适中的定价策略，主要适用于大量生产、大量销售、市场较稳定的一般商品。

以上三种新产品定价策略，如何选择主要取决于：

1. 需求弹性的大小

需求弹性大的商品，价格的变动对市场需求影响较大。若企业生产、经营弹性大的商品，应选择薄利多销，即渗透定价策略，以相对低廉的价格参与竞争，缩短导入期，加快进入成长期。价格弹性小的商品，应选择取脂定价策略，如高度流行品及消费者对品质具有强烈要求的产品，或是具有威望价值的名牌、高档产品，消费者对其需求评价高，只要称心如意，并不计较价格。现今城市有些消费者就是这样。还有些消费者，在目前日用工业品普遍涨价的情况下，涨价的东西争着买，降价的东西偏不买。

需求弹性小的一般日用生活必需品，宜采取均衡价格策略。弹性较小的生活必需品价格，对市场物价总水平影响较大，消费者对其特别敏感，宜采取均衡定价策略。

2. 企业生产能力的大小

生产能力大，资金雄厚，能向市场投放大量新产品，应薄利多销，采取渗透定价策略；反之，无力迅速扩大生产，则应采取取脂定价策略，以高价限制需求，避免产品供不应求。

3. 新技术是否已经公开及是否易于实施

如新技术已经公开或新产品容易仿制，宜采用渗透定价策略，有效地排斥竞争者加入；反之，仿制比较困难的产品应采用取脂定价策略，这样能在较长的时间内保持价格优势。

8.3.2 折扣与让价策略

折扣与让价(Discount and Allowance)策略是指企业为了鼓励买方及早付清货款、大量购买、淡季购买等，往往根据商品交易的具体内容和条件，给予买方一定的价格折扣和减让。其具体方式有：

1. 现金折扣

现金折扣(Cash Discount)是指顾客以现金付款或提前付款，可按原价享受一定的折扣。如某商品成交价为 500 元，交易条款注明“2/10 净价 30”，意思是指：取货后 10 天内付款者可给 2%的折扣，但 30 天内必须全部付款。这一方式可吸引更多的顾客，又可尽早收回货款，加速资金周转，减少呆账坏账损失。

2. 数量折扣

数量折扣(Quantity Discount)是指卖方根据顾客购买的数量，给予大小不等的折扣，以鼓励大量购买。这里又分为非累计折扣和累计折扣两种。

(1)非累计折扣

若一次购货，数量越大金额越多，则折扣越高。因为顾客购货量大，付款并不按比例增加。这既可鼓励大量购买，又可节约销售费用。

(2)累计折扣

规定顾客在一定时期内，购货达到一定数量(或金额)，按总数给予不同的折扣。这可鼓励顾客长期重复购买。

3. 功能折扣

功能折扣(Functional Discount)是指企业根据各类中间商在市场营销中所担负的功能不同,而给予不同的折扣。如给予批发商折扣较大,给予零售商折扣较小,使批发商乐于大批购买,并有可能进行转批业务。例如:生产者的某项商品零售价为 400 元,对零售商、批发商、总经销商分别给以 30%、10%、5%的折扣,即零售商按零售价折扣 30%,价款应为 400 元×(1−30%)=280 元;批发商按 280 元再折扣 10%,价款应为 280 元×(1−10%)=252 元;总经销商按 252 元再折扣 5%,价款应为 252 元×(1−5%)=239.4 元。对工业使用者,亦可能另定一种折扣。对零售商给予较大折扣,不仅为了补偿其致力于推销所花的费用,也使其可低于零售价出售,以争取顾客。生产者制定价目表时,遇到市场价格变动,可以仅调整折扣率,而不必重印价目表。

4. 季节性折扣

季节性折扣(Seasonal Discount)是指生产季节性产品的单位,对该季来采购的购买者,给予折扣优待,鼓励中间商提早储存商品,使该季生产不受影响,充分发挥生产能力。

5. 让价策略

让价(Allowance)策略,常见的有以下两种:

(1)推广让价

中间商为产品推广进行各种促销活动,如刊登地方性广告、布置专门的橱窗等。生产者多乐意给予让价或减价作为报酬。

(2)运费让价

对较远的顾客,减价以弥补其部分或全部运费。

让价策略对于原已拥有绝对优势的资力雄厚的中间商,可获得更大的额外利益,对于小规模零售商较为不利,所以西方国家有所谓限制不公平竞争法案,对折让政策给予限制。但大小企业拥有资本数量多少不同,事实上难以实现真正平等,小企业的艰难处境不可能得到根本改善。

8.3.3 心理定价策略

心理定价策略(Psychological Pricing)是企业根据价格心理学,充分考虑顾客把价格作为衡量质量的一个指标等心理特点来制定价格的一种策略,目的是强化顾客的购买动机。其主要形式包括:

1. 非整数定价

非整数定价又称尾数定价。定价时不用整数而留有一位尾数，既能使消费者产生价格较廉的感觉，还能使消费者产生定价认真，有尾数的价格是经过认真的成本核算，才产生的结果，增加消费者对企业的信任感。这种定价方法较适用于中、低档商品，不适宜于高档商品或贵重商品。

2. 整数定价

同类商品，生产者众多，花色、式样各异，消费者往往以价格作为辨别商品质量的“指示器”，特别是对一些高档、名牌商品或消费者不太了解的商品，人们常有“一分钱一分货”的心理。采取整数定价，便于消费者尽快做出购买决定，有利于商品的销售。

3. 声望定价

一家商店经过多年经营，在消费者心目中有了声望，或者一个品牌的商品成为名牌货，在消费者心目中有了信任感，价格可以稍高一点。有些国家对于汽车、照相机、高档手表等商品，采用这种定价策略提高商品的形象，往往取得成功。当然，采用这种定价法必须慎重，一般商店或品牌滥用此法，弄不好会失去市场。

4. 招徕定价

招徕定价，也称特价品定价。即为招揽顾客，而将商品价格定得低于一般市价。目的在于吸引消费者来店购买时，能乘机推销正常价格的其他商品，使总销售量和总利润额大量增加。实行特价品定价包括两种类型：一是正常商品的特价，如利用节、假日或季节更替时，对某商品实行优惠价格酬宾；另一种是为了避免积压而迅速处理商品，即所谓处理商品的特价。

5. 组合定价

主要用于那些彼此有相互关联的商品上。当一个企业经营两种以上互有关联的商品时，可针对消费者不同心理采用不同的组合定价。比如一个企业生产或经营一种新型圆珠笔，又生产经营专用规格的圆珠笔芯，可将笔的价格定低一些，使消费者感到物美价廉，愿意购买。而将笔芯价格定高一些，消费者多支出几分钱也不在意。这样可从圆珠笔芯的大批销售中获得较多利润，算总账利润仍可观。

8.3.4 地区定价策略

一般地说，一个企业的产品，不仅卖给当地顾客，同时也卖给外地顾客。地区定价(Zone Pricing)策略就是企业要决定对于卖给不同地区顾客的某种产品，是分别制定不同的价格，还是制定相同的价格。也就是说，企业要决定是否制定地区差价。地区定价的形式有：

1. 产地交货定价

产地交货价格是买方按照出厂价格购买某种产品，企业（卖方）只负责将这种产品运到产地某种运输工具（如火车、卡车、船舶、飞机等）上交货。交货后从产地到目的地的一切风险和费用均由客户承担。如果按产地某种运输工具上交货定价，那么每一个客户都各自负担从产地到目的地的运费，这是很合理的。但是这样定价对企业也有不利之处，远地的客户就可能不愿购买这个企业的产品，而购买其附近企业的产品。

2. 目的地交货定价

目的地交货价格是由卖方承担由产地到目的地的运费及保险费的价格，是由出厂价加上产地至目的地的一切手续费、运费、保险费等构成的价格。又可分为目的地船上交货价格（在国际贸易术语中称为到岸价格或成本加运费和保险费用价格）、目的地码头交货价格以及买方指定地点交货价格。

3. 统一交货定价

这种形式与产地交货定价正好相反，是卖方对不同地区的客户统一收取同样的价格。这类似于邮政系统为同一级邮件统一规定邮递费率的做法，因此，也被称为邮资定价。其运费是按平均运输成本制定的。其优点是可减轻边远地区客户的价格负担，比较易于管理，能使企业维持一个全国性的广告价格，可使企业赢得各个地区的客户，并保持和扩大市场占有率。该策略较适用于运费低廉或运费占成本比例很小以及商品体积小、重量轻的情况。

4. 区域定价

该办法是由卖方根据客户所在地区距离的远近，将产品覆盖的整个市场分成若干个区域，距企业较远的区域，价格定得较高；距企业较近的区域，价格定得较低；在每个区域内实行同样的价格，该策略介于产地交货定价法和统一交货定价法之间。企业使用这一办法定价也有问题，在同一价格区域内，有些客户距离企业较近，有些客户距离企业较远，前者就不合算；而处于两个价格区域交界地的客户，他们相距不远，但是要按高低不同的价格购买同一商品。

5. 基点定价

该方法是由卖方选定某些城市作为基点，然后按一定的出厂价加上从基点城市到客户所在地的运费来定价。有些公司为了提高灵活性，选择许多个基点城市，按照客户最近的基点计算运费。

6. 免收运费定价

有些企业因为急于和某些地区做生意，负担部分或全部实际运费。这些卖主认为，如果生意扩大，其平均成本就会降低，因此足以抵偿这些费用开支。采用免收运费定价，可以使企业加深市场渗透，并且能在竞争激烈的市场上站住脚。

8.3.5 产品组合定价策略

产品组合定价(Product－mix Pricing)策略是指当企业的某种产品成为产品组合的一部分时，企业就要设法寻找一组能获得最大利润的共同价格。该策略具体来说可分为4种情况：

1. 产品线定价

企业通常开发出来的是产品线，而不是单一产品。当企业生产的系列产品存在需求和成本的内在关联时，为了充分发挥这种内在关联性的积极效应，可采用产品线定价策略。在定价时，首先，确定某种产品的最低价格，它在产品线中充当领袖价格，吸引消费者购买产品线中其他产品；其次，确定产品线中某种商品的最高价格，它在产品线中充当品牌质量和收回投资的角色；再次，产品线中的其他产品也分别依据其在产品线中的角色不同而被制定不同的价格。

2. 选择品定价

许多企业在提供主要产品的同时，还会附带一些可供选择的产品和具有特色的产品，企业须考虑哪些品目要计入总价格，哪些品目是供先选购的，选择品的定价应当与主要产品的价格相匹配。选择品有时成为招徕顾客的廉价品，有时又成为企业高价的获利项目。

3. 附带产品定价

一些行业的企业生产必须与其主要产品配套使用的产品。这类制造商常让附带产品为其带来较多的毛利，而为主要产品制定一个较低的价格。而那些不销售配套产品的主要产品的制造商，就不得不制定较高的价格。

4. 副产品定价

在常有副产品的行业，若副产品价值较低，而对其加以处理又要花费较大，这就会影响主要产品的定价。如果制造商为这些副产品找到市场，并确定一个比储存和利用它们的费用更多些的价格，就能降低主要产品的价格，使自己具有更大的竞争力。

8.3.6 单一价格与变动价格策略

在单一价格策略下，卖主对购买相同数量的同一类型商品的顾客，采用同一价格。如有折扣、让价等优惠，也一视同仁，不讨价还价。而在变动价格策略下，对于购买相同数量的同一类型商品的顾客，采取不同的价格，一般通过讨价还价成交，卖主可能由于买主是朋友而给予优惠，也可为争取某一主顾给予较大折扣。

一般说来，单一价格策略优点较多。其一，使顾客对卖主产生信心，不善于讨价还价的顾客，也不致有吃亏的感觉；其二，节省双方买卖的时间，便利交易的进行；其三，可以减少售货人员，便于推行自动服务及自动售货。变动价格策略，主要是作为竞争的手段，在商品非标准化时，可用以拉拢一部分顾客，使其成为长期顾客。

8.3.7 价格阵线策略

有的零售商店，将产品分为数组，每组定一个统一的价格，因此，产品品种、规格、花色虽多，但仅有少数几个价格。例如，妇女服装商店，将各类服装分为数组，可能仅有 25 元一件、30 元一件、35 元一件等几种价格。由于可供选择的价格有限，顾客易于做出购买决定，能节省时间。

采用此策略的难处在于每组价格差距的大小不易掌握，过小则使顾客无法分辨品质好坏，过大又易失去一部分愿买中间价格商品的顾客。同时，当成本提高时，必须全面明显地调整价格，防止影响顾客心理；如不调价，利润又会降低过多。

8.3.8 跌价保证策略

卖主向买主（中间商）保证，当商品价格跌落时，依买主进货时所付的价格，退还或补贴所跌落部分的价格，亦称抵制价格跌落保证策略。

现代企业，生产者降低商品价格时，首先应考虑是否对中间商存货予以补贴。如决定补贴，应选择适当时机宣布降价，即当中间商存货少时降价，则补贴金额也不致太多。此种定价法，在市场不景气时，普遍被采用。对生产者来说，可鼓励中间商在市场不景气时照常定货，使生产不致中断；对中间商来说，不必担心跌价带来损失。

跌价保证策略的缺点是：

(1)生产者宣布降价时，如中间商存货过多，则损失亦大。

(2)中间商可能虚报存量，若派员检查，又会损害彼此关系。

(3)可能导致中间商产生投机心理，任意大量购进，价格上涨则有利，价格下跌亦无损。

(4)加剧供过于求的恶果。本已滞销积压的商品，因中间商大量购买，工厂继续大量生产。

(5)导致“价格冻结”。当市场行情需要降价时，因考虑补贴的损失而迟疑不决，以致影响产品的销路。

8.4 价格变动与企业的对策

企业产品定价之后，往往需要根据宏观环境和市场形势的变化随时调整价格。有时需主动降价或提价，有时又必须对竞争对手的价格变动做出反应。

8.4.1 降价策略

降价可以吸引更多的消费者购买本企业的产品，提高企业产品的市场占有率。但降价容易造成同行业者的不满，引发价格竞争。但当企业出现以下情况时仍需降价：一是企业生产能力过剩，产品积压，虽运用各种营销手段仍难打开销路；二是企业面临激烈的价格竞争，市场占有率下降，为打击对手，阻止市场份额的继续丧失；三是企业具有成本领先的竞争优势，可以通过降价来控制市场，提高企业的市场占有率；四是为了打击竞争对手，把竞争对手挤出市场。

运用降价策略，虽然可以提高市场占有率，但也面临着较大的风险：①低质量风险。消费者会认为低价低质。②资金风险。降价往往会导致价格战，只有资金雄厚的企业才能应对持久的价格战。③不牢固的市场地位。靠低价争取到的消费者有可能被更低的价格所吸引，从而转向购买更低价格的产品。

8.4.2 提价策略

从消费心理角度，人们比较容易接受企业降低产品价格，而对企业提高产品价格往往会产生不满情绪，但当企业面临以下情况时必须考虑提高价格：①市场供不应求，为平衡供求而适当提价；②当发生通货膨胀时，物价普遍上涨，企业的成本上升，迫使企业提高产品价格，以实现收支平衡。

运用提价策略也会使企业面临一定的风险：①提价通常会失去部分对价格敏感的消费者，使企业的市场份额减少；②提价会引起消费者的反感，使企业形象受损。

8.4.3 企业面对竞争者价格调整的对策

当竞争对手调整价格时，本企业应首先研究以下几个问题：

(1)竞争者调整价格的目的是什么，是生产过剩，还是为了争夺市场，调价的幅度有多大。

(2)竞争者调整价格是暂时的调整，还是长久的变价。调价对本企业的影响如何，是否要及时做出反应。

(3)如果本企业对竞争者的调价不做反应会产生什么影响，其他企业又会如何反应。

(4)对于本企业所做出的每一种反应，竞争者和其他企业又会怎样。

在弄清以上问题的前提下，如果企业有必要采取行动，那么，有四种可供选择的对策：

(1)维持原价不变，但增加顾客可感知的质量，或增加服务项目。

(2)相应降价，同时努力保持产品质量和服务水平稳定不变。

(3)提高价格，并改进质量，同时推出某些新品牌，以围攻竞争对手的降价品牌。

(4)创立竞争性低价位的新品牌，以对抗竞争者的降价压力。

一般说来，竞争者降价总是蓄谋已久的，为避免竞争对手突如其来的降价打击，企业应加强营销调研，及时掌握竞争者的动态，建立一套完整的危机预警和反应机制，做好应对意外情况的准备。

思考题

1. 影响企业定价的主要因素有哪些？
2. 企业应如何选择合适的定价目标？
3. 产品定价有哪些程序？
4. 企业常用的定价方法有哪些？
5. 什么是理解价值定价法？这种定价方法的依据是什么？
6. 试分析新产品定价策略的形式、利弊和条件。
7. 举例说明非整数定价和声望定价各在什么情况下适用。
8. 折扣与让价策略有哪几种？具体形式有哪些？
9. 企业面对竞争者的价格调整有哪些可供选择的对策？

案例分析 1

联通版 iPhone：高价格背后的谋略

iPhone，一个跨时代产品，以超出寻常的用户体验吸引着无数人的眼球。2009年，经过艰难的谈判，联通与苹果公司达成一致，在中国市场合作推出 UniPhone(Unicom-iPhone)。其中，UniPhone 裸机方案：3G(8GB)，4999 元；3GS(16GB)，

5880 元；3GS(32GB)，6999 元。这一定价水平比在中国境内可以买到的"水货 iPhone"普遍高出 1000～2000 元；UniPhone 套餐方案：(a)预存话费 2900～5999 元，可以 3099 元至 0 元购买 3G(8GB)；(b)预存话费 3000～6999 元，可以 3999 元至 0 元购买 3GS(16GB)；(c)预存话费 3000～7999 元，可以 4999 元至 0 元购买 3GS(32GB)。与美国 AT&T 公司推出 iPhone 时搭配的两年话费套餐相比，UniPhone 方案通信资费水平类似，手机价格高出大约一倍半，远远高出市场预期。较高的价格定位，使 UniPhone 的市场反响与在欧美引发抢购狂潮形成鲜明对比。

UniPhone 为何选择这样奇怪的产品定价策略？

从结成 UniPhone 组合开始，联通与苹果的合作战略就让人捉摸不透。远高出市场预期的定价方案给人的印象是合作双方似乎都不在意 UniPhone 的市场反应。联通对与苹果谈判引入 iPhone 一事遮遮掩掩，在达成协议后不见大规模的市场促销。在公布 UniPhone 套餐和裸机方案后，联通宣布从其他官方渠道购买的裸机 iPhone 也可以入网，似乎完全不在意这样做会打击 UniPhone 的销售。

而根据苹果发布的财报，2009 年苹果卖出 2070 万部 iPhone，同比增长 78%，是公司战胜金融危机取得年销售额增长 12.5%的最大功臣，但苹果公司对内地市场的渗透不够，全球 273 家直销店中仅一家落户北京。苹果中文网站上对 iPhone 进行了详细介绍，但只字未提与联通的合作计划。

UniPhone 让人费解的高定价方案背后蕴藏了联通和苹果各自对内地市场的理解和长期战略目标。两者瞄准的不是短期内的销售量，而是利润丰厚的无线数据业务。

联通在与移动的竞争中始终处于不利地位，其中一个主要原因就是移动客户群质量优于联通客户群，争取高端客户是联通 UniPhone 战略的优先考量。取得较成熟的 W—CDMA 牌照给联通一个宝贵的机会切入高附加值市场。推出有吸引力的智能手机是联通争取高端客户战略的重要一环。AT&T 公司的经验说明 iPhone 是吸引高端客户的重要工具。在推出头半年，AT&T 激活了 4300 万个 iPhone3G 账户，其中 40%是新签约客户。iPhone 用户较其他手机用户使用更多数据业务，帮助 AT&T 无线数据业务营收连续两年取得 50%以上增长，在 2008 年一举超过百亿美元。UniPhone 的高定价战略用意可能是帮助联通复制 AT&T 的模式，利用 UniPhone 争取到频繁使用数据业务的高端客户。然后随着客户预存话费提高，UniPhone 价格迅速降低，直至免费送，这明显透漏出联通的战略意图：比起对 UniPhone 是否热卖，联通更关心是谁在买 UniPhone，是否是数据业务的频繁使用者，能否帮助联通快速扩张无线数据业务。

从苹果角度来说，扩大手机销售固然是苹果战略考量的一方面，但更重要的也是想通过 UniPhone 这一产品正式进入中国的数据业务服务市场。目前的苹果已经不再是单纯的硬件制造、软件设计企业，通过 iTune 和 App Store 平台提供内容服务已经成为苹果的新利润增长点。在 UniPhone 方案推出前，因为主管单位迟迟不开放 Wi-Fi 许可，iTune 和 App Store 平台苦于没有与内地 iPhone 持有者连接的渠道。通过与联通合作，苹果得以绕过 Wi-Fi 在内地运营 iTune 和 App Store 平台，为苹果顺利在华开展内容服务业务扫清一个主要障碍。

由此可见，UniPhone 定价方案的探路意味浓厚，在了解市场反应之后，UniPhone的价格可能出现大幅调整，威胁其他运营商和手机厂商的市场份额。UniPhone的高定价战略留下巨大的降价空间，在稳定了高端客户群之后，联通和苹果可能利用价格杠杆一点点撬动智能手机市场。随着 3G 市场的不断扩大，UniPhone 可能配合联通新服务项目或者苹果未来新版本 iPhone 的推出提供优惠配套，向价格敏感群体渗透，争取更大市场份额。

资料来源：纪宝成，吕一林. 市场营销学教程. 北京：中国人民大学出版社，2012

案例思考题

1. 联通版 iPhone 的定价属于哪种定价策略？结合此案例简要分析其优缺点。
2. 如果你是移动公司的管理者，请问你将采取哪些策略与联通进行竞争？

案例分析 2

B2C 价格战："京东"借力"当当"

2010 年 12 月，成立已 11 年的当当网，在跨过"全面盈利"的门槛后，终于在纽交所上市了。

微博"口水仗"

当当上市之初，各方反应十分缓和，对于当当网 CEO 李国庆邀请初恋女友参加上市庆功宴的做法，京东商城 CEO 刘强东发微博称自己"感触颇深"。他说："如果有一天京东上市了，我更应该邀请初恋女友来庆功。因为京东的'京'就是来自初恋女友名字的最后一个字。创业的时候还在一起，就以两个名字的最后一个字命名了。恭喜国庆！"

这种一团和气的局面终结于 12 月 10 日。这一天李国庆发微博："当当网上市了，老股东们很爽，价值涨了 10 多倍。"这一天，刘强东在微博上说："刚有个网友发来短信抱怨，说老刘你的书是便宜，但是也就便宜 5%～10%，不给力啊。我说便宜多少才算给力，他说 20%。我说好，我们调整比较系统，从下周二开始，每本书都比对手便宜 20%！"此番"给力"的促销行为轰轰烈烈地拉开了 2010 年年末的价格战序幕。

“价格战”开打

尽管刘强东称无论是对当当网还是当当网掌门人李国庆夫妇，他都很尊重，但他依然在微博上“披露图书价格战内幕”，称一切源于当当网对其封杀太狠，几乎无法公平竞争，并称“这是我创业12年第二次被激怒”。

事实上，封杀京东商城的并不仅仅是当当网，据报道称，为了遏制京东商城快速扩张的模式，国美、苏宁等连锁巨头的各地分公司与对口的供应商分公司都进行了沟通，有的甚至向供应商提出了减少向京东商城供货的要求，同时国美、苏宁通过总部与供应商签署年度大单的模式来保持采购架构的优势。对此，刘强东在微博回应称封杀实质上就是一种暴力垄断，试图扼杀竞争，维护自己既得的暴利。“大家去看看那些要封杀京东的同行财务报表吧，大家电的毛利润超过20%！为什么一台5000元的液晶电视机，京东加200元销售还可以赚钱，而你们要加1000元卖才能获利？希望同行们好好反思，公平竞争！”刘强东还表示，其实京东在家电上已经“杀出一条血路”，“我们明年大家电销售额可以轻松突破50个亿。三足鼎立之势已成，对消费者和品牌厂商都是好事。”至此，价格大战从图书领域蔓延至3C领域。

面对京东商城不惜血本的价格战，苏宁总裁孙为民不以为然：“我担心的是对方的模式效率更高，成本更低，赚钱更多。”对此，刘强东表示京东将始终坚持低价竞争策略。“我们的家电价格就是要比国美、苏宁低！”刘强东说，给供货商的利润比国美、苏宁高3个点。

针对京东商城的降价攻势，当当网在公告中称，上市融资后，时刻准备进行一切可能发生的价格战、服务战、技术战、收购战，将矛头直指京东商城。同时当当网宣布斥资4000万元贯彻图书、百货低价策略，并称全场畅销书零利润让利，数码3C畅销品比其他数码类网上商城至少低50～100元，同时美妆、母婴等全线百货产品随时调价以确保全网最低。京东商城随后跟进，宣布8000万元让利促销。战争终于从微博上的“口水仗”演变为真枪实弹的较量。没有加入“口水仗”的卓越，一直在暗中调兵遣将，12月15日突然将图书价格下调20%，同时还推出满100元返券15元的促销。尽管卓越表示此次促销只是针对圣诞和元旦两节，但实际上卓越的加入已在客观上促使价格大战再次升级。

“垄断”背后的产业链

不管是京东商城搅局也好，还是当当网自大也好，这场图书价格大战已经引起新闻出版总署的关注。刘强东在微博上透露，新闻出版总署已于12月21日与京东商城和当当网进行了沟通。据说当日还约谈了卓越。“基本上当当说是我们挑起价格战的，我们则希望（新闻出版）总署关注图书垄断之事。”刘强东称新闻出版总署领导没有当场进行过多表态，但是希望不要扰乱行业秩序。他还透露，已经把行业现状写成详细的报告，交给了新闻出版总署。

有业内人士认为，网上书店频繁打价格战背后的因素是出版市场的混乱无序和低成本竞争。“政府应尽快出台相关的法规、条例，保证图书市场健康有序发展，如制定书店同业竞争条例等。”但也有人认为如果政府对出版行业进行干预，反而会适得其反。出版营销研究学者李常庆表示，目前出版社、中间商、零售商各自为政，只注重自己的眼前利益，再加上种种产业链问题，将图书折扣推向了无序的局面。他认为，混乱不会没有尽头，到某一个节点，会有原生于产业的一股势力来逐步构建合理的出版秩序。

尽管本次价格大战引得很多消费者坐山观虎斗，希望能够坐收渔翁之利，但中国新闻出版研究院院长郝振省提醒广大受众，从作者写作到出版社投资制作，再到批发商和读者，这是一个漫长脆弱的链条。恶性价格战的冲击，会让出版业失去再生产能力。

资金支持“价格战”

4000 万元到 8000 万元背后，是资金的支持。据第三方数据，仅 2010 年，我国电子商务行业融资已达到 10 亿美元。12 月，当当网上市融资 2.33 亿美元，当当网之前，麦考林上市融资 1.2917 亿美元。资金是推动竞争加剧的最重要因素。尚未上市的京东商城也宣称自己“不差钱”，“可以透露的是，我们有足够的资金支持”，刘强东说，“本轮融资目前到账 5 亿美元，是已上市的两家 B2C 公司融资总额的两倍”。事实上，通过风险投资的方式，2010 年先后获得资金支持的电子商务网站包括凡客诚品、乐淘、红孩子、梦芭莎、唯品会、优众网等，数千万美元只是起步的级别。

“经过这么多年的发展，电子商务被证明是切合人们实际需要的应用，很多传统企业也意识到，电子商务的本质不是‘电子’，而是‘商务’，这正是它们的强项，因此纷纷进场”。正望咨询总裁兼首席分析师吕伯望说，“一两年后当然会死一批，但除上市外，还有不少能卖掉，对于投资人来说值得尝试。”

艾瑞咨询公司的分析师苏会燕认为，各商家为了争夺更大的市场蛋糕，显然不能只靠一条腿走路，势必要扩大自己的势力范围，单一的销售平台向综合类销售平台的转变势在必行。

尽管当当网也在从卖书郎向沃尔玛转变，但据艾瑞咨询公司的数据显示，当当网的营收中有 80％来自于图书销售，百货类只是其扩张的一个重点区域。而尽管只有服装类销售，凡客诚品在中国 B2C 市场却排名第四。同时在服装市场上，当当网 2009 年营收为 1.7 亿元人民币，市场份额是 4.4％，凡客诚品却以 12.2 亿元的营收、31.3％的市场份额排名第一。

事实上，当当网过高估计自己，而忽视了任何一个市场到最后都不会是寡头垄断的局面。京东商城挑起价格战的根本意图其实是宣传自己的图书业务，当当网反应过于激烈恰恰正中其下怀。2010 年 11 月 1 日，京东商城“图书频道”悄然上线，一直没有达到“广为人知”的目的，此番借助当当网的应战，京东商城最大限度地吸引了消费者的眼球，无疑是当当网帮助京东商城“广而告之”，从而将其从“3C”到“百货”的意图做了一次免费的大规模宣传。

资料来源：吴倩. B2C 价格战：“京东”借力“当当”. 互联网周刊，2012(1)

案例思考题

1. 此次京东商城的定价采用了哪种定价方法？
2. 你如何看待京东商城多次发动图书价格战的行为？
3. 面对京东商城的价格策略，你认为亚马逊中国、当当网、苏宁应该如何应对？

分销渠道策略

第9章

分销渠道策略，是市场营销组合策略的要素之一，也是企业营销决策的重要组成部分。在现代市场经济条件下，生产者与消费者之间在时间、地点、数量、品种、信息、价格等方面存在着差异和矛盾。企业生产出来的产品，只有通过一定的市场营销渠道，才能在一定的时间、地点，以适当的价格供应给广大消费者或用户，从而克服生产者和消费者之间的差异和矛盾，满足市场需求，实现企业的市场营销目标。

9.1 分销渠道的作用和类型

9.1.1 分销渠道的含义及特点

1. 分销渠道的含义

在市场营销理论中，有两个与渠道有关的术语经常不加区分地交替使用，这就是市场营销渠道和分销渠道。

所谓市场营销渠道(Marketing Channel)，是指配合生产、分销和消费某一生产者的商品和服务的所有企业和个人。也就是说，市场营销渠道包括某种产品供产销过程中的所有有关企业和个人，如供应商、生产者、商人中间商、代理中间商、辅助商以及最终消费者或用户等。

所谓分销渠道(Distribution Channel)，是指某种商品和服务从生产者向消费者转移过程中，取得这种商品和服务的所有权或帮助所有权转移的所有企业和个人。因此，分销渠道包括商人中间商(因为他们取得所有权)和代理中间商(因为他们帮助转移所有权)，此外，它还包括处于渠道起点和终点的生产者和最终消费者或用户。但是，它不包括供应商、辅助商。

在现实经济生活中，我们把产品从生产领域进入消费领域所经过的途径分类归纳加以进一步观察，会发现其中存在着几种物质或非物质形式的运动"流"，即分销渠道的五大要素：商流、物流、货币流、信息流和促销流。

商流：指顾客经中间商购买到商品所有权，包括商品和服务。它是连续不断的商品交易得以最终进入消费领域的主要因素。

物流：指商品实体经过一定的存放地点和运输工具到达顾客手中，包括产品及其配套品以及有关物资。

货币流：泛指顾客或中间商购买商品所有权，同时支付货币的行为。

信息流：指渠道内相邻或不相邻环节之间发生信息传递，形成信息控制与反馈系统。

促销流：指生产者或中间商通过促销手段影响消费者的购买行为与决策。

在当前的商品流通过程中，商流和物流往往是分离的，但这并不意味着它们毫无关系，恰好相反，二者互为前提，互为条件。商流不通，物流缺乏前提和保障；物流不通，商流也同样不能够完成。商流通道的长度和宽度是以物流的长度和宽度为基础的。此外，我们还发现有些企业如银行、广告公司以及其他机构（如海关、商检局等）虽不处在渠道之中，但与渠道运行也有着密切的关系。

2. 分销渠道的特点

(1)分销渠道主要由直接卷入商品流通过程中的各类机构所组成。包括生产者、代理商、批发商、零售商、消费者(用户)以及其他的买卖双方。这些机构都被称作"渠道成员"。

(2)一种产品的分销渠道的起点是该产品的生产者，终点是该产品的消费者或用户。

(3)在分销渠道中，商品所有权至少要转卖一次。代理商的转卖属于间接转移商品所有权的性质。

(4)在分销渠道中，商流表现为商品所有权的转移，其他四要素则是使生产者与消费者相连结的纽带。五大要素相辅相成，但在时间和空间上并不完全一致。

(5)每条分销渠道又和其他独立的社会分工机构相联系，这些机构帮助分担渠道内各环节大量的销售职能，起着便利交换，提高销售效率的重要作用。

9.1.2 分销渠道的类型

分销渠道是由一系列参与市场营销活动的中间商组成的综合体。中间商连接着生产者与消费者，既要将生产出来的产品送到需求用户手中，又要将消费信息反馈给企业以便制定适宜的生产决策。因此，不同的供求关系就会形成不同类型的中间商组合，即不同类型的分销渠道。

1. 按一种商品在销售过程中所经历的中间环节的多少可划分为长渠道和短渠道

长渠道是指商品由生产者转移到消费者的过程中经过两个或两个以上中间环节的商品分销渠道。它的特点是环节多，流通费用大，但是其地域伸展度也高，因而对于产量大而适于扩大市场覆盖面的商品是有利的。

短渠道是指商品由生产者直接销售给消费者，中间不停顿或只经过一个营销环节的商品分销渠道。其特点在于商品的销售工作无须经过批发商这一环节，而只由零售商来完成，环节少，因而流通费用小，但是商品销售的地域伸展度也低。短渠道更适合于地产地销性较强的鲜活商品，如蔬菜、肉类等。

2. 按一种商品在同一时间内所选择的中间商的数量可分为宽渠道和窄渠道

宽渠道是指生产企业同时选择两家以上的中间商进行销售的渠道。其特点是商品流向的密集分布，有利于扩大市场覆盖面，有利于消费者购买。

窄渠道是指生产企业只选择一家中间商或采用专业经销、独家经营、代销等形式分销的渠道。其优点是产销关系明晰，相互协作稳固，流通手续简便，费用节约；其缺点是生产者拥有的市场覆盖面和占有率都依赖于独家经销商的经销网络，一旦产销关系破裂就使生产者失去市场。因此，短渠道只适用于特殊商品。

3. 按商品交换同生产部门之间的关系，即产销关系可划分为产销合一、产销分离和产销结合的分销渠道

产销合一渠道也叫直接渠道，即生产企业自产自销全部或一部分的产品。这种类型的渠道，其优点是企业不仅独享销售利润，还节约了大笔费用。但由于渠道狭小，市场范围也相对缩小。因此，它只适用于专业性强的产品。

产销分离渠道又称间接渠道，即在产销之间介入了中间商转手贩卖的环节。由于大批商人作为“第一消费者”批量购买产品广泛地投入市场，生产企业就可以节约销售投资，加快资金周转。这是目前被广泛采用的销售渠道形式。

产销结合渠道是介于上面两种形式中间的渠道形式。它既有通过代理商四处奔走的“行商式”销售，也有通过商业企业代销的“坐商式”销售。这种渠道的优点在于选择了代理商后，销售费用固定且低廉，从而低价竞销；缺点则是销售的成功率主要取决于代理商的销售能力及其社会关系，这既不保险，市场面也窄。因此，这类渠道只适用于尚未被消费者认知的新产品。

4. 按各中间环节的职能可分为专业性分销渠道和综合性分销渠道

专业性分销渠道是指只允许某种专门用途的商品经销的渠道，尤其对于一些性能比较复杂需要提供特定的技术服务或商品本身价值较高及专业市场占有率亦较高的商品，选择专业性分销渠道不仅费用低，而且易为消费者信任和接受。

综合性分销渠道是指可以同时有各种不同用途商品经销的渠道。它适合于一些普及性强、消耗大的商品。

5. 按销售部门划分，还可分为商业渠道、生产企业自销渠道、农村集市贸易和城市农副产品市场渠道、信托公司、贸易货栈以及城市贸易中心渠道

其中商业渠道是主渠道，其余则为辅助渠道。近年来异军突起的个体商业渠道作为补充形式在商品流通中也发挥了很大作用。

9.2 分销渠道的设计与管理

对于生产者来说，制定正确的分销渠道策略是极其重要的问题。而渠道策略的中心问题，是确定要到达的目标市场的最佳途径。企业生产的产品只有及时送到用户手中，满足了市场需求，企业的再生产才能正常进行。而制定分销渠道策略首要的问题，就是要对影响渠道策略的各方面因素进行详细、周密的分析和研究。

9.2.1 影响分销渠道的因素

分销渠道的长度和宽度，受多种因素的影响，这些因素主要有：

1. 产品因素

产品的特点是多方面的，它是影响分销渠道策略的首要因素。针对不同特点的产品应选择不同的分销渠道：

(1)单价的高低

单价高的产品要选择短渠道，可以采取不经过批发商而是由生产者自销或只通过零售商的方式，减少中间环节的设置，如金银首饰、高级服装等耐用消费品。单价较低的商品则须经过批发商的分类、编配，可选择长一些的渠道。

(2)体积和重量

体积大或重量大的产品最好由生产者直接销售或通过经销商、代销商的样品间销售，即尽量选择短渠道。而体小量轻的产品可以使用长渠道。

(3)耐用性

易毁、易腐、易过时的产品，都应选择最短、最宽的销售渠道，由生产者自销或直接供应给零售商，以免因转手过多反复装卸而造成严重的损失。对于耐藏、耐碰和时效长的商品，分销渠道就可以长一些。

(4)产品的技术性和服务要求的程度

一般来说，技术复杂程度高需要经常提供售后服务的产品，如各种机械设备、电子计算机等可采用较短的渠道，由生产企业直接销售给用户。对电视机一类的耐用消费品，顾客也要求一定的售后服务工作，企业销售它们时最好只选择少数的零售商，并设定点维修服务站。对于技术不太强，不必提供专门服务的产品，可选取有中间商的又长又宽的销售渠道。

(5)款式

款式变化较快的产品如时装、玩具应尽快销售以免因式样过时而积压滞销；对具有传统特色的产品，如特殊风味的食品等，可采取前店后厂、自产自销的方式进行经营。

(6)标准化程度

通用产品因生产标准统一，适用面广，需求量大，适宜用长渠道；而特制品是用户直接向生产企业订购的特殊标准的产品，专用性强，生产量少，应采用直销的短渠道。

(7)寿命周期

产品寿命周期的不同阶段对分销渠道的要求也有所不同，对于刚上市的新产品，需花费大量的时间、精力和本钱做广告，宣传产品，而且中间商往往不愿意销售，因此，产品只能由企业自己去开拓市场销售，或委托给愿意销售的中间商；当进入成熟期后，在市场上占有一席之地，需要大批量投入市场以满足消费，这时就要选择具有良好信誉的分销渠道和扩大一些新渠道辅助销售；当产品在市场上已处于饱和期甚至更新换代时，就应开辟新的渠道，以便用较强的销售手段占领新的市场。

2. 市场因素

市场的状况直接影响产品的销量，因此，市场因素也是企业在选择分销渠道时应当注意的重点。

(1)市场范围的大小

产品销售的市场范围越大，企业就越不能直销，必须借助于中间商的转卖，这样形成的渠道就又宽又长；反之，在当地即可自产自销的产品就可选择短渠道。

(2)集中与分散程度

如果顾客集中在某一地区，购买密度高，企业就可以派销售人员在该地区建立销售机构，从而选取大网点销售的又窄又短的销售渠道，这样既可以降低单位产品的销售费用，又可提高售后服务质量。如果销售者分布比较分散，购买密度小，就应选择有中间商介入的又宽又长的小网点渠道。

(3)顾客的购买习惯

不同的商品，消费者的购买习惯是不同的，相应的分销渠道也就有所不同。对于油、盐等生活必需品，消费者要求购买方便，随购随有，这就要求选择长渠道，将商品分配到最小的零售商手中。而对于高档耐用消费品，则实行短渠道，在大商店或专业商店里销售。

(4)市场的季节性

对于季节性强的商品,一般应当尽力加宽分销渠道,充分利用中间商,抓住时机促成销售。在淡季,选择的销售渠道要少些,而旺季的渠道就应多些。

(5)市场的竞争程度

企业的分销渠道策略还受到竞争者所使用的渠道策略的影响。因为某些行业的生产者希望在与竞争者相同或相近的经销处与竞争者的产品抗衡。如食品生产者就希望其品牌和竞争品牌摆在一起销售。有时企业也有意避开竞争者所使用的分销渠道,别出心裁以吸引消费者,开辟新市场。

3. 企业因素

企业因素对渠道选择的影响主要体现在以下几个方面:

(1)企业的规模和声誉

通常,一个企业的规模愈大,财务实力愈雄厚,其声誉就愈高,它就越能自由选择分销渠道,有条件的企业还可抛开中间商建立自己的销售网络,因此,这些企业的分销渠道都比较短;反之,那些规模小,财务薄弱,声誉又不很高,自身销售力量也不足的企业就必须依靠中间商来帮助销售产品,因而要采用长渠道。

(2)企业的经营能力和管理经验

一个企业,如果具有较强的经营能力和丰富的管理经验,就能自如地运用各种销售手段,少用或不用中间商,选取较短的分销渠道。情况相反的企业,既没有经营能力,又缺少管理经验,就只能采取由中间商间接销售产品的长渠道。

(3)企业产品组合的广度、深度和关联性

企业产品组合的广度越大,则与顾客直接交易的能力就越大;产品组合的深度越大,则使用独家专售或选择性代理商就越有利;产品组合的关联性越强,则越应使用性质相同或相似的分销渠道。

(4)企业提供服务的质量

企业为中间商提供的服务越好,就越能增强其销售积极性;企业为消费者提供的售前售后服务愈充分,就愈能使消费者无任何后顾之忧而乐于购买,这些都有利于企业采用直接销售的短渠道。

(5)企业控制分销渠道的愿望

若企业希望控制住分销渠道,以便有效地控制商品的零售价格和宣传产品,应选择又窄又短的直销渠道;反过来,不想控制分销渠道的企业就可以选择长渠道。

4. 环境因素

渠道策略还受到环境因素的影响。例如,当经济萧条时,生产者都希望尽量减少流通环节,减少非必要的成本。这也意味着使用较短的渠道,并免除那些会提高产品最终售价但却不必要的服务。

9.2.2 分销渠道的设计

分销渠道设计是整个渠道决策的核心。分销渠道决策的影响因素是复杂多样的,不单是一个因素起作用,而是多个因素交织在一起,共同影响分销渠道决策的制定与实施。为此,制定的决策必须要全面、具体、灵活,以便能够根据产品、市场、企业状况和政策的变化随时选取最佳分销渠道。

渠道设计包括三方面的决策:确定渠道模式、确定中间商数目和规定渠道成员的权利与责任。

1. 确定渠道模式

即确定渠道长度。企业制定分销渠道策略,就是为了有利于指导产品的销售工作。经济且合理是衡量分销效果的首要标准。所谓经济合理,是指以最低的销售费用来取得最佳的销售效果。短渠道所经过的中间环节少,企业能够直接控制产品的零售价格,并且与消费者的接触更密切一些,有利于对产品的宣传和为消费者提供各种售前售后服务,但并不能说明短渠道就是最佳销售渠道,如果为了节省费用而影响销售工作的开展,失去了应有的市场占有机会,这对企业来说是得不偿失的。长渠道有利于开拓市场,这克服了短渠道的不足,但渠道愈长,环节愈多,流通费用的增加也导致了销售工作的不便。因此,长短渠道各有利弊,决定采用其中的哪一个,企业只有以自身产品的特点、经营的实力以及市场状况等方面进行综合权衡,才能做出正确的选择。

2. 确定中间商数目

即决定渠道宽度。这种策略根据采用中间商数目的多少可分成三种形式,即密集性分销、选择性分销和独家分销。

(1)密集性分销(Intensive Distribution)。也称普遍性分销渠道策略,是指生产者在所有分销渠道中不进行选择,而是大量地使用中间商,把销售网点广泛地分布在市场的各个角落,大量地推销商品,以便消费者随时随地都可以买到需要的产品。这种分销渠道策略的实质就是密集销售,多适用于日用消费品。对于生产资料来讲,适合于这种策略的只有那些经常耗用的或具有统一标准的品种。采用密集性分销渠道策略,尽管企业的产品能很快地进入流通领域,有利于迅速地进行再生产,但是生产者的销售费用将会增加,而且在采用此种策略时,要求批发商和零售商并用,专一性不强,因此,中间商都不愿意承担促销费用,如宣传费、广告费等,而通常由企业自己承担。

(2)选择性分销(Selective Distribution)。是指在所有的分销渠道中,生产企业只选择其中一部分中间商来销售产品,其实质是选择销售。这种策略对生产者和销售者相互承担的责任的划分不是很严格，可以用于所有的商品，尤其是消费品中的选购品、高档商品和生产资料中的零配件。选择性分销渠道策略往往是在先采用广泛性分销渠道策略的基础上，经过一段时间，逐步淘汰效益低的分销渠道而筛选出来的。它的专一性较密集性分销渠道策略要强一些，花费的流通费用就相对少一些，这是批发商与零售商激烈竞争、提高销售效率的结果。

(3)独家分销(Exclusive Distribution)。也叫专营性分销渠道策略，实质是独家经销，即生产者在特定的市场内只选择一家批发商或零售商独家经营自己的产品。这些产品主要包括高档消费品和多数生产资料。采用此种策略的企业和中间商都订有书面契约，双方互有许诺，互相为对方承担义务，并实行“独家”的规定，即生产企业在特定的市场上不再请其他中间商来销售自己的产品，而中间商也不准许再经营其他企业生产的具有竞争性的同类产品。采用专营性分销渠道策略，对于生产者来说，优点在于容易控制市场和产品的价格，减少流通费用，提高服务质量；缺点是有时会因销售力量不足而影响销量。对于销售者来说，优点是可以得到生产者的全力支持，不存在价格竞争，收益有保证；缺点是把销售者的命运与生产者联系在一起，一旦生产者经营不当，销售者将会受牵连。因此，这种策略将产销双方的利害联系起来，无论哪一方从关心本身利益出发，都将增强向对方负责的责任感。贵重商品采用专营性分销渠道策略会有助于保持其可靠性。

3. 规定渠道成员的权利和责任

规定渠道成员的权利和责任，这是妥善处理渠道成员关系，建立高效渠道的基本策略。如对不同地区、不同类型和不同购买量的中间商给予不同的价格折扣，提供质量保证和跌价保证，以促进中间商积极进货。还要规定交货和结算条件，以及规定彼此为对方提供哪些服务等等。

阅读资料 9-1

长虹的渠道创新

长虹早期的渠道策略采取的是选择性分销模式，主要依靠大批发商来批销长虹产品，因此该策略被喻为“傍大款策略”。当彩电由成长期进入成熟期，价格成为抢夺市场的主要手段时，长虹未能及时调整渠道策略，也未能利用先进的渠道控制手段协调好分销商之间的关系，导致分销商之间竞相杀价，使长虹的价格体系在零售市场混乱不堪，零售商严重亏损，于是窜货、跳槽、拒售事件频频发生。1998 年，济南 7 家商场联合抵制长虹彩电，长虹被迫从一些商场撤柜，长虹的销售出现困难。

为了克服渠道“瓶颈”，长虹开始构建自己的终端网络，在全国600个市县建设销售网点、专卖店。这种新的直营模式和旧的经销模式出现了市场上的冲突。事实上，靠长虹自己组织零售来完全控制市场是不现实的，要占领全国市场还得借助广阔的现有批零渠道，只有处理好和现有批零渠道的关系，协调好与批零商之间的关系，充分调动批零商的积极性，才是长虹渠道建设的根本出路。想用直营的办法来托起长虹庞大的分销体系是困难的。而长虹的渠道策略在建设和管理上的失误，使长虹产品流通严重不畅，出现严重积压就在所难免。

长虹危机告诉我们，企业必须保持渠道的相对稳定，并充分发挥经销商的积极性，同时，要注意监控渠道发展过程中的各种矛盾，并采取必要措施解决好渠道中出现的这些矛盾，而不是简单地加剧矛盾。企业推出新的渠道时必须处理好新渠道与原渠道的关系，不引起渠道冲突才是安全的。若使渠道处于不安全的动荡状态，企业营销必将受到重大的影响，企业效益也必然下滑。

资料来源：纪宝成，吕一林. 市场营销学教程. 北京：中国人民大学出版社，2012

9.2.3 分销渠道的管理

分销渠道建成后，企业还要决策如何管理渠道。生产者和中间商之间的关系在一定程度上是“命运共同体”，但中间商又是独立的经营单位，有着各自的利益追求，它们有权在无利可图或不满意时撤出。因而，生产者不可能像控制产品、价格和促销那样直接控制分销渠道。这就需要生产者对分销渠道实施有效的管理。

企业必须安排专人负责分销渠道的管理，其主要职责是：

(1)对每个渠道成员的工作效能进行评估。

(2)了解中间商的要求并制定加强与中间商合作的措施。

(3)调整并减少与中间商在业务上的矛盾。

(4)保证对中间商的及时供货。

(5)必要时对分销渠道进行调整。

具体的渠道管理程序包括以下主要内容：

1. 选择渠道成员

生产企业对中间商吸引力的大小，取决于生产企业本身的声誉及其产品的畅销程度。有些企业选择合格的中间商十分容易，而有些企业则可能费尽心机。对于一个有吸引力的企业来说，主要的问题是如何选择渠道成员。一般来说，选择渠道成员的标准应包括：中间商的历史长短、信誉好坏、经营范围以及销售和获利能力、偿付能力、协作精神、人员素质和发展潜力等。如果中间商是独立的零售商，则还要考虑其门店地点、顾客类型等。

2. 激励渠道成员

为了更好地与中间商合作，生产者必须采取各种措施对中间商给予激励，以此来调动其经营企业产品的积极性。如对经营效果好的中间商可通过提供一定的促销费用、价格折扣、年终返利等方式给予激励。

3. 正确评价渠道成员的销售绩效

生产企业必须定期考核渠道成员的绩效，以此为依据实行分销渠道的有效控制。评价渠道成员销售绩效的方法：一是将每一中间商的销售额与上期的绩效进行比较，并以整个群体在某一地区市场的升降百分比作为评价标准。对于低于该群体的平均水平的中间商，找出其原因，帮助改正。二是将各个中间商的销售绩效与某一地区市场销售潜量分析所设立的配额相比较。即在一年的销售期过后，根据中间商实际销售额与其潜在销售额的比率进行对比分析，将各中间商按先后名次进行排列，对于那些比率极低的中间商，分析其绩效不佳的原因，必要时予以取消。

4. 分销渠道的及时调整

企业的营销环境是不断变化的，为了适应环境的变化，企业应对原有的分销渠道及时做出相应的调整。渠道调整的策略一般有：增加或减少渠道成员，局部修正某些渠道，全部修正分销渠道系统等等。

阅读资料 9-2

娃哈哈：渠道掌控

娃哈哈的“二级联销体”通过模式创新，在成本与收益之间实现了较好的平衡。从渠道结构上看，娃哈哈的渠道结构并不算扁平化，其渠道成员包括一级特约经销商、二级特约经销商、批发商和零售商四级，分别覆盖地级市/省会城市、县级市/县、乡镇和村等级别市场。与采用深度分销的企业直接将经销商设置到县的思路不同的是：娃哈哈的渠道很宽，几乎覆盖了全部渠道，包括现代渠道（大卖场/超市/便利店）、传统渠道（批发市场/杂货店/流动摊点）及特殊渠道（交通口岸/娱乐场所/旅游景点/餐饮场所/学校/工矿企业等）。其渠道密度惊人，渠道成员数量极其庞大，如果以终端铺货率衡量，娃哈哈是绝对的王者，在中国任何一个偏远地区，或高原地区（海拔 4000 米的高山），你都可以见到娃哈哈产品的身影。娃哈哈之所以能实现渠道长度、宽度和密度近乎完美的结合，关键在于重新规划与渠道成员之间的合作关系。娃哈哈通过划定区域、降低重心、维护差价、强化规范来重新界定与渠道成员之间的合作关系，同时也借助人员力量来协助渠道成员拓展业务，这种方式一方面充分发挥了渠道成员的资源和能力，另一方面通过大力度的产品扩张、品牌传播和人员助销强化了对渠道的掌控。因此娃哈哈在实现对渠道精耕的同时，渠道运作成本没有失控。

资料来源：纪宝成，吕一林．市场营销学教程．北京：中国人民大学出版社，2012

9.2.4 现代新型分销渠道

传统分销渠道中没有一个成员对其他成员有绝对或足够的控制力，也没有一个正式的机构来指派角色和解决冲突，没有统一领导和统一的分销规划，因而，渠道成员之间会由于利益问题而经常发生矛盾，使整个分销渠道系统效率低下。

现代新型分销渠道系统的发展趋势是组成一个联合分销渠道系统，使整个分销渠道系统形成一个利益共同体，从而提高整个分销渠道系统的效率。联合分销渠道系统有以下几种形式：

1. 销售渠道的横向联合

销售渠道的横向联合，又称水平营销系统（Horizontal Marketing System，HMS），是由两家公司联合开发共同的渠道系统。这些公司或因资本、生产技术、营销资源不足，无力单独开拓市场，或因不愿意承担风险，或因看到和其他公司联合可实现最佳协同效益，而组成水平渠道系统。他们可以暂时或永久地合作也可以组成一家新公司，如皮尔斯堡公司和克拉夫特食品公司签订一项协议，由前者制造冷冻生面团产品并负责广告宣传业务，后者则应用其专门技术组织营销，将这些产品分销到商店。

2. 销售渠道的纵向联合

销售渠道的纵向联合，又称垂直营销系统（Vertical Marketing System，VMS），是指用一定的方式将分销渠道中的各个环节的成员联合起来，寻求共同目标下的协调行动，以促进分销活动整体效益的提高。这种垂直营销系统大致有三种形式：

（1）统一垂直营销系统

统一垂直营销系统（Corporate VMS），即由一家公司拥有和统一管理制造和分销的各环节。这种联合体将制造、批发和零售融为一体，而非单纯的“制造商”或“零售商”可比。

（2）管理垂直营销系统

管理垂直营销系统（Administered VMS），即通过渠道中规模和实力较大的成员来协调和管理制造与分销的各个环节，而不是以所有权或特许权的形式来管理。品牌产品的制造商较能取得批发商的合作与支持。例如柯达、吉利、宝洁等公司可能博得其中间商在产品陈列、展示、促销和价格政策方面的异乎寻常的合作。

(3)契约垂直营销系统

契约垂直营销系统(Contractual VMS),即不同层次的独立的制造商和中间商,以契约的形式建立的联营形式。包括:批发商自愿连锁店;零售商合作社;特许专卖机构,如制造商组织的零售商特许专卖系统、制造商组织的批发商特许专卖系统、服务公司组织的零售商特许专卖机构。

除上述联合分销渠道系统外,现代新型分销渠道还包括网络分销系统。网络分销系统是一种新兴的分销渠道系统,也是对传统商业销售运作的一次革命。企业通过国际互联网络,发布商品及服务信息,接受消费者或用户的网上订单,然后由自己的配送中心或直接由制造商通过上门或邮寄的方式将商品送达消费者。例如网络书店、网络花店、网络药店等。

9.3 中间商的类型

中间商(Merchant)是泛指在生产企业和用户(消费者)之间进行商品流通业务活动、达成买卖交易的经济组织和个人。根据中间商在商品流通活动中的地位和作用的不同,可将其划分为零售商和批发商。

9.3.1 零售商及其类型

零售(Retailing)包括将商品或服务直接销售给最终消费者供其个人非商业性使用的过程中所涉及的一切活动。零售商(Retailer)则专指那些销售额主要来自商品零售的商业企业,它所执行的主要职能就是为最终消费者提供服务。零售商的详细分类如下。

1. 按产品组合的长度和深度划分的主要零售店类型

(1)专业商店

专业商店(Specialty Store)经营的产品线很少,但花色品种比较齐全。这类商店在市场细分、市场目标的确定和产品专业化方面可获得很多机会。其成长往往和购物中心的涌现联系在一起。

(2)百货商店

百货商店(Department Store)则要经营几条产品线,商品种类繁多。随着城市的发展,百货商店逐渐成为商业区的重要零售机构,但由于经营和管理费用的上升,这类商店在总零售额中所占比例和盈利开始下降。

(3)超级市场

超级市场(Supermarket)是规模相对较大、销售量大、毛利和成本较低,价格便宜，为满足消费者对食品、家庭日常需要的种种需求服务的零售组织。

(4)便利商店

便利商店(Convenience Store)一般设在居民区附近，经营品种较少、价格较高、周转很快的方便商品，营业时间很长。

(5)混合商店和超级商店

混合商店(Combination Store)和超级商店(Superstore)是比传统超级市场规模更大的两种零售商店。混合商店除经营食品外，还经营药品等；超级商店以满足消费者各种日常需要为目标，经营范围很广，如食品、化妆品、保健品、家用器皿、服装、图书杂志、文具等必需品，一应俱全。有的还附设洗衣、修理、融资和快餐等业务，比传统超级市场大而全。

(6)服务行业

服务行业(Service Business)包括旅馆、银行、医院、客运、娱乐、理发、美容、修理等，主要为社会提供各种服务。

2. 按价格相对重要程度划分的主要零售店类型

(1)折扣商店

折扣商店(Discount Store)出售标准商品，其特点是价格低、强调全国性品牌，因而质量有保证、设备少并实行自我服务、店址地段租金低廉。

(2)仓库商店

仓库商店(Warehouse Store)是一种不装修、价格低廉、服务有限，实行货仓式销售的售货形式。

(3)样品目录陈列室

样品目录陈列室是将商品目录和折扣原则应用于大量可供选择的毛利高、周转快的品牌商品的销售。

3. 按控制程度划分的零售店类型

(1)连锁商店

连锁商店(Chain Store)通常表现为两个或多个商店同属于一个所有者所有和管理，经销同样的商品，有中心采购部和商品部，甚至在商店建筑等方面也采取统一的形式和基调。

(2)自愿连锁和零售商合作社

自愿连锁和零售商合作社(Voluntary Chain and Retailer Cooperative)是在连锁商店竞争的压力下，独立商店的两种联合组织。独立商店之间可能形成由某个批发商发起若干零售商参加的自愿连锁组织，从事大规模购买和统一管理。也可能形成由若干零售商成立的某个中心采购组织，同时联合进行促销活动。这些组织能够获得必要的商业规模经济，能较好地应付来自连锁商店的价格挑战。它与上述连锁商店的区别只在于其所有权是各自独立的。

(3)消费者合作社

消费者合作社(Consumer Cooperative)是指为顾客自己所有的零售公司。最初的创办是由于同一地区的居民感到当地的零售商不能为他们提供良好的服务,商品质次价高,所以才自己出资开设的。他们自定办店方针和管理小组,制定较低的价格,最后按个人购买量的大小分配红利。

(4)特许经营组织

特许经营组织(Franchise Organization)是指在特许人和特许经营者之间形成的一种契约式的联合。特许经营组织通常是以某种独特的产品、服务,或者某种经营方式,或者是某个商标、某项专利,或者是特许人的声誉为基础的。

(5)商业集团

商业集团(Merchandising Conglomerate)是一种没有固定形式的商业垄断组织,通常是多角化经营,在一个控股公司的控制下联合各行业的若干商店,统一领导,分散经营,如美国的"联合百货商店"等。

4. 按网点集散程度不同划分的商业区

(1)中心商业区

中心商业区(Central Business District)目前在我国是最主要的零售店的群集形式。在每个大城市和城镇都有由各种百货商店、专业商店、银行和电影院等组成的中心商业区。在居民较为集中的街区和城市边沿地区则分布着较小的商业区。20世纪50年代以后,一些发达国家的城市居民为了避开交通拥挤、停车费用昂贵以及日益恶化的城市环境,开始由闹市区向郊区转移,于是一些大商号开始到郊区开设分店。从总体上看大部分中心商业区的发展处于缓慢的衰退之中。

(2)地区性购物中心

地区性购物中心(Regional Shopping Center)是拥有几十家到上百家商店的小型城市商业区。购物中心也就是在位置、规模和商店类型上相互关联的一组商业企业,它们作为一个单元,统一计划、拥有和管理它所为之提供服务的商业区域,并提供与其商店规模和类型相适应的就近停车场。

(3)住宅区购物中心

住宅区购物中心(Community Shopping Center)一般包括15～50家零售商店,常有一家主要商店,通常是一家百货商店的分店或者是一个综合商店。购物中心一般包括一个超级市场,几家便利商店和专业机构,有时还有邮局和银行储蓄机构。

(4)邻里购物中心

邻里购物中心(Neighborhood Shopping Center)包括5～10家商店,主要为步

行到这些地方的顾客服务，主要经营出售方便物品和提供其他生活服务。与大型购物中心不同，邻里购物中心通常是一种没有经过事先规划而自然形成的商店群。

5. 无店铺零售

除上述各种有固定店铺的零售形式外，还有若干种无店铺零售(Non-store Retailing)，即为便利顾客、扩大销售而建立的各种灵活多样的无店铺零售形式。

(1)直接销售或直复营销

直接销售或直复营销(Direct Marketing)是指专门通过邮寄、电话、电视、网络等手段而不通过门市进行的零售活动。

(2)自动售货机售货

自动售货机售货(Automotive Vending)是指利用自动售货机经营销售商品。第二次世界大战以来，自动售货已被运用在多种商品上，如香烟、糖果、报纸、饮料、化妆品等。

(3)直接推销

直接推销(Direct Selling)是指生产企业不经过中间商的一种销售形式。

(4)购货服务

购货服务(Buying Service)是一种专为某些特定的顾客服务的零售方式，通常是由学校、医院、政府机关等大单位派采购人员参加一个购货服务组织，该组织选择一些零售商与之建立长期业务联系，零售商凭购物证给该组织成员一定的价格折扣。

9.3.2 批发商及其类型

批发(Wholesaling)业务包括向以转售、生产或经营为目的的顾客销售商品或劳务的一切活动。批发商(Wholesaler)就是主要从事批发活动的企业。根据批发商从事批发活动方式的特点，可将其分为：商人批发商、代理商和经纪人以及制造商的销售分支机构。

1. 商人批发商

商人批发商(Merchant Wholesaler)。这类批发商是独立的企业，拥有所经营产品的所有权。可进一步细分为完全服务批发商和有限服务批发商。完全服务批发商提供存货、送货、推销、商业信用、促销和市场信息服务。有限服务批发商是对其供应者和顾客只提供极少服务的批发商。包括只经营周转快的商品、卖给小型零售商的现款交易运货自理批发商，主要执行销售和送货职能的卡车批发商，专门经营笨重的大宗工业产品的直送批发商，服务于杂货店和药品零售店的专柜寄售批发商、邮购批发商等等。

2. 代理商和经纪人

代理商(Agents)和经纪人(Broker)。他们从事购销谈判和促销工作,但不取得商品所有权,而是通过完成一定的市场活动而收取佣金。

3. 制造商的销售分支机构

制造商的销售分支机构(Manufacturer's Sales Branches)是批发的第三种类型,它并不是独立的批发商,而是卖方或买方自己进行的批发业务。这些机构包括销售分部和营业所、采购办事处等。批发商的具体类型也可按供应区域的大小、经营商品的种类来划分。

近年来在西方国家有一种趋势,即大批发商和大零售商的界线越来越模糊,许多大零售商开始经营批发业务,而许多大批发商也建立自己的零售网点,还有许多大批发商走向国际市场。

9.4 分销渠道的变革

在消费者需求、零售业态、竞争形势等外部因素以及企业战略转移、产品或业务单元转型、管理体系变革等内部因素发生变化的时候,为了避免产品向消费者输出的通路中断或陷入瓶颈,厂家、经销商和零售企业都需要认清渠道变革的趋势和方向,认识自身的价值和不足,从而在新一轮的渠道变革中找到自己的位置和生存空间。比如,互联网的诞生与普及不仅引发了生产方式的变革,也改变了我们的生活方式,更引发了渠道的变革。自从戴尔公司和亚马逊公司通过网上销售获得了巨大成功之后,许多公司纷纷效法。几年间,京东商城、淘宝网、当当网、红孩子、梦芭莎、麦包包、一号店、唯品会等网站越发火爆,吸引了越来越多的人到这些网站购物。人们去京东商城买3C产品,去淘宝网淘便宜货,上当当网买图书,去一号店买日用品和食品,去唯品会淘尾货等。这就促使很多人开始产生疑问,现在漂亮的购物中心、百货商店、家电大卖场是否还有必要存在,现在的渠道究竟要如何变革。

渠道变革是一个很宽泛的概念,可以理解为通过对原有分销渠道的优化、改进或颠覆来实现对既定企业资源的合理配置,降低渠道总成本,在追求渠道成员多方共赢的基础上提高渠道的经营绩效调整过程。进行渠道变革应当遵循一定的原则。

9.4.1 渠道变革的原则

渠道要变革,首先要明白渠道的目的在于帮助企业实现销售业绩的增长,实现企业的经营利润。因此,进行渠道变革应把握以下原则:

1. 效率最大化原则

渠道变革的目的之一就是要更加快捷地服务于更多的经销商，集合更多的物流、信息流和资金流资源，同时降低传递过程中的各项成本，提供高效率的物流服务和更大的客户满意度，在渠道扁平化的基础上实现效率的提升。

2. 控制性原则

一般来讲，对于流通性企业而言，掌控了渠道就等于掌控了市场。而企业对渠道的控制力度取决于其对资源整合的程度。所以，渠道变革的前提是对企业所拥有资源的合理认知和对市场竞争态势的理性判断。

3. 创新性原则

渠道变革，意在与众不同，能从激烈的竞争中脱颖而出，别人怎么做你也怎么做，结果只能是将自己陷入资源战（更多表现在产品的价格战和渠道资源的采购战）的漩涡中。所以，从竞争对手的渠道劣势出发构建差异化的相对竞争优势显得尤为重要。

4. 系统协调原则

渠道模式、管理体系和一套相互支撑的配套体系是渠道变革能否成功的关键保证。不掌握消费者的需求内涵，不分析实际面临的行业竞争态势，不了解企业渠道自身的优缺点，不能够从长远整体的层面系统协调地推进各项配套体系的建设，盲目地追求渠道变革，后果不堪设想。

5. 价值累积原则

渠道变革的核心目的之一就是获取渠道的高溢价能力。成功的渠道变革将有助于企业实现其产品的高溢价，提升其消费者的满意度和忠诚度，从而实现渠道价值累积的结果。

6. 动态发展原则

渠道模式必须要随着外界环境的变化进行适时的调整，相对成功的渠道模式可以更加有利于企业进行各类资源的整合，能够将经销商、分销商、零售终端，甚至政府和行业力量均整合起来为自己服务。而任何一个企业的渠道模式只可能无限接近这个方向。

9.4.2 渠道变革的路径

1. 改变渠道成员的数量

原先在局部区域市场销售的企业，需要全面进入市场时，就需要增加渠道成员的区域覆盖范围，或者需要增加更多的渠道成员来增加覆盖范围；而在企业进行战略收缩的时候，常常采用将效益产出或者亏损的渠道裁掉，减少渠道成员数量，精兵简政，节约成本以获取预期的营销绩效。

2. 改变渠道层级

当经销商的经营能力弱、经销商所属区域的竞争对手出现较大威胁的时候，可以考虑帮助经销商建立二级分销客户进行深度分销，也即需要增加渠道的层级；而随着现代终端的规模化和连锁化发展，越来越多的厂家更加强调要有效地控制终端，纷纷撤除经销商，对连锁终端进行直营，通过减少渠道层级为厂家更加快捷地控制终端提供便利。

3. 改变渠道的类别

新媒体时代的到来使得除原有传统渠道外，网络、新媒体、数字移动媒介等任何全新的媒介路径都可能成为现代企业渠道变革的选择之一，企业需要做的就是关注市场趋势的发展，大胆地予以变革创新。

4. 改变渠道的结构

现实中，很多企业采取的是多渠道运作策略，为获取更多的营销效益，企业必须按照零售业态的发展趋势，对多个渠道进行细分，从资源投入和效益产出的维度进行周期性评估，辅之以产品结构的调整，在效益产出较高的渠道进行精耕细作。

5. 改变渠道的合作关系

为促进下级客户的购买，弥补消费群体购买力不足的现实，企业可以考虑通过提供更好的营销服务，实施销售与服务一体化，进行信息共享，减少管理环节，从而获取更多的产业链控制权，获取更高的经营效益。

9.4.3 渠道变革的保证

要确保渠道变革的成功，企业必须引进严谨科学的变革管理理念，对渠道的变革进行科学的规划和管理。

1. 渠道变革的情景判断

渠道变革的情景判断基于影响企业渠道变革的两大类因素的分析：外部因素分析包括消费群的变化趋势分析、零售业态的变化分析、客户的需求分析、竞争企业的策略分析，以及政治经济等宏观环境分析；而内部分析主要涉及企业当前的经营分析、客户满意度分析、财务和人力资源分析等。

2. 渠道变革的资源盘整

企业需要渠道完成什么样的使命？企业能否承受渠道变革可能带来的风险？渠道变革需要哪些软件和硬件的相关配套？企业已有的渠道资源是渠道变革的基础和沿袭的资本，所有改革的起点必须在企业现有资源合理盘整的基础之上，对此，企业必须要有清晰的认识。

3. 渠道成员的利益设计

渠道模式的设计需要根据外界的发展趋势和自身的资源匹配状况，在激励原则的指导下，进行渠道成员的利益设计。渠道成员的利益设计不仅仅是利润的量化指标，还包括人员价值、服务价值、发展价值等方面的规划和设计。整体设计要考虑渠道成员的利益需求、行业规则、企业支付能力等因素的有效权衡，以确保对绝大多数渠道成员的激励效应。

4. 渠道变革的稳步推进

渠道变革不能一蹴而就。既然是变革，就代表着先导和先进，但不代表一定适用。所以选择样板市场进行变革前的试导入至关重要。在样板区域内成功导入后，对其经验和教训进行总结，同时对其他区域的实际情况进行对比分析，对原有的管理和操作系统预先进行完善和修改，然后再考虑更大范围的推广，努力做到有计划、有匹配、有协调、有支持、有制约、有风险防范。

5. 渠道变革的持续优化

渠道变革的推进具有延续性和持久性，是一项持久长远的工程，应该随着形势的发展而不断调整。企业要维持不断的进步，就必须将渠道变革管理纳入企业变革管理的重要组成部分，从而以渠道变革的持续优化来推动企业的营销绩效提升。

阅读资料 9-3

苏宁：线上线下的渠道变革

2011 年 6 月 19 日，苏宁电器在南京总部高调亮出 10 年规划：到 2020 年实现销售额 3500 亿元、门店总数达到 3500 家，这意味着未来每年平均开店 200 家。更引人注目的是，到 2020 年苏宁易购的网络销售额也将达到 3000 亿元，几乎与实体店面打平。

“左右互搏”曾经是家电连锁业面对电子商务时最大的忌讳，网店吸引顾客的不二法宝是低价，这势必冲击实体店的销售业绩，甚至可能引发原有采购和定价体系的混乱。家电连锁业因此一度对电子商务采取保守策略，但是在京东商城每年超过 100%的超速增长刺激下，2011 年苏宁和国美不约而同地大举杀入。“2010 年国内网上交易总额达到 4.5 万亿元，同比增长 22%。这个市场还在高速增长中，如果苏宁不做等于把机会留给别人，何况目前我们还没看到实体店受到了多大冲击。”苏宁电器副董事长孙为民认为，苏宁要的远不止增加一个销售渠道，而是期望以网络促进行业新的变革。“零售业将从劳动密集行业转向信息密集行业，未来苏宁希望成为消费者数据运营公司，为用户和供应商提供集成应用和内容服务。”

资料来源：纪宝成，吕一林. 市场营销学教程. 北京：中国人民大学出版社，2012

思考题

1. 什么是市场营销渠道？什么是分销渠道？二者有何区别？

2. 分销渠道的类型有哪些？

3. 举例说明中间商的作用。

4. 零售商的类型与特点各是什么？

5. 批发商的类型与特点各是什么？

6. 影响分销渠道选择的因素有哪些？

7. 试分析下列商品采取哪种分销形式(密集性分销、独家分销、选择性分销)最好：高级手表、非名牌自行车、指甲钳、可口可乐。

8. 近年来分销渠道有哪些发展？

9. 渠道变革应该把握哪些原则？

10. 企业应该如何成功推进渠道变革？

案例分析 1

李宁品牌的分销渠道变革

从萨马兰奇宣布2008年北京奥运会申办成功时开始，国内的体育用品消费市场逐步火爆起来，尤其是我国本土体育品牌的发展进入黄金时期。2008年，李宁、安踏、特步、中国动向上半年收入或营业额都实现了同比50%以上的增长，整个行业的平均增长率也超过30%，而奥运会开幕式上李宁的“凌空微步”更是为民族体育用品品牌涂上了浓墨重彩的一笔。然而时至今日，经历了多年的水平粗放式发展滞后，面临成本上涨、价格优势淡化、同质化严重、竞争激烈等多方面因素的影响，国内体育用品市场增长整体放缓。如何调整本土体育品牌的运营战略，建设更为完善的分销渠道，进而提高品牌的核心竞争力已经是本土体育品牌亟待解决的问题。

1990年，李宁有限公司在广东成立。它长期依靠市场的自然成长，缓慢地扩大规模，并幸运地成为国产品牌老大。1998年，公司建立了本土公司第一家服装与鞋的产品设计开发中心，成为自主开发的中国体育用品公司。

李宁公司旗下拥有诸多知名品牌，除了其核心品牌李宁外，还有乐途、艾高、新动、凯胜以及红双喜，涉及运动服饰、运动鞋帽、运动器材等多方面产品。李宁公司也拥有中国最大的体育用品分销网络。据2008年李宁公司的财务报表显示，截至

2008 年年底，李宁的店铺共计有 6245 家。同时，李宁公司的国际网络也在不断拓展，目前已进入 23 个国家和地区。

在渠道设计上，李宁公司的分销渠道建设一直采用比较传统的方式，就是一味地增加门店数量，粗放式地铺网，以此扩大市场占有率，增加销售量。这种粗放式的模式在李宁品牌建设初期的确贡献巨大，一度将国际竞争对手阿迪达斯击败，使其位居国内体育用品市场第二的位置，然而随着运营成本的加大以及市场有力竞争者的增多，这种粗放式的发展模式开始显示乏力，出现发展的“天花板”。

李宁公司开始拓展多渠道，在 2008 年 1 月份成立了电子商务部，整合了淘宝网第三方网络平台现有的网络销售商，4 月 10 日淘宝旗舰店正式开张，5 月份推出渠道管理体系，6 月份推出李宁官方商城，将网络销售渠道发挥到了极致，各种网络营销方式也挥洒自如；同时随着开设独立门店所受到的成本约束越来越大，李宁公司又开始重新重视店中店分销模式。目前，李宁公司已经形成分销商、直营店、电子商务等多种营销渠道，对于拓展其产品的市场份额和销售额功不可没。

在渠道商的数量上，根据李宁 2010 年中期财务报表显示，截至 2010 年 6 月 30 日，李宁有 129 个经销商，超过 2000 个分销商。虽然他们能快速地将触角伸到大型经销商暂时无法触及的地方，并且帮助李宁超过阿迪达斯成为中国市场上老二，但是这些分销商中大部分零售管理能力、货品采购能力及产品生命周期的管理能力较弱，并且这些分销商缺乏规模效应，据统计大部分分销商规模都比较小，平均经营两家店。其中，超过 1700 个分销商仅经营一家店。随着经销商和分销商运营成本的快速上涨，自 2010 年开始，李宁公司加大低效率分销商的整合力度，让较大经销商或想进一步发展的分销商对低效率分销商的店铺进行收购。这意味着分销商中最弱的 1/3 要么被大的经销商收购，要么改换门庭。对于后者，一旦合约到期，李宁公司即停止供货。

从理论上来说，这种变革应该是可以为李宁公司注入新的活力的。首先对于大的经销商而言，能够扩大其经营规模，方便它们统一开展大的促销活动以提高销售；其次是较低的拿货价格有利于其与当地的分销商竞争。但是变革推行半年后的 2010 年 12 月 20 日，李宁公司股价大跌近 16%，市值一日蒸发 35 亿港元，在 2011 年第二季度大型订货会上，李宁订单金额较 2010 年同期下降约 6%。由此看来，整合经销商渠道还没有达到预期的效果。

在渠道长度设计上，李宁公司在变革中鼓励大型经销商增加直营店铺数量，同时其网络营销渠道则是最短的渠道。在互联网上，李宁官方直营店和李宁官方授权店，已经被越来越多的年轻网民所接受。这样做可以很好地降低运营成本，同时便于整体营销策略和促销策略的实施，而且还可以充分发挥价格优势，提高销售利润，提高企业的整体运营能力，可以说是企业分销渠道建设的发展趋势。

李宁公司的转型还在艰难征途中……

资料来源：吕一林，岳俊芳. 市场营销学. 北京：中国人民大学出版社，2013

案例思考题

1. 试论述分销渠道对企业经营的重要性。
2. 结合本章内容，你认为李宁公司在渠道变革过程中会出现什么样的问题？
3. 你看好李宁公司的网络营销渠道吗？为什么？

案例分析 2

京东 VS 国美：谁主沉浮

历史总是惊人的相似，国美在短短22年就能雄霸全国，靠的是一次次的创新。而如今依托电子商务新技术横空出世的京东商城，又颠覆了传统的商业模式和市场结构，不断冲击国美一手缔造的家电零售帝国。

它是中国最大的3C网络购物商城，以超过40%的份额领跑3C网上零售市场；它已经拥有了350多万注册用户和100多万活跃用户；它一个月能卖掉3万多台笔记本，迄今为止，已经卖出了707万件低价IT产品和小家电商品。

尽管这个数字与淘宝网的1亿注册用户相比仍差之千里，但马云却已经提醒淘宝高层："要将它当作一个竞争对手。"它就是京东商城，一匹从众多3C零售网络中杀出的黑马。

一、潜伏者：谁是京东？

当互联网时代开始流行"不知道求百度，出行找携程，买书上当当，血拼来淘宝"的时候，京东的CEO刘强东在中关村电子城梦想着像国美一样在全国开店。而6年后的今天，京东商城却以新兴网络营销的方式与国美展开PK。用刘强东的话讲，这是被"逼"出来的商业模式。

刘强东6年的传统渠道的从业经验告诉京东，毛利润不重要，零售产业的关键在于薄利多销。6年来，京东商城的年销售收入成倍数上升，2010年超过100亿元，国美用了15年达成的目标，京东可以在6年实现突破吗？利润换市场真的可行吗？

在刘强东看来京东最为核心的商业本质是"产品、价格和服务"。

网络零售业发展前期水货假货是主流，鱼龙混杂的网络购物环境下，京东商城坚持"先'商务'，后'电子'"的理念，把握"产品"是商业的本质，保证京东商城销售的所有产品都是正品，凡是从京东商城购买产品都提供相应发票，并享受与传统渠道一样的售后服务，这可以从根本上消除消费者下单时对于风险的疑虑。

零售商的成本效率是生命线，保证“价格”的关键在于做大规模，加大采购谈判的话语权以压低进货价格，同时控制内部运营效率。尽管几年来的利润几乎为零，刘强东依然坚信“平进平出”可以让京东成为新一代渠道之王。

此外，刘强东很清楚借助强大的信息系统，京东可以在谈判桌上掌握主动权：网络营销的一大卖点在于服务器系统可以详细记录每件商品的浏览者和买者信息并通过对方注册资料统计做出一份完美的市场分析报告。比如某款华硕笔记本，究竟是哪个年龄段的人喜欢？什么类型的人喜欢？男性还是女性？公司职员还是政府机关人员……这些数据不仅可以帮助京东准确预测销售量，提高库存周转率，同时也能够很好地帮助厂商分析市场。

另外，在传统零售中，产品被厂商生产出来，经过经销商、代理商、零售商等四五个层级后，最终到消费者手中的时间一般在3～6个月，而在这段时间里产品就在贬值，所以3C产品毛利率不高的原因就在于这种渠道积压所导致的产品贬值。如果产品一被生产出来就能交到消费者的手中，那么厂商所能得到的毛利率也会提高很多，而京东商城恰恰能帮助厂商实现这一点。

由此可见，京东能带给厂商很高的渠道附加值，即使京东一次次因为“窜货”问题与厂商产生冲突，但最终都能顺利取得对方妥协。京东在出现时难免有厂商担忧它是否会蜕变成下一个国美，但更多的厂商应该是庆幸终于出现一股可以遏制“国美们”无限膨胀的力量。家电连锁业大鳄们不得不承认，京东商城已经构成威胁。

二、国美的末日危机？

国美用22年的时间打造了家电零售王国，其最大撒手锏就是自始至终的低价策略。但如今，黄光裕的价格屠刀似乎已经有点老化了，2004年，刘强东带着他那把更锋利的屠刀悄然杀入，短短6年，就已经席卷众多市场。

京东的进入，让国美和厂商牢固的关系开始松动。国美在其巅峰时刻，经常会占用贷款，压缩厂商利润，好些厂商甚至一度与其交恶。京东带来了一种新的营销渠道，供应链的更高效和成本的更低廉是对传统渠道的一种突破和挑战。新的商业运营模式让委屈的厂商看到了一片曙光。

2005年到2007年，3年时间刘强东说他就做成功了一件事情，那就是打通与产品供应商的关系。一开始的时候，京东为了抢占市场到处抓货，引发窜货现象，厂商视京东为“捣乱者”甚至“怪胎”，甚至对其进行抵制。但是当京东向厂商抛出层层诱惑，提供种种“贴心”举措时，比如拥有每年以超过3倍的速度增长的网络终端客户，厂商产品入住京东无须交纳各种费用，京东提供20天的返款时间再加上提供准确及时的产品消费数据等，厂商最终选择欣然接受。

京东是以做“3C 产品”的网上销售起家的。相对于一般百货家电类，这类产品的消费对象更年轻更潮流，再加上年轻的网民在之前网络购物教育下已经培养出了这种网络消费理念。因此京东的客户大多是年轻上网一族，如各大高校的学生们，大城市 25 岁～35 岁的白领阶层。网购带来的低价、方便快捷以及信息对称让国美的年轻客户不断流失。

刘强东自创立京东商城之后，就一直在不惜血本培育他的校园市场。他在全国多所大学中招聘了 600 名大学生，通过 DM 单、海报、环保袋等不断推陈出新的方式来帮助京东在校园中销售商品。为了及时送货，他还在校园中设立了提货点。他知道，这批伴随着电脑网络长大的大学生们正是将来电子购物的主体消费者。

京东还抢到了另外一块大奶酪——企业客户，京东专门组建了团队为这些大客户服务，1.3 万个企业客户 2009 年为京东带来 4 亿元的销售，其中不乏 1000 万元的大单。京东在服务大客户方面也是下足了功夫，他们定做 1.5 米数据线的鼠标，甚至帮忙团购食用油。京东库房不具备储藏食物的条件，客户需要的食品类产品甚至会直接从采购点运至企业所在地。

目前而言，国美流失的也许仅仅是追赶潮流，接受网络消费的年轻客户群，但再过 5 年，如今的在校大学生步入社会，开始考虑成家问题，自然而然对家电等其他商品的需求上升，这将带动京东从 3C 产品到日用百货的各种品类的需求。同时，目前定位在 35 岁以下的客户群 5 年后便扩大至 40 岁以下，这意味着“国美们”5 个年龄段的客户将继续被吞噬。同样，京东的企业客户市场可能也存在客户群、客户需求的自然延伸趋势。这使“国美们”不得不打起精神认真对待京东目标客户扩张的威力。

对上，失去对上游厂商的绝对控制；对下，失去市场的部分消费群，国美的奶酪正被京东一块块地吞噬、侵占。

三、救赎之道

黄光裕事件、京东商城异军突起、世界经济连续滑坡威胁着曾一度如鱼得水的“国美们”，国内家电连锁业开始酝酿着一场新的变革。

1. 取消“进场费”

近来，关于国美电器将实行门店升级，逐步取消“进场费”的报道接连不断。国美还计划在全国开设 50 家无进场费门店，这些门店将取消供货商促销人员，完全采取新营销模式。

国美主动推行逐步取消“进场费”的“自断财路”行为只是为了报答供应商在“黄光裕事件”中对国美的支持吗？笔者认为此次“阳光政策”的深层次的原因更在于国美意识到零供关系紧张的本质及其威胁，改善与供应商关系，从而获得更多竞争筹码，对国美弃原始的“跑马圈地”改精细化的“门店转型”的积极意义更深远。

国美的利润来源开始逐步归到正统的消费者环节，规模效应已经达成，“类金融”模式的存在意义将开始淡化，“开店”向“守店”阶段转变，这个过程会更注重经营成本的降低，依靠服务质量来维持口碑，建立品牌效应。

2.加大第三方物流

供应链决定零售企业的生存状态。在价格战打到一定程度的当下，降低物流成本不仅是家电连锁企业在同行竞争中立于不败之地的保证，更是考验国美和京东两种新旧零售模式比拼中输赢的关键点。

家电零售企业如果自建物流，不但要具备一定的资金条件，还要具备相应的人才、车辆、仓库、信息系统。而外包给第三方物流，由于家电物流涉及货物运输、仓储、货物跟踪、顾客退货服务、代收货款服务等诸多环节，对物流公司的专业性、全面性要求苛刻，同时更要适合家电零售企业的销售模式。当下，无论国美还是京东都无法找到满意的第三方物流公司。因此，自建物流体系成为家电零售企业降低成本、抢占市场、赢得客户的重中之重。

在国美17年发家史中，物流体系经历了三次飞跃性变革，国美全国性物流网络已基本成型。同时，开始于2003年的“集中配送”模式为国美电器“大物流”发展方向提供了可能，即国美物流定位是同时为国美电器和家电生产商提供服务的综合性第三方物流企业。

此外，国美物流的发展是“国美农村计划”顺利实行的力量保证。国美2006年提出的“只加一个点”战略能够“不亏本”的实现是对国美物流最实在的考验，国美能否在网点开发进入到三、四级城镇市场后依然散发大连锁渠道的魅力，正是对国美物流发展的最好检验。

而京东商城在业务量迅速扩张的同时，配套物流配送能力无法随之提升，客服人员缺口等因素导致服务质量下降，虽然已经引进2100万美元风险投资用来扩充公司的产品类别、提升公司的物流及配送能力，但内部软实力的提升需要一定时间的摸索和经验的积淀，这应该是“国美们”能否借助深口袋策略在这场世纪博弈中保住霸主地位的关键。

3.建立国美网城

黄光裕说过：“能对国美构成威胁的，除了全球巨头的进驻外，就是电子商务的兴起。”因此，2004年国美也开始建立自己的网络商城。整个网站的架构是按照国美原有的地面架构搭建的，系统建立了43个网站，对应43个分部。2005年至2007年，国美网上商城的销售额分别为1亿元、4.06亿元、10亿元，对比国美门店过千亿的销售额，国美商城的发展速度过于缓慢。

京东商城近几年发展迅猛，并且其产品已经由单纯的3C扩张到百货类产品。面对这个电子商务强劲的对手，国美必须加大加快其网络商城的建设，才能迎合时代的发展，抢夺年轻一族的市场。

作为传统零售商巨头，国美的网络商城的建设必须考虑线上和线下的一些冲突与矛盾。对于线上线下产品价格产生的矛盾，可以尝试线下设置产品体验店，线上进行购买，从而把线上线下统一起来。对于网络商城产品的售后服务，国美由于有实体店的支撑，可以让消费者更加放心，因此要加大实体店对网络商城产品的售后服务，线上线下平等对待。在物流方面，国美拥有强大的物流系统，但是没有专门针对电子商务的物流系统。因此需要在现有物流系统的基础上加大电子商务物流系统的配置。

四、结语

管理学大师，《追求卓越》的作者汤姆·彼得斯说过：距离已经消失，要么创新，要么死亡。国美曾依靠一次次的创新雄霸全国，而京东商城依托电子商务技术颠覆了传统的商业模式和市场结构，冲击了国美的家电零售帝国。历史总是惊人的相似，这里面似乎多少有着当年国美颠覆传统百货渠道的影子。

创新理论和商业史实告诉我们，颠覆在位者的力量往往来自破坏式创新技术，来自处于绝对优势地位的在位者对新技术、新模式和新竞争者的忽视。从这个意义上说，国美最大的敌人，不是苏宁，也不是京东，而是自己！

资料来源：胡丹芝，巫景飞. 国美 VS 京东：谁主沉浮[EB/OL]，http://business. sohu. com/20110112/n278827154. shtml.

案例思考

1. 国美与京东在渠道上有哪些不同？它们各自有哪些优劣势？
2. 京东对国美的威胁主要体现在哪些方面？
3. 为了应对京东创新模式的挑战，国美应采取什么措施？

促销策略

第 10 章

促销策略是市场营销组合策略中的一个重要组成部分。在现代信息爆炸的社会，一个企业不仅要提供满足消费者需要的产品，制定有吸引力的价格，使产品易于为目标顾客所接受，还要塑造并控制其在公众中的形象，设计并传播产品及产品给目标顾客带来的利益等各方面的信息。因此，企业有了适销对路的产品、适宜的价格、合理的渠道，还得配以有效的沟通促销手段，才能适应现代市场竞争的需要。

10.1 促销组合策略

10.1.1 促销和促销组合的概念

所谓促销(Promotion)，就是营销者将有关企业及产品的信息通过各种方式传递给广大消费者和用户，促进其了解、信赖并购买本企业的产品，以达到扩大销售的目的。因此，促销的实质是营销者与购买者和潜在购买者之间的信息沟通。

营销沟通(Marketing Communications)主要有 4 种方式：广告、人员推销、营业推广和公共关系。这 4 种方式的组合和搭配称为营销沟通组合，也可以称之为促销组合(Promotion Mix)。所谓促销组合策略，就是这 4 种促销方式的选择、运用和组合搭配的策略，即如何确定促销预算及其在各种促销方式之间的分配。

10.1.2 营销沟通的作用

沟通与促销是企业整体营销活动的组成部分。在市场竞争日益激烈的环境下，企业与顾客或公众之间的信息沟通对于企业的生存与发展日益显示出关键性的作用，成为企业营销活动的重要组成部分。营销沟通的作用，概括起来有以下几个方面：

1. 传递信息

通过发布信息，企业及时把产品进入市场或将要进入市场的情报提供给中间商或顾客，引起他们的注意，以便争取他们成为现实的买主。

2. 增加需求

通过向消费者介绍商品，不仅可诱导需求，有时还可以创造需求。如当某种商品的销售量下降时，通过适当的促销活动，可促使需求得到某种程度的恢复或增加。

3. 突出特点

当同类商品竞争比较激烈的时候，许多产品的差别极为细微，难以使消费者觉察或辨认。这时，企业采取促销活动，宣传自己的产品区别于竞争者产品的特点、性能、效用，使消费者认识到本企业的产品带给他们的特殊利益，从而促进购买。

4. 稳定销售

在剧烈的竞争中，企业的某种产品可能在全年的销售量上波动很大，这是企业的市场地位不稳定的反映。企业可通过促销宣传活动，使更多的消费者形成对本企业产品的“偏爱”，达到稳定销售的目的。在国外有的公司认为，做广告最重要的使命是稳定公司产品的市场地位。

10.1.3 营销信息沟通的过程

为了促进销售，企业不断地向消费者传递信息，以唤起消费者的需求，引起购买行为。营销信息沟通过程一般包括 9 个要素，如图 10-1 所示。

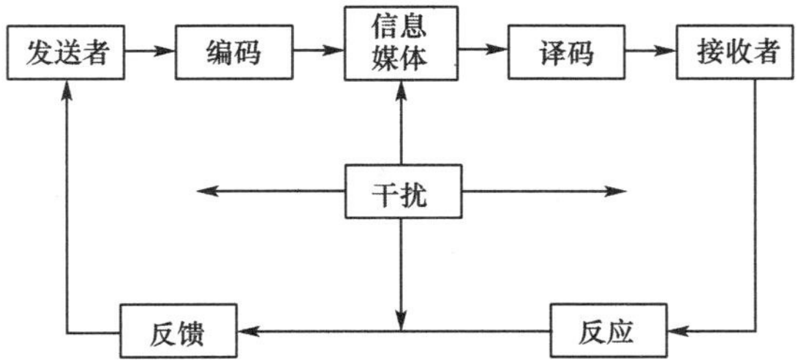

图 10-1 营销信息沟通过程

(1)发送者(Sender)，也称信息源。在沟通活动中，信息发送者是卖方企业的营销人员。

(2)编码(Encoding)。将信息编译成可传递的符号的过程。这些符号可以是语言、文字，也可以是图片、音像，转换的信息符号因传递途径不同而异。

(3)信息(Message)。发送者所传递的内容。

(4)媒体(Media)。发送者将信息传递给接收者的渠道,如电视、报纸、广播或人员沟通等。

(5)译码(Decoding)。信息接收者破译发送者所传递过来的符号的过程。

(6)接收者(Receiver)。接收信息的一方,也可称为目标受众或目的地。

(7)反应(Response)。接收者收到信息后的反应,如顾客见到广告后,决定购买这种产品。

(8)反馈(Feedback)。信息接收者将他的反应返回发送者的过程,是接收者向发送者的反向沟通。如顾客把对产品的意见和要求反馈给企业。

(9)干扰(Noise)。信息传递过程中的非计划的干扰和扭曲,导致接收者收到的信息与发送者发出的信息不一致。这种干扰可能是来自环境的,也可能是来自接收者心理上的选择性机制。

营销信息沟通过程揭示了有效的营销沟通过程,要求沟通者必须明确目标沟通对象是谁(确定接收者);应该期待目标沟通对象何种反应(确定反应与解码);为使目标沟通对象做出预期的反应,应该传递何种信息(确定信息与编码);必须通过能触及目标沟通对象的有效媒体传播信息(确定媒体);必须建立反馈渠道,以了解沟通对象对信息的反应(确定反馈)。

10.1.4 促销组合策略概述

如前所述,营销沟通组合或促销组合包括四种促销方式:广告、人员推销、营业推广和公共关系。这四种促销方式各有长处和短处,因此,企业销售管理人员必须有计划地选择和编配,制定促销组合策略。促销组合策略的制定一般要考虑以下几个因素:

1. 产品种类及市场类型

各种沟通方式对不同产品的促销效果是不同的。对于消费品市场,广告是最重要的促销方式,其次是营业推广,然后是人员推销;而对于产业市场,企业往往把大量的促销费用用于人员推销活动,其次是营业推广,然后才是广告。而公共关系无论在消费品市场,还是产业市场,都是越来越受到企业重视的手段。

2. 促销的总策略

企业在市场营销活动中运用的促销策略,一般有“推动”和“拉引”两种主要类型,如图 10-2 所示。推动策略(Push Strategy),是指企业运用人员推销或其他营业推广手段,把商品推向市场的一种策略。推动策略,要求推销人员对不同商品、不同顾客采取不同的推销方法。推动策略不一定是以直接对最终消费者使用为目的。它可以从制造商推向批发商;也可以从批发商推向零售商;还可以由零售商最终推向消费者。拉引策略(Pull Strategy),则是指企业把大量的费用用于广告和其他宣传措施上,去激发顾客对商品的兴趣,从而使顾客产生需求并加速购买。拉引策略,主要是通过各种形式向顾客传递某种商品信息,以吸引消费者增加需求。

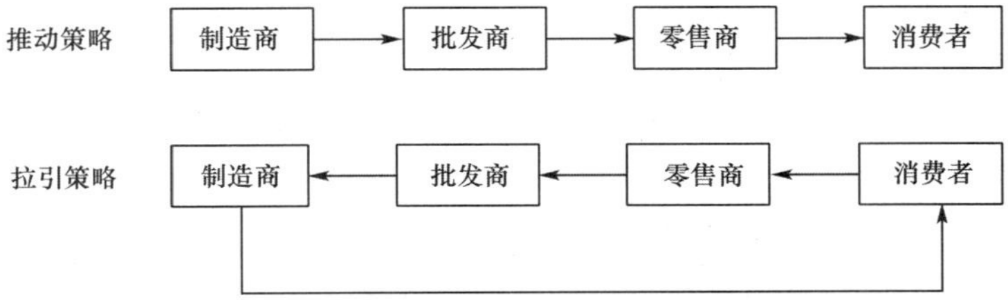

图 10-2　推动策略与拉引策略

上述两类促销策略,在实际促销活动中,适宜综合运用,但应注意对不同商品运用中要有所侧重。如对单位产品价值高、流通环节少的商品,性能复杂、使用方法需做示范的商品,市场比较集中的商品等,宜以人员推销为主。市场范围大、渠道长的商品,经过广泛宣传,顾客可能立即采取购买行为的商品,通过广告宣传能较大地提高市场占有率的商品等,则应以非人员推销为主。

3. 购买准备过程的阶段

顾客的购买准备过程一般分为 6 个阶段,即知晓、认识、喜欢、偏好、确信和购买。在不同阶段,企业应采用不同的促销组合。在知晓和认知阶段,广告和公共关系的作用较大,在喜欢、偏好和确信阶段,人员推销的作用较大,广告的作用略小于人员推销;在购买阶段,则主要是人员推销和营业推广在发挥作用。

4. 产品生命周期的阶段

同一种商品,在生命周期的不同阶段应采取不同的促销组合策略:

(1)投入期。促销的目标应主要是引起人们的注意和增进对商品的了解,所以多采用广告形式进行促销。

(2)成长期。这一时期产品已打开销路,销售增加,竞争也会随之出现,所以应改变广告形式,从宣传介绍商品转向树立产品形象。

(3)成熟期。这一时期商品更加标准化,同时出现更多的竞争者,所以促销的内容应更多地强调本企业产品特点,加大广告量。

(4)饱和期。商品的质量、价格均趋于稳定,竞争激烈。这时广告宣传目标应是保持住用户,并且加大广告量。

(5)衰落期。由于商品已走下坡路,有些企业的商品不得已退出市场。这时促销的目标是提醒顾客,使其产生信任。所以,促销的形式应以营业推广为主,辅之以广告宣传,降低价格等。

总之,产品生命周期的各阶段,促销的重点目标都应放在消除消费者的不满意感上，促销的形式也应不断改变；同时，产品生命周期的各阶段都需要利用公共关系。

5. 促销预算

应以多少费用用于促销活动，是企业营销管理中的一个重要课题。不同行业，同一行业的不同企业，为促销活动支出的费用是很悬殊的。在国外，有的行业（如化妆品行业）促销活动支出费用高达营业额的30%～40%；有的行业（如工业机械行业）促销费用占15%～20%。近年来，我国的各类企业，有的采用按营业额确定促销预算；有的企业按照竞争者的做法确定促销预算。无论采用哪种方法，都应针对不同情况进行具体分析，避免盲目性。

阅读资料 10-1

《阿凡达》何以成功？

2009年年底到2010年的《阿凡达》着实让国际电影市场沸腾了，从2009年12月18日到1月25日，《阿凡达》在全球以18.43亿美元的总入账超越了《泰坦尼克号》的纪录。《阿凡达》的成功首先是高科技的助力，超一流的身临其境影视体验是基础。而好莱坞式的营销推广与公关传播才是该影片红遍全球的原因。

通过《阿凡达》，我们看到更多的是整合营销与传播。尤其是在金融危机席卷之下，网络传播成为此次《阿凡达》传播推广的主要力量。“吊胃口、推悬念”在网络上做得非常突出。

首先，大导演卡梅隆亲自到中国进行宣传，其曾经执导《泰坦尼克号》经典影片夺得票房冠军，为唤起人们对《阿凡达》的期待铺设了一个很好的口碑传播开端。

其次，除了在不同的网络社区推出介绍性的故事情节和幕后花絮外，还特别设置了大量3D图片和3D视频的试看，让更多网友直观了解特效，使人们意识到，要真正欣赏这部电影，必须去电影院而非在家看碟片，悬念推得恰到好处。

再次，在网络社区中启动互动营销，例如网友集体拼画、网友抢票、互动游戏等活动，把《阿凡达》前期宣传从不同角度进行诠释，让网友尽可能多地了解故事，感受技术。

最后，抛出大量的话题传播，诸如3D和IMAX的视觉效果类话题，剧情话题、大牌导演与演员的话题，以及后来的黄牛倒票、影院涨价、排长龙买票等，此时的《阿凡达》被迅速引爆，甚至不喜欢看电影的老年人都有了想看一看的冲动。

阿凡达已经从一部单纯的影片上升为一种社会文化现象，“阿凡达”也成为近期最热门的文化词汇之一，关于《阿凡达》的各种讨论也从影片延伸到了对时尚、人文、科技甚至是医学等各个领域的探讨。《阿凡达》已经不再是一部纯粹的商业电影，而被运作成一个社会事件。

这一手法的运用更加诠释了网络公关在企业品牌及产品推广中的作用。企业借助各种社会化媒体平台如论坛、博客、视频、电子商务、SNS等，将企业的文化、服务理念、产品信息告知公众，以此获得公众的反馈，获得潜在客户的支持，它以多角度、多板块、多手法来开展营销与服务。

资料来源：杨耀丽，杨秀丽. 市场营销学. 上海：上海财经大学出版社，2013

10.2 人员推销策略

人员推销(Personal Selling)是一种传统的促销方式，国内外许多企业在人员推销方面的费用支出要远远大于在其他促销组合因素方面的费用支出。在现代企业营销和社会经济发展中，人员推销起着十分重要的作用。

10.2.1 人员推销的任务及特点

根据美国市场营销学会(AMA)定义委员会的解释，所谓人员推销是指企业通过派出销售人员与一个或一个以上可能成为购买者的人交谈，作口头陈述，以推销商品，促进和扩大销售。不难看出，人员推销是销售人员帮助和说服购买者购买某种商品或劳务的过程。在这一过程中，销售人员要确认购买者的需求，并通过自己的努力去吸引和满足购买者的各种需求，使双方能从公平交易中获取各自的利益。

1. 人员推销的形式

企业可以采取多种形式开展人员推销：

(1)建立自己的销售队伍，使用本企业的销售人员来推销产品

推销队伍中的成员又称推销员、销售代表、业务经理、销售工程师。他们又可分为两类：一类是内部销售人员，他们一般在办公室内用电话等联系、洽谈业务，并接待可能成为购买者的人来访；另一类是外勤推销人员，他们做施行推销，上门访问客户。

(2)使用合同销售人员

如制造商的代理商、销售代理商、经纪人等，按照其代销额付给佣金。

2. 销售人员的工作任务

概括地讲，销售人员的工作任务是既要使企业获得满意的和不断增长的销售额，又要培养与顾客的友善关系，并反映市场信息和购买者信息。具体讲主要有：

(1)预见新顾客,开拓新市场

推销人员不仅要了解已有的顾客,更应寻找可能的新顾客,开拓新市场。例如,在国外有的企业规定其推销员要用80%的时间应付现有顾客,用20%的时间同潜在顾客打交道。

(2)传递情报

推销人员要善于同现实的或潜在的顾客保持经常的联系,及时向他们提供有关产品或服务的情况。

(3)销售产品

推销人员通过与顾客的直接联系,采取措施,解答顾客的质疑,达到交易的目的。

(4)向顾客提供各类服务

推销员还必须向顾客提供各种服务,如开展咨询、提供技术性协助、维修等。

(5)收集情报

推销人员还必须从事市场情报工作,包括对发展新产品的意见、对老产品的评价、同行业的销售动态、市场竞争情况等,并负责定期提出报告。

(6)对商品进行协调平衡,调剂余缺

推销人员利用其接触点多、面广的有利条件,对短线商品协商分配,对长线商品寻找销路,调剂余缺。

3. 人员推销特点

人员推销在争取顾客偏爱、建立信心并采取购买行为方面的效果是十分显著的。它与非人员推销相比,具有独特的优点:

(1)由于推销人员和顾客保持直接的联系,实行面对面地推销、答疑、说明和协商,所以,其推销活动就有很大的灵活性。

(2)能够在顾客和推销人员之间建立起个人联系,从而更好地了解顾客需要。买卖双方多次洽谈交易,能加强双方关系,可以促进双方从单纯的买卖关系发展到建立深厚友谊,使之成为长期顾客。

(3)推销人员可以事先对潜在顾客进行研究,以便正式推销时容易获得成功。这和广告相比,可以使损失浪费降到最低程度。

(4)推销员的活动往往可以促成及时的购买行为。而广告虽然可以引起顾客的注意和欲望,但无法使顾客立即采取购买行为。

人员推销也有自身的弱点。当市场广阔而分散时,推销成本较高;推销人员过多也不易管理;理想的推销人员也很难选择与培养。因此,当客观条件适合于人员推销时,应在培训优秀的推销人员方面找到突破。

10.2.2 推销人员的素质

推销工作是一项创造性的工作，也是社会综合性工作，因此，对推销人员素质的要求是高于一般人员的。在西方国家的企业中，对推销人员要求高，薪水也高，有的甚至高过经理。世界著名的推销家，美国的戈德曼说过："不要认为任何一个人，只要通过授课，阅读图书，勤勤恳恳，埋头苦干，对顾客和产品有所了解，就会成为一名真正的职业推销人员……真正的积极肯干的推销人员则需要在这一职业中艰苦奋斗"。推销艺术"需要从事这一职业的人掌握渊博的知识，有发展眼光，经常改进自己的工作，有坚定的信念"。所以，推销人员一般来说，需要具备如下素质：

1. 政治素质

推销员是企业的代表，在市场营销活动中责任重大。因此，推销员在政治上必须深明大义，掌握政策，愿为推销事业忘我工作。

2. 业务素质

(1)企业知识

推销员应该熟悉企业的历史和现状，并对本企业的财务、人员状况了如指掌。这些知识在推销活动中，往往会起到意想不到的效果，能增强用户对推销人员的信任感。

(2)产品知识

了解产品的性能、用途、用法、维修等知识，同时，对竞争产品的情况也要千方百计地了解清楚。

(3)用户知识

要了解用户为什么有购买这种商品的可能性，用户购买决策权在谁手中等。

(4)市场知识

包括市场营销策略、市场消费需求状况、市场需求数量等。

3. 文化素质

具有良好文化素质的推销人员，能更好地招徕顾客，促进商品的销售。所以，推销人员既应是具有广博知识的杂家，又应是具有某种业务专长的专家。博学多才是推销人员成功的主要因素。

4. 法律素质

推销人员也是企业的法人代表，因此，他所从事的一切企业营销活动，均应符合国家的法律规范。推销人员经常接触的经济法规有：《工厂法》《公司法》《投资法》《商标法》《广告法》等。

5. 冒险精神

推销员还要有冒险精神，不但敢冒风险，而且冒险有术。日本的日清公司就是在风险中发展起来的。日清公司生产的方便面，在占领了国内30%的方便面市场后，1970年，又决定将美国市场作为打开西方市场的突破口，当时，国内的同行认为，日清公司的行动过于激进，风险太大了，讥笑日清公司总经理安滕是个疯子。但安滕认为美国是快速食品的发源地，东方的面条有西方食品无法具备的优点。只要做到可口、价廉、方便、卫生、易存，那么，日本的方便面就一定能打入美国市场。于是，安滕在美国洛杉矶郊外，建立了一个方便面加工厂，为了适应美国人的消费习惯，将面条切得短些，便于使用叉子；量少一点，以适应美国人爱喝汤的习惯；汤的口味也由豆酱味和酱油味改为牛肉味、猪肉味，并给方便面起了一个英文名字"Cup Noodle"（杯面），副名为"装在杯中的热午餐"。并且一面出售方便面，一面表演食用方法，请观众当场品尝。就这样，方便面终于打开了美国市场。1978年，又在美国东部的宾夕法尼亚州设立了第二个制造方便面的工厂。日清公司的成功经验说明，企业只要敢于承担风险，变不利因素为有利因素，就能获得成功。

6. 具有一定的语言艺术和整洁的仪表

推销人员的语言艺术来自对顾客的体察、理解程度以及从顾客心理角度考虑问题的能力。一个推销人员如果能想顾客之所想，就能赢得顾客的信任和好感。例如，有一个推销人员推销电动剃须刀，当他面对公出在外的顾客时说："买一把电动剃须刀吧，旅行携带方便"；当面对办公室的工作人员时，他就说："买一把电动剃须刀吧，它可以使你每天早晨节省4分钟的时间……"由于他这种语言精练，切中心意的宣传，吸引了许多消费者，购货合同源源不断地涌向工厂。推销人员的谈吐举止、洽谈的做派、仪表的整洁等都从各方面体现着强烈的企业"代表"感。这些往往在推销中起着不可忽视的直接作用。一个举止适度、谦恭有礼、态度从容、着装利落、谈吐文雅的推销人员必然是一个卓有成效的推销人员。除此之外，如脸上经常挂着微笑，是接近顾客的必备手段，因为人们都希望看到一张带有真诚微笑的面孔，都愿意与这样的人交谈。所以，国外有些企业常把微笑作为考核推销人员的标准，他们有一个口号："宁要一个面带微笑的中学生，也不要一个不会微笑、冷若冰霜的博士。"

推销人员的素质对企业的营销效果是有很大影响的。对同一个推销对象，因推销人员个人的素质不同，推销结果也会各异。在国外有一个流传很广的故事。一次，来自美国和英国的两家皮鞋厂，各自派一个推销人员到南太平洋的一个岛国推销鞋子。两个推销人员到达的第二天，各自给自己的工厂发了一封电报。英国那位推销人员在报上写着："这个岛上没人穿鞋子，我明天将搭乘头班飞机回去"；美国那位推销人员在电报上是这样写的："好极了，我将驻扎在此地，这个岛上没有一个人穿鞋子，这是个潜力很大的新市场。”这两家皮鞋厂的推销人员，由于素质不一样，对同一种情况做了截然相反的反应。英国那家皮鞋厂的推销人员认为，不穿鞋子的人永远不会穿上鞋子，所以，急于离开那里。而美国那家皮鞋厂的推销人员则认为，不穿鞋的人，可以通过宣传引导学会穿鞋子。由于两个推销人员的经营观念与业务素质不同，推销效果也就大不一样。美国那家皮鞋厂的销售额当年就增长了17%。

10.2.3 推销力量的确定

推销力量，是指企业需要配备多少推销人员。对于一个企业来说，人员推销的规模大小，既对营业好坏有很大影响，又对销售费用的多少产生直接影响。

1. 销售力量与销售额的关系

销售力量与销售额之间存在着一种促进的关系。一般来说，推销人员的增加，会使企业的销售额得到增加，但是销售额的增加，并不是随着销售人员的增加而成比例增加的。也就是说，随着销售人员的增加，销售额存在着一种递减的趋势，如把原来一个推销区划成两个推销区，过去用一个推销人员，现在用两个推销人员，但由于顾客有限，其销售额可能只增加40%，而不是增加一倍。

2. 工作量法确定销售力量的规模

销售力量的确定方法很多，其中最常用的是工作量法，也就是根据企业销售工作量的多少来确定配备推销人员的数量。

工作量法的实施，共分以下几个步骤：

(1)根据顾客每年的购货额，把他们分成若干组；

(2)对每一组顾客，规定每一个访问频率，即每年访问若干次；

(3)用顾客编组数乘以访问频率，得出全年共需访问的次数，也就是每年推销人员的总工作量；

(4)决定每一个推销人员每年可以平均负担的访问次数：

用每个推销人员每年可以负担的有效时间去除每年推销人员的总工作时间，即得出应当聘用的推销人员的数目。计算公式：

$$S=(C_1+C_2)VL/T$$

式中 S——推销员的数量；

C_1——现有顾客数量；

C_2——潜在顾客数量；

V——每年访问频率；

L——每次访问的平均时间(以小时计算)；

T——每年每个推销人员用于推销活动的有效时间(以小时计算)。

如果不同的顾客花不同的时间,则 C_1 顾客要 L_1 时间;C_2 顾客要 L_2 时间;如果推销人员对不同顾客访问的次数也不同,如对 C_1 顾客访问 V_1 次,对 C_2 顾客访问 V_2 次,则公式为:

$$S=(C_1V_1L_1+C_2V_2L_2)/T$$

例:某企业现有顾客(C_1)600 人,每年平均访问次数(V_1)12 次,每次访问的平均时间(L_1)为 2 小时;潜在顾客(C_2)400 人,每年平均访问次数(V_2)为 8 次,每次访问的平均时间(L_2)为 3 小时。推销人员用于推销工作的时间是年总工作时间的 70%,问该企业共需多少名推销人员?

解:根据公式计算

$$S=(600\times12\times2+400\times8\times3)/8\times6\times52\times70\%\approx14(\text{人})$$

(按每天工作 8 小时,每周工作 6 天,一年 52 周计算。)

10.3 营业推广

营业推广(Sales Promotion),也叫作特种推销,是指除人员推销、广告和公众宣传以外,在一个比较大的目标市场中,为了刺激需求而采取的能够迅速产生鼓励作用的促销措施,如赠送样品、奖券、购货折扣、红利等。

企业在利用营业推广方式促销时,一般要做出下述三项主要决策:一是营业推广目标的确定;二是营业推广方式的选择;三是营业推广方案的制订、实施与评估。

10.3.1 营业推广目标的确定

产品营业推广的目标,取决于企业的整个营销目标,而具体的营业推广目标,又因目标市场的不同而异。概括地说,企业营业推广的目标主要有 3 类:一是以消费者为目标。营业推广的目标是鼓励老顾客重复购买,吸引新顾客开始试用,争夺同类产品和竞争者品牌的使用者。二是以中间商为目标。营业推广的目标是鼓励中间商大量进货,增加库存,特别是季节性产品。同时,鼓励中间商持续地经营本企业的产品,建立固定的产销关系。三是以推销人员为目标。营业推广的目标包括鼓励推销人员大力推销新产品,开拓新市场,寻找更多的潜在顾客,扩大在营业淡季的销售成果。

10.3.2 营业推广方式的选择

在每一个营业推广目标下,都有多种促销手段和方式可供选用。企业可根据市场条件、竞争特点和各种推广方式的成本收益关系进行比较和选择。各种营业推广形式和特点如下：

1. 样品

免费赠送样品，供中间商和消费者试用，如送货到家，邮寄样品，在商店中散发样品，附在其他产品包装中，附在广告中，等等。介绍新产品时，赠送样品是最有效的，当然也是较昂贵的方式。

2. 优惠券

优惠券是送给消费者的一种购货券，可按优惠价格购买某种产品。这种优惠券可直接寄给消费者，也可附在其他产品或广告中。

3. 有奖销售

通常可让消费者用产品的包装来兑换现金，或以发票或奖券号码开奖。

4. 附送礼品

在顾客购买某种产品时免费附送小礼品以刺激其购买欲望。

5. 交易印花

在营业过程中向购买者赠送印花，当购买者手中的印花积累到一定数量时，可向出售者领取现金或实物。这种方法可吸引顾客长期购买本企业的产品。

6. 现场示范

在商店里用示范表演的方法，介绍新产品的用途及使用方法，增加顾客对新产品的了解，以刺激其购买。

7. 竞赛

这种方式既可对消费者，又可对中间商和推销人员运用。在对消费者运用时，可让消费者进行某种比赛或做游戏，向优胜者发奖；在对中间商和推销人员运用时，这种方式又称为销售竞赛，即让中间商和推销人员开展销售竞赛，向优胜者发奖。

8. 交易折扣

这一方式主要是针对中间商的，如企业可规定在一定时期内购买了本企业的某种产品，可得到一定金额的折扣，购买量越大，折扣越多。这种方法可鼓励中间商更多地经营本企业的产品，或促使中间商经营原来本不打算经营的本企业产品。

9. 津贴

这一方式也是主要针对中间商的，主要有广告津贴和陈列津贴两种。广告津贴是对中间商出资为企业产品做广告而给予的一定资助；陈列津贴是对中间商陈列展出本企业产品而给予的一定资助。

10. 展销会

通过参加各种形式的展销会来促进产品的销售。在展销会上可展出本企业的产品。并示范操作表演，以吸引参观者（包括中间商和消费者），促使其了解产品，当场或事后订货。

10.3.3 营业推广方案的制订、实施与评估

为达到营业推广活动的预期目的，必须对所采取的各种推广方式加以合理协调，加强营业推广方案的制订、实施、评价工作。

1.营业推广方案的制订

营业推广方案的内容包括：

(1)奖励规模

营业推广的实质就是对消费者、中间商和推销人员予以奖励，因此，企业在制订具体营业推广方案时首先要决定奖励的规模。在确定奖励规模时，最重要的是进行成本—效益分析。假设奖励规模为1万元，如果因销售额扩大而带来的利润超过1万元，那么，奖励规模还可以扩大；如果利润增加额少于1万元，则这种奖励是得不偿失的。营业推广的这种成本—效益分析，可为制定有关奖励规模的决策提供必要的数据。

(2)奖励对象

企业应决定奖励哪些顾客才能最有效地扩大销售。一般来讲，应奖励那些现实的或可能的长期顾客。

(3)发奖途径

企业还应决定通过哪些途径来发奖，例如，优惠券可放在商品包装里来分发，也可通过广告媒体分发或直接邮寄。在选择分发途径时，既要考虑各种途径的传播范围，又要考虑成本。

(4)奖励期限

如果奖励的期限太短，许多消费者可能由于恰好在这一期限内没有购买而得不到奖励，从而影响营业推广的效果；反之，如果奖励的期限太长，又不利于促使消费者立即做出购买决定。因此，营业推广活动要有一个适当的期限。

(5)总预算

确定营业推广总预算的方法有两种：一种是从下到上，由营销人员根据所选用的各种促销方法和一年中计划举行的活动安排来估算其总费用。其中，促销成本是由管理费用和激励费用构成的，再考虑预期的销售量，就可做出估计。另一种方法是在广告和营业推广的总预算中，以一定比例做出推广方案的预算。因市场不同、厂商和品牌之间存在差异，这项预算就会因具体情况而有所不同，此外，还要受到产品生命周期阶段以及竞争者的预算水平高低等因素的影响。

2. 营业推广方案的实施与评估

每项营业推广工作都应当确定实施和控制计划。而实施计划必须包括前置时间和销售延续时间。前者是指从开始实施这种方案前所必需的准备时间；后者是指从开始实施营业推广的办法起，到大约 95％的采取优惠办法的商品已经在消费者手里为止的时间。这段时间可长可短，时间长短取决于实施这一办法的持续时间的长短。为改进营业推广方法，需要对营业推广的效果进行衡量和评价。其主要方法有：

(1)销售业绩变动分析

即把营业推广之前、之后和实施过程中三个时期的销售情况(主要是市场份额的大小)进行比较，以衡量推广效果的办法。通过分析可以确定企业产品的总需求是否因促销活动发生了变化，还是仅仅是在时间形态上改变了销售高峰的分布。

(2)消费者行为分析

这是用来追查参与推广活动的顾客的类别和推广后购买行为的评价方法。可确定消费者品牌转向的比率与推广活动的具体方式之间的关系。如分发折价券通过媒体来进行，能引发的品牌转向就是最为显著的；若折价券封装在产品包装内，则几乎无法引发品牌转向；而运用减价交易引发品牌转向的效果则介于二者之间。在营业推广之后，消费者往往又恢复原有的品牌偏好。

(3)消费者调查

可通过固定样本的调查了解有多少人记得这次促销活动，他们的看法如何，有多少人从中得到好处，以及这次营业推广活动对于他们随后选择品牌的行为的影响程度，等等。

(4)实验研究法

在衡量营业推广的效果时，可实施实验研究的方法。例如，以激励的程度、推广期限以及推广的途径等作为控制变量，确定在不同情况下，营业推广的具体效果如何，根据实验的结果确定各项推广活动的实施策略。

营业推广通常可收到立竿见影的效果，因为它向消费者提供了一个特殊购买的机会，能够唤起用户的广泛注意。尤其对想买便宜货的顾客更具有强烈的吸引力。但是这种方法如果运用不当，会损害企业的长期利益。因为这种方法有时会降低商品的身价，使消费者感到卖主急于出售脱手，甚至还会担心其产品质量不好等。例如，1979 年，江苏省生产的芭蕾珍珠膏，以含有珍珠成分的优异品质和高雅的包装，打进了我国香港这个竞争激烈的市场。1981 年出口突破 10 万瓶，约占我国出口化妆品销售总额的 41.5％。但 1982 年以后，行情却急转直下，原因就是当时国内其他各省也纷纷生产各种化妆品，充斥香港市场，芭蕾珍珠膏厂错误地采用了降价策略，结果使消费者感到不解，甚至怀疑其产品出了质量问题，严重影响了销售量。所以，企业在运用营业推广手段时，必须认真考虑并尽力避免这种情况的出现。

10.4 广告策略

10.4.1 广告的概念和作用

1. 广告的概念

广告(Advertising)这一术语，源于拉丁语，有“注意”“诱导”等意思。按照汉语，顾名思义，就是广泛告之的意思。

广告可分为广义和狭义两种。广义广告是指为了达到一定目的而进行的广泛宣传和诱导，它不仅包括以营利为目的的商业性广告，而且还包括不以营利为目的的政府公告、政党、宗教、教育、文化、社会救济等方面的启示、声明等。狭义广告是指以营利为目的的商业性广告。它作为促销的一种形式，把有关商品、劳务等信息通过一定媒体，有计划地传递给消费者，以沟通供需之间的联系，达到指导消费，扩大消费的目的。我们这里所研究的广告，就是这种狭义广告。

广告产生的历史非常悠久，据考证，距今已有数千年的历史。人类社会出现第三次社会大分工后，形成了专门从事商品交换的商人阶层，这些人为了招徕顾客，便要广而告之，于是，原始的广告便应运而生。如地中海沿岸的腓尼基人把贩卖的物品刻画在交易市场旁的山岩上，用以招引顾客。而古希腊和罗马人则把经商的内容刻在木板、铜板或骨头上。在我国，广告也有着悠久的历史，原始的广告是以街头叫卖、悬挂招牌的形式出现的。到了唐宋时期，广告已广为流行。唐朝大诗人杜牧在《江南春》中写着：“千里莺啼绿映红，水村山郭酒旗风。南朝四百八十寺，多少楼台烟雨中”。当时，酒旗在江南已是非常普遍的广告形式。进入20世纪，随着商品经济的高速发展和科学技术的进步，广告在内容、形式、手段等方面都获得了迅速发展，达到了科学性与艺术性的密切结合成为当今世界上最大的“无烟工业”。

广告作为一种促销形式，作为传递信息的手段，其含义可概括如下：

(1)广告是一种宣传和传递信息的手段

生产者和销售者通过广告将企业名称、历史以及商品、牌名和商标传递给社会公众，使人们了解和认识该企业的形象、商品或劳务的特征，从而建立起有利于广告人的态度。但是，广告与通常所说的“宣传”又有不同之处，区别在于“宣传”并不按定价收取费用，而做广告的企业或个人必须支付广告费。在国外非常注意这一点，认为做广告首先要付钱，并要让看了广告的人知道是谁付的钱。

(2)广告的内容主要是商品和劳务两大部分

商品和劳务构成市场活动的物质基础,广告活动与市场活动紧密结合。通过广告活动,诱导与促进消费者实现对商品或劳务的需求。广告内容,有时还以树立产品或劳务的观念为目标,不是宣传产品或劳务的实体,而是建立“商品观”或“劳务观”,然后再促进商品的销售。

(3)广告的形式主要是声音、文字和图画

内容要通过一定的形式表现出来,广告设计是使各种商品、劳务的特点通过声音文字和图画恰当地表现出来,有助于强化宣传效果。广告形式的设计形成广告艺术。

(4)广告宣传要通过一定的媒体来进行

广告属于非人员推销的促销形式,因此要通过一定的媒体来表现。广告所利用的媒体很多,如报纸、杂志、电视、网络、路牌、车船、电影等等。

2. 广告的种类

按照不同的标准,广告的种类可划分为以下三种:

(1)按广告的内容划分,可分为商品广告、劳务广告和企业广告

商品广告是提供商品的性能、特点、价格等信息的广告;劳务广告是提供各种劳务的内容、效用、特点和价格信息的广告;企业广告是树立企业形象的广告,包括企业的名称、历史、厂牌、商标等信息。

(2)按广告的形式划分,可分为声音广告、文字广告、图画广告和实体广告

声音广告是最早出现的广告,它包括口头广告(即口头叫卖招揽生意)和音响广告(即以叫唱和其他音响相互配合的广告形式);文字广告是文字出现后,特别是印刷术的发明而产生的以文字宣传商品信息的广告;图画广告是以图画做广告,它比文字广告更醒目、更吸引人,宣传面更广;实体广告也叫悬物广告,是以商品实物或以同商品有关的物体为标志进行宣传的广告。

(3)按照广告的媒体划分,又可以分为:视听广告,即通过电台、电视、电影、幻灯片播放为媒体传递信息的广告;印刷广告;户外广告;交通广告;邮寄广告;包装广告;销售广告。

3. 广告的作用

广告在市场营销活动过程中的作用是很大的。具体地说,广告的作用主要表现在:

(1)传播信息,沟通产需

广告通过各种媒体,向社会广为传播有关商品和劳务信息,借以达到沟通产需的目的,使顾客和用户知道到哪里去买自己所需要的商品,到哪里去组织自己所需要的货源。如美国西雅斯公司发行“总图册”商品介绍,每年分 5 期发行,图册中有

16万多种商品，年发行量达2亿册，发到美国2700万户家庭中。顾客如果需要总图册中介绍的商品，可以采用邮寄、电话或亲自到3000个网点的任何一个网点或855家西雅斯商店中的图册商品部去订购商品。这种“总图册”商品介绍的广告方式，使顾客不出家门就可以了解该公司经营的所有商品，并进行选择、订购。这种方法既可节约顾客购置商品的时间，又使商品经营者将自己经营的所有商品都做了广告。实践证明，广告在传播信息、沟通产需方面，是最迅速、最节省、最有效的手段之一。

(2)唤起需求，促进销售

一则好的广告，能吸引消费者的注意力，使其对广告商品产生兴趣、偏爱，唤起需求欲望，诱发起购买行为，从而促进商品销售。如北京西单百货商场，在给某个品牌电扇做实物广告时，就标明了此电扇从某月某日开始运转，至今已连续工作了多少个小时！人们一看，真行，唤起需求，也促进了销售。

(3)介绍说明，指导消费

随着现代科学技术的发展，新产品层出不穷，而且分散销售，人们对新产品、新用途缺乏了解，对是否购买，往往犹豫不决。在这种情况下，通过广告介绍该商品的特点、使用及保养知识，使消费者对商品的性能增加了认识，从而促进了购买，起到了指导消费的作用。

(4)树立声誉，促进竞争

企业间开展竞争，是在市场上进行的，即在市场上比较产品质量、花色品种、商品价格、包装装潢、服务等内容。而广告在这个过程中，通过宣传介绍本企业的新产品、新技术及优质服务等，起到树立名牌，树立企业声誉，鼓励先进，鞭策后进的作用。

(5)丰富人们的文化生活，有利于精神文明建设

一则在内容设计、色彩画面、语言文字上和谐一体的广告，犹如一件精美的美术作品，或是一幕感人的短剧。它能在提供商品信息，满足人们物质文化生活的同时，给人们以精神上美的享受，起到丰富人们文化生活的作用，影响着人们的精神文明，帮助人们建立正确的审美观、道德观、人生观，树立良好的社会风尚。

10.4.2 广告决策的主要内容

广告决策是企业在总体营销战略的指导下，对企业的广告活动进行一系列的规划和控制。具体地说，企业的广告活动一般包括5项重要的内容：确定广告目标(Mission)；制定广告预算(Money)；设计广告信息(Message)；选择广告媒体(Media)；评估广告效果(Measurement)，即所谓5Ms决策。

1. 确定广告目标

企业的广告目标取决于企业的营销目标。但企业在实现其整个营销目标的过程中，又可分为不同的阶段，在每一阶段中，广告起着不同的作用，具有不同的功能，因而有着不同的目标。归纳起来，企业的广告目标可分为三种类型。

(1)通知型广告

通知型广告(Informative Advertising)主要用于新产品的市场导入阶段。广告信息的主要内容是介绍企业及其产品的有关情况，目的在于树立企业及其产品的形象，建立初始需求。

(2)劝说型广告

劝说型广告(Persuasive Advertising)主要用于产品的成长期，尤其是存在竞争性产品时。这个时期需求的特点是选择性需求，即顾客对某一产品有需求，但还没有形成品牌偏好，可在不同品牌中选择。此时，企业广告的主要目标是诱发消费者的消费欲望和购买行动，培养消费者对特定品牌形成品牌偏好，促成产品的持续、大量销售。

(3)提醒型广告

提醒型广告(Reminder Advertising)主要用于产品的成熟期。广告信息通常以企业与产品品牌形象或消费提示为主，广告目的是提醒而不是通知或劝说消费者购买，旨在使已有用户保持记忆，继续购买产品。

2. 制定广告预算

广告目标确定后，企业可以着手为每一产品制定广告预算。广告预算是指企业在一定时期内(通常是一年)投入广告活动的费用计划。它规定了计划期内从事广告活动所需费用总额、开支使用范围及其具体方法。为保证广告预算的科学性，在确定广告预算时，要认真分析影响广告预算的各种因素。

(1)产品生命周期

在产品生命周期的不同阶段，广告预算应有所不同。如介绍期的新产品需要较高的广告预算，以建立知名度并诱导消费者试用，而成熟期的产品需要的广告预算相对较低，通常按照销售额的一定百分比支出。

(2)市场份额

一般说来，占有较大市场份额的产品的广告预算应较高，市场份额较小的产品的广告预算应较低。此外，企业要想扩大某种产品的市场份额，其广告预算应大于保持现有市场占有率的产品的广告预算。

(3)竞争状况

通常情况下，竞争激烈的市场需投入更多的广告预算。

(4)行业特点

一般而言,消费品的广告预算较高,产业用品由于更多地依赖于人员推销,其广告预算较少。

3. 设计广告信息

企业在确定了广告目标和预算之后,还要设计广告内容,即做出广告信息决策。广告信息决策的核心问题是制定一个有效的广告信息,即广告信息应能引起人们的注意,唤起人们的兴趣和欲望,使人们采取行动。具体工作步骤是:

(1)确定广告主题

在广告活动中,企业必须了解对广告受众说什么才能产生预期的认识、情感和行为反应。在通常情况下,同一产品可能有许多可用信息,只有从中筛选出最能表达产品的主要用途或给消费者带来的主要利益的信息,才是有效的广告信息。因此,最好的宣传方法是只选择一个中心信息加以传播,通过提纲挈领的一句话,提示一个品牌的精髓,这就是广告界备受推崇的“USP”(独特的销售主张,Unique Selling Proposition)。主要可以从期望性、独特性和可信性三方面评价,即广告信息必须能表达产品令人感兴趣之处,必须能说明与同类产品相比的独到之处,必须是可信的或能加以证实的。

(2)确定广告的表现形式

一则广告信息是否有效,不仅取决于“说什么”,还取决于表达方式,即“怎么说”。同样的广告主题采用不同的诉求方式会产生不同的效果,尤其是那些差异性不大的产品,如洗涤剂、香烟、酒类等产品,信息表达具有决定性的作用。创意人员必须根据广告主题选用一定的风格、语调、措辞和画面,由这些元素的组合构成和谐的图像和信息。广告信息表达有两种基本方式:感性诉求和理性诉求。如广告中生活片段和生活方式的展现属于感性诉求,而产品的技术特色、科学性、证词的使用性则属于理性诉求。

4. 选择广告媒体

广告媒体是指在广告主和广告对象之间起信息传递作用的物质或工具。广告媒体的种类很多,主要有报纸、电视、直邮、广播、杂志、户外广告、网络和卖场等。不同的广告媒体,它的传播范围、时间,所能采用的表现形式,接受的对象是不同的。广告媒体选择的核心在于寻求最佳的传送路线,使广告在目标市场影响范围内,达到期望的影响力,并拥有最佳的成本效益。媒体决策的主要内容包括:

(1)确定送达率、频率和影响力

送达率是指在某一特定时期内,接触媒体广告一次以上的个人或家庭数目。频率是指在某一特定时期内,每一家庭或个人接触信息的次数。影响力是指经由特定媒体的展露所产生的定性价值。实践证明,广告重复次数过少不会引起消费者注意，重复次数过多则容易引起消费者的厌烦。

(2)选择主要的媒体种类

在选择媒体种类时，应考虑以下因素：媒体特征、产品特征、目标受众的媒体习惯、媒体的费用水平、竞争对手的媒体策略等。在广告活动中，企业既可以使用单一媒体，也可以使用多种媒体的组合，以优势互补，增强效果。

(3)选择特定的媒体载体

选定媒体种类后，还要选择特定的媒体载体。因为每种媒体中，又包含了大量具体的载体。例如，电视媒体中有中央台和地方台之分；这就需要根据对成本和效果的综合考虑具体选择。

(4)选择媒体的使用时机

企业应根据淡季与旺季的商业周期变化趋势来安排广告，广告时机应领先于销售时机。根据产品特点，企业必须在持续性广告、间歇性广告之间做出选择。持续性广告是指在一定时期内均衡地安排广告时间；间歇性广告是指在某一较短时间内集中地安排广告时间。

5.广告效果的评估

企业对广告效果应进行持续评估。对广告效果的评估主要有三个方面：

(1)广告认知效果

广告认知效果测定的目的是分析广告活动是否达到预期的信息沟通效果，主要可以使用如下指标：

①接触率。接触率是指在广告媒体的受众之中，有多大比例的人接触到该广告。

②注目率。注目率是指在看过该广告的人之中，有多大比例的人能够辨认出先前已看过这一广告。

③阅读率。阅读率是指在充分看过广告的人之中，有多大比例的人不仅知道该商品和该企业，而且能够借由广告中企业的名称或商标而认得该广告的标题或插图。

④好感率。好感率是指在看过广告的人之中，有多大比例的人对企业及其商品产生了好感。

⑤知名率。知名率是指在看过广告的人之中，有多大比例的人了解企业及其产品。知名率的考察往往是通过广告前后的对比来进行的，比如广告后企业的知名度大大提高，说明广告效果比较理想。

⑥综合评分。综合评分就是由目标消费者的一组固定样本或广告专家来评价广告的方法。通常是使用评分卷的方式进行评价。评分卷中包括广告的注意强度、认知强度和情绪强度等指标，每个指标都给出一定分值，之后将这些指标值进行汇总得到综合分值，评分以百分制计，分值越高表明广告的诉求认知效果最好。

(2)广告销售效果

广告销售效果的测定,主要有三种方法:

①销售额测量法

销售额测量法就是指实际调查广告活动前后的销售情况,以事前与事后销售额的差值作为衡量广告效果的方法。通常,销售额测量法中主要使用的是三种指数,分别是销售量增加比率、广告费比率和广告效果比率。

a. 销售量增加比率

销售增加比率=(本期广告实施后的平均销售量-本期广告实施前的平均销售量)/广告费×100%

b. 广告费比率

广告费比率=广告费/销售量×100%

c. 广告效果比率

广告效果比率=广告产品销售量的增加量/广告费用增加量×100%

②小组比较法

小组比较法是指将同性质的被检测者分为三组,其中两组各看两种不同的广告,一组未看广告,然后比较看过广告的两组的效果之差,并与未看过广告的一组加以比较。通常,检测的数字结果用频数分配技术来计算。

(3)广告综合效果

广告综合效果的测定一般有两个方面:一方面是广告的综合经济效益;另一方面是广告的社会效果。

①广告的综合经济效益。广告的综合经济效益主要是根据同类广告的大致情况,使用百分法确定影响广告各个因素的满意度值,然后给广告打分,最后进行加权平均而获得。

②广告的社会效果。广告的社会效果主要通过对广告活动所引起的对社会文化、教育等多方面的作用进行综合测定。

10.5 公共关系

公共关系(Public Relations)的发祥地是美国。19 世纪美国的许多大企业都深深地意识到这样一个问题:要想求得更大的发展,除了加强经济技术实力外,更要努力搞好同社会公众的关系。公共关系事业也就应运而生。公共关系思想传入我国是在 20 世纪 30 年代。但在新中国成立后的几十年里,我们国家建立的是计划经济体制,主要建立的是上下级关系,加之商品经济不发达,公共关系事业没有得到重视,只是到了 20 世纪 90 年代以后才被广泛地重视起来。

10.5.1 公共关系的含义和职能

1. 公共关系的含义

公共关系又叫公众关系，简称“公关”，是促销组合的另一个重要的组成部分，但与其他促销手段有所不同，并且其功能也不仅限于促销。其含义是指政府、企业、社会团体或个人，为取得社会各界的信赖、理解和支持而采取的政策、服务和活动。作为企业重要促销方式的公共关系是指企业通过各种传播媒介，提供有说服力的材料，使其与社会大众之间相互了解，以树立企业良好的形象和信誉，唤起人们的好感、兴趣和信赖，赢得群众的信任和支持，从而为企业销售提供一个良好的外部活动环境。由于通过公共关系宣传促进销售使企业的花费较少，因此有人把它叫作“免费广告”。

利用公共关系促进销售，是商品经济高度发展的产物。商品经济的发展，人与人之间的相互关系因商品交换的发展而频繁和复杂化。这就出现了作为一种社会现象的公共关系，而处理好公共关系，也成了企业成功的一个不可缺少的重要因素。通过有意识地研究如何建立良好的公共关系，对已建立的公共关系进行经常的有意识的调节，就可以为企业树立良好的形象，达到促进产品销售的目的。这样，利用公共关系促进产品销售就成为企业家必须采用的一种手段和策略。20 世纪 70 年代以来，西方许多国家的企业日益重视公共关系的作用，尤其是美国，几乎所有大一些的企业或公司都设有公共关系部。而公共关系部作为企业的一个部门，首先具有不可推卸地倾听群众呼声的责任；其次，它应制定出能够符合公众利益的政策和工作程序；再次，它不只是一种促销或交流的工具，还有责任根据公众的需求调整企业的活动；最后，它应采取行动，以争取公众的理解与认可。要取得理解，不能靠大轰大嗡式的鼓动，而应使公共关系计划与实践符合公众的兴趣，并且让人们都知道企业的计划和活动。

2. 公共关系的目标

运用公共关系的直接意图在于创造有利的公众意见，因此必须处理好几个关系：

(1)公共关系与公众利益

由于公共关系活动的特殊性，企业应努力通过这些活动把自己能够为社会提供的贡献准确传达给社会公众。为保证信息传播的良好效果，公关信息在确保真实可信的基础上，除了要力求引人注目，还应力求从大众利益出发，让社会公众在企业的实际行动中体会到企业所宣传的内容和宗旨，否则公关活动就会适得其反，造成不利影响。

(2)公共关系与企业声誉

与其他促销手段不同，公共关系的目标并不是直接推销某种产品或服务，而是通过增进与企业外部公众的了解和沟通来提高企业的声誉，树立企业的整体形象，并进而转换成企业产品品牌的声誉。因此，企业在运用公共关系时必须着眼于企业市场营销的整体战略，注意把公共关系方案与企业营销的其他具体措施密切配合起来。

(3)公共关系目标的战略性和长期性

公共关系不限于企业与顾客之间的关系，更不限于买卖关系，要搞好企业与整个社会公众的关系，是一种以长期目标为主的间接促销手段。有一个良好的公共关系环境是企业获得持久生命力和强大的发展能力的战略目标，因此，在筹划和安排时，宜从长远考虑，在目标的规划方面要有预见性。特别是对那些可能引起社会公众不良印象的情况和突发事件，要在一定程度上有所预见并做出相应预防性安排，以便及时灵活地运用各种公共关系手段进行宣传解释或说明工作。

3. 公共关系的职能

公共关系主要有以下几方面的职能：

(1)公共关系活动能帮助企业收集与企业形象和声誉有关的各种信息

公共关系人员应通过多种渠道(如顾客意见、新闻舆论、政府有关部门和同行业竞争对手意见等)了解产品形象信息，即本企业产品在各类公众尤其是用户心目中的形象，包括他们对产品质量、性能、用途、价格等方面的反应和评价，以及改进的意见和建议。同时，还要了解企业形象信息，听取公众对本企业形象的评价，包括他们对企业组织机构的设置、工作效率、企业的管理水平、企业的决策者和推销人员素质、能力和创新精神、服务质量等方面的意见和评价。此外，公关人员还应认真对待来自企业内部员工的各种反映，充分了解他们的需要、愿望和要求以及他们对产品和本企业形象的评价。

(2)公共关系能帮助企业决策

公共关系人员可从公共关系的角度向企业最高管理层和各个职能管理部门提供有关公共关系方面的咨询和建议，避免企业决策出现重大偏差和失误。公共关系咨询和建议的内容包括：关于本企业知名度和可信程度的评估和咨询；关于公众心理的分析预测和咨询；关于本企业的方针、政策和计划的评议结果。

(3)公共关系能帮助企业协调各方面的利益和关系，发挥实现信息沟通的职能

在现代社会生活中，各个组织、团体和个人之间难免发生各种各样的矛盾，要协调各方面关系，沟通信息，减少摩擦，在很大程度上都必须依赖于良好的公共关系。例如顾客来到商店，受到售货员的怠慢，或买了商品不如意，都会产生不满情绪，那么，如何协调企业或公司同顾客的关系，消除顾客的不满意感，就是公关部门

的事情了。在这方面，澳大利亚的索非利波化妆品商店，就实行了“怠慢顾客奖”制度，规定凡到本店购买商品的顾客，无论在看货、购货、退货等方面，如遇售货员的冷面孔，只要向店方提出，确有其事，顾客即可获得商店颁发的一种奖品。当然，奖金要从那位失礼的售货员身上扣除。这一办法既维持了商店信誉，又约束了全体职工，主动提高服务质量。同时，公共关系又是企业与公众的双向沟通。企业不仅要向企业内部和核心管理层输入外部公众信息和内部公众的有关反映，还要把企业内部的信息向外部输出。公关人员应与各种传播媒介保持密切联系，积极创造和利用各种机会进行宣传和沟通，以顺利实现企业的营销目标。

10.5.2 公共关系活动的主要方式

公共关系的活动方式很多，主要有以下几种：

1. 创造和利用新闻进行宣传

新闻渠道是打开产品销售渠道的重要途径。它是通过报纸、杂志、广播、电视等现代化的传播工具进行的。这种宣传具有一定的广泛性和真实性，是个不容忽视的领域。人们对新闻界的宣传一般是十分信任的，因此，在市场营销中，利用新闻渠道进行宣传又是引导消费的重要力量。所以公关部门应注意创造和利用机会吸引新闻界和公众的注意。公关部门同新闻媒介的交往有三种最普遍的做法：一是利用媒介做广告；二是反映情况，撰写新闻稿件；三是举行记者招待会、新闻发布会或邀记者来企业小住一段，搞些调查研究和采访。

2. 通过报告演讲及制作视听材料进行自我宣传

企业自我宣传，也是建立公共关系的重要形式。自我宣传的内容是要公众了解本企业的历史发展过程以及经营特点，如强调本企业开办时间长、牌子老、产品新、信誉高或品种齐全、货真价实、薄利多销、童叟无欺等。

3. 通过消费者进行宣传

消费者是产品的购买者和使用者，也是对企业最公正的评判人。他们对各个企业和各种产品的评价是最公正的，因此，如果消费者从亲身的感受中认识到某企业或某产品是值得信赖的，他们就会成为该企业的义务宣传员，并且他们的宣传比任何其他途径的宣传都更为有效。反之，如果消费者认为某企业或某产品不可靠，就会起相反的作用。

4. 通过中间商进行宣传

一种产品生产出来后，愿意经营它的企业越多，渠道越多，其生产企业的经营也就越好；同样，越是更多的零售商愿意转销某商业批发的商品，某批发商的经营也就越好。要做到这一点，就需要利用公共关系搞好同中间商的关系，通过中间商进行宣传促销。例如，江苏省生产的芭蕾珍珠膏在开始进入香港市场时，就利用了中间商进行宣传。他们在香港物色了一个祖籍苏州的经销商(其亲属还住在苏州)，这位经销商在香港商界有一定的实力和地位。他们利用乡土之情来联系中间商，后来，为了进一步联络感情，尊重香港商人意见，调动他经销的积极性，该厂还请这位经销商参与产品设计、试制和投产的全过程，他们一起构思，设计出了芭蕾珍珠膏的包装装潢，很适合香港消费者的口味。由于调动了这位中间商的积极性，他花了150万元港币做广告，以至在芭蕾珍珠膏还未到港之前，人们就引颈而望。芭蕾珍珠膏上市一个月后，在香港已设130个经销点，形成庞大的销售网。

5. 通过举办各种专门活动扩大企业的影响

有时，企业可根据需要，举办一些专门活动进行宣传，如举办有奖竞赛、周年纪念、招待会、特别展览会等。通过这些活动，增加社会各界对企业的了解，加深企业在人们心目中的良好印象。企业还可通过举办各种公益事业增加企业的影响，如向儿童福利基金会捐款；赞助某项体育、文艺活动等，都会提高企业在公众心目中的地位，进而提高企业的声誉。为了提高公共关系的活动效果，在宣传中要把各种宣传形式有计划地配合使用。一个企业在一定时期内，一般应以一种或两种形式为主，同时配合其他的促销形式进行活动，这样有主有从，重点突出，能起到事半功倍的作用。

阅读资料 10-2

2012年6月22日，康佳在上海举行了“精彩伦敦 同步关爱”——康佳携手奥运火炬手关爱留守儿童公益活动。康佳正式聘任广州亚运会火炬手、深圳大运会火炬手、2012伦敦奥运会火炬手、“留守儿童之家”创办人吴兴芬为康佳留守儿童“同步关爱”大使，并冠名“留守儿童之家”，开拓了一条可持续发展的公益之路。

一直以来，康佳都十分关注社会公益事业，在加速企业战略转型成为市场领导者的同时，不忘企业社会责任，一直持续不断地践行自己的社会责任。康佳32年的发展中，不乏组织主办援建希望小学、慰问社会福利中心、捐助特殊教育学校等公益活动。早前，康佳传承这一企业公益发展战略，通过拍摄微电影《让爱同步》号召社会关注留守儿童群体，唤起社会的责任心和爱心。这一次，康佳继续将同步关爱进行到底，希望通过科技的力量从根本上改变留守儿童的生活。

在伦敦奥运大潮下，康佳此次通过聘请“同步关爱”大使，把产品作为体现康佳爱心的重要载体捐助给留守儿童之家，并通过“百分关爱”活动承诺每卖一台电视即送出100分用于关爱留守儿童基金，为留守儿童带去源源不断的社会爱心。正如本届伦敦奥运会的口号“激励一代人”(Inspire a generation)那样，康佳希望用

"自信、自强、自尊"的奥运精神激励和鼓舞孩子们,温暖这个世界。

资料来源:鲍剑.康佳留守儿童公益升级 树企业典范.泡泡网,http://www.pcpop.com/doc/0/808/808987.shtml,2012-06-27,有删改

6. 建立企业的统一标识体系(CI)

为了在公众心目中创造独特的企业形象和较高的认知率,企业可确定一个统一的标识体系。这个体系一般包括三个层面,即理念标识、行为标识和视觉标识。理念标识浓缩了企业的经营宗旨、经营方针、价值观念和行为准则;行为标识由企业完善的组织机构、制度、管理、福利和员工行为组成,体现了企业理念和独特的企业文化;视觉标识是由特定的字体、图案和色彩组成的企业名称的标准书法和企业标志等。确立统一标识体系,既是管理过程,也是一种公关宣传手段,需要全面规划和大量持续的投入。

阅读资料 10-3

"鸽子事件"

世界知名大企业都非常重视在营销中充分运用广告宣传手段来实现其销售产品、树立形象、提高知名度的目的。因为广告宣传在现代营销运用中有着不可替代的效果。

一家碳化钙公司为了谋求更大的发展,斥巨资新建了一栋50层的总部大楼。工程马上就要竣工了,但是用什么样的宣传方式,既面向社会宣传又不会引起人们的反感呢?为此,广告部人员绞尽脑汁,却没有找到一个满意的方式。

在公司一筹莫展的时候,接到值班人员的报告,在办公大楼40层一大厅中有一大群鸽子。正是这群鸽子给公司广告部人员带来了灵感,公司的公关广告专家们非常敏感地抓住这一偶然事件大做文章,制造新闻。他们先派人关好窗户,不让鸽子飞走,立即打电话通知了纽约动物保护委员会,告诉他们这里的情况,请他们立即派人妥善处理好这些鸽子。

可以想象,历来以注重动物保护而自誉的美国人听到这样的消息会怎么样。动物保护委员会的人闻讯后立即赶来,纽约新闻界各大媒体竞相出动大批记者前来采访。

一个星期内,从捉住第一只鸽子直到最后一只鸽子落网,这家公司连续不断地出现在报纸和荧屏上。这期间、出现了大量有关鸽子的新闻评论、现场采访、人物专访。公司的首脑人物更是抓住这千载难逢的机会频频出场亮相,乘机宣传自己的公司。一时间,"鸽子事件"成了酷爱动物的纽约人乃至全美国人关注的焦点。

随着鸽子被一只只放飞，这家碳化钙公司的摩天大楼以极快的速度闻名全国，但是却连一分钱的广告费都没花。

仔细想一想“鸽子事件”，如果公司派人打开窗户，不惊动任何人，把鸽子全部放掉，那会省去多少周折和麻烦。不过，这样做结果就会截然不同，这家碳化钙公司突发奇想地利用这件事，才有了免费宣传公司大楼的机会。

资料来源：邓琼芳．总经理必读的638篇经典营销故事．北京：北京工业大学出版社，2009

思考题

1．为什么说促销的实质是信息沟通？
2．促销在企业营销中的作用有哪些？
3．什么是“推动策略”？什么是“拉引策略”？在企业的营销活动中应如何运用？
4．简述各种促销方式的特点。
5．推销人员应具备哪些素质？
6．什么是营业推广？其主要形式有哪些？
7．什么是公共关系？举例说明公共关系在企业营销中的作用。
8．公共关系活动的方式主要有哪些？
9．简述广告决策的主要内容。
10．什么是促销组合？企业促销组合策略的制定一般要考虑哪些因素？

案例分析1

中国移动的大运促销

2011年8月，深圳迎来了第26届世界大学生夏季运动会（下称“大运会”）。这是一个难得的体育营销机会。

中国移动行动迅速，在大运会倒计时一周年这一备受关注的时间点宣布正式成为中国大学生体育协会高级合作伙伴，并召开新闻发布会，通过在中国队领奖服左袖口以及八支竞赛团队（足球队、篮球队、排球队、乒乓球队、羽毛球队、网球队、高尔夫球队以及国际象棋队）比赛服上印制中国移动的标识，在领奖时频现于电视屏幕、报纸等大众媒体。

中国移动又趁热打铁，在2011年1月20日召开与深圳城市志愿者战略合作签约仪式，并正式成为其唯一合作伙伴。随后，中国移动策划了招募全城志愿者的电视节目——动感地带“全橙热练迎大运”，并且于大运会开幕倒计时100天这样的特殊时刻开始播出。

中国移动之后与当地政府合作，通过出资的方式，与政府共建了750个志愿者服务站(志愿者U站)，同时为志愿者免费提供10万套服装、装备、大运移动产品服务手册以及五大专业化信息服务(G3信息机、无线网卡、无线上网笔记本、信息化服务包以及12580服务系统)。这一举措，一方面保障了志愿者的服务，增加了品牌曝光率，赋予了企业很强的公益形象，在志愿者、观众中都提升了品牌认可度；另一方面，这是体验营销的具体运用，因为志愿者正是中国移动众多新兴电子产品的目标客户，让志愿者在服务工作中学会并习惯使用这些通信设备，更是在竞争中抢占了先机。大运会过后，中国移动保留了部分U站，成为服务市民的重要载体和平台，同时适时推出“动感地带‘周杰伦超时代2011深圳演唱会’”，唤醒并加深了“后大运”的关联认知。

中国移动在大运会中，采用“喝彩”作为主题，自始至终将其贯穿在整个赞助活动中。针对不同的阶段和人群，中国移动采用了递进式的三个“喝彩”，一步步巩固了这一主题在消费者心目中的形象，加深记忆、提升认可。

(1)“为青春喝彩”。该主题运用在赞助中国代表团，让人们将中国移动和大运会形成关联的初期阶段。这个口号一方面表现了对青年运动员的赞颂与鼓励；另一方面也喊出了众多年轻人的心声，与他们追求阳光、追求奔放的特点相契合，与广大的青年群体产生了共鸣，在大量的广告口号中脱颖而出被人们记住。

(2)“为深圳喝彩”。这一口号紧接而至，针对志愿者赞助活动推广开来。中国移动发现志愿者是展现城市文明程度、精神风貌的重要宣传窗口，中国移动请广大的志愿者代言，共同喊出“为深圳喝彩”的口号，有效地激发了公众的荣誉感，也唤起了志愿者们心底的自我认同感。“喝彩”主题借此更加深入人心。

(3)“为中国喝彩”。伴随着大运会赛事的推进，中国队不凡的表现让人们情绪激昂，优异的成绩极大地鼓舞了人心，中国移动看到了公众情绪的变化，适时地推出了第三个“喝彩”口号——“为中国喝彩”。在此阶段，企业开展多方位的媒体宣传，通过制作大运会主题电视广告、与相关频道栏目合作以及在各种服务厅立体式包装等线上线下的配合，统一“中国移动，为中国喝彩”的主题形象。同时，基于目标消费者的不同需求，企业设计相应的整合传播方案，实现精准营销。这包括“畅玩深圳，喝彩中国”“乐看大运，喝彩中国”“庆大运，移动大优惠”。

大运会期间，TD-LTE即摄即传在深圳全新亮相，火炬传递和赛事直播画面获得高度好评；手机视频类业务加载大运会内容，并以手机播客新产品上线为契机，与广电集团合作，通过新闻发布会形式传播深圳移动业务新形象。为签约新闻媒体提供基于LTE网络的即摄即传业务，包括与广电集团进行大运会深圳火炬接力的即摄即传合作、大运会场馆新闻报道、大运村开村仪式现场拍摄、开幕式预演现场连线；此外，在移动信息生活馆建设LTE视频墙，为客户提供高速上网体验，协助公司市场部、网络部、网维中心，建设LTE业务展示区，实现了LTE即摄即传、视频墙、视频点播、无线上网等业务展示。

中国移动还在大运会期间特别推出了手机视讯和手机播客这两项新业务三个月优惠体验活动，让深圳人民可以畅享用手机看大运、用手机拍大运的高效移动应用和精彩娱乐体验。

在大运会场馆周边，中国移动除了利用户外大牌，还在周边150余座候车亭投放候车亭广告，实现环状包围式宣传。而在大运村内部，中国移动抢占推车背面广告，共有400辆印制“中国移动，为中国喝彩”的推车进驻大运村，为各国运动员服务。中国移动还在机场贵宾厅、移动服务营业厅和志愿者站等地方通过有形展示，以大运会元素营造大运会氛围，多维度塑造“中国移动，为中国喝彩”的形象，提升“移动助力大运”的公益形象。同时，向目标群体重点推介大运会相关产品，实现产品的精准营销。与线下推广相对应，中国移动在线上采取栏目冠名与合作，冠名新闻频道的《先锋大运传奇》与《中国军团夺金看点》、音乐频道的《大运快报》及交通频道的《大运路况直击》等，覆盖重点频率时段，有效针对了上班族，同时较深度地推广了产品和品牌。

隐性营销在如今的实际运用中，更是加入了很多的网络电子元素，微博营销、论坛营销等都成为推动隐性营销的重要手段。中国移动充分运用了网络资源，利用移动微博平台，开展了“欢乐迎大运，畅享139嘉年华”主题系列活动，移动微博推出三个大运微博：深圳大运官方微博，中国代表团微博和深圳志愿者微博，时时更新大运相关新闻，与微博用户互动。

资料来源：陈宁颉，王超. 中国移动大运营销保卫战. 市场营销案例，2011(11)

案例思考题

1. 中国移动大运营销运用了哪些促销方式？
2. 中国移动大运营销的成功给了我们哪些启示？

案例分析2

肯德基“借道”腾讯微博关系链 引爆社会化广告效果

历年的暑期都是麦当劳和肯德基“斗法”的时刻，营销手段层出不穷，赚足眼球和钞票。2012年也不例外，这年暑期，肯德基依托腾讯微博，以“微博连环画”模式成功开展了一场激发用户关系链高互动、自传播的社媒营销，尤其是“广告内容化”的创新思路，打破了传统展示类广告的效果困境，在与消费者实现互动沟通的同时，实现了广告信息植入式高频曝光。

肯德基此次在腾讯微博开展的社会化营销，实质是借助“微博连环画”的模式进行的一场社会化广告投放，与传统展示类广告只解决品牌曝光不同的是，此次“广告内容化”的创意及以借助“微博连环画”这种新颖的社会化广告为媒介进行的投放，在品牌曝光、用户互动以及销售转化这三个广告主最关心的营销指标上均大有斩获。

“微博连环画”指的是腾讯微博发布框下方由三个话题共同组成的社会化媒体广告位组合。三个话题如连环画一样，一环扣一环，既有话题连贯性，又兼具独立性，能够让参与者有看连环画的乐趣，同时能调动用户的兴趣，激发用户积极参与和品牌进行互动。在第一个话题中，用户可以选择自己喜欢的酷饮。选择后用户就可以跳至第二个话题中，与随机抽取的网友分享酷饮。在“立即分享”的话题中，首次点击即可将活动信息进行微博分享。这三个话题共同将网民导入肯德基“有料共享”官方活动网站。漂亮的“爆料”界面、“有料”的内容，契合“分享”的品牌诉求，最终共同实现了“硬广”的内容化软性投放实效：据腾讯微博方面统计，在活动上线期间，“有料共享”话题下共计有超过125万条微博。

除了“广告内容化”创意策略外，肯德基还创新了活动形式，借助“好友同享”这样用户之间多维关系触点，通过驱动腾讯微博海量用户及其亿万用户关系链，将品牌信息自然嵌入人与人之间的互动沟通中。在“第二杯半价”活动中，通过调取好友关系，腾讯微博使得用户可以在其微博主界面看到自己与好友分享的图片，不仅促进了用户参与，也直接带动了线下肯德基的产品销售，并给用户留下了深刻的品牌印象。数据显示，43%的网民看到好友分享信息后参与活动，这已然形成了良好的“营销回路”。

依靠腾讯微博用户关系链的裂变式传播，肯德基开展的“微博连环画”营销活动最终实现了广度和深度双重效果。在广度方面，日均广播数超过8.5万条，日均互动点击量超过50万，也就是说，平均每条广播有4条以上的转播扩散，实现分享比例高达1∶4；在深度方面，通过“第二杯半价”等趣味性广告内容化植入，激发用户对肯德基产品产生了解并最终驱动购买，在实现品牌知名度提升的同时，最终对消费者心理认知以及行为产生深刻的影响。

这表明以腾讯微博为代表的社会化媒体的崛起，正在改变着传统数字营销产业链的集体思维与实践方法，未来社会化广告和营销将直接冲击或改变传统在线营销的市场格局与走向。肯德基在腾讯微博上的营销效果，也将直接驱动更多的国内外企业将更多的市场营销预算向社会化媒体进行倾斜。

资料来源：李峰. 肯德基"借道"腾讯微博关系链 引爆社会化广告效果. 中国广告，2012(9)

案例思考题

1. 肯德基的"微博连环画"广告为什么取得了成功？

2. 比较社会化媒体和传统媒体的差异，讨论企业应该如何整合社会化媒体和传统媒体来实现营销。

市场竞争战略

第 11 章

在市场经济条件下，任何企业都无法回避竞争，优胜劣汰是市场竞争的法则。企业要参与竞争，在竞争中求得生存和发展，就必须研究竞争者，了解竞争者的优势和劣势、竞争者的战略和策略，明确自己在竞争中的地位，在知己知彼基础上制定正确的竞争战略。

11.1 竞争者分析

"知己知彼"是市场竞争的重要原则。企业参与市场竞争，不仅要了解自己的顾客是谁，还要了解自己的竞争对手是谁？竞争者的目标是什么？竞争者采取的战略是什么？竞争者的优势和劣势是什么？竞争者对市场竞争的反应模式是什么？企业只有准确掌握竞争者的有关情况，才能有针对性地制定本企业的竞争战略，因此，竞争者分析是企业制定竞争战略的前提和基础。

竞争者分析的步骤如图 11-1 所示：

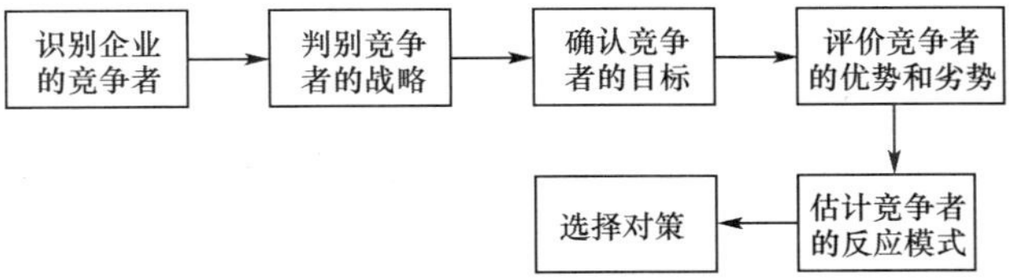

图 11-1　竞争者分析的步骤

11.1.1 识别企业的竞争者

竞争者是指与本企业提供的产品相似，所服务的目标顾客也相似的其他企业。

如美国可口可乐公司把百事可乐公司作为主要竞争者；通用汽车公司将福特、克莱斯勒汽车公司作为主要竞争者。

识别企业的竞争者并不是件容易的事，企业的现实竞争者和潜在竞争者的范围极其广泛，如果企业不能正确识别竞争者，就会患上"竞争者近视症"。通常，一个企业被潜在竞争者吃掉的可能性比被现有竞争者吃掉的可能性更大。因此，企业要从更广的范围来界定自己的竞争者。

企业的竞争者主要有以下几种：

(1)愿望竞争者

愿望竞争者是指提供不同产品以满足消费者当前存在的各种愿望的竞争者，这是最为广泛的竞争，如汽车公司与房地产公司、旅行社、珠宝商之间就是愿望竞争者。

(2)一般竞争者

一般竞争者是指能够满足消费者同一需要的各种产品之间的竞争，如铁路与长途汽车、民航之间的竞争。

(3)产品形式竞争者

产品形式竞争者是指满足消费者同一需要的同类产品不同形式之间的竞争，如生产各种型号、样式、功能的洗衣机企业之间的竞争。

(4)品牌竞争者

品牌竞争者是指生产同种产品，而且其产品的型号、规格也相同，但是品牌不同的竞争者。品牌竞争者是最直接的竞争对手之间的关系，竞争者之间主要靠品牌的竞争力进行竞争，如长虹与海信、阿迪达斯与耐克等。

11.1.2 判别竞争者的战略

企业之间采取的战略越相似，竞争就越激烈。在大多数行业中，根据竞争者所采取的主要战略的不同，可将竞争者划分为不同的战略群体。所谓战略群体就是在某一目标市场上采用同一战略的一组企业。企业首先要按照行业内各企业战略地位的差别，将企业划分成不同的战略群体，然后确认自己所处的战略群体，而与自己处于同一战略群体的企业就是最近的竞争者；其次，当企业决定进入某一个战略群体后，还要明确谁是主要竞争对手，他们的战略是什么，再据此决定自己的竞争战略。

同一战略群体内存在激烈竞争，不同的战略群体之间也存在竞争。这是因为，某些战略群体可能具有相同的目标顾客；顾客可能分不清不同战略群体产品的区别；属于某个战略群体的企业可能改变战略，进入另一个战略群体。

识别竞争对手的战略是一项长期的、动态的工作，企业必须不断地监控竞争者的战略。因为随着时间的推移，竞争者会根据企业内外环境的变化修正他们的战略，从而对本企业产生影响。例如，福特汽车公司因生产低成本的汽车成为早期的获胜者，而通用汽车公司因适应了消费者多样化的需求而超过了福特，日本的汽车商又因生产节能汽车而取得了领导地位。

11.1.3 确认竞争者的目标

企业在确定了竞争者的战略之后，还要进一步掌握主要竞争者在市场上追求的目标。确认竞争者的目标，可以使企业尽可能地避开竞争者的战略目标，减少竞争者的威胁，更好地实现企业的战略目标。

每个竞争者都有侧重点不同的目标组合，如获利能力、市场占有率、现金流量、技术领先、服务领先、质量领先、形象领先等，企业只有了解每个竞争者的重点目标是什么，才能正确估计他们对不同的竞争行为将如何反应。当竞争者的重点战略目标受到攻击时，他便会做出强烈的反应。例如，某企业的重点目标是“成本领先”，那么，该企业对其他企业在降低成本方面的反应会较为强烈。

11.1.4 评价竞争者的优势和劣势

企业在了解了竞争者的目标和战略以后，还要了解竞争者的优势和劣势，了解竞争者战略的执行情况，是否达到了预期的战略目标。为此，企业需要搜集过去几年中关于竞争者的情报和数据，如销售额、利润额、市场占有率、投资收益、新产品开发等。但是收集竞争者资料不是件容易的事，通常要通过间接的方式取得，如通过别人的介绍、别人的经验等。企业还可以对中间商和顾客进行调查，以问卷的形式请顾客给本企业和竞争者的产品在一些重要方面分别打分，通过分数可以了解竞争者的优势和劣势，也可以了解自身的长处和短处。

在对竞争者进行分析时，还要辨别竞争者的假设。竞争者的假设分为两大类：一是竞争者对自己的假设；二是竞争者对市场、对所处行业和对其他企业的假设。例如，有些竞争者自以为“自己的产品是一流的”“自己是产业领袖”“是低成本生产者”等，这些假设可能是正确的，也可能是错误的。那些错误的假设便是竞争者的劣势，也是本企业的战略契机。因此，企业在寻找竞争者的劣势时，要注意发现竞争者对市场和对自己判断上的错误，利用竞争者这种不切合实际的错误观念，对其发起进攻。

例如，某竞争者相信自己是低成本生产者，自己产品的价格已经最低，而实际并非如此的话，本企业就可以以更低的价格去抢占竞争者的市场，当竞争者发现自己无力降价、市场已经丢失很多时，才可能意识到自己的假设是错误的，但是为时已晚。

11.1.5 估计竞争者的反应模式

估计竞争者在遇到攻击时可能做出什么反应，采取什么行动，有助于企业正确选择攻击对象，确定攻击的力度，实现竞争的预期目标。竞争者的反应除了受竞争者的目标、战略、优势和劣势的影响外，还要受其经营指导思想、企业文化和某些起主导作用的信念的影响。因此，企业要估计竞争者的行动和反应，还需要深入了解竞争者的心理状态。竞争者的心理状态不同，其反应模式也不相同。常见的竞争者的反应模式有以下四种：

(1)从容型竞争者。这类竞争者对其他企业的行动不迅速做出反应或反应不强烈。其原因可能是受自身资金、规模、技术的限制而无法做出相应的反应；可能是对自己的竞争实力过于自信而不屑于做出反应；也可能是营销情报系统反应迟钝，没把市场变化及时传递给决策部门。企业要弄清竞争对手从容不迫的原因。

(2)选择型竞争者。这类竞争者对某些方面的攻击反应强烈，而对其他方面的攻击则无动于衷。这种竞争对手对自己的优势和劣势有一定的了解，因此，并不对所有的竞争行为都做出反应，只有当竞争对手的策略对其构成较大威胁时，才做出强烈反应。如某企业对竞争者增加广告费不做出反应，但是对竞争者降价则予以坚决反击。

(3)凶狠型竞争者。这类竞争者对所有的攻击都做出迅速而强烈的反应。他们一般都是实力雄厚的大企业，这种反应主要是向其他企业表明最好不要向自己进攻，否则就会战斗到底。

(4)随机型竞争者。这类竞争者的反应模式不可预料，他可能采取反击行为，也可能不反击。其反击可能是迅速的，也可能是迟缓的；可能是剧烈的，也可能是柔和的。一般来说，小公司可能是随机型竞争者，经营管理不成熟或者处于变革时期的竞争者也可能是随机型竞争者。

11.1.6 选择对策

企业在明确了谁是主要竞争者，主要竞争者的目标、战略、优势和劣势以及反应模式后，就要决定自己的对策了。

企业在选择进攻对象时，应考虑以下几个因素：

(1)竞争者的强弱。选择较弱的竞争者作为进攻对象,可以节约时间和资源,但是获利较少;相反,选择实力雄厚的竞争对手,虽然难度大,但却能使企业得到锻炼和提高,增强企业的整体实力。况且,再强大的竞争对手也有自己的弱点,只要企业进攻措施得当,也会取得成功。

(2)竞争者与本企业的相似程度。把相似的竞争者作为进攻对象,获胜的可能性较大。但是,摧毁相似的竞争者有时可能对企业更为不利,如果那些失败的竞争者被并入实力更强的企业,会使本企业面临更大的竞争者。因此,既要与相似的竞争者竞争,有时又要避免摧毁他们。

(3)竞争者表现的好坏。竞争者的存在有时对企业是有益的。竞争者可以增加市场总需求,分担市场开发和产品开发的成本,开发和推广新技术,促进产品的差异化。但并不是所有的竞争者都能给企业带来益处,竞争者有好坏之分。那些表现良好的竞争者按照经济运行的基本规则开展经营活动,并以合理的生产经营成本定价,保持合理的市场份额和利润水平,有利于行业的稳定和健康发展。而那些具有破坏性的竞争者不遵守行业规则,采用不正当手段进行竞争,扰乱市场秩序。作为企业,应该攻击那些具有破坏性的竞争者,保证行业的健康发展。

企业在识别和评价主要竞争者之后,还要对自己在本行业中的竞争地位进行分析,以便根据自己的竞争地位、企业目标、发展机会和资源优势,制定行之有效的竞争战略。

11.2 市场竞争基本战略

美国哈佛大学商学院著名的战略管理学家迈克尔·波特提出了三种基本竞争战略,即成本领先战略、差异化战略和聚焦战略。这些战略是根据产品、市场以及特殊竞争力的不同组合而成的,企业可以根据自身的生产经营状况选择所要采取的策略。

11.2.1 成本领先战略

成本领先战略(Cost Leadership Strategy)又称低成本战略,即企业通过降低生产成本和销售成本,使自己的总成本低于同行竞争者,并以较低的价格取得竞争优势,争取最大的市场份额。格兰仕公司通过实行这种战略,以低成本保证产品的低价格,以此确立了竞争的绝对优势。

1. 成本领先战略的实现途径

(1)规模经营。一般来说,单位产品成本随其生产经营规模的扩大而呈下降趋势。企业通过缩减产品线和产品项目，优化产品组合，可以有效地减少产品品种，扩大产品的生产规模，从而降低产品成本。

(2)提高技术水平。企业通过采用先进技术、设备和工艺等手段，大大提高生产效率，以技术领先来降低成本，获得低价竞争的优势。

(3)提高管理水平。企业通过在研究开发成本、采购成本、生产成本、资金占用、营销成本、人力成本等方面精打细算，厉行节约，加强管理，可以达到降低成本的目的。

(4)提高市场占有率。随着市场占有率的提高，产品销售量的扩大，生产经营成本也会随之下降。

2. 成本领先战略的优势

(1)有效抵挡竞争对手的对抗；

(2)增强与购买者和供应商讨价还价的能力；

(3)利用已经建立起来的巨大生产规模和成本优势形成进入障碍；

(4)利用低价降低替代品的威胁。

3. 成本领先战略的风险

(1)企业过多地将注意力放在低成本上，而忽视了产品和市场需求的变化；

(2)低成本可能导致企业在技术开发和服务方面的投入不足；

(3)竞争者通过模仿，也可以采用低成本战略，从而使企业丧失竞争优势；

(4)如果行业中的主要企业都采用成本领先战略，可能出现竞相压价，甚至导致价格战，造成全行业利润率急剧下降。

4. 实施成本领先战略的基本条件

(1)市场上的产品或服务基本上是标准化或同质化的，而且实现差异化的途径很少；

(2)绝大多数消费者使用产品的方式一致，价格是决定顾客购买的主要因素，价格弹性较大；

(3)顾客转换供应商或品牌基本不需要什么成本，而且顾客有很强的价格谈判能力；

(4)企业具有较高管理水平和控制成本的能力。

阅读资料 11-1

比亚迪的成本领先战略

比亚迪的营销成功得益于公司的成本领先战略：①选择进入门槛低、生产模式简单的二次充电电池行业;②以手工组装的生产线来对抗初次投入成本高和更新换代成本高的自动化生产线,同时具备了低成本和灵活性;③自身具备强大的研发实力,通过在流程和材料上的改进大幅节约企业成本。

为了寻求新工艺,比亚迪和上游材料供应商共同研发,共同制定降低成本的方案。如镍镉电池需用大量负极制造材料钴,如果选用性能较好的钴,成本非常高。比亚迪与深圳一公司合作,找出国内外钴的品质差距,制定了提高国产钴品质的办法,使国产钴达到国际品质要求,同时较国外产品成本下降40%。由于负极材料应用极广,仅此一项,比亚迪一年就可以节省数千万元。

自身强大的研发实力是比亚迪领先于其他同行的根本。公司目前拥有研发人员200余人,下设设备齐全的电池材料研究中心、电池技术研究中心和新产品开发部门。公司在欧洲、美国、日本、韩国、中国香港和上海等地设立了研发机构。依靠研发节省成本,是比亚迪的一大成功实践。

资料来源:郭国庆.市场营销学.北京:中国人民大学出版社,2011

11.2.2 差异化战略

差异化战略(Differentiation Strategy)是指企业提供与众不同的产品或服务,满足目标顾客特殊的需要以形成竞争优势。德国西门子公司就是推行这种战略的一个代表,其产品以高质量举世闻名。

1.差异化战略的实现途径

(1)产品差异化。产品差异化是最常见的差异化方式,相对而言也是较容易实现的差异化。如“老板”牌免清洗抽油烟机、格兰仕推出的彩色空调等,企业通过产品差异化不同程度地攫取了竞争对手的市场份额。

(2)服务差异化。服务是市场竞争的重要手段。有时,产品很容易被竞争对手模仿,而服务却能独树一帜,海尔正是依靠差异化服务赢得了顾客的肯定和信任。

(3)渠道差异化。渠道差异化也是差异化战略的一种重要形式。戴尔在电脑行业率先采用直销形式,区别于该行业绝大多数厂商通过中间商进行分销的模式;阿迪达斯通过遍布世界各地的阿迪达斯专卖店销售运动服装和运动鞋,渠道差异化战略使上述企业获得了长足发展。

(4)形象差异化。形象差异化即通过传播公司名称、商标或品牌、宣传口号等方法在顾客心目中树立独特的企业形象,以区别于竞争对手。

2.差异化战略的优势

(1)差异化提高了顾客对企业的忠诚度,使企业在竞争中受到更好的保护;

(2)差异化提高了企业的边际收益,增强了企业对供应商讨价还价的能力;

(3)差异化降低了购买者的价格敏感度，提高了购买者的转换成本，削弱了购买者对企业产品的讨价还价能力；

(4)产品的差异化形成了强有力的行业进入壁垒；

(5)差异化建立起的顾客忠诚，有效地降低了替代品的威胁。

3. 差异化战略的风险

(1)差异化有时会与争取更大的市场份额相矛盾；

(2)在不了解顾客需求的情况下盲目差异化，可能不被顾客认同；

(3)竞争对手也生产出类似或更具差异化的产品；

(4)过度差异化导致目标市场狭窄或价格大大超出竞争对手。

4. 实施差异化战略的基本条件

(1)消费者需求多样化且可以识别；

(2)市场竞争主要集中于差异化的产品或服务，顾客对价格不敏感；

(3)企业所实现的产品或服务的差异化特征必须是顾客认为有价值的；

(4)企业所实现的产品或服务的差异化特征必须与竞争对手的同类产品或服务有着明显的、顾客容易辨识的区别；

(5)企业产品或服务差异化的特征和方式不易被竞争对手模仿和复制；

(6)企业因产品和服务差异化而获得的额外收入不能低于因差异化而付出的额外成本。

阅读资料 11-2

“同升和”和“盛锡福”的竞争

20世纪30年代前后，天津市有“盛锡福”“同升和”“同馨和”三个帽庄，相互之间竞争非常激烈。尤其是“盛锡福”和“同升和”，二者实力相当，各有特色，除了在价格、门店位置、广告宣传等方面相互竞争外，产品竞争更是此起彼伏。

“盛锡福”在草帽、呢帽方面有独到之处，帽品色泽漂亮，式样美观；而“同升和”也加紧研制，改变花样，增加品种，提高成色，毫不示弱。“盛锡福”的皮毛原料都是上等的貂皮，质量上乘，技艺精湛，令同行难以望其项背。“同升和”自知在这方面很难超越“盛锡福”，于是另辟蹊径，研究出一种用进口青根貂皮零头拼制的黑三角皮帽，手工精细，美观大方，而且价格比较便宜。冬天来临之际，“同升和”几个门市部同时摆出新款皮帽，顾客争相抢购。待“盛锡福”等同行奋起直追时，冬季已过，只待明年推陈出新。当时流行一种白通帽，帽胎用软木制作，国内不能生产，需要向德国洋行订货，从外国进口。帽胎到天津后，需要自行加工布面方为成品。这种帽子夏天戴着既遮阳光，又轻便凉快，“同升和”“盛锡福”均有经营，且售价同为每顶7元。后来“盛锡福”创办人刘锡三利用通晓英语之长，与香港帽商联系，直接购买白通帽软木胎。新的进货渠道大大降低了“盛锡福”的成本，白通帽的价格也随之降到每顶4元。“同升和”不得已赔钱降价销售。

资料来源：贺继红，白建磊，等. 市场营销学通论. 北京：清华大学出版社，2012

11.2.3 聚焦战略

聚焦战略(Focus Strategy)也叫集中一点战略，就是企业将经营范围集中于行业内某一有限的细分市场，使企业有限的资源得到充分运用，使企业在某个局部市场的实力超过竞争对手，从而赢得竞争优势。例如，我国著名企业家宗庆后在激烈竞争的营养液市场上看准了儿童营养液这个细分市场，集中力量开发出“娃哈哈儿童营养液”，一举成功。他成功的基本经验之一，就是从自身的实际出发，选择了适当的定位战略，开发出独具特色、适合消费者特定需要的新产品。

聚焦战略有两种形式：一种是在细分的目标市场上获得成本领先优势，称为成本集中；另一种是在细分的目标市场上获得差异化优势，称为差异化集中。聚焦战略可以看作成本领先战略和差异化战略在局部范围内的运用。

1. 聚焦战略的实现途径

(1)产品线聚焦

产品开发和工艺装备成本偏高的行业，通常以产品线的某一部分作为经营对象。如日本的汽车厂家一直将经营重点放在小型轿车的生产上，他们生产的轿车性能好、省油、美观、价格低，在欧美市场上获得了巨大成功。

(2)顾客聚焦

顾客聚焦就是将经营重心放在不同需求的顾客群上。如劳力士手表、皮尔·卡丹、阿迪达斯等产品都是高质量高价格，以高收入顾客为目标市场。

(3)地区聚焦

地区聚焦就是将目标市场集中于某一特定地区。如许多企业为了避开城市众多竞争对手，以农村为目标市场，针对农村市场的特殊需要设计生产产品，取得良好效果。

2. 聚焦战略的优势

(1)聚焦战略便于集中使用企业的资源和力量，更好地服务于某一特定的目标市场；

(2)企业将目标集中于特定的部分市场，可以更好地调查研究与产品有关的技术、市场、顾客以及竞争对手等方面的情况；

(3)战略目标集中明确，经济成果易于评价，战略管理过程也容易控制，从而带来管理上的简便；

(4)企业服务于特定细分市场的成本比竞争对手更低，可由此建立局部市场的低成本优势；

(5)企业可以向特定细分市场的顾客提供特殊的产品和服务以满足其特殊的要求，即建立差异化优势。

3. 聚焦战略的风险

(1)经营风险较大；

(2)竞争者可能采取优于企业的更集中化的战略；

(3)产品销售量可能很小，产品要求不断更新，造成生产费用增加，使聚焦战略的优势得以削弱。

4. 实施聚焦战略的基本条件

(1)行业内存在不同的细分市场；

(2)企业在某个细分市场中有能力赢得竞争优势；

(3)企业资源有限，不允许追求更广泛的市场。

11.3 不同竞争地位企业的竞争战略

根据企业在市场上的竞争地位，将其分为市场主导者、市场挑战者、市场跟随者和市场利基者四种类型(图 11-2)。不同企业应采取不同的竞争战略。

市场主导者	市场挑战者	市场跟随者	市场利基者
40%	30%	20%	10%

图 11-2 假设的市场结构

11.3.1 市场主导者战略

市场主导者(Market Leader)是指在某一行业中拥有最大的市场占有率，在价格变动、新产品开发、分销渠道的覆盖面和促销力量等方面都起主导作用的某一大型企业。一般来说，每个行业都有一家企业被公认为市场主导者。如美国汽车行业中的通用汽车公司，零售行业中的沃尔玛公司，快餐行业中的麦当劳等。

市场主导者是市场竞争的众矢之的，它既是其他企业效仿或回避的对象，也是其他企业挑战和攻击的对象。因此，市场主导者必须保持高度警惕，否则，很可能丧失领导地位。市场主导者为了保持自己在市场上的领先地位，通常采用三种策略：一是扩大市场需求总量；二是保持市场占有率；三是提高市场占有率。

1. 扩大市场需求总量

当一种产品的市场需求总量扩大时，受益最大的往往是市场主导者，因为它占有的市场份额最大。因此，促进产品需求总量的不断扩大是市场主导者积极采取的措施。扩大市场需求总量的措施主要有寻找新用户、开发产品的新用途和增加顾客使用量。

（1）寻找新用户

每类产品都有其潜在购买者，这些潜在购买者由于根本不知道有这种产品或者因为价格不合理等原因而拒绝购买。企业可针对具体情况采取措施，将潜在购买者变成现实购买者。

（2）开发产品的新用途

很多产品的用途不止一种，当产品新的用途被消费者认可时，则可扩大市场需求总量。例如，苏打最初用于制作食品，后来人们发现苏打可以用作冰箱除臭剂，结果销量大增。再如，凡士林刚刚问世时被用作机器润滑油，后来发现它还有许多其他用途，如可以做润肤膏和药膏。

（3）增加顾客使用量

增加顾客使用量是扩大需求的一种重要手段，包括两个方面：一是增加每次使用量；二是增加使用频率。例如，日本铃木公司曾将“味の素”的小瓶盖打了许多小孔，既方便了消费者，又使之在不知不觉中增加了使用量。提高购买频率也是扩大消费的一种常用的办法，如“高露洁”运用广告和促销手段，宣传护牙知识，要求每日刷牙2～3次，该品牌产品在我国销量大幅度增长，处于市场领先地位。

2. 保持市场占有率

市场主导者在扩展市场的同时，还必须采取措施保持现有的市场占有率，保卫自己的阵地。保持市场占有率最有效的办法是不满足于现状，不断增强自身的实力。企业必须不断提高产品质量、开发新产品、降低产品成本、开辟新的销售渠道，使自己真正处于行业领先地位。同时，还要抓住竞争对手的弱点，主动出击。市场主导者如果不发起进攻，就要严守阵地，采取防御战略。

市场主导者采用的防御战略有以下几种：

（1）阵地防御

阵地防御（Position Defense）就是企业为了维护原有的市场地位，以现有的产品和市场防御竞争者的进攻。阵地防御是一种静态防御，是防御的基本形式。但是，如果企业将所有力量都投入到这种防御中，最后很可能导致失败。对于企业来说，采用消极的静态防御，只保卫自己目前的市场和产品，是一种“市场营销近视症”。例如，当年亨利·福特对他的T型车的“近视症”使福特公司从顶峰跌到了濒临破产的边缘；而海尔集团没有局限于赖以起家的冰箱市场，积极开展多元化经营，开发了空调、微波炉、洗衣机、电视、电脑、手机等一系列产品，成为我国电器行业的著名品牌。

(2)侧翼防御

侧翼防御(Flank Defense)是指企业通过改进薄弱环节，防止竞争对手乘虚而入或者开展一些次要业务作为防御的前沿阵地。市场挑战者在向市场主导者发起进攻时，往往攻击对方的薄弱环节或劣势。采取侧翼防御战略，能保护企业要害部位的市场，防止竞争对手打开缺口。例如，20世纪70年代，美国各大汽车公司主要生产豪华型轿车，没有注意侧翼防御，遭到日本小型汽车的无情进攻，失去了大片阵地。

(3)先发防御

先发防御(Preemptive Defense)是一种“先发制人”的防御策略，即在竞争者进攻之前，就主动攻击它。该战略的指导思想是“进攻是最好的防御”，与其坐等别人进攻，不如主动出击。例如，格兰仕曾数次降价，使未取得规模效益的企业陷于困境。

(4)反攻防御

反攻防御(Counteroffensive Defense)就是当市场主导者受到攻击时采取的反击行动。市场主导者可以根据具体情况，选择正面反攻、侧翼反攻或钳形反攻等战略。例如，当美的进军微波炉市场时，作为对美的的回应，格兰仕大规模进军空调市场，直指美的“心脏”。

(5)运动防御

运动防御(Mobile Defense)就是市场主导者不仅防御目前的阵地，还要扩展到新的市场阵地，作为未来防御和进攻的中心。市场扩展可以通过两种方式来实现：一是市场扩大化，即企业将注意力从目前的产品转到有关产品的基本需要上，并全面研究与开发有关该项需要的科学技术。例如，把“石油”公司变成“能源”公司就意味着市场范围扩大了，它不仅限于一种能源——石油，而是要覆盖整个能源市场。二是市场多角化，即向无关的其他市场扩展，实行多角化经营。例如，美国的烟草公司由于社会对吸烟的限制日益增多，纷纷转向其他产业，如酒类、软饮料和冷冻食品等。

(6)收缩防御

市场主导者在所有的市场阵地上全面防御，有时会顾此失彼，得不偿失。在这种情况下，最好采取收缩防御(Contraction Defense)，即放弃某些较弱的市场阵地，将资源集中于实力较强的市场阵地。如IBM公司出售其PC部，帅康集团退出空调市场。

3. 提高市场占有率

有关研究表明，市场占有率与投资收益率成正相关关系：市场占有率越高，投资收益率越大。因此，提高市场占有率也是市场主导者增加企业收益，保持市场领先地位的一个重要途径。但是，通过提高市场占有率增加企业收益是有条件的，一是产品的单位成本能随市场占有率的提高而降低。企业提高市场占有率是要付出代价的，当市场占有率达到一定水平后，再提高市场占有率就要付出很大代价，其结果可能是获得的报酬小于成本，得不偿失。二是企业在提供优质产品时，销售价格的提高要大大超过为提高产品质量所投入的成本。

总之，市场主导者必须善于扩大市场需求总量，保卫自己的市场阵地，防御挑战者的进攻，并在收益增加的前提下，提高市场占有率，这样才能持久地保持市场领先地位。

11.3.2 市场挑战者战略

市场挑战者(Market Challenger)是指在市场上仅次于市场领先者的企业。它们在行业中有很强的实力，经常在产品更新、降低成本价格、促销等方面向市场主导者或其他小企业进行挑战，如美国汽车行业的福特汽车公司、软饮料行业的百事可乐公司等。

市场挑战者要赢得市场，首先要确定自己的战略目标和挑战对象，然后制定适当的进攻战略。

1. 确定战略目标和挑战对象

大多数市场挑战者的战略目标是提高市场占有率，进而达到提高投资收益率和利润率的目标。就进攻对象而言，企业有三种选择：

(1)攻击市场主导者

攻击市场主导者的风险大，但是吸引力也大。市场挑战者在向市场领先者发起进攻时必须清醒地认识到市场领先者通常在保卫自己方面享有优势，而且会对挑战者进行持久的、杀伤力很强的报复，因此，市场挑战者要想成功地进攻市场领先者，必须具备三个条件：一是拥有一种超过市场领先者的、明显的、持久的竞争优势。如市场挑战者可以凭借低成本优势抢占市场份额或者在价格不变的基础上提高产品质量。二是市场挑战者在其他方面要与市场主导者接近。如果挑战者采用差异化战略，它还必须能够部分地抵消市场主导者的低成本优势或其他优势，否则，挑战者的差异化优势会被主导者的低成本优势或其他优势所抵消。三是市场挑战者必须有阻挡市场领先者报复的办法，使领先者不愿意或者不能对挑战者实施旷日持久的报复。在攻击市场主导者之前，市场挑战者必须进行调查研究，掌握市场主导者的弱点和失误，将其弱点和失误作为进攻目标。只要战略得当，就可以争夺主导者的市场份额，甚至取而代之。

(2)攻击与本企业实力相当者

企业可以选择一些与自己实力相当，但经营不善或财务困难的企业作为攻击对象，直接夺取其市场份额。这是市场挑战者常用的策略。

(3)攻击地方性小企业

对于一些地方性小企业中经营不善或财务困难者，可以夺取它们的顾客，甚至将其收购或兼并以壮大自身实力。

2. 选择进攻战略

市场挑战者根据进攻的对象和目标，可以选择适当的进攻战略。

(1)正面进攻

正面进攻(Frontal Attack)就是集中力量攻击竞争对手的强项而非弱点。采用这种战略需要具备一定条件，如进攻者必须在产品的质量、价格、广告等主要方面大大超过竞争对手，才有可能成功；否则，必定失败。

(2)侧翼进攻

侧翼进攻(Flank Attack)就是集中力量攻击竞争对手的弱点。它充分体现了“避实击虚”的原则，因此成功的概率较大，是一种较为有效的进攻战略。

(3)包围进攻

包围进攻(Encirclement Attack)是一种全方位的进攻战略，企业从几个方面同时进攻，迫使竞争对手同时防御它的正面、侧翼和后方。包围进攻包括产品包围和市场包围。产品包围就是企业为市场提供质量、特点各异的产品，以此在市场上击败竞争对手的产品。市场包围就是进攻者努力扩大销售区域来攻击竞争对手。

(4)迂回进攻

迂回进攻(Bypass Attack)是一种最间接的进攻战略，进攻者完全避开竞争对手现有的市场，去争夺新市场。迂回进攻的主要措施：一是发展与目前产品系列无关的产品，实行产品多元化；二是以现有产品进入新市场，实行市场多元化；三是开发新技术、新产品，取代现有产品。

(5)游击进攻

游击进攻(Guerrilla Attack)是指对竞争对手的不同市场领域或部位采取小规模的断断续续的进攻。它通常适用于规模较小的挑战者。

市场挑战者的进攻战略是多种多样的，一个挑战者不可能同时运用所有战略，但也很难依靠单一战略取得成功，通常是设计出一套组合即整体战略来改善自己的市场地位。但是，并非所有居于次要地位的企业都可充当挑战者，如果没有充分把握不应贸然进攻主导者，最好是跟随而不是挑战。

11.3.3 市场跟随者战略

美国管理学专家李·维特指出:"产品模仿(Product Imitation)有时像产品创新(Product Innovation)一样有利。"因为新产品的开发者需要花费大量人力、物力和财力并且冒很大风险才能取得成功,而其他从事仿制或改良这种产品的企业却不需要大量投资也可以获得很高的利润,因此,很多企业采取市场跟随者战略。

市场跟随者(Market Follower)是指那些效仿市场主导者的市场行为,从中获得发展的企业。

市场跟随者战略有以下几种:

1. 紧密跟随

紧密跟随(Following Closely)即市场跟随者在各个细分市场和营销组合方面,尽可能仿效市场主导者。这种跟随者有时好像是市场挑战者,但它避免侵犯市场主导者的地位,避免与市场主导者发生直接冲突。

2. 有距离跟随

有距离跟随(Following at a Distance)即市场跟随者在市场营销的各个主要方面,如目标市场、产品创新、价格水平、销售渠道、促销方式等方面追随领先者,但在其他次要方面又与领先者保持一定的距离。

3. 有选择跟随

有选择跟随(Following Selectively)即市场跟随者在某些方面紧跟市场主导者,而在另一些方面又保持独立性。这类跟随者既学习竞争者的长处,又发挥自己的创造性。在这类跟随者中,有些可能成为挑战者。

此外,还有一种"跟随者"在国际市场上十分猖獗,即名牌产品的伪造者或仿制者,它们的存在对许多国际著名的大公司来说是一个巨大的威胁。这种假冒活动的危害在我国也日益严重,应引起全社会的重视,并采取有效措施予以清除。

11.3.4 市场利基者战略

市场利基者(Market Nicher)是指那些专门为被大企业所忽略或者不屑一顾的小市场提供服务的小企业。这些小企业不追求整个市场,也不追求较大的细分市场,而是专门寻找那些被大企业所忽略的某些细小市场,拾遗补阙,见缝插针,通过专业化经营获取最大限度的利润。

市场利基者关键是要找到细分市场里的空缺位置——市场利基。理想的市场利基应具备以下特征：①有足够的购买力和市场潜量；②利润有增长的潜力；③对主要竞争者不具有吸引力；④企业的资源和能力能有效地服务该市场；⑤企业既有的信誉足以对抗进攻者。

市场利基者由于实力有限，主要战略是专业化市场营销，具体方案有以下几种：

(1)最终用户专业化。即专门为某类最终用户提供服务，如某些快餐公司专门为中小学生提供快餐。

(2)垂直专业化。即专门致力于分销渠道中的某些层面，如制铝厂可以专门生产铝锭、铝制品或铝质零部件。

(3)顾客规模专业化。即专门为某一规模的客户服务，如有些小企业专门为那些被大企业忽略的小客户服务。

(4)特定顾客专业化。即只对一个或几个主要客户服务，如美国有些厂商专门为西尔斯百货公司或通用汽车公司供货。

(5)地理区域专业化。即专为国内外某一地区或地点服务。

(6)产品或产品线专业化。即只生产一大类产品，如美国的绿箭公司专门生产口香糖一种产品，现已发展成为世界著名的跨国公司。

(7)客户订单专业化。即专门按客户订单生产预订的产品。

(8)质量和价格专业化。即专门生产经营某种质量和价格的产品，如专门生产高质高价产品或低质低价产品。

(9)服务专业化。即专门提供某一种或几种其他企业没有的服务项目，如某家庭服务公司专门提供上门疏通管道服务。

(10)分销渠道专业化。即专门服务于某一类分销渠道，如专门生产适于超市销售的产品或专门为航空公司的旅客提供食品。

企业在选择市场利基时，多重利基比单一利基更能降低风险，提高保险系数。因此，营销者通常选择两个或两个以上的利基，以确保企业的生存和发展。总之，只要营销者善于经营，小企业也有许多机会可以在获利的条件下很好地为顾客服务。

思考题

1. 如何识别企业的竞争者？

2. 竞争者分析的步骤是什么？

3. 竞争者的反应模式有哪些？了解竞争者的反应模式有何意义？

4. 市场主导者应怎样维护自己的市场领导地位？试举例说明。

5. 市场挑战者的战略有哪些？

6. 市场跟随者的战略有哪些？

7. 理想的“利基”应具备哪些特征？

8. 小企业的专业化营销有哪些途径？

9. 试说明在我国的电视机和电冰箱市场上，谁是市场主导者，谁是市场挑战者。

10. 试论述家电市场中的小企业采取什么竞争战略才能在市场中获得生存和发展。

案例分析 1

小众生意：在“缝隙”中大把捞钱

都爱做市场大、利润高的项目，可偏偏有这么一伙生意人，他们做的是“小买卖”——市场小，目标客户有限；投资在行业中偏少，风险相对较低；竞争小，但因为竞争对手较少，所以比较容易开发；业务简单。我们把这样的生意定义为小众生意。就是这样的小众生意，很多人从中大把捞钱。

上海的鞋店数不胜数，但“喜力”鞋店无疑是最为特殊的。“喜力”的意思是“XL”，在这，什么鞋都有，就是没有小鞋：男鞋尺码从 44 码到 53 码，女鞋尺码从 40 码到 44 码。这样的特大鞋店就算开在世界上平均鞋码最大的北欧，也足以让人大吃一惊。

店里特大码鞋有 200 多种，皮鞋、休闲鞋、运动鞋、拖鞋，从凉鞋到棉靴一应俱全，老板李牧说：“十五岁到七十五岁的人，在我的店里肯定可以找到喜欢的鞋子，不管你喜欢穿西裤、牛仔裤、休闲裤还是短裤，保证让你特别酷。”

“喜力”的鞋以外销鞋为主，因为这种鞋子不但有特大尺码的产品，而且款式非常丰富，做工也很考究。用老板李牧的话说：“特大码鞋的质量一定没问题，不可能有企业做假冒伪劣的特大码皮鞋，因为需要它的人太少了。”只要做过一次“喜力”的顾客，就会成为它的铁杆粉丝。

“喜力”鞋店已有 15 年的经营史，网店开于 2004 年。经营面积由 20 平方米发展到今天的 100 平方米，商品过千种。

李牧有个想法，不但要为上海的“大脚们”服务，最好全国的“大脚们”都知道有一家小店可以买到 48 码的鞋子，这样的愿望在网络时代突然变成水到渠成的事情。现在很多网上的老客户已经很熟悉这家 XL“喜力”店，有个南京的顾客从网上一下子定了八双各种式样的46码的鞋子，甚至还有打电话来咨询的外国人。

资料来源：纪宇. 小众生意：在“缝隙”中大把捞钱. 现代营销：经营版，2011(04)，有删改

案例思考题

“喜力”鞋店采用的是什么营销战略？该战略的利弊是什么？

案例分析 2

九阳公司的竞争战略

山东九阳小家电有限公司（以下简称九阳公司）是一家新兴的小家电专业企业。九阳公司成立于1994年10月，为山东省高新技术企业、国家大豆行动计划示范企业。其中拳头产品九阳豆浆机被列为省级星火计划项目，九阳商标被认定为山东省著名商标。九阳牌系列家用豆浆机拥有23项国家专利，为豆浆机行业第一品牌，九阳公司目前已成为全球最大的豆浆机制造商。

九阳豆浆机从一面市即受到广大消费者的喜爱和欢迎，产品畅销全国，并远销日本、美国、新加坡、印尼、泰国等20多个国家和地区，年销量突破百万台，年产值几个亿。

目前，九阳公司已在全国地市级以上城市建立了200多个服务网点，做到了凡是有九阳产品销售的地区均有九阳公司的服务机构，并在行业内率先在全国大部分城市实行了上门服务。现在，九阳公司主要致力于新型家用小电器的研制、开发、生产与销售，主导产品有九阳全自动家用豆浆机、电磁炉、开水煲、果汁机、电火锅等系列小家电。2000年4月，“国家大豆行动计划”领导小组将九阳公司列为行业内唯一“国家大豆行动计划示范企业”。

2001～2003年，九阳豆浆机连续被国家统计局中国行业企业信息发布中心认定为“全国市场同类产品销量第一名”。2004年5月，九阳公司荣获中国最具发展潜力的中小企业“未来之星”称号。

每年占销售收入20％～30％的研发投入，强大的营销网络的支持，支撑起了九阳公司行业内第一品牌的地位。刚问世时豆浆机缺点一点不比优点少：一煮就煳，粘机且清洗困难，电机工作不稳，返修率高等。不突破技术障碍，豆浆机必被淘汰出局。

要生存下去，九阳公司就必须不断完善技术，进行技术革新。九阳公司的发展壮大过程也是技术创新过程。1994年，九阳公司创新地将电机上置式安装；

1996 年，九阳公司发明了“外加豆”技术；1998 年，针对消费者对豆浆机清洗困难的反馈新创了“智能不粘”技术；2001 年，“浓香技术”产品在九阳公司研发成功并投入规模化生产。2001 年 8 月，九阳豆浆机荣获中国首届外观设计专利大赛二等奖。2001 年 10 月，荣获首届中国企业“产品创新设计奖”优秀奖。2003 年 12 月，九阳豆浆机 JYDZ-17，电磁炉 JYC-24E、JYC-21D 三款产品荣获中国工业设计“奥斯卡奖”。2001 年 4 月，九阳公司荣获“中国专利山东明星企业称号”。2001 年 8 月，九阳公司荣获山东省第六届专利奖金奖。到今天，九阳牌系列家用豆浆机拥有 23 项国家专利。

作为豆浆机行业的主导品牌，九阳公司面对纷至沓来的激烈竞争，并未显得手忙脚乱。

他们在 2001 年度投入大量科研经费，研发了全新的专利“浓香技术”，推出九阳小海豚浓香豆浆机，迅速畅销全国。在品质管理方面，除进行常规的各项生产检验外，还单独成立了多个实验室，如电机实验室、成品实验室等，对关键配件和整机进行全面实验检测。2001 年，九阳豆浆机销量达到 160 万台。九阳公司通过在技术方面不断推陈出新，远远甩开了竞争对手，这是九阳公司在豆浆机行业市场上市场占有率始终保持在 80% 以上、销量年年第一的“法宝”。在保持快速技术创新的同时，九阳公司根据形势做出战略调整，为了在新技术、新材料、新工艺等方面赶上潮流，同时降低制造成本，在北方驻守了近十年后的九阳公司决定将公司的研发和制造重心南移，利用当地丰富的 OEM 资源，将研发、制造和销售三个重点减为两个重点，其中的制造环节慢慢淡出。2003 年，九阳公司营业额近 3 亿元，其中 2 亿元来自豆浆机。

资料来源：徐文蔚. 市场营销学. 2 版. 北京：电子工业出版社，2012

案例思考题

1. 九阳公司采用了哪些竞争战略？

2. 九阳公司的竞争优势是什么？

市场营销计划、组织与控制

第12章

企业在开展市场营销活动之前，首先要制定市场营销计划以明确企业的营销目标以及实现营销目标的途径。没有市场营销计划，企业的营销管理将是盲目和低效率的。而无论市场营销计划的制定还是实施都离不开有效的市场营销组织。在市场营销计划的执行过程中，还必须对市场营销计划实施严格的控制，保证营销目标的实现。

12.1 市场营销计划

12.1.1 市场营销计划的内容

市场营销计划(Marketing Planning)就是企业为了达到营销目标而确定的一系列活动安排，包括企业营销活动的目标以及实现这些营销目标的措施。市场营销计划是企业总体计划的一个重要组成部分，它可以使企业的营销工作按照既定计划有条不紊地进行，从而避免营销工作的盲目性和混乱性。

不同企业的营销计划繁简程度不同，但通常情况下，营销计划应该包括以下八个方面的内容。

1. 计划概要

营销计划首先要有一个内容提要。内容提要就是对主要营销目标和措施所做的简要概括和说明，以便使上级主管迅速了解营销计划的核心内容。

2. 营销现状分析

营销现状分析主要提供制订营销计划所需要的背景资料。

营销现状分析的主要内容有：

(1)宏观环境分析。包括对人口、经济、政治法律、技术、自然和社会环境的现状及其发展趋势的分析。

(2)目标市场分析。包括对目标市场规模、增长率、顾客需求和购买行为的现状及其发展趋势的分析。

(3)产品分析。包括对企业产品过去几年的销售量、价格、利润、销售渠道等方面的分析。

(4)竞争对手分析。包括对竞争对手在产品质量、定价、分销、促销等方面采取的策略的分析,对竞争者的市场占有率及变化趋势进行的分析。

3. SWOT 分析

SWOT 分析是在对市场营销现状进行分析的基础上,找出企业所面临的市场机会和环境威胁、企业自身的优势和劣势,从而使企业在制定营销策略时,能够趋利避害,扬长避短。

(1)机会(Opportunities)与威胁(Threats)分析

每个企业都面临若干市场机会和环境威胁。市场机会是营销环境中对企业营销有利的因素;环境威胁是营销环境中对企业营销不利的因素。

应该注意的是,市场机会不等于企业机会。市场机会能否成为企业机会,还要看该市场机会与企业任务和企业目标是否一致;与企业的资源是否一致;企业在利用这一机会时是否比潜在竞争对手有更大的优势,能否享受差别利益。企业可以运用图 12-1 来评价市场机会。

(2)优势(Strength)和劣势(Weakness)分析

除了对市场机会和环境威胁进行分析外,计划中还要对企业自身的优势和劣势进行分析,做到扬长避短,发挥优势。

4. 营销目标

营销目标是营销计划的核心部分,是在分析营销现状并预测未来的市场机会和环境威胁的基础上制定的。营销目标主要包括市场占有率、销售额及其增长率、利润率、投资收益率、产品创新等。

企业制定的营销目标要符合以下要求:

(1)层次性。企业要对各种营销目标按照重要程度进行排列,弄清楚哪些是主要目标,哪些是派生目标。

(2)定量化。即尽量以数字来表达企业的营销目标。

(3)可行性。即企业要根据外部环境和自身的资源条件确定切实可行的目标水平,以保证目标的实现。

(4)协调一致。即企业的各个营销目标之间要协调一致,避免矛盾冲突,以免互相抵消作用。

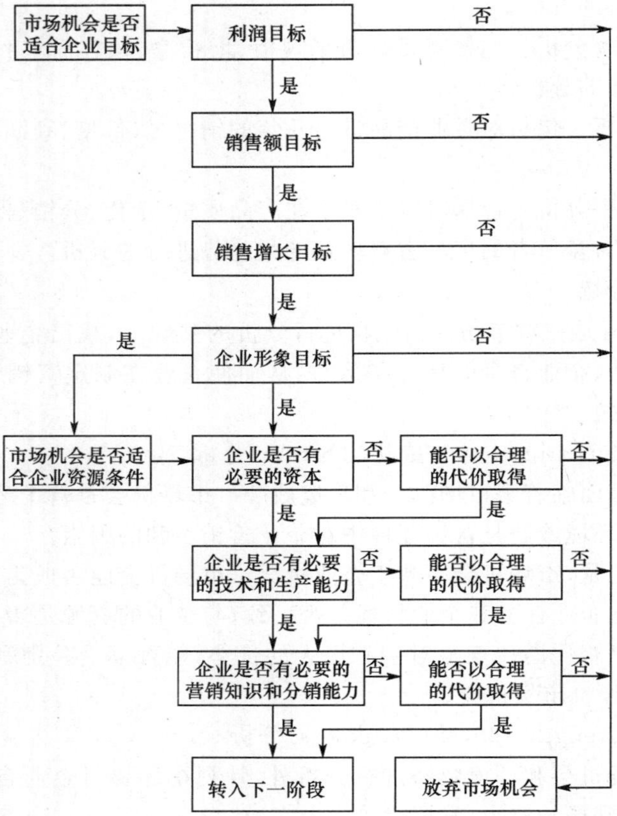

图 12-1　市场营销环境机会评价

5. 营销策略

营销策略是企业实现营销目标的途径和手段，主要包括目标市场、市场定位、市场营销组合等具体策略。

(1)目标市场

营销者要在市场调查的基础上对市场进行细分，然后对每个细分市场的规模、发展前景、盈利能力、竞争状况以及本企业的优势进行分析，从中选择最有吸引力的细分市场作为目标市场并准确进行市场定位。

(2)市场营销组合

在营销计划中，营销者还要制定市场营销组合的具体策略，包括产品策略、价格策略、分销策略和促销策略。

6. 行动方案

营销策略必须通过具体的行动方案来落实。行动方案包括做什么、谁去做、怎么做、何时完成、完成这些任务的花费是多少等。

7. 营销预算

营销者在确定营销目标、营销策略及行动方案以后，就要确定营销预算以保证营销方案的实施。营销预算的方法主要有销售百分比法和目标任务法。销售百分比法就是按照预测的销售额的固定百分比进行营销预算。这种方法的优点是简便易行且比较准确，但是存在因果倒置的问题。为了避免这一缺点，有些企业在实际工作中常常采用目标任务法。目标任务法的步骤是：首先，确定企业的营销目标；其次，决定为了达到该目标而必须执行的工作任务；最后，估算执行这些工作任务所需的各种费用，这些费用的总和就是营销预算。

营销预算确定以后要呈报企业的高层主管审查和批准，一经确定就作为营销活动的依据。

8. 营销控制

控制是营销计划的最后部分。营销控制就是对营销计划的实施进行监督和评价，并对实施过程中出现的主要问题采取措施加以改进，保证营销目标的顺利实现。实行市场营销控制，有助于企业及早发现问题和解决问题，防患于未然。

12.1.2 市场营销计划的实施

彼德·杜拉克说："计划等于零，除非将它变成行动。"企业在制订市场营销计划之后，还要花大气力去实施。

市场营销计划的实施就是企业为了实现其战略目标，而将市场营销战略和计划变成具体营销方案的过程。制定营销计划只是解决了企业"应该做什么"的问题，而市场营销计划的实施则是解决"怎样做"的问题。

市场营销计划的实施包括以下步骤：

1. 制定详细的行动方案

为了有效地实施营销计划，需要制定详细的行动方案。所谓行动方案实际上是营销计划的具体执行计划，在该方案中要明确营销计划实施的关键性要求和任务，还要将这些行动和任务的责任落实到部门和个人，并且明确具体行动计划执行的时间表，定出行动的确切时间。

2. 建立营销组织机构

市场营销组织在营销计划的实施过程中起着决定性作用，它是企业营销活动得以顺利进行的组织保证。市场营销组织的建立，要与企业战略、企业自身的特点和环境协调一致，以充分发挥营销组织的作用。

3. 设计决策和报酬制度

为了实施营销战略和计划，还要设计相应的决策制度和报酬制度，它们直接关系到营销战略实施的成败。在建立决策制度时，要根据企业规模、专业管理的性质、干部素质和企业管理水平等因素处理好集权与分权的关系。在建立报酬制度时，要充分体现公平和效率，以调动员工积极性，促使员工行为合理化。

4. 开发人力资源

市场营销计划最终是通过企业员工实现的，因此，人力资源开发程度直接影响营销计划的实施效果。人力资源开发包括人员的选拔、安置、考核、培训和激励等。

在人员选拔的过程中，要考虑是从内部选拔人员还是从外部招聘；在人员的安置中，要做到人事相宜；在进行人员培训时，要对员工进行多方面培训；在对员工进行激励时，要采用物质激励和精神激励相结合的激励机制。总之，企业只有努力开发人力资源，才能调动员工积极性，为营销计划的实施提供必要保证。

5. 建立企业文化

企业文化是企业内部全体人员共同持有和遵守的价值标准、基本信念和行为准则。企业文化已经成为企业的重要资源，成为市场竞争的重要手段。它对企业经营思想和经营目标、员工的工作态度等方面起着决定性的作用。通过企业文化建设，逐渐形成共同的价值观和基本信念，从而形成强大的向心力和凝聚力，确保营销计划的顺利实施。

12.2 市场营销组织

市场营销计划贯彻实施的关键是要建立有效的营销组织，没有专门的营销组织，就没有人对企业的营销活动负责，就不能提高企业营销活动的效率。建立高效的市场营销组织是营销计划实施的保证。

12.2.1 市场营销组织的概念

市场营销组织(Marketing Organization)是指企业内部涉及营销活动的各个职位及其结构。

由于企业的各项活动总是由人来承担的，市场营销组织又可以理解为各个市场营销职位中人的集合。为此，判断市场营销组织的好坏，应该主要着眼于人的素质，而不仅仅是组织结构的设置。

12.2.2 市场营销组织设计的原则

市场营销组织的目标主要有三个:对市场需求做出快速反应,使市场营销效率最大化,代表并维护消费者利益。这就要求企业在设计市场营销组织时,遵循以下原则:

1. 目标任务原则

任何一个企业都有其特定的任务和目标,营销组织结构必须服从、服务于企业的任务目标,为实现企业的任务目标服务。企业在设计市场营销组织结构时,必须坚持以营销目标为导向,当企业的目标任务发生重大变化时,市场营销组织结构也要随之进行调整。所以,企业的目标任务和战略是营销组织设计的前提,而企业经营目标和战略的实现,又是检验市场营销组织结构是否合理、是否有效的最终标准。

2. 分工协作原则

分工与协作是社会化大生产的客观要求。企业在设计市场营销组织结构时,要实行专业分工,设置相应的专业机构,配备熟悉业务的专业人员开展营销工作,这样才能提高营销工作的质量和效率。有分工就要求有协作,市场营销部门职能的发挥,离不开生产部门、研究与开发部门、计划部门和财务等部门的合作,市场营销部门应协调好与其他部门之间的关系。

3. 精干高效原则

市场营销组织的设计必须精干高效,切忌机构臃肿,人浮于事。精干高效原则要求企业在设置营销组织机构时,要因事设职,因职设人,人员精干,减少不必要的管理层次。最佳的营销组织是既能完成企业营销工作任务,组织形式又最为简单,人员最为干练的组织。

4. 责权利相结合原则

企业设置营销部门时,在明确其任务与目标的基础上,要明确每个营销部门和营销人员的职能、职责及其拥有的权力,并将其职责、权力与经济利益结合起来。

5. 灵活性原则

市场营销组织要具有一定的灵活变通性。当企业面临的市场营销环境不利、市场规模缩小时,营销组织要有收缩能力,使企业能够生存下去;当市场繁荣、市场需求扩大时,营销组织要有扩张能力,以便迅速捕捉并利用市场机会。

12.2.3 市场营销组织的基本形式

1. 职能型组织

职能型组织是最古老也是最常见的市场营销组织形式。职能型组织就是在市场营销副总经理的统一领导下，根据营销活动的不同职能，设置相应的职能部门，如设立市场调研部、广告与促销部、销售部、新产品开发部等(图 12-2)。

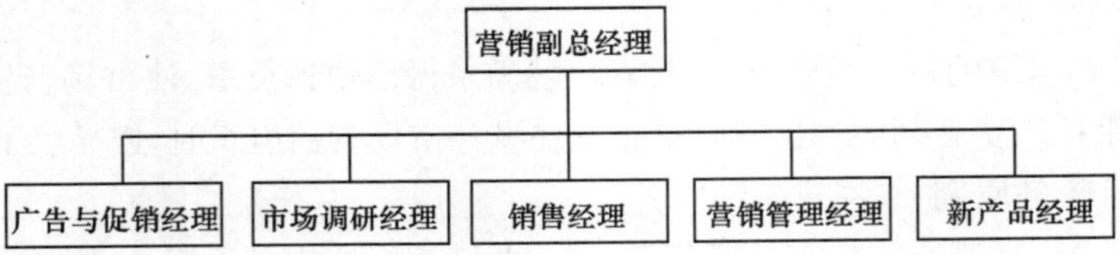

图 12-2　职能型组织

该组织形式将销售职能作为市场营销工作的重点，而广告与促销、市场调研等职能则处于次要地位。

职能型组织形式的优点是结构简单、管理方便。当企业只生产一种或少数几种产品，或者企业的市场营销方式大体相同时，采用该组织形式较为有效。但是，随着产品品种的增加和市场范围的扩大，该组织形式就会暴露出一些问题。既然没有一个部门能对某种产品的整个营销活动负全面责任，那么，各部门就会强调自身的重要性，以争取更多的预算与决策权，从而使营销总经理难以进行协调。

2. 产品型组织

当企业生产多种产品或多个品牌，而且各种产品之间差异较大时，则适合按照产品系列或品牌设置营销组织，即产品型组织。产品型组织由营销副总裁统一领导，协调各职能部门的活动，由产品经理管理若干个产品线经理，产品线经理又管理若干个产品项目经理(图 12-3)。在产品型组织中，产品经理的主要职责是制订产品发展战略和营销计划，激励推销人员及经销商推销产品，监督产品计划的执行，促进产品改进和新产品开发，以适应并满足市场需求。

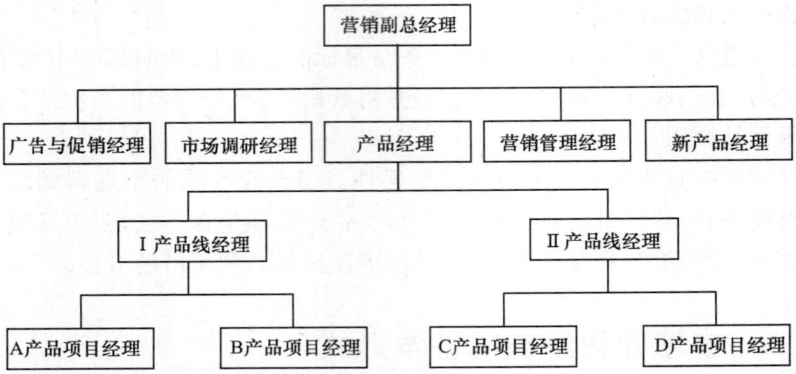

图 12-3　产品型组织

产品型组织的优点是：①各类产品责任明确。由于每类产品都有专人负责，不仅能管理好销售额较高的产品，那些较小品牌的产品也不会被忽视。②比较灵活。当企业增加新产品时，只需要增加一个产品部即可。缺点是：①成本费用高。因为由专人负责一种或少数几种产品，会造成销售人员增加，从而增加费用开支，在一定程度上提高成本费用。②缺乏整体观念。每位产品经理只专注于具体产品的生产，易忽视整体市场需求。③部门冲突。由于过多地强调产品销售的个人负责制，有时会造成推销与制造、促销等部门的冲突。

阅读资料 12-1

众所周知，宝洁公司取得成功的秘诀之一是实行多品牌策略。宝洁公司的每个品牌都需要独立的品牌小组进行运作。每个品牌小组从本品牌的目标市场选择、产品市场定位、产品研发、价格制定、分销和促销等方面制定全方位的营销计划，实施严格的控制与管理，以适应市场变化。虽然这种结构也存在诸多弊端，如宝洁内部各品牌之间的竞争激烈，增加了经营成本。但宝洁公司认为，与其让竞争对手抢占自己的市场，不如让自己的品牌来抢占市场。事实证明，宝洁公司的多个品牌以及多个品牌小组在相互竞争中为公司获得了更加广阔的市场空间，使它成为日化用品市场的领导者。

资料来源：徐文蔚. 市场营销学. 北京：电子工业出版社，2012

3. 市场型组织

如果企业将产品销售给不同的细分市场，如某钢铁公司将产品分别出售给建筑企业和加工企业，就需要建立市场型组织。市场型组织与产品型组织结构相似，由市场主管经理管理若干个细分市场经理。细分市场经理的职责除了包括产品经理的职责外，还要负责市场开拓，服务顾客，为自己负责的市场制订中长期营销计划和年度计划，制定营销战略与策略等(图 12-4)。

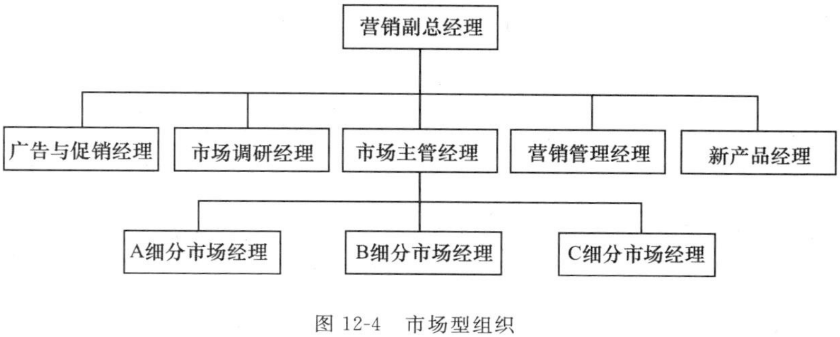

图 12-4　市场型组织

市场型组织的优点是企业围绕指定顾客开展营销活动，可以满足不同顾客群的需要，充分体现了以顾客需要为导向的营销观念。但是，当企业生产多种产品时，这种组织形式易产生责权不清和多头领导等矛盾。

4. 地区型组织

如果企业从事全国性的销售业务，则应设置地区型组织以适应不同地区市场的特点，做好地区市场的营销工作。地区型组织设一名全国销售经理，下辖若干名区域销售经理，每名区域销售经理又管理若干名地区销售经理，构成一个销售网络(图 12-5)。

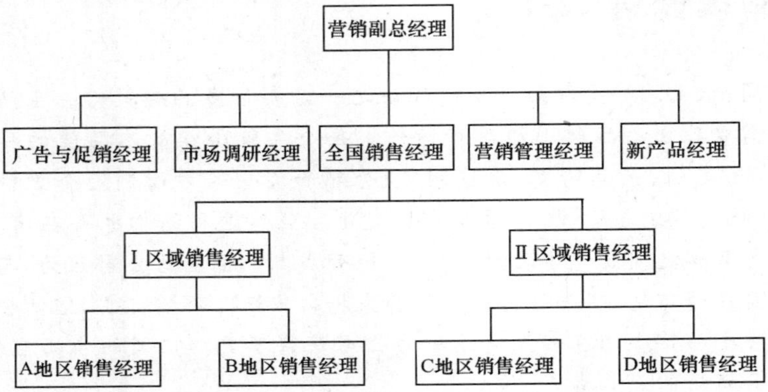

图 12-5　地区型组织

地区型组织的优点是有利于发挥每个地区营销部门熟悉该地区情况的优势。缺点是当企业经营的品种较多时，很难按照不同产品的使用对象进行综合考虑，各地区的活动也难以协调。

12.2.4　影响市场营销组织结构的因素

1. 企业规模

一般来说，企业规模越大，市场营销组织越复杂。大型企业的营销部门和营销人员多，管理层次也较多。而小型企业营销部门的设置则简单得多，只设少数几个营销部门或者没有营销部门，仅派专人负责。而且，企业规模越大，越宜采用分权式营销组织，如产品型组织和地区型组织；企业规模小，则宜采用集权式营销组织，如职能型组织。

2. 企业的经营目标与战略

市场营销组织是服务于企业经营目标和战略的，不同的经营目标与战略要求有不同的组织结构。因此，企业的目标市场、战略重点都会对市场营销组织结构产生重大影响。

3. 产品类型

企业的产品种类不同，市场营销组织结构也不同。如果企业生产的产品种类单一，可设置职能型组织结构；如果企业生产的产品种类繁多，可以设置产品型组织结构；如果企业生产的产品是消费品，其销售对象主要是个人消费者，广告宣传和市场调研工作尤为重要，市场营销组织就必须设置广告和促销部门；如果企业生产销售的是产业用品，销售对象主要是团体用户，企业则更多地依赖人员推销，产品销售部门就必须加强。

4. 市场状况

如果企业的市场规模大、范围广，则需要设置庞大的市场营销组织，反之，可设置简单的市场营销组织；如果企业的市场可以根据消费者需求的差异进行细分，则应设置市场型组织；如果企业的市场地理位置分散，则应该设置地区型组织；如果市场稳定程度高，则市场营销组织也相对稳定，反之，市场需求变化快，市场营销组织就越需要调整，稳定性也越差。

5. 产品生命周期

产品的生命周期阶段不同，企业的市场营销组织形式也不相同。在产品的介绍期，企业冒着很大风险向市场投放新产品，往往建立临时性的组织如销售小组，以便对市场做出快速反应；在成长期，市场需求扩大，利润上升，竞争加剧，企业要建立有效的市场营销组织，如矩阵型组织；在成熟期，需求稳定，利润下降，应建立高效率的营销组织，如职能型组织；在衰退期，需求减少，利润大幅度下降，应精简机构，建立临时性组织。

6. 销售方式

如果企业以直销为主，企业就要自己负责市场调研、广告与促销、产品销售等工作，营销组织的设置则要全面复杂；反之，如果委托代理商或由经销商销售，市场营销组织则简单得多。

12.3 市场营销控制

12.3.1 市场营销控制的概念

市场营销控制(Marketing Control)就是营销管理者通过检查市场营销计划的执行情况，了解计划与实绩是否一致，如果不一致或者没有完成计划，就要找出原因，并采取适当的措施加以纠正，以保证营销计划的顺利完成。

市场营销控制包括以下要点：

(1)制定标准。即确定营销控制的目标。市场营销控制就是监督任何偏离计划和目标的情况出现，因此，市场营销控制的中心是目标管理。

(2)绩效测量。即检查营销计划的实际执行情况。

(3)因果分析。即通过市场营销控制过程，找出营销活动偏离营销计划的原因。

(4)改正行动。即采取改正行动，使企业的营销活动步入预定轨道，必要时需要改变行动方案，甚至改变目标本身。

12.3.2 市场营销控制的步骤

市场营销控制主要由七个步骤组成(图 12-6)。

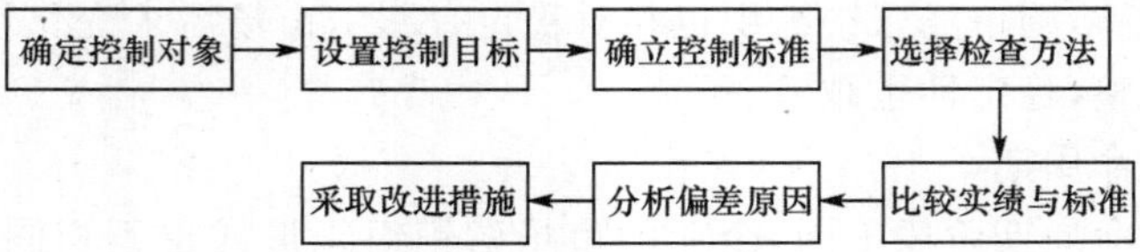

图 12-6 市场营销控制的基本步骤

1. 确定控制对象

确定控制对象即确定应对哪些营销活动进行控制。市场营销控制的范围很广、内容很多，而控制活动本身会引起费用的增加。因此，市场营销控制首先要确定控制对象，使控制成本小于控制活动带来的效益。最常见的控制对象是销售收入、销售成本和销售利润。此外，对市场调查、推销人员的工作、广告、新产品开发等营销活动也应通过控制加以评价。

2. 设置控制目标

营销控制目标通常是指企业的主要战略目标以及为达到战略目标而规定的战术目标，如利润、销售额、市场占有率、顾客满意度等指标。不同企业的控制目标不同，而且控制目标也不是固定不变的。总之，控制目标应根据企业的实际需要而设定。

3. 确立控制标准

控制标准是衡量尺度的定量化，它规定了控制对象的预期活动范围及要求。如衡量推销人员绩效的一个尺度是一年新增加多少客户，假设企业规定每个推销员一年新增客户 50 个，这就是控制标准。确立控制标准通常要考虑三方面的因素：一是本企业的实际情况；二是同类企业的标准；三是市场环境因素。

4. 选择检查方法

选择检查方法就是选择评价市场营销绩效的方法。营销信息系统中所储存的信息，包括各种资料、报告、报表、原始账单等，它们能准确、及时、全面、系统地评价营销绩效。此外，还可以通过直接观察法评价营销绩效。

5. 比较实绩与标准

比较实绩与标准就是将实际执行结果与控制标准进行比较。如果比较的结果是实绩与控制标准一致，则控制过程到此结束；如果不一致，则需要进入下一步骤。

6. 分析偏差原因

偏差的产生可能有两种情况：一是实施过程中出现问题，发生了偏差；二是计划本身的问题。例如，某推销员未完成销售定额，可能是推销人员自身原因造成的，也可能是销售定额过高造成的。

7. 采取改进措施

通过对产生偏差的原因进行分析，就可以制定相应的改进措施，或者修订控制标准，或者采取补救措施。

阅读资料 12-2

海尔集团的"OEC"管理模式

海尔集团前几年创造性地推出了"OEC"管理模式，引起了众多企业的关注。所谓的"OEC"管理模式，就是全方位地对每天、每人、每事进行清理控制。它的主要内涵是贯穿在工作中的日事、日毕、日清、日高的"日清"制度，具体说就是企业每天的事都有人管，做到控制不漏项；所有的人均有管理、控制的内容，并依据工作标准对各自控制的事项按预定的计划执行，每日把实施结果和计划指标对照、总结、纠偏，达到对事物发展过程的适时控制，确保事物的发展向预定的目标前进。这一管理方法又可以概括为总账不漏项，事事有人管，人人都管事，管事凭效果，管事凭考核，问题要纠偏，结果要兑现。海尔集团正是创造性地独创了这一管理模式，才使企业处于不断向上的良性循环之中。

相比之下，一些企业还摆脱不了"运动"式的管理，热衷于今天搞质量月，明天搞安全日，看似轰轰烈烈、红红火火，实际上是做表面文章，待这个"月"那个"日"过后，企业又回到松松垮垮的老样子，长期在低水平状态徘徊。

资料来源：徐文蔚. 市场营销学. 北京：电子工业出版社，2012

12.3.3 市场营销控制的内容

1. 年度计划控制

年度计划控制(Annual-plan Control)就是企业在本年度内采取控制措施，检查实际绩效与年度计划之间是否有偏差，并采取改进措施，以确保年度计划的完成。年度计划控制的目的是确保年度计划规定的销售额、利润额及其他指标的实现，其中心是目标管理。

年度计划控制的步骤是：①目标建立；②绩效测量；③偏差分析；④纠正措施（图 12-7）。

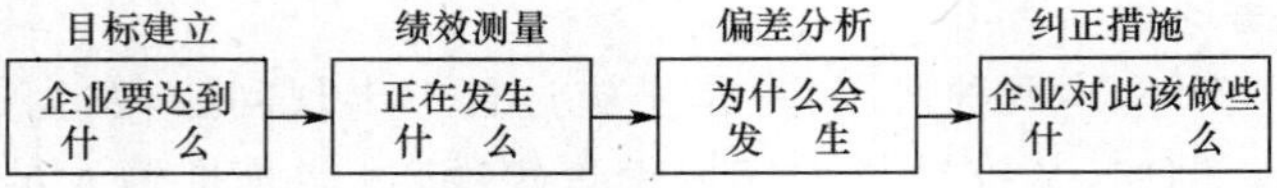

图 12-7　年度计划控制的步骤

年度计划控制的主要工具有销售额分析、市场占有率分析、市场营销费用/销售额分析和顾客态度跟踪。

（1）销售额分析

销售额反映了企业市场营销活动的规模，销售额的变化在一定程度上说明了企业市场营销状况的变化。销售额分析的方法主要有销售差异分析和微观销售分析。

①销售差异分析

销售差异分析用于评价各种因素对销售绩效的不同影响。例如，假设年度计划要求第一季度销售 4000 件产品，每件 1 元，即销售额 4000 元。但在该季度结束时，只销售了 3000 件，每件 0.8 元，即实际销售额 2400 元，比计划销售额减少 40%，差距 1600 元。那么，绩效的降低有多少归因于价格下降？有多少归因于销售量的下降？

分析计算方法如下：

因价格下降造成的差异＝(1－0.8)×3000＝600(元)　600÷1600＝37.5%　占 37.5%

因销售量下降造成的差异＝(4000－3000)×1＝1000(元)　1000÷1600＝62.5%　占 62.5%

由此可见，该企业销售差异主要是由于销售量下降造成的。因此，企业应该认真调查销售量下降的原因并采取有效措施。

②微观销售分析

微观销售分析用以决定未能达到预期销售额的特定产品和特定地区。例如，假设企业在三个地区销售产品，其预计销售额分别为 1500 元、500 元和 2000 元，总销售额为 4000 元。而实际销售额分别为 1400 元、525 元和 1075 元。就预期销售额而言，第一个地区有 7%的未完成额，第二个地区超额完成 5%，第三个地区有 46%的未完成额，问题显然主要出在第三个地区。造成第三个地区不良绩效的原因可能是：该地区销售代表工作不努力，有主要竞争者进入该地区，该地区居民收入下降。

(2)市场占有率分析

销售额的绝对值并不能说明企业与竞争对手相比的市场地位。如果企业的销售额增加了，可能是由于企业所处的整个经济环境发展了，也可能是由于企业的营销工作相对于竞争对手有所改善，市场占有率正是剔除了一般环境因素的影响来考察企业市场营销工作的状况，只有市场占有率才能衡量出企业的市场营销地位。市场占有率提高说明企业的市场地位在提高，竞争能力在增强；反之，说明企业的市场地位和竞争能力在下降。

衡量企业市场占有率的主要指标有：

①全部市场占有率

全部市场占有率用企业的销售额(量)占行业总销售额(量)的百分比来表示。使用这种测量方法必须做出两项决策：一是以销售量还是以销售额来表示市场占有率；二是正确认定行业范围。

②可达市场占有率

可达市场占有率用企业销售额占企业所服务的市场总销售额的百分比来表示。可达市场是指企业营销努力所及的市场。企业可能有近100%的可达市场占有率，却只有较低的全部市场占有率。

③相对市场占有率

相对市场占有率主要有两种：

一是相对于三个最大竞争者的相对市场占有率，用企业销售额与三个最大竞争者销售额之和的百分比来表示。假设某企业的市场占有率为30%，三个最大竞争者的市场占有率分别为20%、10%、10%，则该企业的相对市场占有率为$30 \div 40 \times 100\% = 75\%$。

二是相对于最大竞争者的相对市场占有率，用企业销售额与最大竞争者的销售额之比来表示。相对市场占有率超过100%，表明该企业是市场领导者；相对市场占有率等于100%，表明企业与最大竞争者同为市场领导者；相对市场占有率小于100%，则表明该企业不是市场领导者，也表明该企业与市场领导者之间的差距。

④动态市场占有率

动态市场占有率反映了企业市场占有率的变动情况。其计算公式为

$$动态市场占有率=顾客渗透率\times顾客选择性\times价格选择性$$

其中，顾客渗透率(Customer Penetration)是指从本企业购买某种产品的顾客占该产品所有顾客的百分比。

顾客选择性(Customer Selectivity)是指本企业顾客的购买量相对于其他企业

顾客购买量的百分比。

价格选择性(Price Selectivity)是指本企业平均价格同其他所有企业平均价格的百分比。

上述三个因素中任何一个因素的变化都会导致市场占有率的变动,也就是说,市场占有率的变动可以从上述三方面的原因进行分析。

(3)市场营销费用/销售额分析

年度计划控制的任务之一,就是在保证实现销售目标的前提下,控制销售费用开支和营销费用率。因此,需要对各项费用率加以分析,并将其控制在一定限度内。如果费用率变化不大,在安全范围内,可以不采取任何措施;如果变化幅度过大,上升速度过快,就必须采取措施。

市场营销费用/销售额分析常用的工具是费用/销售额偏离图如图 12-8 所示。横坐标是销售额目标实现情况,纵坐标是费用目标实现情况,斜线是等比例线。

图中 A、B、C、D、E、F 既可以表示不同销售地区,也可以代表不同的销售人员。图中,第Ⅰ象限表示销售定额完成较好,但费用支出水平也高。如果 A、B 点靠近或落在图中斜线上,费用支出与超计划完成的销售额比例尚属正常。第Ⅱ象限表明销售额未完成计划,费用却超出标准,存在严重问题。对于落在这一区域的销售地区或销售人员,要分析原因,采取措施加以调整。第Ⅲ象限表明销售额计划完成得不好,费用支出水平低,可能是必要的促销费太少;第Ⅳ象限是理想区域,销售额计划完成得好,支出又低,对这一类销售地区或人员应予以奖励并总结推广其成功经验。

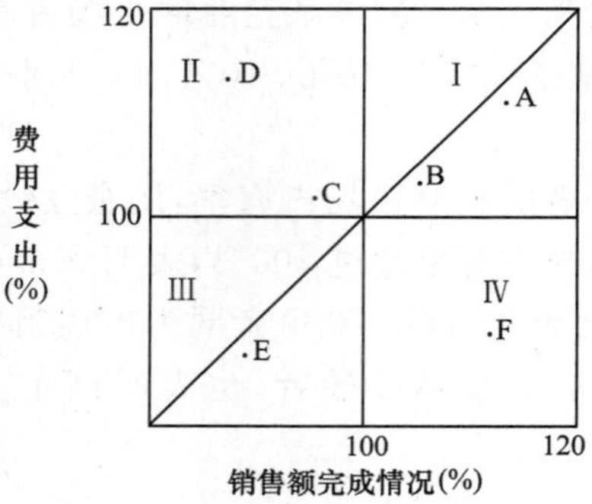

图 12-8　费用/销售额偏离图

(4)顾客态度跟踪

前面的分析方法主要是定量分析,非常重要但不够充分,有必要用定性分析与之配合。为此,企业必须建立专门机构,用以追踪顾客、经销商以及营销系统中其他参与者的态度,作为改进营销工作的依据。

顾客态度跟踪系统包括:

①顾客建议和投诉制度

企业应该鼓励顾客提出意见和建议,以全面了解顾客对其产品和服务的真实反应,改进企业自身工作。企业可以通过设置意见簿和热线电话等方式,记录、分析顾客的投诉或建议并及时做出反应。对于那些经常发生的、较为严重的抱怨,要予以高度重视并采取相应措施加以解决。

②典型客户调查

典型客户就是那些同意定期通过电话或信函反映他们意见的顾客。典型客户反映的意见比较系统全面,具有代表性。

③定期的用户随机调查

定期的用户随机调查即企业定期地让一组随机顾客回答一组标准化的调查问题,以便了解情况,反映问题并及时予以纠正。

2. 盈利能力控制

企业除了年度计划控制以外,还要进行盈利能力控制(Profitability Control),测定不同产品、不同销售区域、不同顾客群体、不同渠道的盈利能力,以便决定各种产品和营销活动是扩展、缩小还是取消。

(1)市场营销成本

市场营销成本直接影响企业利润,它由以下项目构成:

①直接推销费用,包括产品推销人员的工资、奖金、差旅费、培训费、交际费等。

②促销费用,包括广告费用、促销人员的工资、产品说明书、印刷费用、赠奖费用、现场展示费用等。

③管理费用,包括产品维护费、折旧费、保险、利息等。

④其他营销费用,包括市场营销管理人员的工资、办公费等。

(2)盈利能力

企业必须对产品、地域、顾客群体、细分市场、分销渠道和订货渠道的盈利能力进行分析控制。这些分析可以帮助管理层决定哪些产品或营销活动应该扩大、收缩或取消。

3. 效率控制

效率控制(Efficiency Control)是对销售人员效率、广告效率、促销效率和分销效率进行控制,主要目的是提高人员推销、广告、销售促进和分销等市场营销活动的效率。

(1)人员推销效率

企业的销售经理要对本部门内销售人员效率的几项指标进行评价和控制,包括每个推销人员的销售量、利润额、销售费用及费用率、访问次数、每次访问的平均时间、访问的成功率、信息的收集、提供的服务等。通过以上分析，可以发现一些非常重要的问题，如推销人员每天访问的次数是否太少，每次访问花费的时间是否太长，访问的成功率是否太低，销售费用是否太高等。通过发现问题，有针对性地采取措施，可以使人员推销的工作效率大大提高。

(2)广告效率

广告效率控制的主要指标有每种广告媒体的每千人广告成本，顾客对每一媒体注意和阅读的百分比，顾客对广告内容和效果的意见，广告前后顾客对产品的态度，顾客受广告刺激后而引起的询问次数等。企业可以通过有效的产品定位，确定广告目标，选择广告媒体，进行广告制作和广告效果评价等环节提高广告效率。

(3)促销效率

促销效率控制的主要指标有由于现场展示而引起的询问次数，由于优惠而增加销售的百分比，每一销售额的展示成本。企业还应观察其他促销手段的效果以便采用最有效的促销工具。

(4)分销效率

分销效率控制的主要指标有分销网点的市场覆盖面，销售渠道中各级各类成员发挥的作用及潜力，分销系统的结构、布局以及改进方案，存货控制、仓库位置和运输方式的效果等。

4. 战略控制

每个企业都处在动态的营销环境中，市场营销环境的变化，会使企业的营销目标、战略和政策失去作用。因此，在营销战略的实施过程中，需要对营销战略进行控制。战略控制(Strategic Control)指营销管理者采取一系列措施和方法，使营销活动实际与营销规划尽可能保持一致，在控制中通过不断评审和信息反馈，对战略不断进行修订和协调。营销战略控制的目的是要保证企业的营销目标、政策和战略措施与市场营销环境相适应。

12.3.4 市场营销审计

1. 市场营销审计的特征

市场营销审计(Marketing Audit)就是对企业市场营销环境、目标、战略、组织、方法、程序和业务等活动进行的一种综合、系统、独立和定期的检查评价。通过市场营销审计可以发现企业在市场营销环境中存在的机会和问题，进而提出改进意见，以提高企业营销活动的效果。

市场营销审计具有以下特征：

(1)全面性。市场营销审计的内容涉及企业市场营销活动的各个主要方面，包括企业营销活动的整个营销环境、内部营销系统以及具体营销活动的主要方面，而不是只审查几个出问题的地方。通过全面的审计，企业能有效地确定市场营销过程中的问题所在。

(2)系统性。市场营销审计由一套完整有序的步骤组成，它通过对营销活动的主要方面进行审查，找出问题、发现机会并提出建议对策。

(3)独立性。市场营销审计通常是由企业外部相对独立的、富有经验的营销审计机构进行的，或者聘请企业之外富有经验的专家进行审计，这样不仅可以借助专业机构或专家的咨询经验，还能保证营销审计的客观性和独立性。

(4)计划性。市场营销审计不是当企业营销工作遇到问题或者出现危机时才进行，不是为了解决临时性问题。因此，市场营销审计必须依计划定期进行。

2. 市场营销审计的内容

(1)营销环境审计。主要是对政治法律、经济、技术、自然、人口、社会文化等宏观环境进行的审查，以及对直接影响企业营销的微观环境，如市场、顾客、竞争者、经销商等进行的检查分析。

(2)营销战略审计。主要考察企业的营销目标、营销战略对当前以及未来营销环境的适应程度。

(3)营销组织审计。主要审查营销组织保证营销目标、营销战略和营销计划的实现程度以及对市场营销环境的应变能力。

(4)营销系统审计。包括对企业的营销信息系统、计划系统、控制系统和新产品开发的审计。

(5)营销效率审计。主要检查各营销单位的获利能力和各项营销活动的成本效益。

(6)营销职能审计。就是对企业的产品、定价、渠道和促销策略的检查和评价。

思考题

1. 营销计划包括哪些内容？
2. 实施营销计划的步骤是什么？
3. 设计市场营销组织应遵循哪些原则？
4. 市场营销组织形式有哪些？每种组织形式的优缺点及适用条件是什么？
5. 影响市场营销组织结构的因素有哪些？

6. 市场营销控制的步骤是什么?
7. 市场营销控制的内容有哪些?
8. 市场营销审计的内容及步骤是什么?
9. 衡量企业市场占有率的主要指标有哪些?
10. 企业应如何对销售进行有效的控制?

案例分析 1

海尔集团营销组织结构的演变

海尔的市场营销组织结构经历了销售处、销售公司、商流推进本部三个发展阶段。

第一阶段是直线职能制时代的销售处。在海尔的前身——青岛冰箱总厂——时代,通过在全国各地设立销售处,海尔的冰箱产品进入了家电渠道。

第二阶段是产品事业部制时代的销售公司。1992～1998 年,海尔开始实施多元化战略,其产品线由冰箱延伸至空调、洗衣机、冰柜、彩电等综合家电领域。与此相适应,海尔采取了事业部制的组织结构,下设人数处、质检处等八大职能部门和冰箱、空调、洗衣机、冰柜、彩电、小家电等六大产品事业本部。事业本部分别从事各类产品的开发、采购、制造、市场销售、售后服务等业务,各产品事业本部下设销售公司。

第三阶段是全球化经营时代的商流事业本部。随着海尔产品线和销售网络的不断扩张,产品事业部制下的销售公司模式越来越不能适应企业快速发展的需要,海尔将销售公司从各产品事业本部剥离,成立商流推进本部。商流推进本部在全国设立了 42 个工贸公司,作为海尔产品的区域统一营销平台,构建客户关系网,而各产品事业本部则专心从事产品开发与营销策划。

为了更好地开展产品的营销活动,海尔集团设立了产品经理一职。海尔产品经理由两部分人员构成:一是产品事业本部商品支持部的营销人员,如洗衣机产品事业本部的商品支持部,统一集中制定洗衣机新产品上市的市场销售目标、促销预算、营销和宣传公关方案等;二是产品事业本部派驻到 42 个区域工贸公司的产品经理,他们负责某类产品线产品在全国不同区域内的具体促销工作。

产品经理不仅要经营产品,还要参与新产品开发过程,提出新产品开发建议。产品经理用心地捕捉客户需求,并协调其他部门共同快速满足客户需求。产品经理的职能分为基本职能和增值职能两部分。产品经理的基本职能可以分解为市场定位、现场促销、提高产品周转速度三大块。产品经理增值职能,可以用“提值、提效、提速、社会化”来概括。海尔的产品经理通过一系列促销互动、广告宣传等手段，强化产品卖点，将产品概念、优势诠释给广大客户，让终端客户认可并购买，提高产品销售速度。

资料来源：欧阳桃花，周云杰. 中国企业产品创新管理模式研究（三）——以海尔产品经理为案例. 管理世界，2008(2)，有删改

案例思考题

1. 海尔集团营销组织结构演变的原因？
2. 海尔集团产品经理的作用。

案例分析 2

中石油重构销售管理体系

几乎是在同一时间，中国石油集团公司领导分赴华南销售、华东销售、西南销售、华中销售四个大区公司，宣布中国石油集团公司和股份公司关于销售企业管理体制改革调整方案。

按照体制改革方案，原来由华东、华中、华南、西南四个大区公司管理的九个省公司上划股份公司，作为地区公司直接管理。四个大区公司分别与所在省（市）公司整合，实行“一个机构，两块牌子”，在保留现有名称的同时分别加挂相应省（市）公司牌子。例如，改组后的华东销售分公司对外称“中国石油华东（上海）销售分公司”。调整后的东北、西北、华北、华东、华中、华南、西南七个销售公司机构规格仍维持副局级不变；浙江、江苏、安徽、湖南、河南、福建、广西七个销售公司升格为副局级；江西、贵州两个规模较小的省公司为处级规格。各省公司在行政上由股份公司直接管理，业务上归口中国石油销售分公司管理。

管理体制调整后，省级销售公司成为中国石油区外营销体系的主体，将拥有更多的自主经营权和主动权。改组后的大区公司将继续承担本区域资源优化配置、物流组织协调运行、外采资源统一采购管理和市场监管协调等职能。

一位在石油销售战线工作的石油专家颇有感触地称，如此大刀阔斧的改革是中国石油从战略高度和成品油销售大局出发做出的重要决定，对中国石油整体发展有着极其重要的战略意义，也是销售企业发展的必然。同时，不难看出加强销售业务，不断提高市场竞争力和控制力，将是中国石油 2009 年的工作重点。

一位中国石油集团公司领导对此次改革做出如下阐述：这次销售企业体制调整是集团公司为适应建设综合性国际能源公司需要做出的重要决策，是集团公司

持续改革重组，实行两级“行政管理，三级业务管理”的战略部署，是推进市场化战略的重要步骤。

该领导表示，对现行管理体制的进一步深化和完善，必将进一步推进销售业务向着“管理集约化、运作专业化、发展一体化”的目标迈进。这将有利于销售系统适应新形势、新任务的要求，有利于提升销售业务组织运行效率，有利于提高销售企业管理水平和市场竞争力，有利于促进综合性国际能源公司的建设。

资料来源：那薇，王昆来，曹国林. 市场营销理论与实务. 2 版. 北京：北京大学出版社，2012

案例思考题

1. 中石油为何要重构其销售管理体系？
2. 新的销售管理体系有什么优势？

国际市场营销

第 13 章

随着日益便捷的通信、交通和金融的流通，世界正在迅速变小。当你听说一个德国商人，身穿意大利西装，使用三星手机，给一位英国朋友打电话，之后在一家中国饭店约见一位法国客户。我们大可不必惊讶。因为在过去的 30 年里，国际贸易正在迅速增加。比如，美国的可口可乐、通用电气、苹果等公司都走向了世界，而同样，像索尼、宜家、雀巢等来自其他国家的品牌在美国也已家喻户晓。公司走向国际化的呼声越来越高。今天，几乎每家公司，无论大小都面临着全球营销的问题。本章中，我们将主要介绍国际市场营销的特点，营销方式以及国际市场营销策略。

13.1 国际市场营销的特点

13.1.1 国际市场营销的概念

国际市场营销(International Marketing)是指企业跨国的或在国外进行的市场营销活动，包括产品出口和国外投资经营。国际市场营销是国内市场营销活动在国际市场的延伸，二者并无本质差别，与在国内市场上组织营销活动一样，国际市场营销也需要市场调研、市场分析、市场细分、市场营销组合等一系列营销过程的战略确定及战术实施。

但是，由于国际市场营销是跨越国界的营销活动，所以，它必然要受到不同于国内市场的各种因素的影响。各国的经济制度、政治制度、社会风尚、文化、自然条件、宗教信仰等诸方面的差异，使国际市场营销面对着十分复杂的营销环境，这就决定了国际市场营销活动所具有的差异性、复杂性和风险性。事实上，当市场营销活动从一国市场扩展到多国市场时，市场营销环境的变化必将导致许多国内市场上行之有效的营销策略及方法减弱，甚至丧失其原有的效用。

13.1.2 经济全球化条件下国际市场营销的特点

经济全球化是指商品、服务、生产要素和信息的跨国界流动的规模与形式不断增加，通过国际分工，在世界市场范围内提高资源配置的效率，从而使各国在经济和生产上相互依赖的程度日益加深。也就是说，经济全球化是人力、商品、服务、资本和技术信息在世界性的生产、投资及消费领域里的扩散，它促进各种生产要素和资源的有效和优化配置。在全球化趋势的大潮中，国与国之间的合作越来越频繁，联系越来越紧密，依存度越来越高。在这一大潮的推动下，国家的界限越来越模糊，世界也变得越来越小。

经济全球化不仅改变了世界各国间的经济关系，也使企业的营销活动具有了不同的特点，有专家把这些特点归纳为以下几个方面：

1. 多变的市场营销环境

经济全球化使企业面临的营销环境更加复杂多变，其不确定性和不可控制性更强。从宏观环境来说，国际市场营销比国内市场营销更难以驾驭。宏观环境的具体差异见表 13-1。

表 13-1　　国内和国际宏观环境的差异

项　目	国内营销	国际营销
教育环境		
(1)语言(口语、书面语、官方语言)	单一	多元
(2)教育体系(质量水平、程度)	中下水平	高低并存
社会文化环境		
(1)价值观、态度(对成就、冒险、生活及工作方面)	相同	相异
(2)社会组织(职权、地位、作用、流动性、社会体系)	相似	不同
政治法律环境		
(1)政治取向(权力、意识形态)	本国为中心	跨国
(2)法律环境(法律、法规、规章)	统一	不同
(3)国家主权	一个	多个
(4)政府政策、规范	相同	不同
经济环境		
(1)经济发展程度(不发达、发达、发展中)	处在同一阶段	处在不同阶段
(2)经济体系(资本主义的、社会主义的、混合型的)	统一	不同
(3)货币汇率	无风险	有波动风险
(4)税收政策	无差异	有差异

从微观环境来说，其变化更加明显：

第一，市场需求个性化。由于各国文化的差异，形成了不同的市场需求。随着人们收入水平和消费水平的不断提高，消费需求也从原来的数量消费向个性化消费转变。人们越来越强调自己是具体的个人，追求行为和生活方式的个性化。这使得一般意义上的市场细分战略收效大减，这就要求企业采取极限市场细分战略，将营销触角直接延伸到每一个具体的消费者。而以计算机为主体的信息技术的发展，为满足消费者个性化需求提供了技术支持。

第二，市场竞争白热化。经济全球化使每个企业即使不出国门也面临着激烈的国际竞争，信息技术现代化与全球网络的迅速发展，使企业间产品的同质性、服务的均质性越来越高。今天的创新产品明日就会成为大众产品，今天的特色服务明日就会成为标准化服务，从而使市场竞争呈现白热化态势。

第三，质量要求层次化。对顾客需求来说，产品质量有绩效质量和吻合质量两种类型。绩效质量是产品的绝对工作质量，它是单纯以产品中包含的技术水平衡量的，不考虑质量的市场定位。吻合质量是指由市场定位决定的，与目标市场相一致的质量。从吻合质量的角度看，一台符合特定目标市场需求、价值 4 万元的笔记本电脑是一台质量合格的电脑；另一台符合另一目标市场需求、价值 1 万元的笔记本电脑也是一台质量合格的电脑。吻合质量与绩效质量之间并不存在对等关系，具有绩效质量的产品不一定拥有吻合质量，具有吻合质量的产品不一定含有很高的绩效质量。在全球营销环境中，市场需求呈现出很强的层次性，企业以吻合质量而不是以绩效质量为标准组织营销，才是最明智的选择，因为产品质量无论高于或低于吻合质量都会带来负面效应：或者不能充分满足消费者需求，或者造成资源的浪费与成本的不必要增加，从而削弱市场竞争力。

2. 国际化的资源配置模式

经济全球化时代，区域经济壁垒被打破，商品、资本、人才、技术、信息流动的自由化程度不断上升，企业资源配置的局限性则大大降低，寻求全球化资源配置模式已成为发达国家跨国公司经营的重要目标。越来越多的发展中国家企业也将充分利用国内、国际两种资源作为资源配置的主要模式。

国际化的资源配置主要是通过企业的直接对外投资来实现的。对外直接投资不仅推动了资本在国际的流动，还带动了自然资源、人力资源、技术设备和大量无形资产的转移，在全球越来越大的范围内，打破了资源禀赋对各国经济发展的限制，使资源配置的效率大大提高。目前，在全球最适宜的地方设立最适宜的经营环节，以提高企业价值链的效率与效益，已成为跨国公司对外投资的主要行为准则。如日立公司从 20 世纪 50 年代末开始先后设立日立美国公司、日立欧洲公司和日立澳洲公司，开拓发达国家市场，同时又根据不同国家的技术优势，先后在美国设立了两个研究开发中心，主要从事半导体和汽车零部件研究与开发；在欧洲设立了两个实验室并与大学合作，从事电子信息科学方面的基础研究。到 20 世纪 90 年代中期，日立公司已在海外设立了 70 余家制造公司和 100 余家销售与维修服务公司，整个网络遍及五大洲上百个国家。

3. 全方位的目标市场选择

经济全球化的一个重要特征就是区域大市场的形成和全球市场一体化程度的提高。20 世纪 90 年代以来，这一趋势日益明显。欧盟已经开始了包括商品、生产要素流通的自由化进程；APEC 则确立了贸易自由化的时间表；还有许多区域经济组织如东盟也在推动地区贸易的自由化。全球贸易自由化在 WTO 的范围内得到了较快的发展。这种趋势使世界各国企业营销的目标市场选择范围大大扩展。不仅发达国家之间的贸易规模迅速扩大，而且发达国家与发展中国家之间以及发展中国家之间的贸易规模也在不断扩大。全方位的目标市场选择已成为国际化程度较高的企业选择目标市场的主要模式。

4. 多元化的目标市场进入方式

传统的市场进入方式以贸易为主，不论国内营销还是国际营销都是如此。在经济全球化时代，企业进入市场的方式趋于多元化。除贸易方式外，契约式和投资式已成为企业进入市场的更常见模式。目前，发达国家的跨国公司已经形成了贸易式、契约式和投资式相互结合、相互促进的进入市场的方式体系。

不同的市场进入方式各有不同的优势、劣势和适应能力。在国际营销中，贸易方式在各国间资源难以自由流动的前提下，具有很强的适应能力。国际商品流通在一定程度上替代了资源的流动，推动着国际资源的优化配置。而在经济全球化时代，资源的国际流动已成为现实。资源的国际配置，可以直接通过资源的国际流动来实现。因此，对外直接投资和许可证贸易成为企业进入全球市场的重要方式。目前，许多跨国企业通过对外直接投资和许可证贸易所形成的国外销售额甚至已超过了其出口贸易额。

5. 以创新为核心的竞争手段

激烈的市场竞争要求企业必须培育自己的核心竞争力，采取更加灵活的竞争手段取得竞争优势。从国外企业市场竞争的历史来看，早期的主要竞争手段是价格竞争，为了在竞争中继续保持和扩大自己的市场占有率，企业纷纷采取降价措施以扩大自己的销售额。但是，价格竞争往往造成两败俱伤的结局，给企业的长期发展带来损失。因此，越来越多的企业逐步放弃低层次的价格竞争，转而通过提高产品质量、服务水平、技术创新和产品升级等手段增强市场竞争优势。进入全球化经济阶段以来，创新竞争特别是技术创新竞争，已成为发达国家企业竞争的主要手段。因为技术创新可以降低产品成本，提高产品质量，增强产品功能，缩短产品的生命周期，推动产品的差异化，使产品能更好地适应市场需求，并为企业带来更高的回报。因此，凡是在全球市场竞争中处于领先地位的企业，几乎都在技术创新领域处于前列。

6. 服务营销居于特别重要的地位

随着经济全球化的到来，世界正在经历着一场极其深刻的社会经济变革，即服务在经济发展中的地位越来越重要，服务业的发展将成为21世纪各国经济竞争的焦点。

13.2 国际市场营销方式

企业一旦决定进入某个国家的目标市场，接下来就是选择进入国际市场的最佳方式。企业根据世界各国不同市场的特征和要求采取不同的营销方式。营销方式多样化已成为当今国际市场营销企业普遍采取的策略。

按照组织生产与销售的不同方式，企业进入国际市场的方式可归纳为出口商品、直接投资与对外合作三大类。

13.2.1 出口商品

出口商品是一国或地区与另一国或地区经济实体之间通过契约或合同方式进行的跨国界或区界的商品买卖活动。出口商品是国际市场营销最普遍的形式，是缺少国际营销经验的企业打入国际市场最为简便易行的方式，也是各种国际营销方式中经营风险最小的，它有间接出口和直接出口两种方式。

1. 间接出口

间接出口(Indirect Exporting)是企业把产品销售给中间商，然后由中间商组织出口，是一种偶然的、被动的出口。它不需要改变企业的产品线和投资构成，多为在国际市场上建立起自己的销售网络的中小企业所采用。

间接出口有三种途径：一是由本国出口商经销，即生产企业把产品出售给出口商，再由出口商以自己的名义将产品销往国际市场，生产企业不承担经销风险；二是由出口代理商代销，即生产企业与出口代理商签订代销合同，由代理商协助寻找国外销路，生产企业承担风险，并在产品售出后付给代理商一定比例的佣金；三是与中间商合作经营，即生产企业同中间商建立合作经销方式，由中间商提高商情信息、寻找买主，责任共负，风险共担。

间接出口由于是富有经验的中间商来经营，所以失误较少，在一定程度上降低了厂商的经营风险，而且投资少，节约营销费用，因为它无须建立一个独立的外销部门。所以，对于一些刚刚迈入国际市场的企业，不失为一条好途径。但是，因为这种进入方式不要求出口企业具备很多的营销知识，也使得企业与国际市场相隔离，丧失了对国际市场营销的控制权。因此，企业一旦实力增强，就应向直接出口过渡。

2. 直接出口

直接出口(Direct Exporting)是企业把产品直接卖给国外顾客,而不通过中间商,采取直接出口的方式,标志着企业真正开始了国际市场营销活动。它不仅要求企业掌握目标市场营销时的相关知识,拥有必要的销售渠道,还要了解商品出口装运程序、单据和国际结算安排。因此,与间接出口相比,直接出口具有投资多、风险大但潜在报酬高的特点,多被大企业所采用。

直接出口主要有四种途径:一是企业建立独立的出口营销机构,直接与外商进行联系,签订产品销售合同;二是企业在国外设置销售公司,直接在国外市场开展推销活动;三是企业派出销售人员到国外了解市场情况并开展推销工作;四是设立国外商业代表,与国外销售商或代理商建立业务联系,从中寻找销路,开拓市场。

与间接出口相比,直接出口具有下列优势:直接参与国际市场竞争,能够积累更多的国际营销经验;更直接地接触国外顾客,能够较深入地了解国际市场的需求动向,从而可提供更适销对路的产品;独立完成各项出口业务,加强企业对国外营销的控制权。

直接出口的缺点是:企业要独立完成各道出口程序,要承担更高的费用,占用更多的资金;需要配备外贸方面的专门人才;目标国采用各种贸易保护措施限制进口,使其出口困难;对于那些产品性能和售后服务要求较高的产品,发展直接出口的潜力有限。

13.2.2 直接投资

直接投资是指企业把自己的资金、技术、设备等输出国外,作为投资者参与国际市场的营销活动,企业生产的产品直接进入国际市场。

企业到国外投资参与国际市场营销的基本方法有两种:收购原有企业和创建新企业。

收购原有企业是指企业到国外购买现有企业的股权,从而最终接管该企业,或者购买外国破产企业,增加投资使其恢复生产。这种方式的优点很多:一是能够迅速扩大规模并尽快收回投资;二是能够学习国外的先进技术和管理经验;三是可以利用原有企业的某些优势增强竞争力;四是可以取得国外某些特有资产;五是可以使企业经营多样化;六是能够方便筹资和减少风险;七是通过收购的办法进行投资,一般购买价格较低,可以节省投资,并能得到东道国的优惠待遇等。但这种方式也有一些缺点:一是容易出现估价不准而多花钱;二是组织管理方面的问题较多;三是对企业原有员工的去留问题较难处理,有可能出现经济上和法律上的纠纷。

采用创建新企业的方式进行投资的好处是：可以根据国际市场的要求采用先进的设备，建立全新的公司；可以得到东道国的支持；能够扩大原有企业的影响和知名度；能够采用新的组织形式，建立新的管理制度，提高公司的办事效率。但是创建新企业又存在很大的缺点，其中最突出的问题是投资多、时间长、管理难度大。

直接投资作为企业对外投资的主要方式，具有以下优点：一是可以降低成本。这是由于目标国的劳动力和原材料便宜、运费较低以及政府对投资的鼓励政策所致；二是直接投资可为目标国创造较多的就业机会，易在当地树立良好形象；三是企业与目标国的政府、中间商和用户保持较深的关系，有利于产品适合当地市场环境；四是对投资保留充分的控制权，有利于企业制定生产和销售的政策；五是直接投资避开了贸易保护主义的限制，使产品顺利进入国际市场。常有这样的情况：某些商品单纯作为商品出口时对方很难接受，但投资后却能顺利销往该国。当然，还应看到，直接投资所面临的风险也更大一些，它既有以市场问题、汇率问题为中心的经济风险，又有以劳工问题、政策问题和战争问题为中心的政治风险。只有对这些风险进行认真研究，制定出预防或克服它们的措施和办法，才能到国际市场上去投资。

13.2.3 对外合作

对外合作是为实现生产、资本和技术国际化而被广泛采用的一种形式，它包括合资经营、合作经营、技术转让以及特许经营。

1. 合资经营

合资经营是指企业在国外与当地企业或其他经济组织共同投资、共同经营、共负盈亏、共担风险。企业提供的技术设备、工业产权、外汇现金均以现金计股，按股份分取利益与承担风险。

合资经营有许多优点：一是可以把国内的机器设备等有形资产和商标、专利等无形资产输出国外，从而使资本输出带动了商品输出；二是可以与国外企业提供的资金、物资、技术、信息及其无形资产合并使用，从而扩大企业的规模，弥补营销力量的不足；三是可以得到东道国给外资企业和本国企业的各种优惠，如便于取得银行贷款及各种物资，便于同当地的政府官员、供应商、销售商、消费者、大众传媒搞好关系；四是企业的政治风险较小。这是因为在合资企业中，政府对外资的各种不利政策也直接影响本国企业的投资，因而采用该方式的政治风险较小。

但是采用这种方式也存在着许多困难，主要表现在很难找到合适的合作伙伴。因为合作者大都从自己的利益出发考虑问题，有的希望扩大投资而要求把利润转化为再投资；有的希望尽快收回投资而要求把利润拿走，这就产生了协调上的困难。所以，选择适当的投资伙伴是合资经营成功的关键。

2. 合作经营

合作经营是企业在国外与当地企业自行协商，以比较灵活、变通的方式组织起来，按契约规定的内容对企业实行联合经营，可为松散的经济联合体，也可以是具有法人地位的经济实体。合作经营属契约式合作，它不用明确双方股份，而是根据合约来规定双方的权利和义务。一般实行以一方管理为主，另一方协作管理的形式。我方企业多半提供技术、设备、资金等，当地企业提供厂商、机器设备、场地、劳动力等基础条件，无须作价计股，即不计算投资比例，双方根据合同的具体规定采取产品分成、收入或利润分成等方式分享收益、分担风险。

合作经营除了具有合资经营的优点以外，其适用性更为广泛，取得当地市场信息和营销经验更多、更快一些，特别是为现有企业的挖潜与改造、提高企业素质提供了一条有益的途径。

3. 技术转让

技术转让是一种作价的技术转移，指利用某种方式，将某项技术使用权从输出方售给输入方的一种贸易行为。技术转让多采取许可证贸易方式，在签订许可证协议之后，使用输出方的发明专利、商标、技术秘密、产品外观设计等工业产权。技术转让对于尽快填补空白、开发新产品、加快企业发展步伐具有极为重要的意义。随着新技术的不断发明和应用，技术转让已成为企业开拓国际市场的重要手段。

4. 特许经营

特许经营是指企业将自己的工业技术及整个经营体系授予国外企业特许经营，受许方在一定的地区内以授权方的名义经营特许业务，并按规定交付特许方特许经营权使用费。特许方提供全套的配件或配料，并提供管理或市场营销方面的服务或咨询。被特许方提供资本、市场情报和人员。特许经营适用于不受专利保护的产品。一般说来，产品不宜向国外市场出口，企业又不想作为生产者在目标国家投资、其生产过程（经营系统）能很容易地转移给对方时，特许经营是比较适宜进入国际市场的方式。

特许经营是企业开拓市场、占领市场的有效方式，它具有很多优点：一是投资少、风险小、收益大。不需要增加投资就扩大了经营规模和占领了国际市场，因而风险较小而收益却较丰厚。二是保持了产品的特色，扩大了企业的影响，提高了企业和产品的知名度。三是统一技术，分散经营，容易进入目标市场和控制被特许方。因此特许经营方式不仅流行于西方发达国家的国内市场，在当今国际市场营销活动中也广为流行。美国的可口可乐公司利用特许经营使其产品行销于世界很多国家。但是特许经营也有一些缺点，主要是其利润水平由受许方的经营状况所限制，并且在经营中受许方可能发展成为企业新的竞争对手。

13.3 国际市场营销策略

13.3.1 国际目标市场选择

选择进入国际市场的方式是为实现国际市场营销目标服务的，而要实现国际市场营销目标，就要对国际市场进行细分。

1. 国际市场细分

企业对国际市场有三种细分方法：微观市场细分、宏观市场细分和全球性市场细分。

(1)微观市场细分

当企业只向个别外国市场出口产品时，可对这些国家的市场进行微观细分，这种细分方法与国内市场细分方法相同，这里不再重复。

(2)宏观市场细分

当企业将世界各国都视为潜在市场，并依据某些标准将所有国家分成几个子市场时，这种方法就是宏观市场细分法。宏观市场细分法将国家或行政区域作为基本单位，按一定标准将世界分成若干个子市场。例如，以地理因素为标准可把世界分成东南亚、北美、西欧、南非等地区。其他细分标准也可以是经济的、文化的因素或各类因素的组合。国外有的学者以工业发展程度为依据，把世界分成五大类：传统经济的社会、经济起飞前的社会、经济起飞的社会、趋向成熟的社会、大众高消费的社会。这种细分方法对进行大规模国际市场营销的企业具有很高的借鉴价值，企业经常以此为依据制定在世界各类子市场上的营销策略。

(3)全球性市场细分

当全球性企业将世界视为一个大市场，并认为不同的国度里存在着欲望和需求相一致的消费者群体时，就需要进行全球性市场细分。这种细分通常依照人口统计、社会经济、消费心态、价值观和生活方式等标准。一些调查结果表明，发达国家和新兴工业国家里都存在着"中产阶级"和"雅皮士"(高收入的年轻专业人员)，他们的消费行为有很多共性，一家欧洲调研公司曾经先后对 14 个国家和地区的 15000 名消费者做了一次有关生活方式、态度和购买模式的调查。根据调查结果，将这些国家和地区的消费者分成六个不同的子市场：奋斗型、成功型、适应型、传统型、紧张型和其他型，并对各个子市场的特点分别做了描述，这对企业具有一定的参考价值，企业可以据此确定自己的市场覆盖和设计一系列营销策略。

2. 国际目标市场营销战略

在国际市场营销活动中，除了国内营销的一些战略仍可运用之外，还有一些特殊要求。根据对国际营销环境的分析和国际市场的细分，企业对目标市场有两种选择：一是选择某些国家或某些国家的某些群体为目标市场，实行当地化战略，即针对目标市场的不同需求特点，分别设计不同的营销组合，采取与当地相适应的营销策略和方法；二是选择全世界有共性需求的群体为目标市场，实行标准化战略，即设计单一的营销组合，开展全球性市场营销。

在国际营销过程中，企业为了取得规模效益，不应忽视任何一个可以实行标准化战略的机会，但同时有些商品在有些情况下又不得不适应当地的差异性和特殊性。因此，必须在两种战略中做出慎重的选择和决策。

(1)当地化战略

由于不同国家、不同民族在文化等方面存在巨大差异，在开展国际营销活动时，必须使产品、广告以及企业的商业行为，与当地的传统文化相适应。但这种适应并不意味着必须放弃和改变自己的产品特色和行为方式，而只是意味着国际营销人员必须意识到可能导致误解的文化差异，要使自己的产品、服务及一切营销活动为当地人所乐于接受。例如，麦当劳很好地融入了当地文化中，为适应当地的消费习惯，它在法国出售葡萄酒，在德国出售啤酒，在澳大利亚出售羊肉馅饼，在印度提供全素汉堡包，在以色列开设符合犹太人传统的连锁店等。采用这样的战略，需要分别设计不同的营销组合，以适应不同的国家和地区。一般说来，某些食品、服装、饰品较适用于采取当地化战略。

(2)标准化战略

各个国家和地区的需求有些是具有共性的。针对这些共性的需求，可实行标准化战略，设计标准化的、单一的营销组合。采取这种战略的企业，把全球看成一个大市场，实行全球性市场营销，通过品牌或公司标识的全球识别，树立统一的全球性企业形象和品牌形象。例如，可口可乐、IBM、柯达、索尼、奔驰等都是全球性品牌。这对推出新产品，提高广告的效果都十分有利，并可获得规模经济效益。电脑硬件、照相器材、啤酒、卷烟、汽车、机械设备等产品，较适合全球性营销。

13.3.2 国际市场营销的产品策略

一个企业在制定具体的营销战略时，首先面对的是应当提供什么样的产品和劳务以满足国际市场的需求，这就必须要解决出口产品战略问题。国际市场产品策略的基本内容是针对具体的目标市场，通过产品改进、开发以满足消费需求，顺利开拓国际市场。

确定目标产品应考虑以下因素：一是国际市场需求，没有需求就没有销路；二是本企业产品的竞争能力，有需求而无竞争能力的产品同样不能进入国际市场；三是产品潜力，要有相当的市场容量和较长的维持期；四是成本及盈利，能够实现预期的盈利水平。基于以上原因，进入国际市场的产品策略可以有以下几种：

1. 产品无差别策略

产品无差别策略也称产品延伸策略，是指在世界范围内销售统一的产品，它意味着对企业的现有产品不做任何改动，向不同的国外市场提供与国内市场同样的产品，属于产品和促销的标准化战略。这种战略的优点是可以节约研究与开发、生产与营销方面的成本，还有利于树立全球统一形象。这一策略适用于两类企业：一类是偶尔从事出口业务而无长远国际营销计划的企业，另一类是实施全球营销的大型公司。如可口可乐、百事可乐、麦氏咖啡、劳力士手表等，它们在世界各地的产品和设计完全一样，在各国的广告主题也与本国的一致，所不同的只是包装和广告上的语言文字。然而，由于各国消费需求上的差异，这种做法并非所有的企业都能效仿。产品延伸策略也比较适用于家用电子产品、照相机、机电产品和某些食品饮料。而有些产品使用这一策略却会导致灾难。企业应该首先搞清楚某国消费者是否使用或可能使用某一产品，例如在美国，80％的美国男子使用除臭剂，而在瑞典，这类消费者的比例是 55％，意大利为 28％，菲律宾只有 8％。

2. 差异化产品策略

差异化产品策略亦称产品更改策略，是指根据各国市场的不同需要，对企业的现有产品做适应性改变，从而向不同市场提供不同的产品。由于各国对产品的使用条件、购买力、消费习惯和政府规定的不同，企业家实行差异化产品策略可以更好地满足不同国家市场消费者的需要，因而可以扩大产品销路。

就绝大多数产品而言，完全的(纯粹的)无差别或差异化既是不可能的，也是不利的。对于那些适应无差别策略的产品来说，在不同的市场上几乎总是只需要做某些适应性改变，而完全的差异化意味着向每一个购买者提供一种完全不同的产品，这对绝大多数产品来说是不可能的。因此，企业一般最终会采用无差别与差异化相结合的混合策略。

3. 产品创新策略

产品创新策略是一种致力于开发新产品，力求在国际市场竞争中占据主动的抢先策略。采用这种策略，要求企业具有很强的市场调研能力、激发消费者对新产品潜在需要的宣传鼓动能力，以及企业承担风险的经济能力和主观意志力。

4. 多种产品集合策略

多种产品集合策略是指企业根据生产能力和产品特性，运用广泛多样化和密集配套系列等适当形式，将由若干种产品组成能够充分发挥企业综合优势的产品集合打入国际市场，以实现产品销售增长率、市场占有率和目标利润率的同时增长的综合策略。采用此种策略的关键是如何确定产品组合。第一步，应根据国际市场需求确定产品种类；第二步，结合企业生产能力测算这些产品的产量与市场容量的差额；第三步，在产量较高的产品中间比较各自的机会成本；最后，选择机会成本较低的几种产品作为最优产品集合共同打入国际市场。该策略宜为大企业所采用。

5. 产品的包装、品牌和服务策略

(1)包装策略

进入国际市场的产品在包装方面有两种策略：一是标准化，即销往世界各国市场的同一产品使用同样包装；二是多样化，即同一产品销往不同国家市场使用不同包装。究竟采用哪种包装策略，可以从包装所具有的保护作用和促销作用两个方面考虑。

(2)名牌战略和商标策略

名牌战略的内容包含产品的各个方面，如技术专利的申请和保护，产品质量体系的认证和管理，商标或同一标识的创建、宣传和保护，包装的设计和更新等。其中，产品质量体系的认证有助于提高产品在国际市场上的可信度。

企业在制定商标策略时，也面临着标准化和当地化两种选择。由于在国际市场上创立一个知名品牌需要很大的投入，所以既省钱又省力的标准化自然是企业的最佳选择。但是，由于各国的文化背景差异很大，有些适合本国文化的品牌到另一种文化背景下就会产生问题。

如何保护商标专用权也是应当被重视的一个问题。有些国家的商标法实行“使用优先”的原则，即第一个使用者有专用权，美国、泰国、菲律宾等国实行这一原则。在这些国家商标仅注册还不行，还要实际使用，即该产品在该国有一定的销售量后，才能得到法律的保护。而另一些国家的商标法则实行“注册优先”的原则，在这种情况下，要防止有人钻法律的空子。出口产品或国际营销产品一经确定，就应及时将其商标在有关各国予以注册，否则会有被抢先注册的危险。

假冒商标和模仿名牌是值得注意的另一个问题。面对各种仿制品的威胁，一些著名的跨国公司特别重视商标的注册和专利保护。这种产权保护意识甚至扩展到了产品包装和装潢上，如可口可乐公司多次为其更新的饮料瓶独特外形申请专利。近年来，国际市场上模仿名牌活动也十分多见。例如，李维斯(Levi’s)是美国牛仔服名牌，但欧洲几个公司的牛仔服商标都与之相近，如法国的“Lewis”、德国的“Levy’s”等。在国际市场上遇到这种情况，只能在促销上花大力气，使公众有识别真伪的能力。

(3)服务策略

向国外顾客提供服务(如检修、换件、调试、培训等)有三种主要方法：一是委托国外的经销商或代理商提供服务；二是企业派服务人员出国提供服务；三是由企业与经销商或代理商合作，共同提供服务。企业可根据产品的复杂程度、经销商或代理商提供服务的能力以及成本和效益等因素，在三种方式中做出适当的选择。

13.3.3 国际市场营销的定价策略

国际市场营销的定价策略是企业在国际市场上，为达到某种定价目标，在综合考虑市场行情、竞争程度、消费者心理和市场营销组合其他要素的基础上，灵活选择、巧妙运用多种定价方法，制定最有力的营销价格所拟定的工作方针与行动方案。定价政策的全部奥妙，就是在一定的营销组合条件下，如何把产品价格定得既能为购买者所接受，又能为企业获得更多的利益。

在国际市场上，商品的价格构成比较复杂，它除了商品本身的价值外，还包括运输、装卸、仓储、保险、关税等项费用，以及由于承担有关责任和风险而产生的费用。此外，还需要考虑通货膨胀和汇率波动。国际产品的定价方法和策略从原则上看与国内产品定价方法和策略没有本质区别，只是国际产品定价影响因素更复杂，不仅受国际市场供求影响，还要受进口国政府价格改革控制和进口关税限制。值得注意的是，在国际产品定价时，不仅要考虑上述因素，还要考虑以下因素的影响：第一，交货地点及条件。在国际市场上销售商品，发生在流通过程中的费用很多，并受交货地点及条件的影响很大。因此，产品的运营成本会有很大的不同。第二，交货数量。根据成交数量的多少，合理使用价格折扣，使价格更适应竞争和促销的需要。第三，交货时间。现货价格易于确定，而期货价格要受供求及竞争等多种因素的影响，定价比较复杂且风险较大，企业应该慎重。第四，选择币种。定价时要根据汇率的变化，选择适当的货币，并相应对价格做出必要的调整。

在长期的国际营销实践中，为了便于操作，通过长期摸索，逐渐形成了一系列价格术语，它们被用来说明商品价格形成和买卖双方的权利与义务。目前国际市场上通用的价格术语主要有三种：一是装运港船上交货价格（FOB），又称离岸价格；二是成本加运费价格（C&F）；三是成本加运费加保险价格（CIF），又称到岸价格。世界各国一般用离岸价格统计出口，用到岸价格统计进口。具体的定价策略有以下两种：

1. 统一定价和差别定价

国际营销企业经常会遇到这样的问题：一种产品的价格是在世界各地保持一致（统一价格），还是针对各地的不同情况制定不同的价格（差别价格）。经验表明，许多公司都采用差别定价策略。美国 2/3 的耐用品和 1/2 的工业品的制造商，在国际营销中都实行差别定价。因为各国的生产成本、竞争价格及税收都不一样。

企业只能根据这些不同的因素制定不同的价格。但是,也有许多企业认为,在各国市场上保持统一价格有利于企业和产品在世界上树立统一形象,有利于做出统一的市场定位策略。同时,便于总公司对整个营销活动进行控制。企业究竟采取哪种营销策略,取决于以下情况:一是竞争条件。如果企业在各国市场上的竞争地位一样,可采用统一定价策略。例如,波音公司的喷气式客机在世界各国的售价完全一样。如果竞争地位不同,则定价要因地制宜,如柯达、富士彩色胶卷在中国市场售价最低。二是产品普及过程。如果新产品的普及过程在各国基本相同,那么就应采用统一价格。三是法律。有很多国家的法律对企业的定价有各种限制。此外,如果税率太高,也将迫使企业在该国制定较高的价格。四是分销渠道。分销渠道的结构和效率也影响定价。五是企业目标。企业在各国的经营目标不同,也会导致价格上的差异。六是产品特性。如果产品的技术性较强,有明显特色,易于和其他产品比较,可采用差别定价,反之则采用统一定价。

2. 国际转移定价

国际转移定价是指跨国公司的母公司与子公司之间或各子公司之间转移产品和劳务所采取的定价方法。现代国际贸易中有很大一部分是跨国公司内部的交易,而现代跨国公司一般都实行分权管理,独立核算,母公司及各国的子公司是不同的利润中心,为了评价各自的利润状况,也必须为这种内部交易制定价格,即转移价格。

评估各利润中心的经营状况,并非跨国公司制定价格的唯一目的。实际上,许多跨国公司都使转移价格偏离正常的市场价格,把国际转移定价当作实现整体利润最大化的一种手段。有时,公司为了维护整个公司的整体利益和长远利益,宁可牺牲某个或某些利润中心的局部利益。具体做法有以下几种:

(1)在产品从甲国向乙国转移时,如果乙国关税很高,并且是从价税,那么公司就将转移价格定得较低,以减少应缴纳的税金。

(2)如果某国征收的所得税较高,将产品转移到该国时,公司应把转移价格定得高些;将产品由该国转出时,应把转移价格定得低些。这样,就可以降低公司在该国的利润,从而减少在该国应缴纳的所得税。

(3)如果某国实行外汇管制,对外国子公司的利润汇出实行严格限制或征税,则跨国公司在向该国的子公司转移产品时,应将价格定得高些;产品由该国转出时,应将价格定得低些,以减少在该国的利润,避免利润汇出时的麻烦,也可少纳税。

(4)如果某国已经出现或即将出现较高的通货膨胀,为避免资金在该国大量沉淀,在向该国子公司转移产品时,可将价格定得高些;由该国转出产品时,将价格定得低些。

13.3.4 国际分销渠道策略

国际分销渠道是在产品从生产企业向国际市场转移的过程中，各个买卖环节联结起来的通道，直接出口的产品在国际市场营销中只占少部分，而大部分的商品销售都要借助于中间商的转手买卖来完成。因此，对国际营销渠道的选择，从宏观角度来讲，是对整体分销渠道的选择；从微观角度讲，则是对中间商的选择。

选择中间商的基本条件有以下几个方面：一是中间商所拥有的销售网络是否能有效地把生产企业的产品送到国外潜在的消费者中间，是否有较强的销售能力和服务能力；二是中间商是否在出口企业和消费者两方面都有较好的信誉及是否具备良好的经营作风和态度；三是中间商应具有一定的资金实力和承担风险的能力，能按期付款；四是中间商在运输、仓储方面能满足出口企业的需要。

企业在选择整体营销渠道时，除了同国内营销一样要考虑产品、市场、企业自身和政治等因素外，还要注意以下几个方面：一是渠道覆盖面，应以能够通过并覆盖目标市场为宜。二是渠道费用，包括开发渠道和维修渠道所投入的资金。一般说来，高额投资有利于扩大销售网，但可能使价格上升或利润下降；低投资有助于低价促销，但也会由此导致渠道变窄或丧失一部分市场，企业应运用投入产出法进行合理选择。三是渠道控制，通过对渠道进行控制能及时了解产品的销售去向、销售时间和销售数量，以便准确估计产品在市场上的地位及变化趋势，为改进营销组合提供信息。四是渠道连续性，保持渠道的畅通是持久占领市场的基本条件，有时它甚至比开发一条新渠道更为重要。五是渠道效果，理想的销售渠道应产生协助企业顺利实现预期销售额、盈利率和市场占有率等营销目标的积极效果。

13.3.5 国际促销策略

在竞争激烈的国际市场上，企业采取促销策略是非常必要的。由于企业产品的用户远在国外，他们的生活习惯和所处的文化环境各不相同，对外国企业及其产品也缺乏了解。而国际促销正是企业在国际市场上为赢得顾客而进行的各种活动，主要包括两个方面内容：一是向人们提供有关产品方面的信息；二是说服、促进和影响人们的购买行为。事实上，国际促销活动与其他国际市场营销活动相比，在世界各地的相似之处最多，而促销所涉及的与文化背景有关的独特问题也最多。因此，企业应根据各国的营销环境，尤其是文化背景的差异，采用不同的促销方式和促销策略。

国际促销方式主要有国际广告、公共关系、营业推广和人员推销等。国际促销策略则是指企业对以上几种方式的选择、组合和综合运用。

1. 国际广告

(1)广告公司的选择

在国际广告中可供选择的广告公司的类型有:企业内部的广告公司、本国国内的广告公司、本国外向型广告公司、国际性或全球性广告公司。企业一般根据自身的规模、组织结构、营销目标及营销策略的不同来选择相应的广告公司。

(2)广告信息的选择

企业在做国际广告时所面临的一个主要选择,就是广告信息的标准化还是当地化。标准化就是把同样的或经过修改能适用于大多数国家的广告信息和宣传主题传递给各国市场。这种策略要求撇开各国市场的个性,强调基本需求的一致性。标准化策略的优点是可以节省广告费用,保持公司和产品形象在国际上的统一性。当地化是指企业通过广告向不同的国家和地区传播不同的信息,它强调的是各国市场的差异性。采用当地化策略的企业认为,不同国家和地区在政治制度、法律体系、地理条件、文化背景、风俗习惯等方面存在着巨大差异,广告信息要适应这些不同的环境因素。近年来,随着广播、电视和报纸杂志的国际化、国际旅游热的出现以及各国经济同盟和跨国公司的发展,越来越多的广告信息趋于标准化。

(3)广告信息的刊播实施

当跨国公司确定了同时针对多个国家的广告主题和策略之后,可通过广告公司以四种不同的方式予以实施:

一是采用式广告。最终广告作品由总部完成,各国分部无须做任何修改,只需安排刊播。二是出口式广告。表现主题在各地一样,但在表现形式,如语言文字上,可根据当地需要进行翻译或改编。三是原型式广告。总部向驻各国分部规定创作轮廓和涉及各方面的详尽指标,分部以原型为基础,在人物、背景、文化习俗等方面因地制宜。四是准则式广告。总部对分部的控制更为宽松,只向分部规定统一的企业标识、广告主题、图片和录音资料,至于如何实施一般无明确规定。为保证各地广告作品能反映统一的主题,广告主倾向于选用在各国设有分公司的跨国公司广告。

(4)制订国际广告媒体计划

媒体计划的内容包括:界定目标受众及他们的媒体习惯、拟定媒体目标(接触率、平均频率、总收视听率、持续模式等)、媒体策略、选择媒体和分配预算、决定刊播单位、安排刊播时间等。在把广告目标规定的任务转换成媒体目标时,必须切实考虑目标受众的特点、地理位置、季节、时间、宣传水平和方案创作方面的要求。为了使广告投入获得最佳效益,有关广告覆盖地理位置的决策尤为重要。

2. 国际人员推销

国际人员推销的管理的主要内容是：

(1)推销人员的招聘

推销人员有三个可能的来源：一是本国；二是市场所在国；三是其他国家。无论来自哪里，这些推销人员除应具备国内推销人员基本条件外，还应具备调研能力、决策能力、文化适应能力等。

(2)推销人员的培训

对本国派出的推销人员，应重点进行外语、法律、礼仪、生活习俗和商业习俗等方面的训练；对当地招聘的推销人员，重点让他们了解本公司及产品的特点，掌握有关的专业信息和必要的推销技术。

(3)推销人员的激励

国外推销人员往往有着不同的文化背景和不同的行为动机，同样的激励措施对不同国家的推销人员往往会产生不同的效果。因此，对国外推销人员的激励也是推销管理工作的重要环节。

3. 公共关系

近年来，公共关系在国际营销中发挥着越来越重要的作用。企业可通过以下方式在国际市场上开展公关活动：一是收集信息，了解当地公众的需要；二是定期进行企业形象分析；三是调整和改善企业行为；四是传播对企业有利的信息；五是加强与目标市场所在国政府部门的联系；六是增进与社会各界的联系。

4. 国际营业推广

营业推广在国际营销中也是一种重要的促销方式。国际营业推广目标的确定和方式的选择，从原理上讲，与国内基本相同，但企业在国外采用的营业推广方式要考虑到各国的法律限制，不可触犯当地的法规。例如，法国的法律规定，企业免费供给购买者的物品价值，不得高于购买总值的5%。此外，企业还应注意与当地零售商加强合作，因为，许多营业推广活动都需要与当地零售商配合进行，如发行折价券、安装展览设备、现场示范等。

思考题

1. 简述经济全球化条件下国际市场营销的特点。
2. 企业进入国际市场的方式有哪些?
3. 企业对外合作的方式有哪些?
4. 什么是合资经营? 合资经营有何特点?

5.什么是合作经营？合作经营有何特点？
6.什么是技术转让？
7.什么是特许经营？特许经营有何特点？
8.国际市场营销与国内市场营销有何区别？

案例分析 1

重组汤姆逊 TCL 绕道国际市场

2003 年 11 月 4 日，TCL 集团与法国汤姆逊签署彩电业务合并重组协议。而美国当地时间 2003 年 11 月 24 日，美国商务部初步裁定中国一些电视机生产商向美国市场倾销其产品，已圈定的长虹、TCL、康佳、厦华四家强制调查对象都被认定存在倾销，倾销差价为 27.94%～45.87%。这个裁定，对其他几家的打击是致命的，特别是长虹，它占据了国内出口到美国份额的半数以上。但正因为进行兼并重组，TCL 不仅不会受损，反而是最大的受益者，填补了其他企业留下的市场空白。

一、TCL 重组汤姆逊事件回放

2003 年 11 月，TCL 集团与汤姆逊集团签署合作备忘录，拟由双方共同投入电视机和 DVD 资产，设立一家合资公司，TCL 集团持 67%的股份。该合资公司将被打造成全球最大的彩电厂商。TCL 集团将会把其在中国大陆、越南及德国的所有彩电及 DVD 生产工厂、研发机构、销售网络等业务投入新公司。而汤姆逊则会将所有位于墨西哥、波兰及泰国的彩电生产工厂、所有 DVD 的销售业务以及所有彩电及 DVD 的研发中心投入新公司。TCL-汤姆逊公司成立后，其全球彩电销量将达 1800 万台，而 2002 年全球彩电冠军三星的业绩是 1300 万台。

二、TCL 策略解析

1.突破专利与研发实力薄弱的技术天花板

目前我国彩电企业在核心技术方面，基本上没有专利权。在以往，核心零部件虽然需向外资企业采购，但国内企业依靠整机成本优势，在市场上还是有自己的话语权。但 2002 年年底，汤姆逊公司向我国彩电企业提出索要专利费的通牒，提出的专利共达 20 项，范围从小于 20 英寸的小彩电到 25 英寸的大彩电，平均每台要价 1 美元。作为老牌彩电企业，汤姆逊在传统彩电领域拥有 34000 多项专利，中国彩电产品只要出口，就很可能落入专利的陷阱。而联姻汤姆逊，TCL 就轻易化解了专利危机。

从全球范围来看，电视技术发展的速度越来越快，电视更新换代的周期越来越短。中国企业从零开始搞研发，能否在短期内取得突破，是一个很大的疑问。

TCL通过与汤姆逊的合资，很好地解决了研发环节薄弱的问题。根据协议，汤姆逊全球所有的电视和DVD研发中心都归合资公司所有。汤姆逊拥有传统电视机的所有主要专利和大部分数字电视与DVD专利。合资公司成立以后，TCL虽然仍会按照市场规则支付专利费用，但李东生表示，合资公司有能力产生新专利。很快，TCL就以实际行动证明了李东生的话。2003年年底，TCL与汤姆逊研制生产的85 Hz背投电视，通过国家广播电视产品质量监督检验中心的验证。85 Hz背投电视是"第五代背投"，TCL此举使得它在背投领域超越了长期领先的长虹。而且，这一突破也将为TCL带来丰厚的利润，据悉，已有多家国外背投品牌向TCL购买此项专利技术。

2. 绕开贸易壁垒

从1988年开始，欧洲市场就对我国和韩国彩电实施反倾销调查，并于1991年对我国彩电征收15.3%的最终反倾销税。中国彩电被阻隔在欧盟市场之外长达10年之久。2003年5月，美国也开始对我国彩电实施反倾销调查。2003年11月24日，美国商务部初步裁定我国出口到美国的彩色电视机存在倾销行为。

如果裁决结果依然是肯定的，那么今后五年内，美国进口我国彩电的税率将提高30%以上。这对我国彩电生产企业来说，将是毁灭性的打击。据统计，目前我国彩电出口到美国市场已经超过400万台，如果征收高额关税，我国彩电将只剩下本土、东南亚、中东、南美等局部市场，我国彩电超过1500万台的生产能力将被闲置。

如果不想坐以待毙，国内彩电企业必须想办法突破越来越严重的贸易壁垒。

资料来源：杨耀丽，杨秀丽. 市场营销学. 上海：上海财经大学，2013

案例思考题

通过本案例，对我国企业进行全球营销有哪些启示？

案例分析 2

美国商务部对中国电热毯的反倾销案

美国商务部于2009年7月对我国机织电热毯展开反倾销调查。受调查的产品包括中国产成品、半成品以及各种尺寸和材质的未组装电热毯。美国商务部经过初步评估认定，中国电热毯的售价比合理价值低了90.32%～174.85%。经过近一年的立案调查，美国商务部2010年6月28日终裁决定，中国产机织电热毯存在倾销，决定对之征收惩罚性关税。而目前国内电热毯出口企业的利润最高也不会超过30%，一些大的外贸订单利润最多是10%～20%。无论是被批接受77.75%还是174.85%的反倾销税，对于任何电热毯生产企业来说，都会是沉重的打击。

面对对华反倾销，我国企业在走向国际化的过程中应该如何应对来自各方的挑战？

首先是加强对国际市场和主要贸易对象国的市场调研，了解和掌握有关国家商品市场的各种信息资料，了解进口国市场有无同类产品的生产商及其生产能力、市场销售渠道和数量等，以可持续发展的眼光确定并及时调整出口产品的数量和价格。出口企业应尽快转换竞争方式，由价格竞争转变为非价格竞争，积极利用商标、原产地标识、包装、公关、广告、售后服务等非价格竞争手段，创建名牌，以质取胜，多方位地提高我国出口产品的国际竞争力，以减少遭遇反倾销的己方因素。

其次是制定合理的国际营销战略。无论在国内还是国际市场，长期以来我国很多企业实行“薄利多销”的营销战略，同行竞相压价，以低价求胜，给进口国留下乐看“低价倾销”的印象。在以低价战略打入国际市场后，不重视服务、品牌等非价格竞争手段，继续依赖低价战略。加上缺乏宏观调控和长远观，曾经出现了哪个出口商品成本低、经济效益好，各方就一哄而上的局面，导致多头对外、低价竞销。一些企业未能把握国际市场和进口国行情，未能及时调整出口商品的价格和数量，致使某些商品大量涌入进口国，增大了对华反倾销的概率。

最后是优化出口商品结构，引导企业多出口高技术产品，走内涵式增长道路。鼓励优质产品出口，让企业看到生产优质产品的经济效益数倍于劣质品，优先出口优质产品，限制劣质品出口，改变传统的外贸绩效评价指标，由量向质转变，由总额向附加值转变等。而且在提高商品档次的同时，争创世界名牌。同时，要改变我国外贸出口商品约有80%以上集中于西欧、北美、日本市场（其中包括转口贸易）的局面，实现贸易多元化战略。以多元化的市场替代单一市场的出口，以多样化商品出口替代少数几种主要商品出口数量的扩大，在巩固和提高现有国际市场的前提下加强对东欧、非洲、拉美、独联体等市场的开拓，这样可以避免短期内出口的增长速度与绝对数量增加造成的倾销侵害。

资料来源：纪宝成，吕一林．市场营销学教程．北京：中国人民大学出版社，2002

案例思考题

1.思考企业进行全球营销的理论基础。

2.比较本土化战略和标准化战略的异同。

市场营销新发展

第14章

互联网、知识经济、信息经济以及高新技术的发展，使社会经济生活的方方面面都发生了深刻的变化，同时也使市场营销从理论到方式都在不断丰富、不断发展，涌现出许多新理论、新概念，丰富了市场营销学内容，指导了实践。本章将介绍20世纪80年代以来出现的一些主要的市场营销新思想。

14.1 绿色营销

随着人口的增长和社会经济的高速发展，特别是进入工业化社会以来，人类的生产和生活行为对生态环境的影响逐渐明显，大自然不断受到人类的破坏，环境污染、资源短缺、生态失衡等问题越来越严重。于是，环境保护运动蓬勃兴起，"绿色消费"应运而生。强调企业利益与社会利益相统一的绿色营销也随之产生，并引起世界各国企业的普遍关注。

14.1.1 绿色营销的本质

绿色营销(Green Marketing)是在20世纪80年代提出的，是在传统的市场营销基础上引入新的营销理念和思维方式形成的新概念。在发达国家，绿色营销已成为企业营销最重要的内容之一，在许多企业的营销中居主导地位。据调查，西欧一些国家绝大多数企业已将环境问题置于企业战略的核心地位。1990年美国市场上销售的新的家用产品中约有26%是加了绿色标记出售的。绿色营销将成为21世纪营销的主流。

关于绿色营销的定义，理论界至今尚无统一的表述。本书采用英国威尔斯大学肯·毕泰教授的观点，在其所著的《绿色市场营销——化危机为商机的经营趋势》一书中提出："绿色营销是一种能辨识、预期及符合消费者与社会需求，并且可带来利润及永续经营的管理过程。”这里强调了两个主要观念：一是企业所服务的对象不仅是顾客，还包括整个社会；二是市场营销过程的永续性，一方面需要依赖环境不断地提供市场营销所需资源的能力，另一方面还要求能持续吸收营销所带来的副产品。绿色营销的目的，就是“求得企业、环境与社会的和谐均衡共生”。该定义包括三层含义：一是节约原材料，保护地球资源，以保证企业永续发展所需要的各种资源；二是确保产品的安全使用、卫生和方便，以满足人们身心健康和生活品质提升的要求；三是引导绿色消费，培养人们的绿色意识，优化人们的生存环境。

绿色营销观念与传统营销观念相比，在以下两个方面实现了发展：

1. 社会责任观念

企业的社会责任问题是从 20 世纪 70 年代初开始在企业管理中得到重视，并逐渐成为企业营销的基本原则。绿色营销产生后，企业的社会责任观念成为绿色营销的显著特点之一。在绿色营销观念下，企业会制定本企业的社会责任战略，以使企业的社会责任得以有计划地实施，并产生与社会和谐发展的良好效果。

2. 可持续发展观念

可持续发展是当代人类社会的一条永恒原则，它要求社会的发展、经济的增长必须控制在自然资源和环境能够持久实现的范围内。产生于环保时代的绿色营销，在产生伊始，即引入了可持续发展的观念，并将其作为绿色营销理论的基点。可见，可持续构成了绿色营销与其他营销模式区别的重要特点。

14.1.2 企业实施绿色营销的意义

企业是实施绿色营销的主体，也是绿色营销的直接受益者。企业实施绿色营销有多方面的重要意义：

1. 绿色营销能增强企业产品的竞争力

随着人们环保意识的加强，人们越来越崇尚自然、环保和健康的产品。有资料表明，在欧洲，约有 40％的人喜欢购买绿色产品；日本的家庭主妇中有 91.6％的人对绿色产品感兴趣；77％的美国人表示一个公司的环境信誉会影响其购买决定；在我国也有调查显示，约有 37.9％的人表示已购买过绿色产品，有 53.8％的消费者表示愿意购买绿色产品，甚至表示宁愿多花钱也愿意购买有绿色标志的产品。可见，绿色产品将使企业具有无可比拟的竞争优势，生产绿色产品，实施绿色营销，成为企业获得长远发展，增强竞争力的重要途径。

2. 绿色营销有助于树立良好的企业形象

绿色营销的目的，就是“求得企业、环境与社会的和谐均衡共生”，绿色营销要求企业在开展市场营销活动的同时，努力消除和减少生产经营对生态环境的破坏和影响，其最突出的特点是体现了强烈的社会责任感。企业实施绿色营销，是树立绿色形象的前提，在市场竞争日益激烈的今天，企业对社会及环境的责任心越来越成为公众关注的问题，因此，企业在营销中正确处理企业利益、消费者的需求和社会长期利益三者之间的关系，从而树立良好的企业形象，已成为企业适应时代潮流的明智选择。

3. 绿色营销有利于冲破“绿色壁垒”

很多国家特别是发达国家，为了保护本国市场，限制外国商品进入，借助绿色革命全球化的大趋势，构筑了新型的非关税壁垒——“绿色壁垒”。其主要内容包括环境关税和市场准入、环境标识制度、环保包装制度、环保卫生检疫制度等。绿色壁垒的实施对我国一些产品形成了较大的冲击，因此，我国企业必须更新观念，通过实施绿色营销、树立绿色企业形象，冲破“绿色壁垒”。

14.1.3 绿色营销过程

传统营销着重考察企业、顾客和竞争者之间的相互关系。因此，传统营销对企业外部环境因素的考察，只考察对企业、顾客、竞争者产生直接影响的方面，而绿色营销则将重点转向企业与顾客、社会和环境之间产生影响的全部因素。可以说，绿色营销过程是以更广阔的视野进行的，因而更富有时代性。完整的绿色营销过程包括以下步骤：

(1)树立绿色营销观念。

(2)搜集绿色信息。绿色信息包括：绿色消费信息、绿色资源信息、绿色产品信息、绿色科技信息、绿色生产信息、绿色法规信息、绿色组织信息、绿色文化信息、绿色经济信息和绿色竞争信息等。

(3)制订绿色计划。

(4)开发绿色资源。即可循环使用、不污染环境的资源，如可以自动降解的塑料。

(5)实施绿色生产。即整个生产过程无污染。

(6)生产绿色产品。绿色产品具有如下特点：产品本身安全和卫生，有利于消费者的健康；产品在使用过程中不会污染环境，且有利于改善环境；产品在生产和使用中降低消耗、节约能源；产品容易回收处理或有复用功能；产品的质量更佳等。

(7)使用绿色包装。包装绿化主要表现在：包装应简单、实用、减少产品包装材料的厚度和层数；使用安全、洁净、无毒、可回收重复使用的包装材料；使用可降解材料制成的包装物；等等。

(8)获得绿色标识。

(9)制定绿色价格。绿色价格是对人类在自然和生态环境利用过程中的投入支付的价值补偿。企业把用于环保方面的支出计入成本,形成绿色成本,构成绿色价格中的一部分。一般说来,绿色产品的价格应高一些。以绿色食品为例,芬兰政府允许其价格比一般食品高 30%以上,日本允许高出 20%左右。

(10)开辟绿色渠道。

(11)开展绿色促销。

(12)引导绿色消费。引导消费者消费绿色产品和服务,并使消费者在消费的过程中注意环保。

(13)实施绿色监管。在绿色营销过程中,政府应注意全面系统地对营销活动进行监管,密切注意实施结果和反馈,并及时强化和修正。

14.2 关系营销

企业营销是一个与消费者、竞争者、供应商、分销商、政府机构和社会组织发生互动作用的过程。将企业置身于社会大环境中来考察企业的市场营销活动,便形成了关系营销。

14.2.1 关系营销的内涵

关系营销(Relationship Marketing)是 20 世纪 80 年代末、90 年代初在西方国家企业界兴起的一种新型营销观念。它的基本观点是,企业要在盈利的基础上,建立、维持和促进与顾客和其他伙伴之间的关系,以实现参与交易各方的目标,从而形成一种兼顾各方利益的长期关系。美国著名市场营销学家科特勒提出:"企业必须放弃短期的交易导向的目标,确立长期的关系建立目标。"可见,关系营销观念从根本上改变了传统营销观念视市场营销的关键在于交易的狭隘认识,真正实现了对顾客的理解。也就是说,传统营销对关系的理解仅仅局限于向顾客出售产品,完成交易,把顾客看作产品的最终使用者;关系营销把顾客看作有着多重利益关系、多重需求,存在潜在价值的人。关系的内涵发展到不断发现和满足顾客的需求,帮助顾客实现和扩大其价值,并建成一种长期的良好的关系基础。

在现代经济生活中,随着市场的快速扩张和深化,企业的不断发展,产品已经越发丰富,这使顾客的选择余地大大增加,企业如果不能及时了解、发现、满足顾客的需要,无异于自断财源;同时,随着技术的飞速发展,又引起了信息爆炸,信息媒体不断增加,这在一定程度上加快了媒体的专业化,单一媒体功能被弱化。这意味着，一个企业必须在多种媒体上大量做广告，才能使信息尽可能多地传递到消费者身边。因此，许多企业纷纷开始建立与顾客之间的更为直接的关系，把有限的财物都花在最有潜力的顾客身上，并针对顾客目前与未来的需要，做持续性的交流，让顾客永远成为企业的客户、朋友与合作伙伴。不可否认，关系营销目前来看成本很高，但随着社会经济的进一步发展，其魅力会不断扩大。

14.2.2 关系营销与交易营销的区别

哲学家认为，世界以人为核心衍生出四种关系，即人与自然的关系，人与社会的关系，人与人的关系，人与自我的关系。营销专家将之导入营销理论，便有了现代关系营销。建立企业与顾客之间的长期关系是关系营销区别于交易营销的核心概念。

关系营销与交易营销的主要区别见表14-1：

表14-1 关系营销与交易营销的区别

关系营销	交易营销
关系导向	市场导向
关注提高顾客忠诚度	关注吸引顾客
长期的	短期的
高度重视顾客服务	较少强调顾客服务
高度的顾客参与	有限的顾客参与
高度的服务联系	适度的顾客联系
质量是所有部门所关心的	质量是生产部门所关心的

(1)交易营销的核心在于交易，企业通过诱导对方发生交易活动而从中获利，而关系营销的核心是与关系企业通过建立良好的合作关系而获利。

(2)交易营销围绕着如何获得顾客而展开，而关系营销更强调保持顾客。

(3)交易营销着眼于短期利益，而关系营销着眼于长期利益。

(4)交易营销认为价格在竞争中是一种主要的竞争手段，而关系营销则不这样认为。

(5)交易营销的视野局限在目标市场上，即各种顾客群；而关系营销所涉及的范围则十分广泛，包括顾客、供应商、分销商、竞争对手、银行、政府和内部员工等。

(6)交易营销是有限的顾客参与和适度的顾客联系，而关系营销则强调高度的参与和紧密的顾客联系。

(7)交易营销强调市场占有率，即使是“一锤子买卖”也要做，而不一定要顾客满意；而关系营销则注重使顾客满意，建立长期的关系及顾客的忠诚。

(8)交易营销较少强调顾客服务，而关系营销高度强调顾客服务。

(9)交易营销追求单项交易的利润最大化，而关系营销考虑与对方互利关系的最佳。

14.2.3 关系营销的本质特征

1. 双向沟通

传统上，生产企业只是使用单向的营销沟通，而在当前激烈的市场竞争中，信息在营销活动中发挥着至关重要的作用。信息的双向沟通意味着生产企业与消费者在进行一种信息交换的活动，也意味着双方存在着一种源于信息与分享共同价值的关系，广泛的信息交流和信息共享可使企业赢得广泛的支持与合作。

2. 协同合作

关系的存在从性质上可以分为对立性和合作性两类。关系营销的目的是要达到企业与各个相关主体之间关系的协同一致。关系双方为了达到对各方都有利的共同目的彼此相互配合，联合行动，完成某项工作。合作的关系状态，实质上是一种协调状态，双方彼此相互适应、相互顺从、互助互利、和谐一致。因此，持关系营销观点的企业管理者应强调与利益相关者建立长期的、彼此信任的、互利的关系。

3. 双赢目标

传统的企业竞争方式就是采取一切可能的手段，以竞争对手的失败为目的，而现代的企业竞争则已转向更深层次的合作竞争。关系营销的存在在于关系各方能够从整个营销系统中获得各自认为合理的利益上的满足。因此，建立和维持良好的关系的关键在于了解关系各方的利益需求，寻找关系各方的利益共同点，并努力使共同的利益得以实现。

4. 信息反馈及时

关系营销要求建立专门的部门及具备一个反馈的循环系统，用以追踪各利益相关者的态度并根据使用方提供的信息，改进产品和技术。信息的及时反馈，使关系营销具有动态的应变性。

14.2.4 关系营销的流程系统

关系营销的目的在于同顾客结成长期的、相互交往依存的关系，发展顾客与企业及其产品间的连续性的交往，以提高品牌忠诚度和巩固市场，促进产品持续销售。虽然营销过程的焦点是顾客，但必须拓展视野，把营销研究扩大到与分销者、供应商、竞争对手、公共机构、政府部门以及企业内部员工等各种交换关系。企业营销基本关系如图 14-1 所示。

企业与利益相关者结成休戚与共的关系。企业的发展要借助利益相关者的力量，而利益相关者也要通过企业来谋取自身的利益。

1. 企业内部关系

企业要进行有效的营销，首先要有具备现代营销观念的员工，能够正确理解和实施企业的战略目标和营销组合策略，并能自觉地以顾客为导向进行工作。因此，从企业的角度讲，应把员工当作企业的市场或合伙人，企业应研究员工的需要，并努力满足员工的合理要求，提高员工的满意度和忠诚度，为关系营销奠定良好的基础。

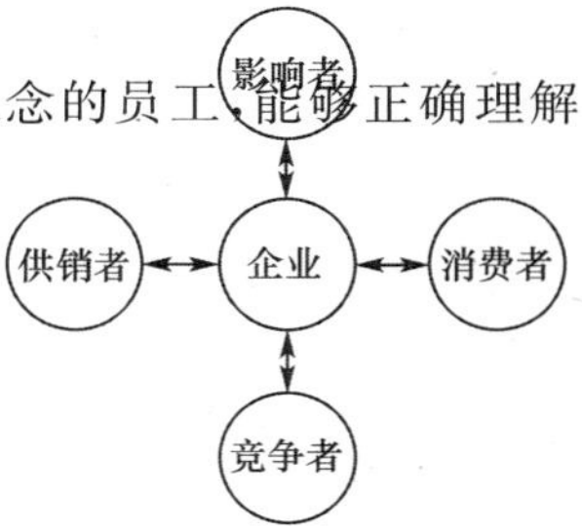

图 14-1　企业营销基本关系

2. 企业与竞争者关系

由于各个企业所拥有的资源条件不尽相同，往往是各有所长、各有所短，因此，企业与竞争者之间就不仅仅是竞争关系，还要善于与竞争对手建立良好的合作关系，通过资源共享实现彼此的营销目标。

3. 企业与顾客关系

企业与顾客的长期关系是关系营销的核心概念。建立关系的前提是企业关心顾客，并向顾客做出各种承诺；保持关系的前提是企业履行承诺；发展和加强关系的前提是企业履行了从前的诺言后，向顾客做出的一系列新的承诺。

4. 企业与供销商关系

渠道成员之间的关系是由协作而形成的利益关系。企业只有广泛建立与供应商、经销商之间的密切合作的伙伴关系，才能获得来自供销两个方面的有力支持。

5. 企业与影响者关系

各种金融机构、新闻媒体、公共事业团体以及政府机构等，对企业营销活动都会产生重要影响，企业必须以公共关系为主要手段争取他们的理解与支持。

14.2.5　关系营销的具体实施

1. 关系营销的组织设计

企业要设置相应的机构进行关系营销的管理。关系营销管理机构是企业营销部门与其他职能部门之间，企业与外部环境之间联系沟通和协调行动的专门机构。其主要功能是对内协调企业内部各职能部门之间、员工之间的关系，对外向公众发布信息、处理意见等。

2. 关系营销的资源配置

企业资源配置主要包括人力资源和信息资源的配置。人力资源配置主要是通过部门间的人员转化，内部提升和跨业务单元的论坛和会议等进行；信息资源共享的方式很多，如利用电脑网络协调企业内部各部门及企业外部拥有多种知识与技能的人才的关系；制定政策或提供帮助以削减信息超载，提高电子邮件和语言信箱系统的工作效率；建立“知识库”或“回复网络”，并入更庞大的信息系统；组成临时的“虚拟小组”，以完成自己与客户的交流项目。

3. 关系营销的文化整合

企业的营销活动已从个别国家走向全球市场，因此，跨文化之间的人们要相互理解和沟通，必须克服不同文化规范带来的交流障碍。对于具有不同文化的企业来说，文化整合是关系双方能否真正协调动作的关键，是企业市场营销中处理各种关系的高级形式。

4. 关系营销的工具

关系营销有以下一些基本的工具可供企业选择使用：以奖励回头客为目标的常客优惠活动，提供购物折扣、客户交流和特别服务的客户俱乐部，能以电子邮件回应顾客的网上数据库系统，发送商品目录等。

14.3 整合营销

14.3.1 整合营销的基本内涵

过去很长一段时间里，人们一直在强调分工，而且社会经济越发达，分工就越细。分工过细导致的结果就是整合力、综合力下降，同时也使企业孤立地看待某些市场问题。到了20世纪90年代，美国市场营销学家舒尔茨在其专著《整合营销传播》中提出了整合营销思想。

整合的英文对应词汇是Integrate，具有“综合、合伙、一体化”的解释，整合营销中的“整合”一词则对应Integrated，它具有特定含义：①结合成一个整体的，把诸分离部分结合成一个更完整、更和谐的整体；②一体化的，以各组成部分紧密合作或部分统一为特征的；③综合性的，统一的（作为一个单一的、互相协作的、有内在自然联系的单位或系统而进行经济活动的，通常限于某一特定地区）；④以掌握供应来源持续控制生产并且常常控制从原料到多种不同成品分配为特征的。整合是通过动态地综合使之完整和和谐。

关于整合营销（Integrated Marketing）的内涵，美国营销学家菲利普·科特勒认为：企业所有部门为服务于顾客利益而共同工作时，其结果就是整合营销。也有专家认为，整合营销是一种通过对各种营销工具和手段的系统化结合，根据环境进行即时性动态修正，以使交换双方在交互中实现价值增值的营销理论与营销方法。整合营销的意义就是强调各种要素之间的关联性，要求它们成为统一的有机体。

整合营销观念改变了把营销活动作为企业经营管理的一项职能的观点，而是要求所有活动都整合和协调起来，努力为顾客的利益服务。

14.3.2 整合营销中的4C观念

整合营销要求各种营销要素的作用力统一方向，形成合力，共同为企业的营销目标服务，强化了以消费者需求为中心的营销组合，提出了4C的营销观念。

1. 消费者

消费者（Consumer）指消费者的需要和欲望。企业要把重视顾客放在第一位，强调创造顾客比开发产品更重要，满足消费者的需求和欲望比产品功能更重要。不能仅仅卖企业想制造的产品，而是要提供顾客确实想买的产品。

2. 成本

成本（Cost）指消费者获得满足的成本，或是消费者为满足自己的需要和欲望肯付出的成本价格。这里的营销价格因素延伸为生产经营过程的全部成本，包括企业的生产成本，即生产适合消费者需要的产品成本；消费者购物成本，不仅指购物的货币支出，还有时间、体力和精力耗费以及风险承担。新的定价模式是：

消费者支付的价格－适当的利润＝成本上限

企业要想在消费者支付的价格限度内增加利润，就必须努力降低成本。

3. 便利

便利（Convenience）指消费者购买的方便性。与传统的营销渠道相比，新的观念更重视服务环节，在销售过程中，强调为顾客提供便利，让顾客既购买到商品，也购买到便利。在邮购、电话订购、代购代送方式出现后，消费者不一定去到商场，在小区或坐在家里就能买到自己所需的物品。企业要深入了解不同的消费者有哪些不同的购买方式和偏好，把便利原则贯穿于营销活动的全过程；在售前及时向消费者提供充分的关于产品性能、质量、价格、使用方法和效果的准确信息，售货地点要提供自由挑选、方便停车、免费送货、咨询导购等服务，售后应重视信息反馈和追踪调查，及时处理和答复顾客意见，对有问题的商品主动退换，对使用故障积极提供维修方便，大件商品甚至终身保修。为方便顾客，很多企业已开设热线电话服务。

4. 沟通

沟通（Communication）指与消费者或用户沟通（Communication with Consumer）。企业可以尝试多种营销策略与营销组合，如果未能收到理想的效果，说明企业与产品尚未完全被消费者接受。这时，不能依靠加强单向劝导顾客，要着眼于加强双向沟通，增进相互理解，实现真正的适销对路，培养忠诚的顾客。

14.3.3 整合营销的实施

整合营销与传统营销的最大区别在于以顾客需求为出发点来系统地思考营销问题。整合营销的实质是一项巨大的系统工程，涉及企业的多个部门和多项活动，具体程序如下：

1. 建立数据库

数据库是记录顾客信息的名单，含有每个顾客或潜在顾客的有关营销数据，数据库管理的内容主要包括数据库的建立、数据贮存、数据挖掘、数据处理、数据维护等。成功的营销依赖于重复的营销，企业的营销挑战来自于如何有效地维护和保留有价值的终身顾客，数据库营销是解决这一问题的最好途径之一。

2. 选择目标

在数据库分析的基础上，企业可以选择拟进入的目标市场，并有针对性地开展各项营销活动。

3. 进行接触管理

舒尔茨把"接触"定义为：凡是能将品牌、产品类别及其他与市场相关的信息传输给消费者或潜在消费者的所有方式、渠道、行为，都是沟通，它包含了媒体、营销传播工具及其他可能与消费者接触的形式，例如，媒体广告、店内推广、产品包装、亲朋好友的口头交谈等。消费者和企业只有通过接触才能发生联系，接触管理就是要强化可控制的正面传播，减少不可控制的或不利于产品或服务的负面传播，从而使接触信息有助于建立或强化消费者对品牌的感觉、态度和行为。

4. 制定营销战略

在以上步骤的基础上，依据数据库提供的营销数据，制定明确的营销战略目标，并将其与企业战略及企业的其他业务相结合，实现企业层面的营销整合。

5. 选择营销工具

在营销战略目标的指导下，根据消费者的需求和欲望、消费者愿意付出的成本、消费者对购买便利的需求，以及消费者的沟通方式确定具体的营销工具，并找出最关键的营销工具，将其与其他营销工具予以整合。

6. 进行沟通整合

沟通整合是非常重要的一个步骤。依据顾客信息，对不同行为类型的消费者分别确定不同的传播目标，使用不同的传播工具，如广告、营业推广、公共关系、人员推销等，并根据实际情况的需要将多种工具结合使用，以整合成协同力量。

14.4 网络营销

14.4.1 网络营销的概念和特点

随着现代计算机信息网络的发展,市场营销环境发生了变化。消费者的购买行为日趋个性化,生产者对市场机会的反应更加敏捷,生产者与消费者直接交易的可能性在增加,中间商的作用将被削弱。同时,消费者在交易中的主导权会更加突出,而生产者的市场营销战略会强调如何更方便及时地满足消费者的特定购买欲望。由于因特网具有开放性和公众参与性以及丰富多彩的内容,吸引着越来越多的网络用户,从而导致大批公司竞相在因特网上进行营销活动。

所谓网络营销(Online Marketing)是指电子商务在市场营销中的应用,也就是通过电子信息网络进行市场营销,因特网成为市场营销的新途径。

与传统营销相比,网络营销具有许多鲜明的特点:

1. 营销的国际性

迄今为止,因特网是世界上最大的计算机互联网,其联系范围的国际性使得从事营销活动的企业可以利用这个全球性的信息媒体和传播渠道,将企业营销活动的范围扩大到全球范围。

2. 营销全天候

网络营销没有时间限制,企业的营销信息上网后,电子"信息服务员"可以不间断地进行工作。

3. 网络营销的交互性

通过互联网,企业可以向顾客展示产品目录;通过联结数据库可以提供有关商品信息的查询;可以和顾客进行互动式的双向沟通;可以收集市场信息;可以进行产品测试和消费者满意度调查等。因此,互联网是企业进行产品设计、产品信息提供及服务的有效工具。

4. 营销的超前性

互联网具备一对一的营销能力,迎合了"定制营销"与"直复营销"的未来趋势。

5. 信息传递的高效性

互联网传递的信息数量与精确度,远远超过其他媒体,同时,能够根据市场的需要,及时更新产品或调整价格,因此,网络营销能及时有效地了解并满足顾客的需求。

6. 营销的经济性

网络营销使交易的双方能够通过互联网实现交换,与传统营销相比,大大降低了营销成本。

网络营销的迅速发展和普及,使因特网营销技术成为一门新兴的融合了多学科的市场营销技术。计算机时代给传统市场营销带来了发展的契机,计算机信息处理系统广泛用于市场环境分析、营销情报检索、物流管理和对市场营销各要素的计算机辅助决策,使市场营销的效率和效能得以大幅度提高,也为后来的网络营销奠定了基础。从 20 世纪 80 年代中期起,网络和通信技术得以快速发展,并随着各国信息高速公路的建设,迎来了网络时代,网络技术成了继传统农业经济和工业经济之后新兴的“信息经济”的基础。以因特网为核心支撑的电子市场营销将是未来市场营销的主流。

14.4.2 网络营销的操作步骤

网络营销有以下基本操作步骤:

1. 获取 Internet 域名,建立 Web 服务器和企业的网页

Internet 通过一系列计算机通信协议来组织信息沟通,因此,获得网址并建立 Web 服务器,是企业利用 Internet 进行营销的前提条件。

2. 进行营销定位

网络营销同样需要进行市场定位,企业同样需要在市场细分的基础上确定其产品的特色,并利用网络的优势,提供给顾客具有竞争优势的产品。

3. 提供恰当的营销信息内容

开展网络营销,企业必须认真考虑在网页上安排的营销信息内容是否具有吸引力。只有富有吸引力的网页内容,才能吸引顾客,从而实现企业的营销目标。

4. 发布电子广告,传递市场信息

与传统媒体广告不同,网络可给广告用户提供无限广阔的空间,也给中小企业提供了平等竞争的机会。

5. 建立电子商场

电子商场又称虚拟商店,是指在因特网上开设销售商品和提供服务的商店。在电子商店销售商品的方法大致有三种:一是在网上显示电子商店的地址、电话号码和传真号码,以迎合一些顾客喜欢采用通过电话订货或邮寄支票订货的老式方法;二是使用电子邮件订货;三是使用一般的在线方式订货。

6. 电子支付

随着网上支付安全性问题的逐步解决和网络营销的发展,电子支付的形式越来越多,目前而言有两大类:一是电子货币类,包括电子现金、电子信用卡等;二是电子支票类,如电子支票、电子汇款、电子划款等。前者主要用于企业与消费者之间的小额支付,后者主要用于企业之间的大额资金结算。

7. 寄送商品

在通过认证中心确认了购买者的身份和信用情况后,企业就可以向顾客寄送商品。如通过专业公司等形式寄送商品。

8. 与用户保持联系

商品销售出去以后,企业还要与顾客保持长期的联系,如向顾客发送新的产品信息,以便顾客及时了解企业及其新产品的情况。

此外,企业营销活动中,还可利用互联网测试新产品的市场反应;强化产业环境信息的收集;加强与其他产业的联系;接触高教育水准和年轻族群,提早接触未来消费主力;寻找合作对象,加强与供销商联系;锁定特殊消费族群,开展"小众"传播等。

14.5 顾客满意营销

在现代营销中,使顾客满意成为营销的最终目标。因此,顾客满意营销已成为企业越来越重视的营销方式。

14.5.1 顾客满意与顾客满意指标

1. 顾客的内涵

在顾客满意营销中,顾客包括两部分:一是内部员工,二是外部客户。

在公司内部,首先,股东、员工是企业的基本顾客。企业把投资机会出售给股东,股东花钱购买投资机会,于是形成了买与卖的顾客关系;企业把就业机会提供给员工,员工向企业付出劳动,企业用工资的形式向员工购买劳动,于是也形成了买与卖的关系。其次,采购、生产和销售三者是典型的顾客关系。生产部门是采购部门的顾客,销售部门是生产部门的顾客。虽然采购、生产、销售三部门间仅有货物转移关系,但在市场经济条件下,它们仍是一种交易,只不过其货币交换是由公司以工资、资金及营业额等形式变相实现的。因此,采购、生产和销售三者是典型的顾客关系。再次,各职能部门之间是顾客关系。企业各职能部门之间虽没有直接的有形产品流动,也没有直接的货币交换关系,但它们总是相互提供着服务,通过服务来完成企业内部的协作关系,推动企业的正常运转。有"提供"与"被提供"的事实就构成了顾客关系,所以企业各职能部门间也互为顾客关系。最后,工序之间是顾客关系。在生产环节上,下一道工序是上一道工序的顾客。只有当第一道工序的半成品被第二道工序完全接受后,第一道工序的员工才能实现他们的劳动报酬;如果半成品被第二道工序拒绝,那么第一道工序的劳动报酬就不能实现。所以，工序之间也是顾客关系。

在公司外部，凡是购买或可能购买企业产品的单位或个人都是企业的顾客。这类顾客按与企业的关系程度分为三种：

(1)忠诚顾客

忠诚顾客与企业、产品有稳固联系，顾客长期使用企业产品，他们是企业的效益保证者。

(2)游离顾客

游离顾客是处于游离状态的客户，他们使用企业产品，但不是非该企业产品不买；他们经常购置其他企业的产品，是一个处于流动状态的顾客群。这是企业应竭力留住的顾客群或用户群体。

(3)潜在顾客

潜在顾客并不购买该企业的产品，他们不是企业的现实顾客，但是通过企业的营销努力可以变成将来的顾客。

2. 顾客满意

顾客满意(Customer Satisfaction，CS)。作为现代企业的一种营销手段，常被称为顾客满意战略或 CS 战略。即从顾客的角度出发进行市场营销组合设计，以提高满意度为目标，进行企业营销活动，以顾客满意程度作为指标评价企业营销活动效果的方法、措施、策略等。

顾客满意有以下几方面的特殊含义：

(1)顾客满意是顾客消费了企业提供的产品和服务之后所感到的满足状态，这种状态是个体的一种心理体验。

(2)顾客满意是以顾客总体为出发点的，当个体满意与总体满意发生冲突时，个体满意服从于总体满意。

(3)顾客满意是建立在道德、法律和社会责任基础上的，有悖于道德、法律和社会责任的满意行为不是企业所奉行的顾客满意的本意。

(4)顾客满意是相对的，没有绝对的满意，企业应不懈地追求，以在最大限度上实现顾客满意。

(5)顾客满意有鲜明的个体差异，企业不应追求统一的满意模式，而应因人而异地提供有差异的满意服务。

3. 顾客满意指标

顾客满意指标(Customer Satisfaction Index，CSI)是指用以测量顾客满意程度的量化指标。

(1)企业内部 CSI

企业内部 CSI 主要包含以下几方面：

①股东 CSI。股东 CSI 主要包括:在年度结算时有较好的盈余和分红;企业能持续稳定地成长下去;劳资和谐无严重冲突;能尽到社会责任;以拥有优良的企业而骄傲并且有成就感等。

②管理者 CSI。管理者 CSI 主要包括:健全的薪金与退休或退职制度;个人生涯规划与晋升机会;好的企业文化;有可以达到自我成就的机会;有更多的学习机会;被上级欣赏重用;公司及个人均有发展前景;能自由发挥个人潜力;同事间合作愉快;公司的企业形象或社会地位良好;目前的工作对其个人未来发展和个人事业有帮助;有效率的管理制度及充分授权等。

③员工 CSI。员工 CSI 可以参考美国管理学家赫茨伯格的"激励-保健因素"理论。属于保健因素的有:公司政策与管理、监督、工作条件、人际关系、薪水、地位、工作安全等;属于激励因素的有:工作成就、提升、任务性质、个人发展的可能性、职务上的责任感等。

(2)企业综合 CSI

企业综合 CSI 是排除具体的满意指标,而用几个主要的综合性数据来反映顾客满意状态的指标体系。主要有如下几个方面:

①美誉度

美誉度是顾客对企业的褒奖程度。顾客对企业提供的产品或服务感到满意,便会对企业持褒奖态度。企业借助于对美誉度的了解,可以知道企业所提供产品或服务在顾客中的满意状况。

②知名度

知名度是指顾客指名消费某企业产品或服务的程度。如果顾客对某种产品或服务非常满意,他们就会在消费过程中放弃其他选择而指名购买。产品的知名度高便会形成良好的"口碑效应",从而形成好的销售局面。

③回头率

回头率是指顾客消费了该企业的产品或服务之后再次消费,或如果可能愿意再次消费,或介绍他人消费的比例。

④抱怨率

抱怨率是指顾客在消费了企业提供的产品或服务之后产生抱怨的比例。顾客的抱怨是不满意的具体表现,但顾客的抱怨通常不直接表现出来,而是存在心底,因此,必须直接征询顾客及时了解抱怨率。抱怨率是衡量顾客满意程度的重要指标。

⑤销售力

销售力是指企业产品或服务的销售能力。通常,顾客满意的产品或服务有良好的销售力,而顾客不满意的产品或服务就没有良好的销售力,所以,销售力也是衡量顾客满意程度的指标。

14.5.2 顾客满意度的追踪方法

顾客满意度追踪调查的方法主要有以下几种：

1. 投诉和建议制度

一个以顾客为中心的组织应为其顾客投诉和提建议提供方便。许多饭店和旅馆都备有不同的表格，请客人诉说他们的喜忧。有些顾客导向的公司，如宝洁、通用电气、惠而浦等，都开设了“800”免费电话热线。这些公司还增加了网站和电子信箱，以方便双向沟通。这些信息流为公司带来了大量好的创意，使它们能更快地采取行动，解决问题。

2. 顾客满意度调查

一些研究表明，顾客每四次购买中会有一次不满意，而只有不足5%的不满意的顾客会表现出抱怨，大多数顾客会少买或转向其他供应商。所以，公司不能以抱怨水平来衡量顾客满意度。敏感的公司通过定期调查，直接测定顾客满意状况。它们在现有的顾客中随机抽取样本，向其发送问卷或打电话咨询，以了解顾客对公司业绩各方面的印象。它们还可以向买主征求其对竞争者业绩的看法。

3. 佯装购物者

公司可以雇用一些人，装扮成潜在顾客，报告潜在购买者在购买本公司及其竞争者产品过程中发现的优缺点。这些佯装购物者甚至可以故意提出一些问题，以测试公司的销售人员能否处理得当。例如，一个佯装购物者可以对餐馆的食品表示不满意，以试验餐馆如何处理这些抱怨。公司不仅应该雇用佯装购物者，经理们还应经常走出办公室，进入他们不熟悉的公司以及竞争者的实际销售环境中，亲身体验作为“顾客”所受到的待遇。经理们也可以采用另一种方法来做这件事，他们可以打电话到自己的公司，提出各种不同的问题和抱怨，看公司的员工如何处理这样的电话。

4. 分析流失的顾客

对于那些已停止购买或转向另一个供应商的顾客，公司应该与他们接触以了解发生这种情况的原因。当IBM公司流失一个顾客时，公司会尽一切努力去了解它在什么地方做错了。公司不仅要和那些流失的顾客谈话，而且还必须控制顾客流失率，如果流失率不断增加，无疑表明该公司在使其顾客满意方面不尽如人意。

14.5.3 顾客满意营销战略的实施

1. 内部顾客满意营销战略的实施

(1)尊重员工

企业应设身处地为员工着想,尊重员工并肯定员工的个人成就,给员工提供良好的环境并相信他们。

(2)关怀员工

员工需要企业管理人员在工作和生活中真诚地去关心他们,从而使自己和企业融为一体。

(3)利益共享

企业的利益是利润。员工的利益包括工资、奖金、培训、晋升及其他待遇。要使内部顾客满意,企业应该与员工共享利益。1919 年柯达就开始实施"入股制",鼓励员工入股,与企业主分享股权。

(4)有效沟通

加强管理层与员工的有效沟通,可以使管理层更加了解员工的想法和意见,有利于管理层改进工作,满足内部顾客的需要。

2. 外部顾客满意营销战略的实施

(1)开发顾客满意的产品

产品满意是顾客满意营销的前提。要做到产品满意,企业必须熟悉顾客,了解用户,要调查他们现实和潜在的要求,分析他们购买的动机和行为、能力、水平,研究他们的消费传统和习惯、兴趣、爱好,在此基础上开发出顾客满意的产品。

(2)提供顾客满意的服务

服务满意是顾客满意营销的保证。要做到服务满意,企业应从服务意识的训练入手,建立完整的服务指标,定期进行服务满意度调查,不断强化员工的服务意识和行为。从而更好地满足顾客的需要。

(3)科学地倾听顾客意见

现代企业实施顾客满意战略必须建立一套顾客满意分析处理系统,用科学的方法和手段检测顾客对企业产品和服务的满意程度,及时反馈给企业管理层,为企业不断改进工作、及时真正地满足顾客的需要服务。目前,很多国际著名企业都试图利用先进的传播系统来缩短与消费者之间的距离。日本花王公司可以在极短的时间内将顾客的意见系统地输入电脑,以便为企业决策服务。美国 P&Q 日用化妆品公司首创了"顾客免费服务电话",顾客向公司打去有关产品问题的电话时一律免费,不仅个个给予答复,而且进行整理与分析研究。这家公司的许多产品改进设想正是来源于"免费电话"。

思考题

1. 绿色营销与传统营销有什么区别？
2. 企业实施绿色营销的意义是什么？
3. 简述绿色营销的过程。
4. 什么是关系营销？关系营销与交易营销有何区别？
5. 简述关系营销中要处理的几类关系。
6. 如何理解整合营销的内涵？
7. 简述企业实施整合营销的基本程序。
8. 网络营销有什么特点？
9. 网络营销有哪些基本操作步骤？
10. 什么是顾客满意营销？顾客满意度追踪的方法有哪些？
11. 企业应如何实施顾客满意营销？

案例分析 1

麦包包破茧成蝶快字诀

中国最大的网络销售平台淘宝网 2010 年的交易额达 4000 亿元，比上年增长约一倍，随之而来的“淘品牌”也如雨后春笋般涌现。然而，很多借淘宝发家的“淘品牌”并不愿受囿于淘宝，为寻找更广阔的出路，纷纷开始“出淘”。各商家可谓“八仙过海，各显神通”，其中，有一个“淘品牌”创立于 2007 年 9 月，成立仅 3 年便获得联想投资、DCM 和挚信资本对其共计 4500 万美元的两轮投资，2010 年销售额逼近 4 亿元，它就是知名的互联网时尚箱包品牌——麦包包。

纵观麦包包的发展历程，从最初利润低薄的贴牌生产，到销售质优价廉的网货，再到形成自己风格的“淘品牌”，最后到今天占据电商标杆企业的高位，麦包包走出了一条从传统行业到互联网品牌的独特之路，而支撑它一路走下来的正是它以“快”为核心的商业模式。

快时尚：打造快速时尚新模式

绝大多数品牌在成立之初都需要跑马圈地、砸钱宣传以迅速扩大影响力，占领制高点。但对许多刚起步的电商而言，资金单薄恰恰是其面临的最大困境，麦包包也不例外。转型后的麦包包并没有充足的资金全面推广自己的品牌，而是选择了先做大牌的网上渠道商，凭借自己在传统箱包行业多年的关系，麦包包很快就获得了金利来、皮尔·卡丹、米奇等十几个国际名牌的网上销售权。

向上对接知名品牌，麦包包扮演了渠道商的角色，但麦包包不满足于渠道商的角色，而是通过授权代理商等多种渠道向下延伸自有品牌，这种渠道双向延伸的模式不仅使麦包包这个平台迅速扩张，也为自有品牌的延伸铺就了道路。目前，麦包包有40多个细分品牌同时在线销售，单品达到1万多种，而麦包包的自有品牌占总销量的70%。

快营销：打响全网营销大战役

麦包包并没有满足自己“淘品牌”的角色，而是进一步发挥互联网成本低、受众广、速度快的优势，上演了一场全网“快营销”大戏。麦包包所奉行的是遍地开花“Anywhere”政策。除了官方平台和淘宝，麦包包还进一步拓宽出货面，通过与麦考林、乐酷天、当当网等一系列网上商城合作，牢牢占领着各大线上的咽喉要道。麦包包进驻网上商城的方式，一方面有效提升了其知名度，让更多的网购达人了解并认知这一品牌；另外，还能充分利用网上商城聚合而来的巨大流量，最大限度地挖掘潜在客户。

除了搭建四通八达的出货渠道，麦包包还整合大量资源做品牌推广。首先是返利网站。返利网站是一个成本低、效果稳定的渠道，其价值在于：为发展中的B2C企业创造新的客户流量，而成熟的B2C平台为了激活老用户，在一定程度上也有返利的需求。麦包包通过与返利网、易购网等返利网站合作，为消费者提供10%～15%的返利优惠，将返利网站上的流量尽快引入官方平台。其次，麦包包活用网络传播工具，开通了官方博客和麦芽糖时尚论坛，不断提升消费者对麦包包的价值认同感。

资料来源：网络营销成功案例，http://wenku.baidu.com/view/8fe38208flzdzaf90242e621.html，有改动

案例思考题

探讨今后麦包包在与京东商城、亚马逊等电子商务巨头的竞争中如何立于不败之地。

案例分析2

聚美优品的网络营销策略

网络营销因为其超越时空限制的优越性，成为新时期销售领域的宠儿。聚美优品立足化妆品行业，通过对市场细分的基础上，在准确定位企业的同时，灵活地

运用了营销策略，开辟了中国化妆品网络营销的新天地。

聚美优品成立于2010年3月，它的前身是团美网，由陈欧、戴雨森和刘辉创立，致力于创造简单、有趣、值得信赖的化妆品购物体验。聚美优品首创化妆品团购，即每天在网站推荐几百款热门化妆品，并以远低于市场价的折扣限量出售，同时承诺“百分百正品”，以及“折封30天无条件退货”。凭借口碑传播，成立之后的短短一年半就从月销售额不足10万元发展到月销售额上亿元的规模。现在聚美优品拥有300万名注册用户，占女性化妆品团购市场份额的80%以上，是国内最大的化妆品团购网站，开创了一个以团购模式呈现的电子商务奇迹。

聚美优品明确地进行了市场定位——中国第一家专业的化妆品团购网站，以时尚女性为目标顾客。它在营销策略上也有一定的特色。

产品策略：在成立之初，聚美优品就建立了严格的采购管理体系，所有商品都经过了严格的质量检测。它与国内多家知名化妆品品牌建立起官方合作关系，并与兰蔻等国际一线品牌商展开密切合作。产品分类多元化，如其对产品的分类有着不同的专区，美白、保湿、祛痘等，且在每一个分类中还有产品档次的区别。在品类管理上主要以推荐明星产品搭配其他产品进行销售。

价格策略：聚美优品所销售的化妆品一般都以折扣价格销售，这与店铺销售相比还是有相当竞争力的。

渠道策略：聚美优品的购货渠道是多元化的，它会从品牌厂家、正规代理商、国内外专柜等可信的进货渠道采购商品，无论从哪类渠道进货，它都是网上零售商，直接面向网络顾客。聚美优品本质上是一家垂直行业的B2C网站。

促销策略：除每日推荐精选超值正品外，聚美优品还采用许多网络推广手段来推销其产品。首先，针对顾客的细分来推荐产品，如美丽保养类，就是先天皮肤较好的一类顾客，要在立足其皮肤质地基础上，推荐那些能美白、保湿的产品；再如那些脸上有痘的顾客，需要在强化治疗的基础上，帮助其祛痘、美容，最后才是如何保持。其次，在推广方面，采用多种网络推广手段，如网站推广链接、搜索引擎营销、交换链接、网站广告、博客营销、个性化营销、论坛营销、口碑营销等。此外，它还采用各种营销推广手段，如0元抽奖、买赠、满额减价、1元秒杀、晒单赢好礼等，花样翻新，层出不穷。聚美优品一周年庆时，宣布签约亚洲超人气偶像韩庚，将名人广告效应发挥到极致。

口碑营销：聚美优品创建了一个美容品使用体验交流平台，用于用户分享使用经验。只有在聚美优品上买过该美妆产品的用户才可以发表口碑报告，评论来自于真实的购买者和体验者，从而保证口碑报告的真实、公平，杜绝出现“托儿”现象。真实用户的真实口碑，为用户提供了有益的购买参考。

售后策略：聚美优品提出行业最高标准“30天拆封无条件退货政策”：如果消

费者对从聚美优品购买的商品不满意，即使化妆品拆封，用户也可在收货之日起30天内无任何条件退回货物并获得全额退款。退货运费由聚美优品全额承担。

聚美优品的网络营销，开辟了电子商务时代化妆品营销的新纪元，对其他行业的网络营销也有着很好的借鉴意义。当然我们也看到其存在的一些问题，如产品质量问题，化妆品的质量是其生命线，也是企业的生命线。由于各种原因而出现的产品质量参差不齐甚至伪劣产品的问题，极大地伤害了企业信誉及顾客的感情。再如售后服务问题，虽然化妆品是日化用品，每日都在消耗，但是，也会涉及使用方法、产品质量及顾客不同体质或皮肤所反映的问题。当前由于聚美优品过于注重销售业绩，而忽视了售后服务，也因此失去了一些老客户及其关系户。

资料来源：吕一林，岳俊芳. 市场营销学. 北京：中国人民大学出版社，2013

案例思考题

1. 网络营销对聚美优品的成功起到了什么样的作用？
2. 登陆试用聚美优品网站，分组讨论其优点和不足，提出改进意见。
3. 比较聚美优品与其竞争对手，分析其差异，哪家更好？

参考文献

[1] (美)科特勒,(美)阿姆斯特朗.市场营销原理.14版.全球版.郭国庆,译.北京:清华大学出版社,2013

[2] 吴健安.市场营销学.5版.北京:清华大学出版社,2013

[3] 吕一林,岳俊芳.市场营销学.北京:中国人民大学出版社 ,2013

[4] 纪宝成,吕一林.市场营销学教程.北京:中国人民大学出版社,2012

[5] (美)诺埃尔·凯普,(荷)柏唯良,郑毓煌.写给中国经理人的市场营销学.刘红艳,施晓峰,马小琴,闫怡,译.北京:中国青年出版社,2012

[6] 万后芬.市场营销学.武汉:华中科技大学出版社,2011

[7] 兰苓.市场营销学.北京:机械工业出版社,2008

[8] 郭国庆.市场营销学通论.5版.北京:中国人民大学出版社,2013

[9] 王方华.市场营销学.2版.上海:格致出版社,2012

[10] 晁钢令,楼尊.市场营销学.4版.上海:上海财经大学出版社,2014

[11] 庄贵军.营销管理.北京:中国人民大学出版社,2011

[12] 李怀斌.市场营销学.2版.北京:清华大学出版社,2012

[13] 苏亚民.现代营销学.6版.北京:中国商务出版社,2008

[14] 杨耀丽,杨秀丽.市场营销学.上海:上海财经大学出版社,2013

[15] 邓琼芳.总经理必读的638角经典营销故事.北京:北京工业大学出版社,2009

[16] 江山,姚云.三只松鼠的丛林战役.销售与市场,2013(7)

[17] 吴倩.B2C价格战:"京东"借力"当当".互联网周刊,2012(1)

[18] 贺继红,白建磊,等.市场营销学通论.北京:清华大学出版社,2012

[19] 沈志平.医药市场营销.北京:科技出版社,2010

[20] 那薇,王昆来,曹国林.市场营销理论与实务.北京:北京大学出版社,2012

[21] 朱华,吕慧.市场营销案例精选精析.4版.北京:中国社会科学出版社,2009

[22] 王维.市场营销学.北京:清华大学出版社,2012

[23] 徐文蔚.市场营销学.北京:电子工业出版社,2012

[24] 刘国力,龙桂杰.市场营销学.北京:清华大学出版社,2014

[25] 秦陇一.市场营销学.北京:清华大学出版社,2014

[26] 徐鼎亚.市场营销学.上海:复旦大学出版社,2011
[27] 乔均.市场营销学.北京:清华大学出版社,2010
[28] 梁文玲.市场营销学.北京:清华大学出版社,2013
[29] 黄聚河.市场营销学.北京:清华大学出版社,2013
[30] 朱世平.市场营销学.杭州:浙江工商大学出版社,2013